COLLECTION
FOLIO/HISTOIRE

Aux origines du christianisme

Textes présentés par Pierre Geoltrain

Gallimard

INTRODUCTION

Les origines du christianisme : Comment en écrire l'histoire

Chacun, par tradition religieuse ou culturelle, pense connaître l'essentiel de la toute première histoire du christianisme. Pour les uns, cette histoire se réduit à l'évocation de quelques personnages — à commencer par Jésus et ses disciples — et d'épisodes tirés des Évangiles ou des Actes des Apôtres, au souvenir de quelques paroles devenues proverbes ou de lointains récits de martyre. Pour d'autres, qui ont lu les textes, l'histoire d'un siècle et demi de christianisme ne peut se dessiner qu'en suivant le canevas proposé par ces textes, celui qui a donné naissance à la traditionnelle « histoire sainte ». Et pour cause : les uns et les autres n'ont en effet d'autre information que celle des documents littéraires produits par le christianisme lui-même, qu'il s'agisse des écrits canoniques ou apocryphes (dont l'iconographie ultérieure a donné à voir, de manière saisissante, les scènes les plus émouvantes, dramatiques ou glorieuses). Or les auteurs chrétiens de cette époque n'avaient pas pour souci de léguer à la postérité une documentation de caractère historique, mais de témoigner de la foi qui était la leur et il a toujours été plus aisé de raconter l'histoire de la foi chrétienne, dans les diverses formes qu'elle a pu prendre, que de rendre compte historiquement de la naissance du christianisme.

Les origines du christianisme et la recherche historique

« Qu'il y ait un problème des origines chrétiennes, on peut bien le croire, puisque beaucoup de personnes doctes en parlent. » Ce constat, par lequel fut ouvert, il y a soixante-dix ans, le cours d'« Histoire des religions » au Collège de France, demeure actuel. Les travaux sur Jésus, sur Paul, sur le monde au sein duquel s'est développé le christianisme se multiplient, relancés par la découverte de documents nouveaux, par une critique des textes toujours plus affinée ou par l'élaboration d'hypothèses parfois hasardeuses. Cependant, si les débuts du christianisme sont encore une question pour l'historien aujourd'hui, c'est sans doute parce qu'en posant le « problème des origines » (ce que Renan nommait « la curieuse embryogénie de l'histoire des racines du christianisme ») on se fixait un but impossible à atteindre : « origines », « début », « naissance », autant de termes qui révèlent une recherche désespérée d'un commencement absolu, d'une nouveauté émergente, alors qu'en lieu et place d'une fondation ou d'une création l'historien du christianisme ancien n'observe, pour une période donnée, qu'un ensemble de phénomènes ponctuels, fort divers. En les mettant en relation, il constate héritages et modifications, continuités et changements, permanences et transformations — voire de véritables métamorphoses —, mais, de son point de vue d'historien, il ne se trouve jamais devant une novation radicale. L'affaire n'est pas nouvelle et l'on connaît les formules, célèbres en leur temps, qui ont tenté de rendre compte de cette position critique. Celle de Renan : « Le christianisme est un essénisme qui a largement réussi », est une généralisation excessive d'une observation juste ; le premier message chrétien porte la marque du courant apocalyptique juif. Le mot de Loisy résumait une évidence : « Jésus a annoncé le Royaume et c'est l'Église qui est venue. » Certes, mais à la suite d'une longue élaboration et quels en ont été les chemins ? Ou encore : « Paul est le véritable fondateur du christianisme », a-t-on soutenu. Comment expliquer alors la quasi-disparition de la pensée paulinienne durant quelques décennies, dès le Ier siècle ? Incompréhension de ceux qui la connaissaient ? Défaut, dû au hasard, de documents ou de témoignages sur lesquels fonder une juste appréciation du phénomène ?

On ne s'étonnera donc pas que l'historien de l'Antiquité ne parle qu'avec prudence du christianisme jusqu'en 180 de notre ère, dans la mesure où ce dernier semble à peine avoir existé — et en tout cas ne pas avoir pesé — dans l'histoire générale du monde gréco-romain pendant plus d'un siècle. Les quelques témoignages d'auteurs romains (la correspondance de Pline avec Trajan, Tacite, Suétone), toujours invoqués, nous renseignent surtout sur l'attitude des autorités romaines lorsque telle ou telle communauté chrétienne leur posait problème. Tacite, par exemple, peu avant 120, nomme effectivement les chrétiens (« des gens, détestés pour leurs turpitudes, que la foule appelait "chrétiens" ») dans son évocation de l'incendie de Rome (en 64) par Néron qui les en accusa, les fit inculper et exécuter. Tacite, en écrivant ses *Annales* plus de cinquante ans après les faits, connaît donc bien de son vivant — comme Pline quelques années plus tôt en Bithynie — l'existence de groupes religieux chrétiens, mais les termes qu'il utilise à leur propos sont les mêmes que ceux qu'il emploie ailleurs pour discréditer les Juifs : une exécrable superstition, les turpitudes de ses membres et leur haine du genre humain. Tant il était difficile pour un Romain de faire, à cette époque encore, la distinction entre les uns et les autres.

LES NOUVELLES SOURCES DOCUMENTAIRES. La plupart des publications actuelles qui traitent de la « naissance du christianisme » insistent à juste titre sur l'enrichissement depuis un demi-siècle de notre documentation tant archéologique que littéraire. Pour l'essentiel, elle concerne le judaïsme, antérieur au christianisme ou son contemporain, et la pensée gnostique, postérieure aux écrits chrétiens qui deviendront canoniques. Les historiens du monde romain, pour leur part, ont considérablement amélioré notre connaissance de l'environnement politique et religieux au sein duquel s'est développée la pensée chrétienne.

a) Sur le judaïsme d'abord :

Les découvertes du site et de la bibliothèque de Qumrân ont été un apport sans précédent à la perception que nous avions de l'essénisme, cette troisième « école philosophique » juive, selon Flavius Josèphe. Passé les grandes querelles sur l'identification des lieux et des textes, sur la chronologie et les difficultés de publication des manuscrits, bien des questions demeurent : l'établissement des esséniens sur la rive de la mer Morte dépassait probablement les limites étroites du site de Qumrân ; pour les manuscrits, on s'interroge sur leur provenance (quels sont ceux qui sont proprement sectaires ? quels sont ceux qui étaient recueillis comme un héritage antérieur ? les grottes ont-elles aussi servi de cache pour des manuscrits qui ne sont pas tous d'origine essénienne ?). Enfin, que peut-on avancer sur les rapports entre essénisme et christianisme, puisque la secte prospérait à l'époque même de Jésus et perdura jusqu'à l'an 68 ? Sur ce dernier point, il faut reconnaître que bien des hypothèses avançant une influence directe de l'essénisme sur Jean-Baptiste (un dissident essénien ?), Jésus ou Paul sont moins que probables et indémontrables. En revanche, nombre de conceptions, souvent repérables dans leur présentation et jusque dans les termes utilisés par les écrits du christianisme ancien, témoignent de la force et de la persistance des doctrines esséniennes auprès des premières générations chrétiennes, qu'il s'agisse de l'organisation communautaire, des règles éthiques, de l'eschatologie, de la prédestination, des croyances relatives au Messie ou de l'utilisation de florilèges scripturaires. Comment interpréter ce phénomène ? Le problème est complexe et la question reste ouverte pour l'historien. Peut-être faut-il envisager l'essénisme comme un mouvement beaucoup plus vaste, s'étendant jusqu'à la Diaspora (comme l'établissement des Thérapeutes en Égypte, que décrit Philon d'Alexandrie) et dont Qumrân serait la première et la plus parfaite expression En tout cas, on n'oubliera pas que les scribes chrétiens, à défaut d'avoir connu les manuscrits de Qumrân, ont scrupuleusement recopié et traduit les écrits pseudépigraphiques juifs — dont les nombreuses affinités avec les textes esséniens ne sont plus à démontrer —, les sauvant ainsi de la disparition qu'entraînait leur abandon par le judaïsme rabbinique.

Pour les deux autres « écoles » juives, celle des sadducéens et celle des pharisiens, nous ne possédons pas de documents nouveaux, exception faite, pour les seconds, de découvertes archéologiques : ruines et inscriptions témoignant de l'existence de synagogues en Palestine et dans l'Empire. Cependant, le mouvement pharisien au Ier siècle reste l'objet de travaux érudits qui reprennent l'examen des deux sources essentielles : d'une part, les informations fournies par Flavius Josèphe, pharisien, à ses dires, dès l'âge de dix-neuf ans ; d'autre part, les traditions orales recueillies par les maîtres et codifiées dans la Mishna à la fin du IIe siècle. On reconnaît de manière générale que les Évangiles ne constituent pas une source fiable pour comprendre ce que représentait le pharisaïsme en Israël. Sans doute aucun, Jésus a rencontré des pharisiens, a dû répondre à leurs interrogations et susciter l'hostilité de certains d'entre eux. Mais le portrait peu flatteur que les Évangiles font des pharisiens est plutôt le reflet des querelles plus tardives entre communautés chrétiennes et juives et tourne souvent à la caricature. En fait, nous connaissons imparfaitement l'histoire des pharisiens entre leur perte du pouvoir en 67 av. J.-C. et l'insurrection de 66 apr. J.-C. Ce qui est certain, c'est qu'ils ont voulu rendre possible, pour tout Juif pieux, l'accomplissement de la Loi de Moïse en affirmant l'égale autorité de la tradition orale, dont ils se disent dépositaires, et de la tradition écrite. L'étude de la Torah et de ses diverses interprétations est donc leur première et constante activité, liée à une pratique exigeante. Réunis en petites communautés, ils observent toutes les prescriptions énoncées par les maîtres, se distinguant ainsi du reste du peuple qui les considère comme des modèles de piété. Pour la plupart issus du peuple, ils ont sur lui une forte influence et, bien que minoritaires (quelques milliers, selon Josèphe), ils sont même parvenus à imposer les règles de pureté les plus strictes au sacerdoce jérusalemite. Pour autant, les maîtres pharisiens ne sont pas unanimes en toutes leurs interprétations, toujours soumises à discussion par appel à des traditions orales différentes. Ainsi voit-on naître au début de notre ère deux écoles adoptant sur tel ou tel point des positions plus ou moins rigoristes.

Le rayonnement du judaïsme hors de Palestine nous est également mieux connu. La recherche archéologique a confirmé la présence de communautés juives qui ont laissé leurs traces dans de nombreuses villes du Bassin méditerranéen. La Diaspora dans l'Empire romain comptait plusieurs millions de Juifs, jouissant d'un statut particulier qui préservait leurs coutumes religieuses et autorisait la collecte de l'impôt pour le Temple de Jérusalem ; elle avait ses centres prestigieux à Alexandrie et Antioche et était fortement implantée en Asie Mineure et à Rome même. En contact constant avec la civilisation hellénistique, la Diaspora avait adopté le grec comme langue d'usage et traduit la Bible hébraïque en grec. À la manière dont Philon d'Alexandrie, au Ier siècle, introduit l'exégèse allégorique et la pensée platonicienne dans ses commentaires du Pentateuque, on mesure l'importance prise par la culture grecque jusque dans l'herméneutique des textes sacrés. Ce judaïsme hellénisé a certainement permis au christianisme de prendre son essor dans le monde gréco-romain, à partir des communautés juives et auprès des incirconcis « craignant-Dieu », qui gravitaient autour d'elles. Enfin et surtout, c'est la traduction grecque (dans ses diverses versions) du texte hébreu des Écritures juives qui a servi de référence à l'ensemble de la première littérature chrétienne puis aux Pères grecs et a forgé leur langue religieuse.

Deux brèves remarques sont ici nécessaires :

— L'ensemble de ces mouvements religieux ne réunit qu'une faible partie du peuple juif en Palestine. Une forte majorité, notamment paysanne, respecte l'essentiel de la Loi mais reste étrangère aux questions soulevées par les partis religieux. En est-il de même dans la Diaspora méditerranéenne ? nous ne le savons pas. Du fait des échanges permanents entre les synagogues dispersées et la Palestine, les Juifs hellénisés ont-ils été des pharisiens de stricte observance ou ont-ils instauré une forme de pharisaïsme convenant à leur situation ? nous ne le savons pas non plus. Autant de raisons pour ne pas étendre à l'ensemble du judaïsme ce que nous connaissons de quelques-uns de ses éléments seulement.

— Le judaïsme au Ier siècle serait-il « écartelé », « éclaté », « divisé » au point qu'on ne devrait plus parler que « des » judaïsmes comme on le fait ici et là ? certainement pas. À ce compte, faudrait-il désormais parler « des » catholicismes, sous le prétexte que l'Église catholique, apostolique et romaine abrite en son sein des élaborations théologiques diverses, des formes de spiritualité différentes et des pratiques culturelles hétérogènes ? En fait, le judaïsme est tissé de liens d'appartenance plus forts que toutes les différences linguistiques et toutes les divergences d'opinion qui le traversent. Sa diversité, réelle, est celle de toute société humaine de quelque importance : source d'oppositions qui peuvent être violentes, mais aussi signe de sa richesse. Son unité se situe ailleurs, dans les règles de conduite communes découlant de la Torah dont l'autorité n'est jamais mise en question. Les débats d'interprétation n'affectent jamais le respect des obligations essentielles : circoncision, shabbat, respect des pratiques alimentaires, observation des grandes fêtes, pèlerinage au Temple, mariage avec une étrangère à éviter... Enfin, être juif c'est aussi appartenir à un peuple lié à une terre. Ce sentiment d'appartenance est fort en Palestine comme dans la Diaspora pour laquelle Jérusalem et son Temple demeurent, jusqu'en 70, le symbole de l'identité religieuse et nationale.

b) Sur le gnosticisme ensuite :

Les textes gnostiques découverts à Nag Hammadi — plus d'une cinquantaine dont quarante jusqu'alors inconnus — présentent un double intérêt pour l'histoire du christianisme ancien. D'une part, ils nous permettent de mieux comprendre ce que fut ce mouvement de pensée, se réclamant d'une nouvelle « connaissance », qui se développa dans l'Empire romain aux IIe et IIIe siècles. Or nous savions déjà qu'une forme chrétienne de cette pensée fut enseignée dans l'Église de Rome pendant une vingtaine d'années (140-160) par Valentin, théologien, philosophe et exégète, venu d'Alexandrie. Avec quel succès, nous l'ignorons, mais Valentin finit par rompre avec le christianisme. D'autre part, quelques-uns de ces textes sont présentés comme des Évangiles, des Actes ou des Apocalypses attribués à différents apôtres. Ils témoignent de la continuité de l'écriture apocryphe et certains d'entre eux, tel l'*Évangile selon Thomas*, peuvent nous éclairer sur les procédés littéraires de création, de transmission et de transformation des traditions que connurent aussi les textes du Nouveau Testament.

LA DOCUMENTATION LITTÉRAIRE CHRÉTIENNE. Pour tenter d'approcher l'histoire de Jésus et des toutes premières générations de chrétiens, nos seules sources sont d'origine chrétienne : écrits du Nouveau Testament, littérature apocryphe et quelques écrits du Ier siècle. Le regain des études sur Flavius Josèphe a conduit certains auteurs à reconsidérer comme essentiel pour l'histoire le témoignage fort controversé de l'historien juif sur Jésus. Même si ce témoignage était authentique — et l'on peut en douter malgré les tentatives actuelles pour en donner une version expurgée de ses invraisemblances —, il ne nous apprendrait rien que nous ne connaissions déjà : à savoir qu'un maître juif du nom de Jésus, faiseur de prodiges et condamné à la croix, aurait fait beaucoup d'adeptes, tant juifs que grecs. L'historien n'a donc à sa disposition que des textes chrétiens qu'on ne peut aborder sans les soumettre à la même lecture critique que toute autre documentation. En effet, les auteurs de ces textes, nous l'avons dit, n'avaient pas pour ambition d'écrire l'histoire au sens où nous l'entendons aujourd'hui, mais d'affirmer leur foi, d'affermir celle de leurs destinataires, d'enseigner, de réfuter, d'élaborer des interprétations, parfois contradictoires. La critique se trouve devant une multiplicité de problèmes : doute sur l'attribution traditionnelle de certains textes à tel auteur ; dépendance littéraire des textes entre eux ; datations controversées ; intégrité des textes qui nous sont parvenus, pour ne citer que les premières questions que se pose tout lecteur perspicace. Ces textes, objet d'inlassables recherches, ont été longtemps le domaine réservé de savants chrétiens. Il faut rendre hommage à ceux qui, au cours des siècles, ont traité avec la rigueur scientifique de leur temps les documents qui étaient les archives de leur foi, ouvrant ainsi la voie à une approche critique. Tels furent, parmi bien d'autres, Origène, qui appliqua à l'Écriture les méthodes philologiques des savants alexandrins, ou l'oratorien Richard Simon dans son *Histoire critique du Nouveau Testament* (1689). Au cours des deux derniers siècles se sont développées des disciplines spécialisées (critique textuelle, philologie, exégèse, critique des sources), affinées et mises au service de la critique des textes du Nouveau Testament par les théologiens eux-mêmes ou par ceux qu'ils avaient formés. Les méthodes de l'histoire des formes littéraires et de la tradition, de l'histoire de la rédaction et de la réception, par exemple, ont été, en notre siècle, l'œuvre d'exégètes allemands enseignant dans des facultés de théologie protestante. Peu à peu, les acquis de l'histoire critique se sont imposés à l'ensemble des spécialistes du Nouveau Testament et des historiens du christianisme ancien. À quelques nuances près chez les uns ou les autres, un large accord est fait aujourd'hui sur les caractéristiques de cette littérature disparate, sur les moyens à mettre en œuvre pour l'étudier, compte tenu de notre connaissance des autres littératures de l'Antiquité. Mais, paradoxalement, l'accord se fait aussi sur la difficulté, l'impossibilité parfois, de rejoindre l'histoire, sinon sur quelques données précises. On en reste au mieux aux hypothèses vraisemblables ; d'où la prudence qui se manifeste dans le style des exégètes : accumulation des conditionnels, relayée par les formules de précaution : « peut-être », « on pourrait penser », « il n'est pas impossible », et, pour emporter l'adhésion, le rituel et définitif « rien ne s'oppose à ce que... ». Le lecteur s'en étonne, conscient qu'il est que l'histoire, enfin rejointe, ne l'est que par une succession d'hypothèses qui s'enchaînent. C'est un phénomène que les historiens connaissent bien, mais qui pèse ici d'un poids particulier sur le théologien, lorsqu'il livre au public les conclusions de sa recherche ; il sait en effet qu'en exposant ses doutes légitimes touchant plusieurs aspects de sa documentation, il peut entraîner chez tout lecteur, soit un rejet de toute lecture critique, soit un doute généralisé.

C'est vraisemblablement pourquoi, lorsque l'exégète théologien, quittant l'analyse pointue de quelques lignes d'un texte, se risque sur le terrain de l'histoire, il lui arrive quelquefois d'utiliser des textes comme si le travail critique, une fois achevé, pouvait être laissé de côté. C'est ainsi qu'au détour d'une phrase concernant ce que Jésus a pu être comme personnage historique, référence sera faite à plusieurs de ses paroles, puisées aussi bien dans les Évangiles synoptiques que dans le quatrième Évangile. Pourtant, l'exégète qu'il est sait bien n'avoir aucune certitude sur la forme première des paroles de Jésus et se fait un devoir de toujours distinguer la christologie des synoptiques de la christologie johannique. Si cet exégète écrit en tant que théologien, nul ne peut alors lui reprocher de reprendre le portrait multiforme de Jésus que dessinent effectivement les écrits canoniques — ce que fait aussi l'historien pour rendre compte des différents points de vue présents dans ces écrits — mais en aucun cas la seule accumulation des points de vue ne permet d'atteindre l'histoire d'un personnage, alors que la diversité des portraits qu'on en possède enrichit l'histoire de sa représentation. Autre exemple, plus fréquent encore, dû sans doute au zèle pédagogique, mais qui révèle aussi le retour toujours possible d'une lecture non critique. L'apôtre Paul est peu prolixe sur sa propre histoire ; pour reconstituer sa biographie, on a recours aux Actes des Apôtres, non sans précaution puisqu'il n'y a pas concordance chronologique entre ce qu'écrit Paul et ce que rapportent les Actes. On examine au cas par cas. Comment peut-on alors écrire « comme le dit Paul dans le Livre des Actes », en faisant référence à un discours mis dans la bouche de Paul par l'auteur des Actes ? Chacun sait que ce dernier a écrit une vingtaine d'années après la mort de l'apôtre une défense et illustration de Paul, composant des discours d'une belle venue littéraire mais que Paul n'a jamais prononcés. S'ils présentent le plus grand intérêt comme témoignage d'une fidélité au paulinisme, ils n'autorisent nullement à mettre leurs propos sur le même plan qu'un verset d'une épître paulinienne.

Précisons les choses. L'appel à un traitement critique des documents — et ils sont de genres fort différents pour le seul Nouveau Testament — ne fait pas peser une suspicion générale sur l'histoire du christianisme ancien. C'est la nature même de ces documents qui l'exige. Chaque série de documents réunis pour l'étude d'une question ou d'une période données se présente comme un puzzle dont certaines pièces manquent. Ce sont les « boîtes noires » de l'historien. À partir de ces pièces, diverses reconstitutions plus ou moins étendues sont envisagées : elles ne peuvent ni ne doivent combler obligatoirement les vides, mais les signaler clairement : « ici, nous ne savons pas ». Si une solution est proposée, elle doit rester problématique : « ici, nous avançons une hypothèse qui reste discutable ». Et plutôt que d'esquisser de grandes fresques quelque peu artificielles, mieux vaut ouvrir des dossiers limités qui sont l'objet de débats ou de synthèses précises. C'est ce que le lecteur trouvera dans les contributions rassemblées dans ce volume.

Enfin, il faut rappeler que tous nos documents sont le point d'aboutissement d'une longue histoire de transmission matérielle. Lorsque les exégètes fixent la date de rédaction d'un écrit, date parfois approximative mais fondée sur une solide argumentation, cela ne signifie pas que le texte de cet écrit que nous lisons est conforme à son état original. Prenons l'exemple des lettres de Paul. Les communautés destinataires les ont sans doute conservées, peut-être copiées pour les faire connaître à des communautés sœurs. Mais c'est vers 140 seulement que nous avons le premier témoignage de la composition d'un corpus des épîtres de Paul. Or les lettres de Paul n'ont à l'époque aucun caractère canonique et l'on décèle, dans certaines d'entre elles, quelques interpolations, un amalgame de diverses lettres ou la réunion de plusieurs billets. Une autre illustration du risque encouru dans la transmission des documents, comme de la liberté avec laquelle on les traitait, concerne le texte des Évangiles. En réponse à Celse qui accusait les chrétiens de « modifier le texte original des Évangiles trois ou quatre fois, voire davantage, afin de pouvoir ruiner l'argumentation de ceux qui le critiquaient », Origène constate, au début du IIIe siècle :

« C'est un fait évident aujourd'hui qu'il existe parmi les manuscrits une grande diversité, que ce soit dû à la négligence des scribes ou à l'audace perverse des gens qui corrigent le texte, ou encore au fait qu'il en est qui en ajoutent ou en enlèvent à leur gré, s'instituant eux-mêmes correcteurs. »

De Jean-Baptiste à Jésus

Ces deux personnages sont étroitement liés dans toute la tradition évangélique. Ils l'ont été dans l'histoire, mais leur relation ne s'inscrit pas dans le grandiose diptyque par lequel Luc ouvre son évangile : annonce divine de leur conception par deux cousines, naissances parallèles des deux fils, l'un de famille sacerdotale et l'autre pas, double prophétie concernant leurs destins respectifs. Luc traite en termes de parenté la proximité des deux futurs héros et construit, ce faisant, sa théologie de l'histoire : Jean est le dernier représentant des temps anciens, Jésus le premier d'une ère nouvelle. La proximité porte donc aussi la marque d'une séparation. Qui fut Jean-Baptiste et quelle fut sa relation avec Jésus ? En prenant en compte ce que Flavius Josèphe rapporte à propos de Jean et les éléments que la tradition évangélique livre par touches successives, voici ce que l'on peut avancer.

Jean mène une vie d'ascète dans le désert et annonce la venue imminente de Dieu pour juger son peuple. Pour « se concilier la faveur divine » (selon Josèphe), pour « échapper à la colère qui vient » (selon Matthieu et Luc), il appelle à la conversion et propose à tous « un baptême de repentance en vue de la rémission des péchés » (selon Marc). Josèphe précise au contraire que ce bain ne doit pas être reçu « en vue de la rémission de *certaines fautes*, mais pour la pureté du corps, *après que* vous aurez *purifié votre âme au préalable* par des œuvres de justice. » Les foules viennent à Jean pour cette purification nécessaire — sans sacrifice et hors du Temple — afin de se réconcilier avec Dieu avant le jugement.

Jésus vient au baptême de Jean qui, selon les Évangiles, aurait fait déclaration d'allégeance à Jésus : trait légendaire, car Jean-Baptiste annonçait la venue de Dieu et non d'un prophète, mais trait révélateur. En effet, au dire du quatrième Évangile, Jésus recrute ses deux premiers disciples, André et Pierre, dans le cercle des disciples du Baptiste, puis, après un court séjour en Galilée, revient en Judée où il baptise (ou laisse ses disciples baptiser) indépendamment de Jean et rallie plus d'adeptes que lui, ce qui inquiète les disciples du Baptiste. Il y eut, de manière certaine, une rivalité entre les deux groupes. Remonte-t-elle à cette période initiale ? On ne peut l'affirmer ; le quatrième Évangile peut aussi bien faire état, de manière anachronique, de débats contemporains entre chrétiens et baptistes, car de multiples sources attestent que des groupes vénérant le Baptiste et le considérant, pour certains, comme le Messie, ont perduré et poursuivi la polémique : qui, de Jésus ou de Jean, est « le plus grand » ? Jean, donc, est emprisonné par Hérode Antipas. Josèphe nous en donne les raisons : « Les foules étaient conquises par la chaleur des discours de Jean. Hérode eut peur. Il craignait que l'influence énorme que cet homme exerçait sur le peuple ne le poussât à fomenter une révolte [...] Se défiant de lui, Hérode le fit conduire chargé de fers à la forteresse de Machéronte. C'est là qu'il le fit mourir. » Ce bref récit, moins spectaculaire que celui de l'Évangile selon saint Marc, replace le mouvement de Jean-Baptiste dans l'histoire, celle des soulèvements de tous genres provoqués par des révoltés, tel Judas le Galiléen à la mort d'Hérode le Grand (père d'Hérode Antipas), ou par des « prophètes » illuminés qui ameutaient des foules dans l'attente de prodiges, ou encore par d'obscurs prétendants à la royauté. D'expérience familiale, les Hérodes préféraient prendre les devants. Le Baptiste arrêté, Jésus retourne en Galilée ; en venant auprès de Jean, il en avait approuvé la démarche. Aussi commence-t-il son activité publique en proclamant un message proche de celui de Jean : « Le temps est accompli et le Règne de Dieu s'est approché : convertissez-vous et croyez à la Bonne Nouvelle », sans appeler toutefois à un quelconque baptême. Jean s'en serait-il inquiété que sa mort mit fin à toute possibilité de rupture. La tradition évangélique, quant à elle, installa définitivement le Baptiste dans le rôle du Précurseur auquel on rend hommage, établissant du même coup la prééminence irrévocable de Jésus. Sauf à laisser quelques disciples nostalgiques de la période où ils entouraient leur maître au désert, l'entreprise de Jean se termine sur un échec.

Annonce de la fin des temps pour la génération présente, purification du cœur scellée par un rite baptismal, tel fut le projet de Jean auquel Jésus adhéra un temps. Il s'inscrivait à la fois dans le mouvement baptiste qui se développait en Palestine, en Syrie et jusque dans la Diaspora (comme en témoigne un texte juif des *Oracles sibyllins*), et dans le courant apocalyptique qui traverse le judaïsme de cette époque. Or les esséniens participent à ces deux courants et chacun pense aussitôt à Qumrân, si proche dans ce désert de Juda. Le débat est ouvert depuis cinquante ans et doit le rester, simplement en raison de la disproportion entre la documentation en provenance de Qumrân, abondante et interne, et celle, externe et si mince, que nous possédons sur la brève aventure du mouvement de Jean-Baptiste. Une intuition juste, lorsque l'on ne peut l'assortir que de comparaisons très générales, ne permet pas d'écrire l'histoire d'une filiation.

JÉSUS. Malgré le grand nombre de textes anciens qui mettent en scène Jésus ou parlent de lui, au premier rang desquels il faut placer les écrits qui ne prendront le nom d'Évangiles qu'au milieu du Ier siècle, ce qu'on peut avancer comme faits jalonnant la vie de Jésus se réduit à peu de choses. Juif de Palestine, né en 6 ou 7 avant notre ère, il a une trentaine d'années lorsqu'il apparaît dans le cercle des disciples de Jean-Baptiste puis en Galilée où se situe l'essentiel d'une brève carrière d'un an au moins ou d'un peu plus de deux ans. Il s'entoure de quelques disciples et parcourt la région, prêchant et pratiquant guérisons et exorcismes. Il rencontre la faveur populaire mais suscite aussi la méfiance des autorités. À l'occasion de la Pâque, il monte à Jérusalem vers l'an 30, est arrêté, condamné et crucifié, Ponce Pilate étant préfet de la province de Judée.

AU DÉPART, LA TRADITION ORALE. Nous avons déjà souligné la difficulté du traitement critique des documents d'origine chrétienne en général. Quelques précisions sont nécessaires à propos des Évangiles que Justin, vers 150, définit comme des « mémoires des apôtres ». Ils sont effectivement l'aboutissement d'un travail de mémoire et d'une mémoire qui resta seulement orale de longues années. Lorsque les premiers compagnons de Jésus eurent la conviction que leur maître avait vaincu la mort et était vivant à jamais, leur premier souci fut de le faire connaître en l'annonçant oralement et non de mettre par écrit leurs souvenirs d'un passé récent. Ils sont tous juifs et sont déjà pourvus d'une Écriture qui est leur référence : la Loi, les Prophètes et les Écrits. Il faut noter que cette situation durera jusqu'à la fin du IIe siècle :

lorsque Irénée parle de l'Écriture, il s'agit toujours des Écritures juives, alors qu'il connaît et cite les Évangiles, entre autres écrits chrétiens. La prédication des premiers témoins reste donc orale, comme celle de leur maître, d'autant plus qu'on attend son proche retour. L'attente durant, les souvenirs se multiplient, s'échangent, se précisent dans les groupes de fidèles et prennent la forme d'une mémoire orale collective, concernant d'abord la mort de Jésus et les témoignages sur sa résurrection — événement fondateur de la foi nouvelle qui constitue le fond même de la prédication — mais aussi l'enseignement et les actes de Jésus, chaque élément pouvant être recueilli en ses diverses formes. La mémoire collective orale se déplace dans l'espace — il suffit d'un voyageur en visite dans une autre communauté — et dans le temps : il faut alors transmettre, des anciens aux plus jeunes, de la première à la deuxième génération. Cependant, certaines traditions peuvent se mettre par écrit, que ce soit pour les besoins de l'enseignement ou pour leur utilisation liturgique. Les trois plus lointains exemples que nous possédions sont donnés par des textes de Paul. Le premier, datant de l'an 50, est un enseignement à propos de la résurrection des morts (1 Th 4, 15-17) introduit par les mots : « Voici ce que nous disons d'après une parole du Seigneur », dont on ne retrouve aucune trace ailleurs ; le deuxième texte est le récit du dernier repas de Jésus, dans une formulation liturgique déjà stable (1 Co 11, 23-25) qui sera reprise par l'Évangile selon saint Luc. Paul la fait précéder de la mention : « Voici ce que j'ai reçu du Seigneur et ce que je vous ai transmis », qu'il faut comprendre : j'ai reçu une tradition qui remonte au Seigneur et je vous l'ai transmise ; dans le dernier texte enfin, Paul rappelle le contenu de son évangile de la mort, de l'ensevelissement et de la résurrection du Christ en précisant après chaque terme « selon les Écritures », puis il énumère tous ceux qui ont bénéficié d'une apparition du Christ en faisant appel à la mémoire vivante des témoins. Là encore, il déclare : « Je vous ai transmis ce que j'avais reçu moi-même » (1 Co 15, 3-8). La lettre est datable de l'an 56. Voilà donc comment s'établit la chaîne de transmission pour la première génération, entre une mémoire des Écritures et une mémoire vive.

Une bonne part de la mémoire néanmoins reste encore transmise oralement et, le temps passant, la chaîne s'allonge. Certains pensent, en se fondant sur les pratiques de la mémoire dans l'Antiquité et dans le monde juif en particulier, que la transmission orale n'altère pas le fond ni la forme de la parole transmise. D'autres sont moins affirmatifs, selon qu'il s'agit de paroles isolées, de récits, de souvenirs fixés par un usage liturgique. Sans doute faut-il examiner chaque cas. Toute transmission comporte un risque d'écart. Avant de devenir texte des Évangiles, la mémoire vivante a couru ce risque trois fois : dans sa transmission orale, dans sa mise par écrit, partielle et morcelée (paroles de Jésus, souvenir de certains de ses actes), enfin et surtout dans les mises en forme diverses et successives qui ont abouti au texte, relativement fixe, des Évangiles. Ce qui n'a pas empêché les écrivains chrétiens des générations suivantes de construire quelquefois des lignes un peu trop directes de traditions remontant jusqu'à un apôtre, ou à un personnage qui aurait connu un apôtre, pour donner plus d'autorité à leur propre discours.

DES ÉVANGILES À LA GLOIRE DU CHRIST. Si la mémoire orale collective a été suscitée par la ferme assurance que Jésus crucifié était vivant et si cette foi était le premier objet de la prédication des apôtres, il fallait donc non seulement qu'ils exposent les faits et se produisent eux-mêmes comme témoins des apparitions, mais aussi qu'ils argumentent, qu'ils inscrivent l'extraordinaire événement dans une histoire plus longue, connue de leurs auditeurs, qu'ils donnent à leur maître un statut à la hauteur de l'intervention divine en sa faveur. Juifs s'adressant à des Juifs au sujet d'un Juif pendu au bois, ils disposaient de ce lieu de mémoire commune qu'étaient les Écritures, avec leur cortège d'hommes de Dieu et leurs archives d'oracles prophétiques, puis, au-delà, de toutes les spéculations messianiques élaborées en deux cents ans depuis le Livre de Daniel.

— Les Écritures étaient un gisement de mémoire disponible dans lequel a puisé la mémoire vive, dans un premier temps, pour enrichir son récit. Ensuite, un travail continu de la mémoire scripturaire, décelable par le nombre des références explicites ou allusives, se fait tel, qu'un véritable système d'interprétation se met en place, dont on voit qu'il ne peut être persuasif que pour des interlocuteurs possédant la même mémoire scripturaire. Seuls des Juifs étaient à même de saisir l'argumentation : Jésus, ses paroles et ses actes, mais surtout sa mort infamante et sa résurrection sont la réalisation d'un programme prophétiquement annoncé. Jésus, devenu Christ et Seigneur, est l'accomplissement des Écritures.

— De son vivant, Jésus a pu être considéré comme un prophète, comme un maître de sagesse ou comme un prodigieux thérapeute. Aucune de ces désignations ne pouvait convenir au Ressuscité. Il était exclu de faire allusion à une fonction royale, après la mention « roi des Juifs » écrite sur le *titulus* comme motif de sa condamnation, et c'eût été une provocation. L'auteur du Livre des Actes a composé un discours, mis dans la bouche de Pierre, qui illustre, en donnant une série de titres, bien d'autres choix possibles : Jésus y est nommé le *Serviteur (de Dieu), le Saint, le Juste, le Prince de la Vie, le Messie souffrant, le Christ qui vous est destiné, le Prophète (semblable à Moïse et annoncé par lui)* (Ac 3, 13-26). Dans l'usage, c'est le titre de Messie, de Christ, qui a été aussitôt retenu, malgré l'équivoque qu'il comportait en une période où se levaient tant de faux messies ; en revanche, il avait l'avantage d'être un adjectif (Oint) qui renvoyait à toute investiture pour une mission divine et s'appliquait donc bien à Jésus, considéré comme envoyé de Dieu. Mais Jésus sera nommé aussi couramment *le Seigneur* (appellation divine dans le judaïsme) pour signifier qu'il règne après sa mort, plus encore dans le syntagme Christ-Seigneur, symbole de la foi nouvelle : Christ est le Seigneur. Enfin, dès les lettres de Paul, le Christ est dit *Fils de Dieu*. Ce rapide et incomplet rappel permettra peut-être de comprendre un phénomène essentiel : la modification immédiate et complète de la représentation que les disciples ont de Jésus avec lequel ils ont vécu. Ils ne peuvent plus en parler qu'à travers la vision qu'ils ont désormais du Seigneur glorifié. Elle est leur grille d'interprétation du passé récent et métamorphose la mémoire vive : s'ils racontent ce que Jésus était, ils le disent en fonction de ce qu'il est pour eux à présent. Lorsque, trente ou quarante ans plus tard, la mémoire collective retravaillée sera mise en forme d'évangile, le processus est à son terme et l'interprétation à donner à l'œuvre entière est accordée d'emblée, puis verrouillée. Pour exemple, l'Évangile selon saint Marc, qui s'ouvre par ces mots : « Commencement de l'Évangile de Jésus-Christ, Fils de Dieu », fait reconnaître par Jésus lui même, en réponse à la question posée par le grand prêtre, qu'il est bien le *Messie, le Fils du Dieu béni* et le fait confirmer par le centenier qui déclare, à la mort de Jésus : « Vraiment, cet homme était Fils de Dieu » (Mc 1, 1 ; 14, 61-62 ; 15, 39). De manière semblable, l'Évangile selon saint Luc fait annoncer par l'ange Gabriel, avant même la naissance de Jésus, qu'« Il sera appelé Fils de Dieu » et achève curieusement la généalogie ascendante de Jésus : « fils de Seth, fils d'Adam, fils de Dieu » (Lc 1, 35 ; 3, 38).

Ces quelques observations expliquent la position de l'historien devant ces textes : pas de reconstitution, même partielle, qui ne soit aléatoire ; constant entrelacement, dans les Évangiles écrits plusieurs décennies après les événements, d'un passé raconté et d'un présent interprétatif ; narration très construite mais déconnectée des lieux, qui joue des effets de réel dans une temporalité décalée... On dirait d'une représentation théâtrale dont les scènes successives ne dévoilent pas la véritable intrigue, tandis qu'un chœur intervient pour lui donner sa cohérence en scandant : « Voici comment il faut comprendre ! » À la scène finale, l'historien s'arrête ; il reconnaît la foi en la résurrection de Jésus comme un fait d'histoire, mais la résurrection elle-même échappe à l'histoire. Au moins peut-il dire que si le message est clair, sa mise en récit, pourtant destinée à fonder les témoignages, reste problématique. Par exemple, le texte le plus ancien, cité précédemment (1 Co 15, 3-8), est, de par sa forme, un texte déjà traditionnel repris par Paul. Des témoins *encore vivants* y sont mentionnés qu'ignorent les Évangiles et réciproquement Paul ignore plusieurs récits d'apparition que connaissent les Évangiles. Qu'en est-il ? Doit-on imaginer, entre Jérusalem et Paul, une rupture dans la transmission de traditions aussi déterminantes pour la foi chrétienne ? Paul est-il à ce point inconnu des documents mémoriaux qu'ont utilisés les évangélistes ? Certains récits d'apparition ne seraient-ils que des constructions littéraires ?

JÉSUS CEPENDANT ? La quête du Jésus de l'histoire n'est pourtant pas abandonnée. Une proposition raisonnable a été faite, qui avait pour but de cerner, non pas la vie du Jésus historique, mais certains traits de ses paroles et de ses actes qui marqueraient sa singularité : ne retenir, dans le matériau traditionnel, que ce qu'on ne retrouve pas dans le judaïsme de son temps et ce qui ne reflète pas la christologie ni les préoccupations des communautés chrétiennes. C'était jouer sur la différence, mais aussi parier sur une continuité éventuelle entre Jésus et le message porté par ces mêmes communautés à travers les Évangiles. Les recherches qui en découlèrent furent sérieuses et intéressantes, tandis que les conclusions restèrent, comme il se doit, hypothétiques. Puis, la documentation renouvelée sur le cadre historique dans lequel a vécu Jésus a fait revenir au premier plan non plus les différences, mais les ressemblances. Du coup, le cadre s'en est trouvé redoré, mais le tableau n'a pas été restauré pour autant : on a seulement projeté sur le tableau tel ou tel reflet de la lumière du cadre. Tantôt Jésus est dit plus proche des maîtres pharisiens que de n'importe qui, tantôt il est excessivement tiré du côté de Qumrân et des esséniens. Enfin, depuis une quinzaine d'années, un vaste projet, mené aux États-Unis par des spécialistes reconnus, a repris la question des « paroles de Jésus » à partir d'un corpus élargi, avec raison, aux textes apocryphes chrétiens (et d'abord à l'*Évangile selon Thomas*), avec pour ambition de mesurer le degré de vraisemblance « historique » de ces logia. Il n'est pas question d'exposer ici les méthodes utilisées ni nos critiques sur leur mise en œuvre. Disons simplement que des ouvrages, nés de cette recherche mais qui n'engagent que leurs auteurs et non tous les membres du projet, tracent en conclusion de leurs analyses des portraits de Jésus pour le moins déroutants, dépendant évidemment des « paroles de Jésus vraisemblablement historiques » qu'ils ont retenues.

Pour l'un, il serait un paysan galiléen dont le message serait proche de celui des philosophes cyniques grecs ; pour un autre, Jésus serait plus un maître de sagesse que l'annonciateur du Règne de Dieu. L'horizon eschatologique est estompé sinon gommé.

Nous avons noté que, selon Marc, Jésus aurait commencé son activité publique par l'annonce d'un message proche de celui du Baptiste : proche, mais non identique ; non pas « Dieu va venir... », mais « le Règne de Dieu s'est approché... », et le deuxième Évangile s'attache à montrer que les signes de ce Règne sont déjà présents aussi bien dans le discours que dans les actes de Jésus, doté d'une autorité qu'il tient de sa relation avec Dieu qu'il appelle son père. Alors, maître de sagesse ou messager divin ? L'historien s'en tient à quelques remarques.

— Lorsque Jésus nous est présenté comme parlant avec autorité, au sujet de la Torah notamment, il semble qu'on puisse l'inscrire dans une tradition prophétique plutôt que dans la lignée des interprètes de la Loi. Pleinement juif, il ne remet pas en cause la Loi écrite fondamentale et retient le critère donné par la Loi elle-même : « Vois ! J'ai mis aujourd'hui devant toi la vie et le bien, la mort et le mal. » La distinction entre pur et impur, inscrite dans la Loi, doit donc être respectée. Mais comment accomplir un acte « pur » avec un cœur « mauvais », comment, au nom de la pureté et du respect d'un précepte, refuser le geste qui sauve ? Jésus a pu reprendre ou retrouver la ligne prophétique qui jugeait insuffisante la seule manifestation extérieure d'un rite ou d'un précepte, rejoignant aussi la position d'autres maîtres juifs de son temps.

— Il existe un autre critère pour repérer au moins les points sur lesquels la tradition évangélique a pu conserver avec quelque chance de fidélité certains aspects de l'enseignement ou du comportement de

Jésus. Pourquoi a-t-elle rapporté des propos et des usages qui n'ont pas été confirmés par les faits ou que les communautés chrétiennes n'ont pas respectés ? Donnons-en deux exemples. 1) Les Évangiles synoptiques rapportent, quarante ou soixante ans plus tard, des déclarations de Jésus sur la fin du monde et le jugement annoncés pour la génération présente. La fin n'est pas venue mais son attente est demeurée vive dans les premières générations chrétiennes (Paul en témoigne). Pourquoi la tradition évangélique aurait-elle prêté à Jésus une annonce qui n'a pas été confirmée, au risque d'en faire un faux prophète ? 2) Les quatre Évangiles s'accordent pour dire que Jésus se désignait lui-même comme « Fils de l'homme », tantôt au sens banal, plus souvent par référence au personnage céleste du Livre de Daniel, à moins qu'il n'ait parfois parlé d'une autre figure à venir. Or ni les communautés anciennes ni l'Église à leur suite n'ont utilisé l'expression pour parler de Jésus ou du Christ. De deux choses l'une : ou bien la tradition orale était si bien établie que les Évangiles l'ont simplement transmise ; ou bien les Évangiles auraient choisi de présenter ainsi Jésus en l'absence de toute tradition, voire contre l'usage des communautés. Ce qui serait étrange. Dans les deux cas, on peut au moins déceler le poids dont a pesé la représentation danielique, et son personnage eschatologique, modèle de tant d'autres scènes dans les textes apocalyptiques écrits pendant plus de deux siècles.

Jérusalem : une communauté qui devient Église

À la mort de Jésus, son entreprise semble avoir abouti à un échec. Cependant, la foi en sa résurrection, affirmée au nom d'apparitions dont ils se disent témoins, rassemble ses fidèles — ses disciples, quelques femmes, des membres de sa famille. Ils vont poursuivre son œuvre sur l'ordre, nous dit-on, du Ressuscité. Tout se passe à Jérusalem et nous n'avons, pour ces tout premiers temps, d'autre source que le Livre des Actes, ouvrage qui reconstruit l'histoire comme une épopée d'un christianisme uni dont les héros savent résoudre avec sagesse tout risque de différend entre eux et conjuguer leur énergie pour annoncer le nouvel évangile : le Christ est ressuscité, sa mort et sa résurrection sont l'accomplissement de ce que les Écritures avaient elles-mêmes annoncé, pour peu qu'on sache les lire. Les renseignements que nous livrent les Actes sont donc à examiner avec beaucoup de prudence. Nous nous limiterons ici à quelques points essentiels pour une histoire qui reste problématique.

UN GROUPE JUIF QUI S'ORGANISE. Premier étonnement, pourquoi ces Galiléens viennent-ils s'installer à Jérusalem ? Ils y courent plus de risques. Est-ce parce que la capitale doit être le lieu des événements eschatologiques annoncés par Jésus ? Ou celui que choisira Jésus pour son retour glorieux ? Rien ne nous le précise, mais, pour l'auteur des Actes, c'est évidemment le centre idéal, symbolique autant que pratique, à partir duquel va rayonner la foi nouvelle.

Le groupe s'organise. Quelques notices nous indiquent comment : mise en commun des biens vendus pour satisfaire aux besoins de tous (fut-ce une première nécessité pour ces provinciaux s'installant dans la cité, puis une règle ?) ; l'enseignement des apôtres, la prière, les repas pris en commun, la présence quotidienne au Temple rythment les jours. Les nouveaux adeptes sont admis dans le groupe des « saints » par un baptême « au nom de Jésus-Christ ».

Sans doute les disciples de la première heure n'ont-ils pas cherché d'autre rite d'entrée dans leur groupe restreint que ce baptême qu'ils avaient connu dans l'entourage de Jean-Baptiste (la légende ultérieure attribuera cette pratique à un ordre du Ressuscité). D'ailleurs, il est impossible de connaître en ces débuts l'influence réelle du groupe et de son témoignage : les Actes donnent le chiffre invraisemblable de trois mille, puis cinq mille nouveaux croyants en l'espace de quelques jours et, plus tard, d'une multitude de prêtres. Il est plus probable que le nombre des ralliements fut plus modeste et que la petite communauté ne s'élargit que progressivement. On aura noté au passage les traits qui ont fait penser à une organisation, certes moins stricte, de type essénien : pratique baptismale, biens en commun, repas en commun, direction assurée par douze hommes (après le remplacement de Judas par un obscur Matthias).

Les Douze, en effet, disciples devenus apôtres, c'est-à-dire envoyés, mandatés par le Ressuscité pour l'avoir suivi pendant sa vie et l'avoir vu après son retour à la vie, dirigent le groupe. Les Actes mettent Pierre au premier plan : c'est lui qui parle, qui administre, qui incarne la fonction apostolique. Jean apparaît auprès de lui plusieurs fois, toujours en témoin muet. La tâche essentielle est la prédication à l'extérieur du cercle des croyants, que les Actes dénomment assez vite « l'Église » (d'un mot grec désignant l'assemblée des citoyens dans les cités grecques, également employé dans la Septante pour traduire l'hébreu « assemblée de Yahvé », c'est-à-dire l'assemblée du peuple d'Israël au désert). Les récits des Actes nous décrivent un Pierre grand orateur, courageux, hardi même, arrêté avec Jean, parlant haut devant le Sanhédrin, battu de verges ainsi que son compagnon. Il reste de ce tableau que Pierre eut peut-être un rôle particulier, puisqu'il est donné comme le seul parmi les apôtres à être sorti de Jérusalem pour une visite d'inspection dans la plaine côtière. Il demeure aussi que la prédication du nouvel évangile fut faite avec assez d'audace pour entraîner la mort violente de plusieurs.

LES HELLÉNISTES. Ce groupe apparaît on ne sait exactement quand dans la communauté jérusalémite. Dans le premier récit qui leur est consacré, ces Juifs hellénisés et hellénophones, issus de la Diaspora et venus à la foi au Christ, auraient eu un différend avec les « Hébreux » à propos d'un incident mineur : l'oubli que l'on aurait fait d'apporter à leurs veuves l'aide quotidienne qui leur était due. L'affaire est vite réglée : on leur confie le service des tables. La réalité a été sans doute tout autre et l'antagonisme plus profond. En effet, les hellénistes se révèlent être des prédicateurs aux idées extrêmes que ne pouvaient partager les Douze. Étienne, l'un des hellénistes, accusé par d'autres Juifs de la Diaspora de blasphème « contre Moïse et contre Dieu », aurait été conduit au Sanhédrin, devant lequel il se serait livré à une si violente critique des sacrifices et du Temple qu'il aurait été jeté dehors et lapidé. À moins que cette mise en scène ne soit construite par l'auteur des Actes pour exposer, dans un long discours de son cru, ce qu'il savait de la position des hellénistes, auquel cas Étienne aurait été simplement lynché. La réaction des autorités juives, censée s'abattre alors sur l'Église de Jérusalem, ne touche en fait que les hellénistes qui se dispersent et vont poursuivre leur activité en Samarie et en Judée. Les apôtres, eux, demeurent à Jérusalem et ne sont pas inquiétés. Cette première cassure, révélée par un affrontement entre Juifs de la Diaspora, laisse entrevoir la constitution de tendances diverses au sein de la première communauté. Malgré une foi commune, la position des hellénistes était incompatible avec celle de leurs frères palestiniens et elle touchait à un point capital : Juifs les uns et les autres, ils n'avaient pas la même conception de ce qu'était leur religion commune : première manifestation d'une divergence qui va resurgir bientôt.

DES GROUPES ESSAIMÉS. Nés de l'activité des hellénistes ou formés de croyants ayant quitté Jérusalem, de petits groupes de disciples prennent corps en Samarie et en Judée. L'Église de Jérusalem envoie Pierre et Jean en Samarie, où les deux apôtres officialisent les conversions accomplies par l'helléniste Philippe. Un peu plus tard, Pierre va visiter les « saints » à Lydda, puis à Jaffa où il demeure quelque temps. C'est là qu'il reçoit d'un centenier « craignant-Dieu », résidant à Césarée, un appel le pressant de venir l'instruire. Une vision, selon les Actes, a heureusement préparé Pierre à vaincre ses réticences à avoir un contact avec un non-Juif. Il se rend donc chez le centenier, et à peine achève-t-il son exposé sur la foi que l'Esprit Saint descend sur son auditoire que Pierre ne peut que baptiser. Toujours selon les Actes, Pierre serait ainsi le premier a avoir fait entrer parmi les « saints » un incirconcis et toute sa maison et aurait dû s'en justifier longuement à son retour. On voit que les Actes prennent soin de faire de l'Église de Jérusalem le centre qui contrôle toute activité. Mais, plus encore, l'auteur du livre veut prouver par ce récit que la prédication de l'Évangile aux non-Juifs est un projet qui vient de Dieu dont Pierre est l'instrument. On ne pourra donc pas reprocher à Paul de faire ce que Pierre a déjà fait avant lui.

BOULEVERSEMENTS DANS L'ÉGLISE DE JÉRUSALEM. Sans qu'on en connaisse la raison précise, Hérode Agrippa Ier, roi de Judée et de Samarie depuis l'an 41, fit décapiter l'un des Douze, Jacques, le frère de Jean, renouvelant le geste de son père envers le Baptiste. Puis il fait arrêter Pierre qui, miraculeusement délivré, disparaît. Il n'est plus à la tête de l'Église de Jérusalem et semble ne plus y revenir que pour la réunion consacrée à la question de l'acceptation des non-Juifs dans les Églises. C'est désormais Jacques, le frère de Jésus, qui devient le chef de l'Église de Jérusalem. À ce propos, on parle à juste titre de succession dynastique, qui se poursuivra d'ailleurs après lui. Une tradition conservée par Eusèbe le décrit comme un ascète observant scrupuleusement la Loi, admiré du peuple pour sa piété. Au long des dix-huit années pendant lesquelles il exerça sa charge, il s'appliqua, en s'appuyant sur un groupe d'« anciens », à maintenir l'unité de toutes les églises locales dont le nombre se multipliait, en faisant fermement reconnaître l'autorité de l'Église de Jérusalem. S'il a accepté un compromis sur les conditions à poser à la conversion des incirconcis, ce fut comme une exception pour faciliter l'intégration d'une minorité dans des communautés à majorité juive. Mais il se montra intraitable sur toute entorse au compromis lorsque la minorité devint majorité. Ce fut le cas à Antioche, où Pierre et Barnabas acceptèrent la communauté de table avec les non-Juifs mais changèrent d'attitude sous la pression d'envoyés de Jacques comme le raconte Paul (Ga 2, 11-15). À combien plus forte raison Jacques ne pouvait-il imaginer des communautés s'autorisant à ignorer les règles fixées ! Sa mort en 62 est rapportée par Josèphe et plus tard par Eusèbe d'après les *Mémoires* d'Hégésippe. Selon Josèphe, Jacques fut condamné par le Sanhédrin pour avoir violé la Loi mosaïque, puis lapidé avec certains autres. L'Église de Jérusalem était désorganisée. Avertis par un oracle, ses membres, dit Eusèbe, quittèrent la ville dès avant la guerre pour se réfugier à Pella dans la Décapole. Après la ruine de la ville, les réfugiés rentrèrent et, toujours selon Eusèbe, nommèrent un cousin de Jésus à la succession de Jacques. Mais les temps avaient changé et l'Église de Jérusalem ne retrouva ni son influence ni son autorité sur les autres Églises.

Cet aperçu laisse bien des questions en suspens :

— Une chose est certaine : nul n'a songé, pendant ces vingt-cinq ou trente premières années, à constituer comme une nouvelle forme religieuse le mouvement né de la foi en Jésus. Il est vécu et perçu comme un courant juif parmi d'autres. Il n'est même pas encore une dissidence. S'il est exact qu'on a donné, à Antioche, le nom de « chrétiens » aux adeptes du mouvement, on ne peut pas parler de christianisme, pas même de christianisme juif.

— En revanche, c'est un courant qui recouvre une grande diversité. Il rassemble en effet des Juifs palestiniens, galiléens et judéens, et des Juifs originaires de différents lieux de la Diaspora ; des cercles se constituent en fonction d'une communauté d'origine, de passé, de culture, de langue, d'attachement particulier ou non à tel aspect de la pratique religieuse. Ces cercles, par ailleurs, ne sont pas constants : devant une difficulté, un problème nouveau, des regroupements se font et se défont, entraînant des alliances provisoires ou des éloignements définitifs. Enfin, des groupes sont liés aux principaux responsables pour leur apporter leur soutien mais aussi pour se réclamer de leur autorité, tels les « anciens » auprès de Jacques. Pierre fut soutenu par d'autres apôtres. Paul eut des partisans. On s'est demandé si le silence persistant de Jean, selon les Actes, ne voilait pas l'existence d'un groupe qui lui serait attaché et serait resté en retrait.

— Les hellénistes, fondateurs de l'Église d'Antioche, ne constituent pas non plus un groupe unanime ; seuls quelques-uns d'entre eux se sont adressés d'abord aux non-Juifs. La majorité semble avoir été sensible aux avis provenant de Jérusalem. Barnabas, qui avait travaillé avec Paul, se retrouve plus proche de Pierre que de Paul dans l'affaire de la communauté de table avec les incirconcis.

— Pierre a-t-il tenu le rôle que lui donne le Livre des Actes ? Même si le trait est forcé, il reste vraisemblable que le premier noyau de la communauté à Jérusalem s'est formé autour des disciples de Jésus. Pierre, Jacques et Jean, les fils de Zébédée, en ont pris la responsabilité. Jacques, le frère de Jésus, ne l'avait pas suivi ; son ralliement est tardif, il ne s'imposera que peu à peu et du fait des circonstances, notamment lorsqu'on débattra à Jérusalem des conditions d'entrée des non-Juifs dans les Églises.

— L'adhésion de non-Juifs à la foi au Christ aurait de toute façon rencontré, dans l'Église de Jérusalem comme dans d'autres, l'hostilité des Juifs chrétiens les plus exigeants sur le respect de la Loi. La foi des convertis n'est pas en cause, chacun ne peut que s'en réjouir. La réticence qui s'exprime est plutôt le signe d'une lucidité quant à la possibilité, non pas de croire ensemble, mais de vivre en commun dans une Église entre circoncis et incirconcis, puisqu'il y aurait une inégalité entre les participants au détriment des circoncis. Car la circoncision est signe d'appartenance à l'Alliance (on dit en hébreu l'*Alliance de la circoncision*) et se convertir à la foi au Christ c'est entrer dans un mouvement juif. C'est la logique de ce raisonnement contre laquelle s'insurge Paul. Sur les pratiques de table, on peut trouver des accommodements, et Paul sait en accepter, à condition de maintenir le principe d'une table commune, alors que d'autres envisagent des tables séparées.

Paul le Juif et les Gentils

Nous avons pour principale source documentaire un ensemble de treize lettres attribuées à Paul. Sept d'entre elles sont retenues par la critique comme « authentiques », quoique l'on discute encore de l'intégrité de certaines d'entre elles. Le Livre des Actes consacre quinze chapitres au récit de ses voyages missionnaires. Nous devrions donc être parfaitement renseignés sur la vie de Paul. Or Paul ne livre que très peu de détails autobiographiques. Qu'on en juge : il ne fait aucune allusion dans ses lettres ni à Tarse, sa ville d'origine, ni à sa citoyenneté romaine, ni à Gamaliel qu'il aurait eu pour maître ; il est plus que discret sur sa conversion et, lorsqu'il précise qu'il a passé trois années de sa vie en Arabie, il ne souffle mot de ce qu'il y a fait. Les biographies courantes de Paul combinent donc la totalité des éléments, quelle qu'en soit la provenance, mais surtout elles comblent les trous. Par exemple, pour tous ses biographes, Paul est allé en Arabie pour faire ses essais de prédicateur ou pour annoncer l'Évangile. Nous n'en savons rien. On peut même avancer que Paul nous laisse dans une ignorance presque totale pour les quinze années qui ont suivi sa conversion, sinon la mention de lieux où il passe ou réside. Si l'on se reporte aux Actes, on voit que c'est une période au cours de laquelle Paul est constamment en fuite : à Damas, il échappe à un complot des Juifs de la ville en fuyant de nuit et part pour Jérusalem. Là, ce sont des hellénistes qui veulent sa mort ; les « frères » le conduisent à Césarée et le font partir pour Tarse, où il va rester plusieurs années. Dans l'une de ses lettres, Paul raconte, contrairement aux Actes, qu'il a fui de Damas car l'ethnarque d'Arétas, roi d'Arabie, cherchait à l'arrêter. Qu'avait-il fait en Arabie pour être poursuivi jusqu'à Damas ? Que fuyait-il ? Était-il vraiment poursuivi ? les Actes donnent-ils le change en mentionnant des poursuivants différents ? Les Juifs de Damas étaient-ils aussi des hellénistes ? Le moins qu'on puisse dire, c'est que Paul, dès ses débuts, n'est pas bien accueilli où qu'il aille.

AUTOBIOGRAPHIE. C'est la lettre aux Galates qui nous offre le plus de renseignements, qui ne sont pas toujours aisés à interpréter. Sa conversion d'abord à Damas : « Lorsque Celui qui m'a mis à part dès le sein de ma mère et m'a appelé par sa grâce a jugé bon de révéler en moi son fils afin que je l'annonce parmi les nations.... » (Ga 1, 15). (Ailleurs, Paul exprime cette révélation en termes de vision : « En tout dernier lieu, il m'est aussi apparu à moi... » ; « N'ai-je pas vu le Seigneur ? ») Au-delà de la réserve sur un événement aussi intime que décisif, on notera que Paul fait remonter l'origine de sa mission au moment même de la révélation qui lui est accordée. Il poursuit : « Aussitôt, sans recourir à la chair et au sang, ni monter à Jérusalem auprès de ceux qui étaient apôtres avant moi, je suis parti pour l'Arabie, puis je suis revenu à Damas. Trois ans après, je suis monté à Jérusalem pour faire la connaissance de Céphas et je suis resté quinze jours auprès de lui, sans voir cependant aucun autre apôtre, mais seulement Jacques, le frère du Seigneur. » Une vingtaine d'années après les faits, ce rappel a quelque chose de touchant : de ce qui fut une solitude choisie par crainte de ne pas être accepté par ceux-là mêmes qu'il avait poursuivis de son « zèle », Paul fait argument auprès des Galates pour souligner sa totale indépendance vis-à-vis des autorités jérusalémites. « Ensuite, je me suis rendu dans les régions de Syrie et de Cilicie. » La Syrie, c'est sans doute Antioche, où l'Évangile a été annoncé pour la première fois à des Grecs, selon les Actes. Quant à la Cilicie, ce doit être Tarse où Paul reste trois ans, sans que nous ayons aucun renseignement sur ce qu'il y fit.

RÉAPPARITION DE PAUL. Barnabas, envoyé par Jérusalem pour s'assurer que l'entrée de nouveaux croyants grecs dans l'Église d'Antioche n'entraînait pas de dérive, vint chercher Paul à Tarse. Ils travaillèrent ensemble pendant un an puis furent envoyés en mission par l'Église d'Antioche. C'est pour Paul le début d'une activité qui n'aura pas de cesse. Il serait sans intérêt de reprendre ici les circuits suivis par Paul tels que les Actes les établissent; constatons que, pendant vingt-quatre ans, ses pérégrinations vont le mener de plus en plus loin de son point de départ, comme si ce Juif de la Diaspora avait mesuré dès le commencement les possibilités d'ouverture offertes par le monde romain à l'annonce du salut que le Dieu d'Israël venait de donner à son peuple et, au-delà, à tous. Encore fallait-il expliciter comment et pourquoi un temps s'ouvrait où devaient tomber toutes les barrières qui séparent les hommes des autres hommes, d'une part, et tous les humains de Dieu, d'autre part. La lecture de ses lettres montre qu'il y travaille sans cesse, même quand il doit répondre à des problèmes très concrets posés par une communauté ou à des attaques qui risquent de mettre en cause « son » évangile. Sa lettre aux Romains dresse le bilan de cette réflexion élaborée tout au long de ses années d'enseignement. Pour mener à bien cet immense projet, Paul avait besoin de l'appui des Églises et surtout de la reconnaissance de sa mission par l'Église de Jérusalem. Paul raconte comment, au retour d'un voyage, il monte à Jérusalem accompagné de Barnabas et de Tite, un

Grec incirconcis, pour exposer aux dirigeants le contenu de sa prédication auprès des païens. Malgré des « faux frères qui s'étaient insinués », Tite n'est pas contraint à la circoncision, et un accord est fait : Pierre ira vers les circoncis et Paul vers les incirconcis (Ga 2, 1-10).

LA RUPTURE. Paul rentra à Antioche satisfait : il avait les mains libres. Toutefois, peu de temps après (sans doute en 50), Pierre vient à Antioche et Paul assiste à une scène qu'il relate ainsi : « Avant que soient venus des gens de l'entourage de Jacques, Pierre prenait ses repas avec les païens ; mais, après leur arrivée, il se déroba et se tint à l'écart, par crainte des circoncis ; et les autres Juifs entrèrent dans son jeu de sorte que Barnabas lui-même fut entraîné dans leur hypocrisie [...] je dis à Céphas devant tout le monde : Si toi qui es juif, tu vis à la manière des païens et non à la juive, comment peux-tu contraindre les païens à se conduire en Juifs ? » C'est la rupture avec Pierre, avec Barnabas et avec l'Église d'Antioche, inévitablement aussi avec Jacques et l'Église de Jérusalem. Paul se retrouve seul et marginalisé. Désormais, il va choisir et former ses compagnons, fonder, dans les provinces d'Asie, de Galatie, de Macédoine et d'Achaïe une dizaine d'églises d'incirconcis qui ne sont plus greffées sur les synagogues. Jugeant qu'il n'a plus de champ d'action, il a le projet d'aller en Espagne en passant par Rome, comme il l'écrit dans la lettre qu'il adresse aux Romains. Mais auparavant, il veut, entouré d'une délégation de « ses » églises, monter à Jérusalem pour porter les fonds de la collecte qu'il a organisée et surtout tenter à nouveau de faire reconnaître son œuvre par l'Église de Jérusalem. La suite ne nous est connue que par les Actes. À peine arrivé (probablement en 58), il est reçu par Jacques et les « anciens » qui l'écoutent mais lui demandent de manifester son attachement à la Loi en allant au Temple accomplir un rite de purification. Quant aux païens devenus croyants, il n'y a rien à négocier : on leur a déjà écrit les décisions prises à Jérusalem. C'est l'échec complet. Paul se rend au Temple, est reconnu et va être lynché. Sauvé par des soldats romains, il est mis en prison. C'est comme prisonnier qu'il ira à Rome. Il y mourra (probablement vers 64).

— Doit-on voir dans cette rupture l'indice d'une séparation du mouvement chrétien d'avec le judaïsme ? Certainement pas. La mise à l'écart de Paul peut marginaliser un temps les Églises composées de seuls incirconcis, non pas les exclure de la communion fraternelle. Ces Églises peuvent aussi se plier à l'injonction qui leur est faite d'appliquer les décisions prises à Jérusalem pour régler le problème de la communauté de table : s'abstenir de consommer les viandes sacrifiées aux idoles et les viandes non saignées ; s'abstenir de contracter des unions illégitimes (c'est le sens probable de cette interdiction). Somme toute, ces obligations ne sont pas si lourdes. Paul n'avait-il pas dit aux Corinthiens, à propos des viandes sacrifiées aux idoles (1 Co 8, 1-19), que la règle est de s'abstenir plutôt que de scandaliser un frère ? Peut-être Jacques s'est-il révélé bon politique en arbitrant entre des positions extrêmes pour éviter que la circoncision ne soit exigée.

— Il faut ici redire que l'existence de tendances et de dissensions internes ne fait pas sortir le « mouvement de Jésus » de la demeure religieuse qu'est le judaïsme. Ni Jacques, ni Pierre, ni Paul, ni les autres Juifs ralliés à la foi ne se pensent autrement que comme Juifs de plein droit « croyant au Christ ». Ils vont au Temple, prennent la parole dans les synagogues *et* se réunissent en église, comme les pharisiens vont au Temple *et* se réunissent à la synagogue. Certes, l'entrée des Gentils dans les communautés fait problème : le statut à leur donner est l'objet de graves divergences. Mais les synagogues de la Diaspora ont, elles aussi, connu de mêmes difficultés. En tout cas, la position constante de Paul est que sa foi au Christ s'inscrit naturellement et nécessairement dans la fidélité au Dieu de ses pères et à la tradition juive et qu'il en est de même pour ceux qu'il a conduits au Christ. Il le dit maintes fois sous des formes différentes : « Ce sont ceux qui croient qui sont fils d'Abraham. » C'est ce qu'il a enseigné à toutes les Églises qu'il a fondées ou visitées et l'on imagine mal qu'elles puissent subitement en perdre la mémoire. La venue des païens à la foi au Christ, leur entrée dans une communauté ne sont possibles que parce que le judaïsme existe d'abord, et que c'est d'Israël qu'est issu le Christ. Lorsque, dans sa lettre aux Romains, Paul expose longuement sa doctrine de la justification par la foi — c'est-à-dire : Dieu acquitte gratuitement tout croyant —, il en fait l'objet même de l'évangile qu'il annonce : « Cet évangile est puissance de Dieu pour le salut de quiconque croit, du Juif d'abord, puis du Grec. C'est en lui, en effet, que la justice de Dieu est révélée, par la foi et pour la foi, selon qu'il est écrit : *Celui qui est juste par la foi vivra.* » Dans un autre développement de la même épître, Paul s'interroge sur le fait qu'Israël n'a pas accueilli l'Évangile et l'explique : si Israël a trébuché, il n'est pas rejeté. Son faux pas ouvre un espace de temps qui permet aux païens d'accéder à l'Évangile. Mais, à la fin, tout Israël sera sauvé : « Du point de vue de l'élection, ils sont aimés, et c'est à cause des pères. Car les dons et l'appel de Dieu sont irrévocables. »

Des Églises en dissidence

Les désaccords internes ne sont pourtant pas à l'origine des bouleversements que vont subir les Églises dans la période qui suit.

DES ANNÉES TRAGIQUES. Depuis l'an 58, Paul est prisonnier, et les Églises qu'il a fondées sont dans l'attente de ses nouvelles. Elles apprendront un jour qu'il est mort à Rome. Nous ne savons pas dans quelles conditions, sans doute après le procès qu'il avait réclamé, en 64 au plus tôt. Il est encore vivant lorsqu'en 62 Jacques, le frère du Seigneur, est lapidé dans les conditions que nous avons rappelées. L'Église de Jérusalem est décapitée. La communauté s'est-elle dispersée aussitôt après la mort de Jacques ? Nous ne le savons pas, non plus que la véritable accusation dont Jacques à fait l'objet : viol de la Loi, dit Josèphe, ce qui ne correspond pas à la réputation de grande piété que rapporte à son sujet le même Josèphe. Selon Hégésippe, on aurait demandé à Jacques de renier le Christ, et il aurait répondu : « Pourquoi m'interrogez-vous sur le Fils de l'homme ? Il est assis au ciel à droite de la Grande Puissance... », déclaration qui aurait entraîné sa mise à mort. Eusèbe enfin, qui rapporte le récit d'Hégésippe, a sa propre vision des choses : Paul ayant échappé au piège tendu par ses adversaires (émeute au Temple et tentative de lynchage), ces derniers « tournèrent leur fureur contre Jacques et devant tout le peuple lui demandèrent de renoncer à la foi au Christ ». En un mot, les positions subversives de Paul auraient dressé des Juifs zélés contre la foi chrétienne en général, fût-elle incarnée par ce Juif si pieux qu'était Jacques, et peu importait, dès lors, ce dont on l'accusait. Étrange retournement suggéré par Eusèbe : Jacques qui s'est opposé à Paul pour maintenir les observances juives dans toutes les Églises, Jacques meurt en lieu et place de Paul. Il meurt à Jérusalem, dans le Temple (selon Hégésippe) et de la main de ses frères juifs (ose-t-on prolonger ?)... tandis que Paul meurt dans la capitale d'un empire païen, de la main de ces païens vers lesquels il se disait envoyé.

Jacques était une des « colonnes » de l'Église, comme l'écrivait Paul. Dans cette crise, où sont les deux autres colonnes, Pierre et Jean ? Pour Pierre, nous n'avons aucune information précise. Des traditions ultérieures et qui se recoupent font état de la mort de Pierre à Rome (en 64 ou en 67 ?). Pierre pourrait donc être dans la capitale dès 62 (sans tenir aucun compte des légendes qui le font séjourner à Rome pendant vingt-cinq ans). De Jean, nous ignorons tout pour cette époque. À la fin du IIe siècle, Irénée de Lyon, d'origine asiate, rapporte une tradition selon laquelle Jean vivait encore à Éphèse sous le règne de Trajan (98-117). En l'absence de tout apôtre et devant la gravité des événements, l'Église de Jérusalem a été à ce point désorientée que, selon Eusèbe qui est ici notre seule source, les rescapés ont attendu huit années pour donner un successeur à Jacques en la personne de Siméon, qu'on disait cousin de Jésus.

Le meurtre de Jacques se situe dans un contexte de violences qui agitent Jérusalem depuis plusieurs années. Selon Flavius Josèphe, Félix étant procurateur de Judée (52-60), les grands prêtres auraient soulevé « des troubles contre les prêtres et les premiers du peuple » dans la ville qui se trouve livrée à l'anarchie. Gessius Florus, successeur de Félix, réprime une agitation en faisant crucifier des Juifs (66). Les troubles gagnent Césarée puis l'ensemble du pays et, en septembre 66, un gouvernement insurrectionnel est instauré à Jérusalem. C'est le début de la « Guerre juive », racontée tout au long par Josèphe. Il faut presque trois ans à Vespasien pour reconquérir la Galilée, puis la plaine côtière et la vallée du Jourdain (dont Qumrân, comme l'atteste l'archéologie du lieu) et enfin la Judée. Les insurgés se maintiennent à Jérusalem et dans trois places fortes : l'Hérodion, Massada et Machéronte. Jérusalem est assiégée. Vespasien devenu empereur, c'est Titus qui investit Jérusalem, dans laquelle il entre quatre mois après, dans l'été 70. Les Romains ne pénétreront à Massada qu'en 74, après le suicide de ses derniers défenseurs. Le pays est exsangue : des morts sans nombre, des milliers de prisonniers, la ville en ruine, le Temple incendié, ses ustensiles sacrés illustrant à Rome le triomphe des vainqueurs (en 71), le trésor pillé, les campagnes ravagées.

On notera que l'Église de Jérusalem a pris ses distances. Si elle a bien quitté la ville, comme le rapporte Eusèbe, « avant la guerre [...] de telle sorte que les hommes saints abandonnèrent complètement la métropole royale des Juifs et toute la terre de Judée », les fidèles du Christ se seraient donc désolidarisés du sort de leur peuple. De l'Église d'Antioche en ces jours-là, nous ignorons comment elle se comporta. Josèphe rapporte qu'après l'insurrection, dans toute la Syrie, dans chaque ville, la population juive fut massacrée. Il est possible que la communauté chrétienne, fondée par les Juifs hellénistes, n'ait pas été distinguée du reste de la population juive. Devant ce désastre général, quelle fut la réaction ? Avant même que la désolation ne fût à son comble, un *tanna* pharisien, un docte juif, un des maîtres de la tradition orale du nom de Yohanan ben Zakkaï, désapprouvant l'acharnement mortel des insurgés, parvient à quitter Jérusalem et obtient de Vespasien, qui le lui accorde en tant que « rallié », de gagner Yabné où existait déjà un centre d'études. Yohanan en fait une académie qu'il développe en quelques années au point d'en faire le lieu de survivance d'une autorité en matière de loi pour l'ensemble du judaïsme, créant en terre de Judée un conseil reprenant, pour partie, le rôle du Sanhédrin et parvenant progressivement à réguler la pratique religieuse juive, sur le fondement de la tradition pharisienne qui se donnait comme remontant aux prophètes, via Siméon le Juste et la Grande Assemblée. Par la suite, de nombreuses académies, notamment galiléennes (Safed), prendront part à la remise en ordre des traditions et à la précision des prescriptions. C'est à Yabné qu'on se rallie définitivement aux interprétations plus souples de Hillel en matière de Halakhah (ensemble des règles de conduite de la vie ordinaire, religieuse et juridique). Bref, à partir de l'initiative de Yohanan ben Zakkaï, le judaïsme entreprend de refaire patiemment son unité — le Temple n'étant plus le centre par excellence — autour de l'enseignement et de la pratique de la Torah, particulièrement de la Torah orale.

Comment les communautés du « mouvement de Jésus » firent-elles face à la situation nouvelle ? Aucun document ne nous le fait savoir, alors que toutes sont proches des synagogues de la Diaspora (il suffit de placer la carte des implantations chrétiennes sur celle des synagogues existant à l'époque pour voir qu'elles se recoupent presque totalement). Cependant, un événement important s'est produit, loin des troubles de Judée, peut-être à Rome et avant 70 : un homme a commencé à mettre par écrit ce qu'il connaît des témoignages sur Jésus. Il dispose de ce qu'il a entendu de l'enseignement donné à ses frères chrétiens, des souvenirs d'apôtres qui y étaient mêlés, voire de quelque ébauche écrite sur les derniers jours de Jésus. Il met un peu d'ordre et raconte feuillet après feuillet. Son grec est rugueux, il ne compose pas comme un lettré et il ne sait pas qu'il est en train d'inventer une écriture d'un type nouveau qui ne relève ni du roman ni de l'histoire : la simple déposition d'une mémoire, celle de la foi d'une génération. Son texte achevé a pu être modifié ici ou là, corrigé, augmenté, peu importe. Lorsque ce petit livret se répandra, on lui donnera pour titre « Évangile », en accord avec son contenu, et on l'attribuera à Marc, bien connu pour avoir été le compagnon de Paul et de Barnabas, mais dont la tradition a fait aussi le secrétaire et l'interprète de Pierre, en attendant de voir en lui le premier évêque d'Alexandrie. La réception et la divulgation de cet opuscule rencontra suffisamment d'intérêt auprès des « saints » pour que d'autres en reprennent le projet.

SILENCE PUIS FLORAISON LITTÉRAIRE (70-120). Ce qui frappe, en effet, dans la période qui suit, ce sont les quinze ou vingt ans au cours desquels les communautés chrétiennes n'ont produit aucune œuvre de quelque importance. Les seuls renseignements que nous ayons sont de source tardive et concernent des successions d'évêques à la tête des Églises connues. On ne peut évidemment pas négliger la disparition d'ouvrages, tel celui de Papias, en cinq livres, intitulé *Exégèses des paroles du Seigneur*, connu d'Irénée et d'Eusèbe. Sans doute aussi les Églises devaient-elles d'abord s'organiser pour survivre aux événements et à la perte de leurs fondateurs, poursuivre leur travail de mémoire, tisser entre elles des liens régionaux et reconsidérer leurs relations avec les synagogues. Elles se trouvent, certes, en état de dissidence, mais de dissidence juive, du fait de leur composition — nombre de leurs membres sont des Juifs chrétiens — et de leur prédication démonstrative qui s'appuie sur les Écritures juives : problème d'identité sur lequel nous reviendrons. En certains lieux, les chrétiens ont même pu penser que la situation inattendue dans laquelle se trouvaient les Juifs permettait d'en rallier un certain nombre à l'Évangile.

Puis, vers la fin du siècle et au début du siècle suivant, on voit paraître une vingtaine d'écrits de plus ou moins grande importance, issus des diverses régions de l'Empire. C'est du moins ce qui ressort aujourd'hui des études menées sur l'origine, la date et l'attribution à tel auteur de chacun de ces textes, encore qu'on doive garder bien des points d'interrogation. Pour ne prendre qu'un exemple extrême, la première Épître de Pierre, récrite par Silvain, son secrétaire cité dans la lettre, émanerait bien de Pierre qui l'aurait adressée depuis Rome avant la persécution de Néron (en 64). C'est l'avis d'un certain nombre de critiques, tandis que d'autres y voient un écrit pseudépigraphe, issu de milieux pétriniens, envoyé de Rome sous le règne de Domitien (81-96). Les arguments (que nous n'exposons pas ici) des uns et des autres ont autant de poids et font que la question de la date demeure indécidable. Il se pourrait que l'auteur ait justement donné à sa lettre aux Églises des provinces d'Asie Mineure cette touche intemporelle qui convenait à une encyclique. Notons seulement au passage, que la critique rattache trop souvent la moindre allusion aux injures, calomnies, épreuves et souffrances, à des périodes de persécutions : sous Néron, quand seuls les chrétiens sont accusés de l'incendie de Rome alors que des Juifs n'ont pas nécessairement été distingués des Juifs chrétiens ; sous Domitien (95), quand le judaïsme fut particulièrement visé, sans que les autorités discernent les Romains convertis au judaïsme ou au christianisme... Heureusement, tel n'est pas le cas pour la plupart des écrits, encore que l'on conserve une marge inévitable d'inexactitude (on propose généralement « entre telle et telle année »), à laquelle s'ajoute la difficulté du classement en fonction de la connaissance ou de la citation d'un écrit par un autre : si tel écrit cite l'Apocalypse, faut-il avancer la date de l'Apocalypse ou reculer celle de l'écrit qui la cite alors que l'on a de bons indices pour une datation assez précise de cet écrit ? On parvient alors à quelques « embouteillages » sur de courtes périodes, comme on va le voir pour le règne de Domitien. Quoi qu'il en soit, voici un bref tableau de cette éclosion littéraire classée en fonction de leurs lieux ou de leurs milieux d'origine, suivant le plus souvent les positions généralement retenues par la critique (la mention « pseudépigraphe » indique que l'écrit est mis sous le nom d'un personnage qui n'est pas l'auteur) :

Rome : première Épître de Pierre (pseudépigraphe possible, date incertaine) ; ensemble Luc et Actes (vers 80-90), Rome étant le lieu d'écriture possible, milieu paulinien ; lettre aux Corinthiens, attribuée à Clément évêque de Rome (vers 95 au plus tôt) ; deuxième lettre pseudépigraphe de Clément, homélie du IIe siècle, auteur inconnu ; *le Pasteur d'Hermas* (auteur inconnu, vers 140).

Syrie-Palestine : Évangile dit selon Matthieu (90-95), Syrie, peut-être Antioche ; épître pseudépigraphe de Jacques (80-90), peut-être Palestine ; *Didachè* (fin du Ier siècle), Syrie occidentale ; épître pseudépigraphe de Jude (vers 90), peut-être Palestine ; l'épître pseudépigraphe de Barnabas (125-150).

Asie : deuxième et troisième épîtres pseudépigraphes de Jean (date incertaine) ; première épître pseudépigraphe de Jean (postérieure aux précédentes, vers 90) ; Apocalypse dite de Jean (91-96), Asie Mineure ; Évangile dit selon Jean (100-110), Asie Mineure ; lettres d'Ignace d'Antioche (composition du corpus controversée, intervention possible d'un réviseur, date avancée : 107-108) ; lettre de Polycarpe de Smyrne aux Philippiens (peu après les précédentes).

Milieu des hellénistes palestiniens : origine possible de l'Épître aux Hébreux (entre 86 et 96).

Milieu paulinien : Luc et Actes, voir ci-dessus ; épîtres pastorales (vers 85-90), lieu inconnu, milieu paulinien, destinées à des Églises pauliniennes dont la situation a changé depuis Paul ; Épître aux Éphésiens (vers 85-90), héritière du paulinisme dont elle développe l'ecclésiologie.

Enfin, mentionnons encore la deuxième épître pseudépigraphe de Pierre (vers 125), qui pourrait être une réédition corrigée et complétée de l'épître de Jude.

Quelles observations tirer de ce petit catalogue ? D'une part, bon nombre d'écrits, plus tard retenus par l'usage dans la collection qui formera le Nouveau Testament, circulent en même temps que d'autres qui ne le seront pas. De toute façon, personne n'écrit à cet époque en vue d'entrer dans un canon dont l'existence n'est pas même imaginée. D'autre part, la plupart de ces écrits sont le travail de la deuxième génération et se mettent sous le patronage de figures de la génération des apôtres dont l'autorité est indiscutée et assure la validité de ce qu'on écrit (la pseudépigraphie est de pratique courante dans le judaïsme et dans l'Antiquité en général). Enfin, toutes les régions ou presque sont représentées (à l'exception de Jérusalem, et pour cause, et de l'Égypte, ce qui souligne et explique en partie notre totale ignorance sur les débuts du christianisme égyptien d'où vont pourtant sortir les Pères alexandrins). Toutes les régions et aussi tous les courants perceptibles dans les premières décennies (les hellénistes cependant manquent à l'appel ; quels furent leurs héritiers ?) : paulinien, pétrinien, judaïsant. Ils ont des héritiers mais souvent sans la vigueur de pensée des maîtres disparus ; certains répètent en affadissant, d'autres tendent à moraliser un peu étroitement, d'autres encore se voient menacés de tous côtés par des adversaires redoutables. Mettons à part les trois Évangiles qui travaillent sur les débuts de leur histoire et qui, avec le recul du temps, comprennent le passé à la lumière de leurs combats présents. L'œuvre attribuée à Luc se préoccupe du cadre théologique à donner à cette histoire et, fidèle à la vision paulinienne du salut qui doit être annoncé aux non-Juifs, en raconte l'accomplissement pour le lecteur de culture grecque. Le quatrième Évangile, résultat probable d'une longue histoire, relit le message initial dans le contexte des controverses que connaît sa communauté asiate avec la synagogue (les fameux « Juifs » de l'Évangile selon saint Jean), avec les cercles baptistes voisins qui persistent dans leur polémique avec les chrétiens, avec ceux, enfin, qui nient la divinité du Christ ou qui oublient sa totale incarnation. L'Évangile selon saint Matthieu, quant à lui, connaît fort bien le judaïsme dont le nouveau visage est sorti de Yabné : d'où son insistance à dénoncer, chez ces « pharisiens » qu'il côtoie, les pratiques fondées sur des traditions qui risquent d'attirer ceux des Juifs ou sympathisants qu'il faut gagner au Christ ou garder dans la communauté. Preuve, s'il en fallait, qu'à présent les chrétiens sont bien en cette forme de dissidence, où la querelle, l'invective, la violence même des rapports signifient que les liens distendus ne sont pas rompus, malgré les mesures d'exclusion des synagogues prises à l'endroit des Juifs chrétiens dont témoigne le quatrième Évangile (Jn 9, 22). Si la « Bénédiction des *Minim* », comprise dans les *Dix-huit bénédictions* prononcées quotidiennement dans l'office synagogal, ne vise pas au premier chef les Juifs chrétiens, elle les a inclus de manière certaine dans les Minim, à la fin du Ier siècle au plus tard.

De la dissidence à l'autonomie (120-150)

Au cours de cette brève période, des événements extérieurs et la prise de conscience de dangers internes ont vraisemblablement conduit les chrétiens à reconsidérer leur situation. À l'extérieur, ce sont d'abord l'effondrement du judaïsme à Alexandrie et en Égypte lors de la répression sanglante d'un soulèvement (115-117), puis la seconde révolte en Judée, menée par Siméon Bar Kokhba et impitoyablement écrasée par Jules Sévère (132-135). Des milliers de Juifs périssent, Jérusalem est rebaptisée Aelia Capitolina, les Juifs y sont désormais interdits d'entrée et un sanctuaire païen y est construit. D'autre part, les Églises voient naître en leur sein des mouvements qui se développent rapidement jusque dans les métropoles et dont les enseignements mettent en péril le message évangélique.

Lors des nouveaux malheurs qui frappent le peuple juif, il ne semble pas que les chrétiens se soient montrés plus solidaires qu'en 70. Justin, par exemple, en retiendra surtout le fait que les Juifs, une nouvelle fois, ont persécuté les chrétiens: « Dans la dernière guerre de Judée, écrit-il dans sa première apologie, Bar Kokhba, le chef de la révolte, faisait subir aux chrétiens, et à eux seuls, les derniers supplices s'ils ne reniaient pas et ne blasphémaient pas le nom du Christ. » De plus, cette nouvelle humiliation du peuple juif ne pouvait que conforter les chrétiens — dont Justin qui l'écrit expressément — dans l'idée qu'elle était l'effet d'un châtiment divin et qu'eux seuls devaient assurer l'héritage de la révélation divine. Ils avaient jusqu'à présent combattu sur deux fronts, face au judaïsme et à l'Empire, et seraient satisfaits de n'en avoir plus qu'un à défendre. L'historien, lui, voit surtout disparaître dans la tourmente les dernières communautés chrétiennes qui entretenaient des rapports constants, même conflictuels, avec le judaïsme en cette région du monde romain. Il se demande également si l'obscurité qui entoure les débuts de l'Église chrétienne en Égypte ne tient pas au caractère « judaïsant » de cette Église, qui aurait alors partagé le sort du judaïsme égyptien.

MARCION ET VALENTIN À ROME. Deux exemples suffiront à illustrer les inquiétudes des Églises devant un danger d'un nouveau type dont la communauté romaine a fait coup sur coup l'expérience. Vers 135, arrive à Rome un chrétien nommé Marcion. Originaire de Sinope, sur les bords de la mer Noire, il est armateur. Son père, évêque du lieu, l'a exclu de la communauté pour des motifs théologiques. Marcion ne tarde pas à présenter à l'Église romaine sa doctrine que l'on peut résumer en quelques mots. Les Écritures juives, qu'il se refuse à interpréter allégoriquement, révèlent un dieu aux sentiments humains, jaloux, cruel, qui est de plus le créateur d'un monde vraiment imparfait. Comme il ne possède aucun des attributs du Dieu révélé par Jésus, il faut donc reconnaître l'existence de deux divinités : un dieu inférieur, créateur, et un Dieu supérieur et sauveur ; le premier est connu par Moïse et le second, demeuré inconnu, ne s'est révélé qu'en Christ. Ayant découvert en Paul son seul guide en matière de théologie, Marcion rejette la Loi, bien qu'elle soit juste, en raison du système de rétribution qu'elle entraîne. Les autres apôtres ont pris Jésus pour le Messie du dieu inférieur. C'est pourquoi le Christ a appelé Paul pour rétablir la vérité. Par ailleurs, Marcion se consacre à une tâche fort délicate, la constitution d'un corpus d'écritures conforme à sa logique : plus aucun texte juif, un seul évangile, celui de Luc, le plus proche de ce que Paul appelle « mon évangile », épuré de toute référence à l'Ancien Testament, auquel il ajoute treize épîtres pauliniennes, épurées elles aussi de leurs nombreuses interpolations judaïsantes. Sur le fondement de ces écritures revues et corrigées sans cesse par Marcion et ses disciples, on peut construire la vraie doctrine : Jésus paie sur la croix la rançon qui rachète l'humanité au dieu inférieur pour rendre cette humanité au Dieu suprême. La vie humaine s'ordonne selon le même principe : le bonheur et la richesse sont les valeurs du dieu créateur ; l'humilité et la pauvreté, celles du Dieu du Christ. Bref, Marcion, qui n'a rien d'un gnostique, raisonne de manière purement logique et d'une logique poussée à l'extrême. Lorsque, se jugeant incompris, Marcion quitte l'Église en 144 et fonde sa propre communauté pour laquelle il a fixé des règles ascétiques (jeûnes, abstention de viande, de vin, de rapports sexuels), il rencontre un tel succès que, dix ans plus tard, Justin rapporte que les communautés marcionites se sont étendues « à l'humanité entière » : Asie Mineure, Corinthe, la Crète, Antioche, Alexandrie, Rome, Lyon et Carthage. Nombre de marcionites moururent martyrs au cours des persécutions, renforçant ainsi leur réputation de parfaits chrétiens. Le marcionisme va vivre fort longtemps en concurrence avec les Églises chrétiennes qui sont en place. Il sera encore combattu par les Pères de l'Église au IVe siècle en Orient, dans les régions de langue syriaque. Sans doute les responsables des communautés chrétiennes ont-ils pris conscience à cette occasion qu'il y aurait danger à ne pas maintenir ce dernier lien avec le judaïsme qu'est le rapport à l'Écriture. Mais était-elle encore une Écriture commune ?

Le second exemple concerne l'arrivée à Rome, vers 140, de Valentin, égyptien d'origine, venant d'Alexandrie. Il est accueilli dans l'Église où il expose la nouvelle « connaissance » dont il est le détenteur. Au-delà des mythes souvent difficiles à comprendre, ses auditeurs peuvent saisir le message qu'apporte cette « gnose » : le monde est mauvais et l'homme malheureux. Il doit apprendre à connaître d'où il vient et comment il peut marcher vers une autre destinée. Pour échapper au monde de la matière, l'âme qui y demeure prisonnière trouvera le salut dans une *remontée* reproduisant la *descente* effectuée par le Sauveur venu la délivrer. Alors le gnostique réintégrera le monde céleste en tant qu'esprit pleinement purifié. Cette version chrétienne du discours gnostique montre à quel point il est centré sur l'homme ; Dieu est tellement transcendant qu'il est inaccessible. Il y a, au-delà du monde de la Genèse, d'autres mondes perceptibles et le Dieu biblique n'est qu'un Dieu inférieur. Le Sauveur vient de plus haut et de plus loin. Valentin est resté pendant vingt ans à Rome, puis a fini par rompre avec l'Église pour des motifs qu'on ignore. On voit quel autre risque courait le christianisme, alors que de nouveaux convertis, issus du paganisme, se montraient réceptifs à ces systèmes théologiques nouveaux. Comment rivaliser avec vingt années d'enseignement de Valentin, ce théologien de premier ordre, cet exégète averti, ce philosophe d'avant-garde ? Qui assura des responsabilités au sein de la communauté et faillit même devenir évêque ! Chrétien, sans aucun doute, mais qui se dit héritier d'un enseignement secret du Christ ! La prédication traditionnelle de l'Évangile, du Christ réellement homme, de la référence à l'Écriture, du Dieu unique, peut-elle l'emporter sur un enseignement initiatique ? Il n'est pas aisé d'être à la tête d'une Église en ce temps-là...

JUSTIN. D'autant que d'autres fidèles ont le sentiment que le temps est venu de revoir les rapports que le christianisme entretient avec le judaïsme comme avec le pouvoir. Justin est de ceux-là. Lui qui mourra martyr en 165 est né à Naplouse (Flavia Neapolis) en Syrie palestinienne. Philosophe teinté de platonisme, ce païen converti au christianisme écrit un *Dialogue avec Tryphon*, dans lequel il tente de démontrer à un rabbin que le Christ est bien annoncé par l'Écriture, pour peu qu'on sache la lire jusque dans le détail de traductions contestables. Naturellement, le rabbin n'est pas persuadé, bien que ce soit Justin qui tienne la plume et fasse de Tryphon un rabbin calme et fort compréhensif. Il n'empêche: c'est la première fois qu'un chrétien, païen d'origine de surcroît, se présente en littérature dans le rôle du maître qui enseigne un rabbin sur sa propre spécialité. C'est le monde à l'envers, une fiction littéraire, certes, mais significative d'un changement d'état d'esprit. Je connais ce que vous connaissez, semble dire Justin, mais je sais aussi ce que vous ne savez pas. Le chrétien, avec une ambition démesurée, s'affirme, au point que le dialogue se transforme en acte d'accusation contre le juif, incapable de comprendre. En réalité, le judaïsme rabbinique, qui a su rétablir la situation après 70 et le fera encore après 135, n'a rien à craindre de cette concurrence puérile. C'est ailleurs que le christianisme a gagné et continuera à gagner du terrain, en prenant sa clientèle païenne au judaïsme hellénisé.

Justin s'affirme aussi, avec la même assurance, devant l'empereur Antonin le Pieux et devant le Sénat romain, dans deux apologies: voici ce que nous sommes, adorateurs du seul vrai Dieu et de son Fils; nous sommes des citoyens à la morale irréprochable, notre philosophie est supérieure à toute philosophie humaine. Qu'on nous juge sur ce que nous sommes, non sur des dénonciations sans fondement. La fiction littéraire, cette fois, n'est pas sans risque : Justin fut arrêté sur une dénonciation... Justin n'est pas un exemple isolé. Avant lui, Quadratus d'Athènes avait adressé une apologie à Hadrien et Aristide une autre à Antonin le Pieux; après lui, Méliton de Sardes publiera sa lettre à Marc Aurèle. Ces manifestations sont aussi le signe d'une volonté de se déclarer autonomes : nous ne sommes pas juifs et ne nous abritons pas à l'ombre de leur statut reconnu dans l'Empire.

Il apparaît que ce désir d'autonomie, qui ne fera que se manifester davantage par la suite, est probablement lié au fait que le judaïsme, apparemment affaibli par tant d'épreuves et de massacres, était, aux yeux des chrétiens d'origine païenne du moins, en passe d'être marginalisé. Illusion sans doute, qui n'empêchait pas Justin de citer les anciennes prophéties juives en s'adressant à Antonin. Consciemment ou non, il signifiait que le chrétien ni le christianisme ne peuvent décliner leur identité sans faire référence aux juifs et à leurs traditions millénaires. Problème d'identité, en effet : dès le début, ceux qui proclament l'Évangile du Christ ne peuvent le faire que parce qu'ils sont juifs. Les païens ralliés à la foi nouvelle, eux, n'appartiennent ni à cette nation ni à ce peuple. La mémoire qu'on leur transmet s'est arrogé le passé et la mémoire du judaïsme, et les a réinterprétés en les déployant. La captation des Écritures juives s'est faite progressivement. Elles ne sont d'abord qu'annonce et préfiguration du Messie chrétien. Puis le Christ et les apôtres sont inscrits dans la succession des prophètes dont les traditions juives racontaient qu'ils avaient été rejetés, persécutés ou mis à mort. Une autre voie possible consistait à attribuer aux prophètes juifs eux-mêmes une révélation explicite du Messie chrétien (des textes apocryphes font mourir, de la main des Juifs, Ésaïe et Jérémie, pour avoir révélé la vision qu'ils auraient eue du Fils de Dieu). Enfin, un apocryphe du IIe siècle transforme Esdras en prophète annonçant la disparition totale d'Israël au profit du peuple nouveau que sont les chrétiens, à qui sont données l'alliance, les promesses, et les prophètes, tout ce qui faisait la gloire d'Israël. Finalement, la réinterprétation chrétienne des Écritures a été poussée si loin qu'un dialogue tel que Justin le construit n'était déjà plus possible en réalité. Justin expose une de ses interprétations mais s'irrite lorsque Tryphon ose s'étonner : « Quoi ? C'est vous qui êtes Israël ? » À peine pouvait-on se consulter entre doctes sur la manière de comprendre telle expression hébraïque ou sur la validité de tel choix fait par les traducteurs de la Septante.

En ce milieu du IIe siècle, le christianisme (c'est un mot tout récent qu'Ignace d'Antioche a employé pour la première fois dans sa correspondance) acquiert son autonomie relative, sans même avoir à couper les ponts. Le christianisme n'a pas à proprement parler de date de naissance. Son édification progressive a duré plus d'un siècle dans les tourbillons de l'histoire, jusqu'à cet essai d'émancipation, ce divorce qui ne sera jamais prononcé, malgré les excommunications réciproques (car il y aura toujours des chrétiens prêts à judaïser). Les auteurs chrétiens composeront des traités *Adversus Judaeos* et le judaïsme ne cessera pas d'inquiéter l'Église jusqu'au Ve siècle. Il n'y a pas de date où se marquent de brusques changements. Les transformations ne se constatent que sur la longue durée. Nous ne sommes donc qu'en ce moment passager où des chrétiens tentent, par leurs prises de position publiques, de manifester leur identité chrétienne, sans autre appartenance religieuse. Oublient-ils que leurs frères chrétiens d'origine juive sont présents dans les communautés chrétiennes et qu'ils ont encore une longue histoire devant eux ? Justin, lui, ne les oublie pas, mais lorsqu'il en fait mention dans son apologie, c'est pour préciser qu'ils sont des chrétiens de second rang : « Les chrétiens venus du paganisme sont plus nombreux et *plus sincères* que ceux qui sont d'origine juive ou samaritaine. » Curieux retournement de situation, quand on songe au statut des paganochrétiens dans les toutes premières communautés. Les majoritaires tendent toujours à déprécier les minoritaires.

Que reste-t-il de ce « moment passager » pour un observateur extérieur de l'époque ? Peut-être le signe le plus visible serait-il que désormais les débats entre chrétiens et juifs ne seront plus perçus comme des querelles judéo-juives mais comme un affrontement entre communautés religieuses distinctes. En revanche, maintes questions demeurent à propos de l'attitude des chrétiens devant le pouvoir romain à différentes époques. Pour celle qui nous intéresse, prenons le cas de Justin. Il demande à être reconnu comme un citoyen et s'ingénie à démontrer que s'il est bon citoyen c'est parce qu'il est chrétien, c'est-à-dire adepte d'une « philosophie » qui exige une conduite morale irréprochable. Puis il s'insurge contre le fait qu'on puisse être dénoncé, arrêté et condamné pour le seul motif qu'on est chrétien. Or il sait bien que si les chrétiens sont poursuivis ce n'est pas pour leur moralité ou leur immoralité, mais parce qu'ils appartiennent à une association considérée comme illicite puisqu'il est de notoriété publique que les chrétiens refusent de sacrifier (Justin lui-même le redit), c'est-à-dire d'accomplir le geste que tout habitant de l'Empire, excepté les Juifs, est tenu de faire en signe de fidélité à l'Empire, à l'empereur et à leurs dieux protecteurs. Dès lors, Justin peut protester de la sincérité des prières des chrétiens pour l'empereur, cela ne sert à rien. On pourrait même considérer le texte de Justin comme une provocation, car il est plus destiné à prouver la vérité du christianisme que l'innocence des chrétiens au regard des autorités romaines et son discours est tout autant une critique de la religion, des croyances et des coutumes du peuple romain. Aussi bien n'a-t-il peut-être été écrit que pour être diffusé parmi les chrétiens. Eût-il été envoyé au palais impérial que le dernier fonctionnaire du secrétariat impérial, à la lecture de pages entières d'écrits juifs assortis de leur commentaire, ne l'aurait certainement pas fait suivre chez l'empereur et pas même au service des archives. Tous les apologètes n'ont pas la main aussi lourde. Méliton de Sardes, écrivant à Marc Aurèle, énumère d'abord les exactions de tous genres dont les chrétiens d'Asie sont victimes, s'enquiert si cela est fait par ordre de l'empereur, lui demande sinon d'intervenir, et en vient à une *captatio benevolentiae*: «Tu es devenu l'héritier désiré [de l'Empire] et tu le resteras avec ton fils, en conservant la philosophie qui a été nourrie avec l'Empire et qui a commencé avec Auguste, que tes ancêtres eux aussi ont honorée à côté des autres religions. Et c'est une très grande preuve de son excellence que notre doctrine ait fleuri en même temps que l'heureux commencement de l'Empire et que rien de mauvais ne soit arrivé depuis le règne d'Auguste mais qu'au contraire tout ait été éclatant et glorieux, selon les prières de tous.» Cette lettre est une supplique mesurée, qui laisse pendante la question du statut des chrétiens dans l'Empire. Méliton pense-t-il vraiment qu'on peut en appeler de l'empereur mal informé à l'empereur bien informé? L'acquiescement à l'Empire est-il une clause de style? De quel poids ont pesé les instructions apostoliques sur la soumission aux autorités dans le comportement des chrétiens, même pendant les grandes persécutions du IIIe siècle ? Ces questions restent posées pour bien d'autres auteurs que Méliton.

Au cours de la période envisagée, les chrétiens, bien implantés dans l'Empire, n'ont pas encore réalisé leur unité. Ils n'ont pas définitivement réglé leurs rapports avec le judaïsme. La plus grande réussite du christianisme, c'est sa littérature. Le christianisme s'est construit en construisant sa littérature. C'est le grand œuvre de ces générations-là. Elles ont inventé le genre « évangile », fabriqué leur histoire en l'écrivant, copié, imité, et élevé un véritable mémorial littéraire, légué aux générations suivantes qui, par la lecture, remplissent leur devoir de mémoire, mais que l'historien doit visiter pour faire valoir le droit de l'histoire.

Chacun sait que l'histoire est la science du particulier. À la lecture de ces pages d'introduction, le lecteur pourrait en douter, tant le survol de cent vingt ans d'histoire ne peut être qu'un essai de mise en ordre, toujours incomplet. Il est heureusement bien d'autres manières de « faire de l'histoire ». L'histoire ne consiste pas à établir des « faits historiques » donnés pour « objectifs ». À chaque opération faite (collecte des sources documentaires, étude de chacune d'elles, regroupement, synthèse partielle, etc.), l'historien intervient, fait des choix et donc écarte des éléments, interprète... Bref, il construit l'objet qu'il étudie et il cherche à comprendre. Chacun des collaborateurs de ce volume a suivi cette démarche pour le sujet qu'il a traité, mais il a fait un pas de plus, il a cherché à faire comprendre et il l'a fait pour nous, lecteurs.

Pierre Geoltrain

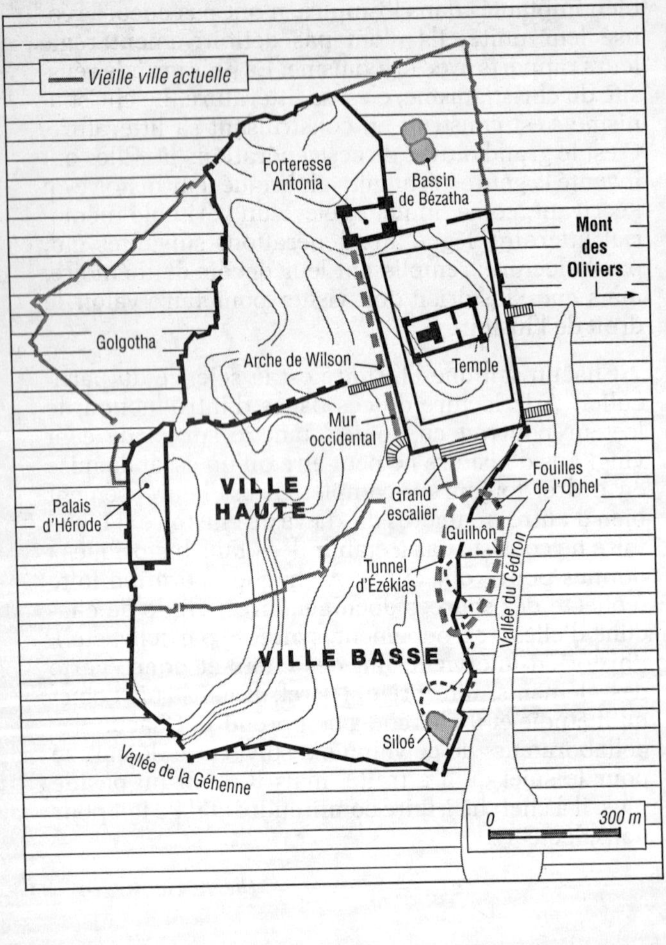

Vieille ville actuelle
Forteresse Antonia
Bassin de Bézatha
Mont des Oliviers
Golgotha
Arche de Wilson
Temple
Mur occidental
Palais d'Hérode
VILLE HAUTE
Grand escalier
Fouilles de l'Ophel
Guilhôn
Tunnel d'Ézékias
Vallée du Cédron
VILLE BASSE
Siloé
Vallée de la Géhenne
0
300 m

La Jérusalem biblique

L'Ancien Testament

Les origines de Jérusalem sont au sud-est de la vieille ville, sur la hauteur qui domine la vallée du Cédron : c'est la *cité de David*, où l'on visite quatre sites. Les *fouilles de l'Ophel* ont mis au jour les restes de maisons brûlées lors du siège babylonien de 587 et quelques vestiges de la ville cananéenne de Jébus (XVIIIe siècle). On visite aussi le *puits de Warren* (du nom de son découvreur), qui est l'accès souterrain ancien à la source de *Guihôn*. Depuis le fond de la vallée, on peut voir également l'accès direct à la source, mais le *tunnel d'Ézékias*, qui mène l'eau de Guihôn au bassin de Siloé (un tunnel de 512 m, creusé au temps d'Isaïe), n'est pas toujours accessible.

Sur la croupe rocheuse enfin, deux cavités parallèles semblent être des *tombes royales*, car seuls les rois étaient inhumés à l'intérieur des villes. Le *Temple* de Salomon était construit à l'emplacement du dôme de la Roche, et son palais plus au sud, en contrebas.

Le Nouveau Testament

De la ville qu'a connue Jésus (reconstituée dans les jardins de l'hôtel Holyland), il subsiste plusieurs vestiges. Du *Temple*, reconstruit et agrandi par Hérode le Grand à partir de – 20, on ne voit guère que les premières assises du *Mur occidental* de soutènement (le Kotel, l'ancien mur des Lamentations), avec ses prolongements au nord (l'arche de Wilson et le tunnel qui sort près du Lithostrotos) et surtout au sud (fouilles). Sur ce côté sud, on visite notamment le *Grand Escalier* d'accès aux portes double et triple du Temple, avec les bassins d'ablutions d'avant 70.

Des restes de la forteresse *Antonia* sont visibles au nord de l'esplanade, en contrebas de l'école Omariyyé, et au Lithostrotos (couvent de l'Ecce Homo, des Dames de Sion). Des bassins ont été creusés pour les besoins en eau du Temple et de la ville, notamment le bassin double de *Bézatha* ou piscine Probatique (dans le séminaire des Pères Blancs, à côté de l'église Sainte-Anne).

Du *palais d'Hérode*, actuellement la Citadelle, il reste la base d'une tour aux blocs impressionnants. De nombreuses *tombes* du Ier siècle sont visibles dans la vallée du Cédron et d'autres dans la Géhenne, dont celle de la famille d'Hérode, ou dispersées çà et là ; la plus spectaculaire est celle d'Hélène d'Adiabène, appelée *tombeau des Rois* (devenue propriété de la République française !).

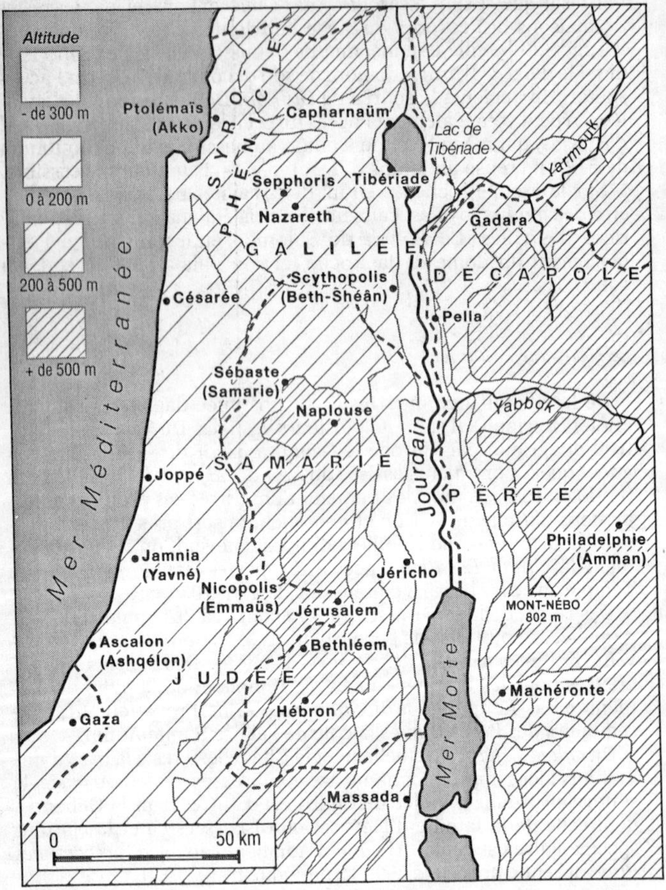

Altitude
- de 300 m
0 à 200 m
200 à 500 m
+ de 500 m
Mer Méditerranée
SYRO-PHENICIE
Ptolémaïs
(Akko)
Capharnaüm
Lac de
Tibériade
Yarmouk
Sepphoris
Tibériade
Nazareth
Gadara
GALILEE
DECAPOLE
Scythopolis
(Beth-Shéân)
Césarée
Pella
Sébaste
(Samarie)
Naplouse
Yabbok
Jourdain
SAMARIE
Joppé
PEREE
Philadelphie
(Amman)
Jamnia
(Yavné)
Jéricho
Nicopolis
(Emmaüs)
Jérusalem
MONT-NÉBO
802 m
Ascalon
(Ashqélon)
Bethléem
JUDEE
Machéronte
Gaza
Hébron
Mer Morte
Massada
0
50 km

La Palestine du temps de l'occupation romaine

En – 63 le général romain Pompée vient occuper la Judée et l'annexe à la province romaine de Syrie. En – 40, Octave, le fils adoptif de Jules César et futur empereur Auguste, confie la Judée à un prince d'Idumée (Édom) : *Hérode le Grand.* Ce païen cruel et sanguinaire est haï des Juifs. Il réalise de grands travaux, dont l'agrandissement du Temple. À sa mort, en – 4, son royaume est divisé entre ses fils : la Galilée à Hérode Antipas (qui fit mettre à mort Jean-Baptiste), le nord-est à Philippe et la Judée à Archélaüs. En 6, la Judée est directement administrée par un procurateur en résidence à Césarée ; de 26 à 36, c'est *Ponce Pilate,* qui dépend de l'empereur Tibère (14-37). *Jésus* a pu naître vers – 6 et son activité publique se déroule de 28 à 30.

Néron déclenche les premières persécutions contre les chrétiens de Rome (martyre de Pierre en 64 ?). La *Guerre juive* éclate en 66 (sous Néron) ; après avoir vaincu les Juifs, Vespasien devient empereur et son fils Titus prend Jérusalem en août 70. Après la destruction du Temple, le judaïsme se réorganise, grâce aux rabbins pharisiens réunis à *Yavné* (80-90). Ceux-ci décident d'exclure des synagogues les « Nazaréens », les disciples de Jésus de Nazareth. En 132 éclate une nouvelle insurrection juive, menée par Bar Kokhba. Hadrien le vainc en 135 ; il fait de Jérusalem une ville romaine, Aelia Capitolina, et chasse tous les Juifs de Judée.

Les voyages missionnaires de Paul selon les Actes des Apôtres

Le premier voyage est raconté par Luc dans Actes 13-14. Partis d'Antioche (au nord de la Syrie actuelle), Paul et Barnabé se rendent à Chypre puis gagnent l'Asie Mineure. Ils poursuivent jusqu'à Antioche de Pisidie d'où ils seront chassés pour continuer par Iconium, Lystres et Derbé. Ils reviendront ensuite sur leurs pas pour embarquer à Attalia et rentrer à Antioche.

Lors de son deuxième voyage cité dans Actes 15, 36 à 18, et 22, Paul retourne à Derbé, Lystres et Iconium où il a fondé des communautés. Il traverse la Galatie, la Phrygie et la Mysie jusqu'au port de Troas, où il prend le bateau pour la Macédoine. Il fonde, à Philippes, une communauté à laquelle il restera très attaché. Il séjournera longuement à Corinthe. Sur le chemin du retour, il restera à Éphèse avant de débarquer à Antioche pour rejoindre Césarée.

Le troisième voyage de Paul est davantage une visite aux Églises que Paul a fondées. Il passe de nouveau par la Galatie et la Phrygie avant de séjourner à Éphèse qu'il sera obligé de quitter. Il repasse en Macédoine, puis à Corinthe. Il décide de regagner Jérusalem par bateau et fait escale à Troas et à Milet où Luc situe son discours d'adieu aux anciens d'Éphèse. Le voyage se termine à Jérusalem où l'apôtre sera arrêté.

Le premier voyage de Paul

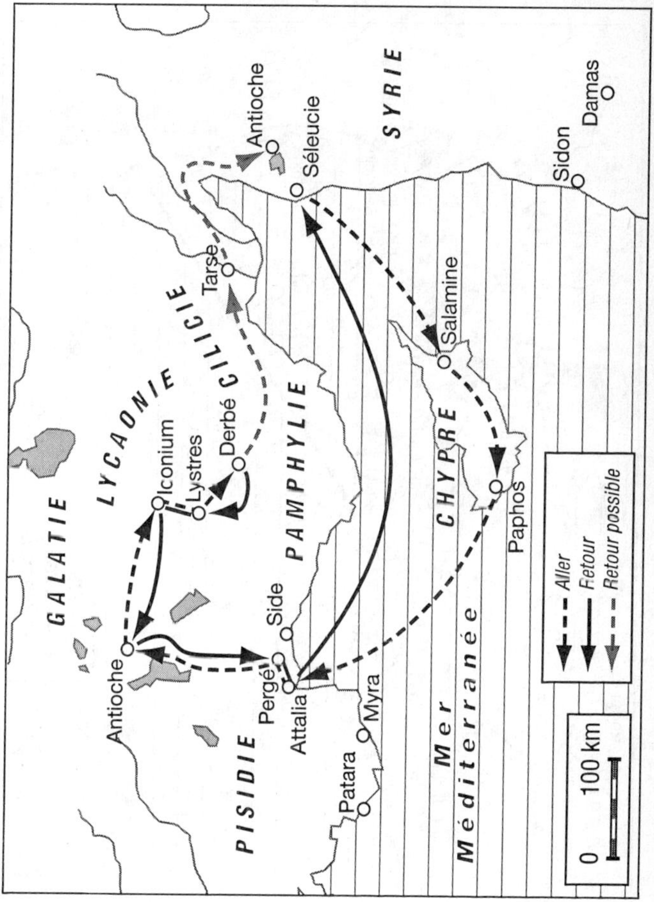

Le deuxième voyage de Paul

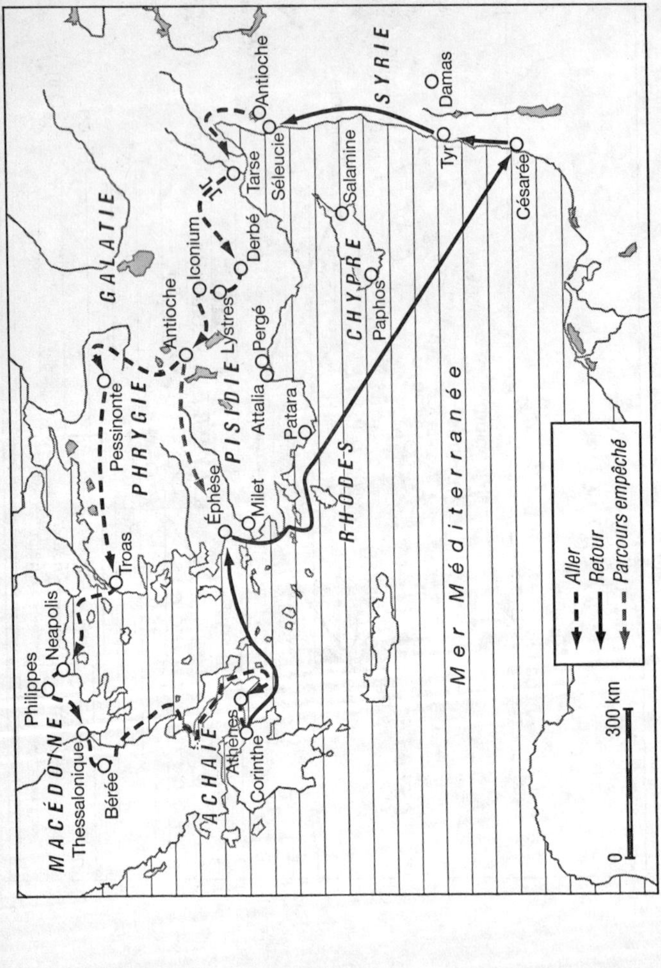

Le troisième voyage de Paul

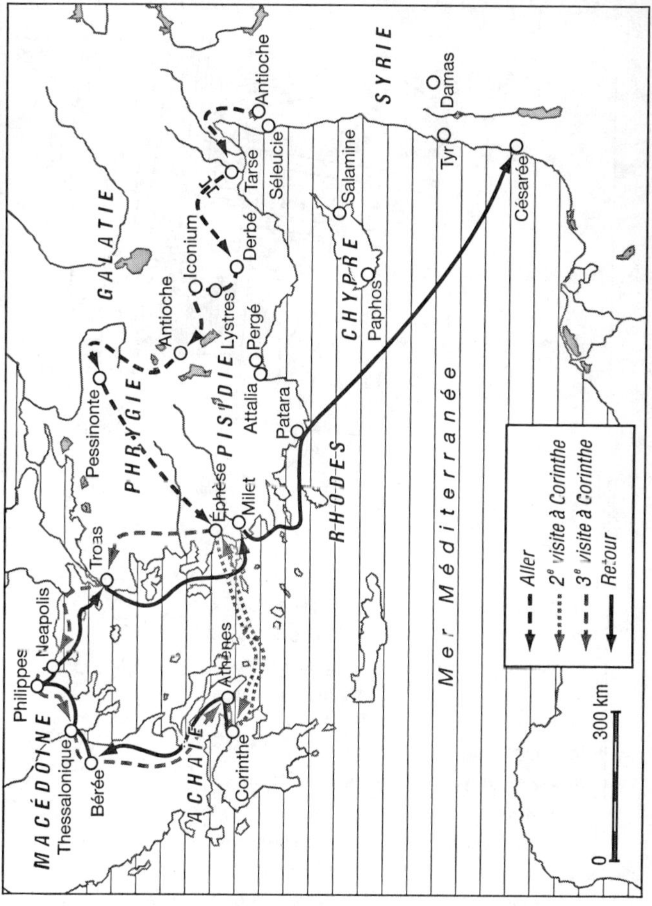

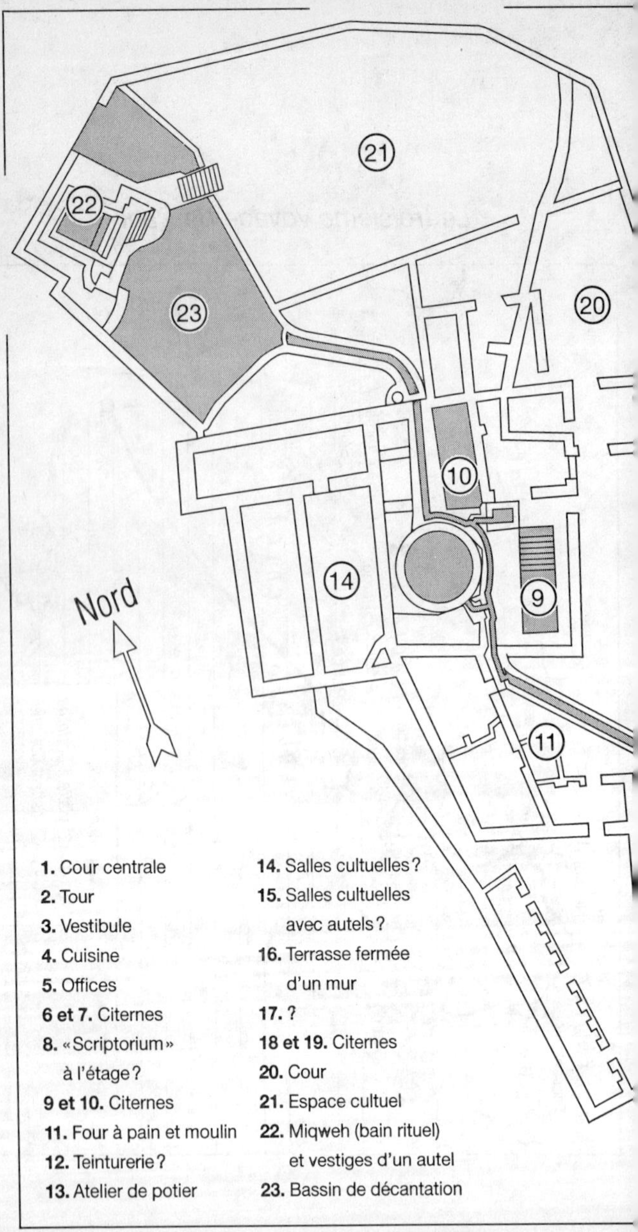
21
22
23
20
10
14
9
11
Nord
1. Cour centrale
2. Tour
3. Vestibule
4. Cuisine
5. Offices
6 et 7. Citernes
8. «Scriptorium» à l'étage?
9 et 10. Citernes
11. Four à pain et moulin
12. Teinturerie?
13. Atelier de potier
14. Salles cultuelles?
15. Salles cultuelles avec autels?
16. Terrasse fermée d'un mur
17. ?
18 et 19. Citernes
20. Cour
21. Espace cultuel
22. Miqweh (bain rituel) et vestiges d'un autel
23. Bassin de décantation

Plan de Qumrân

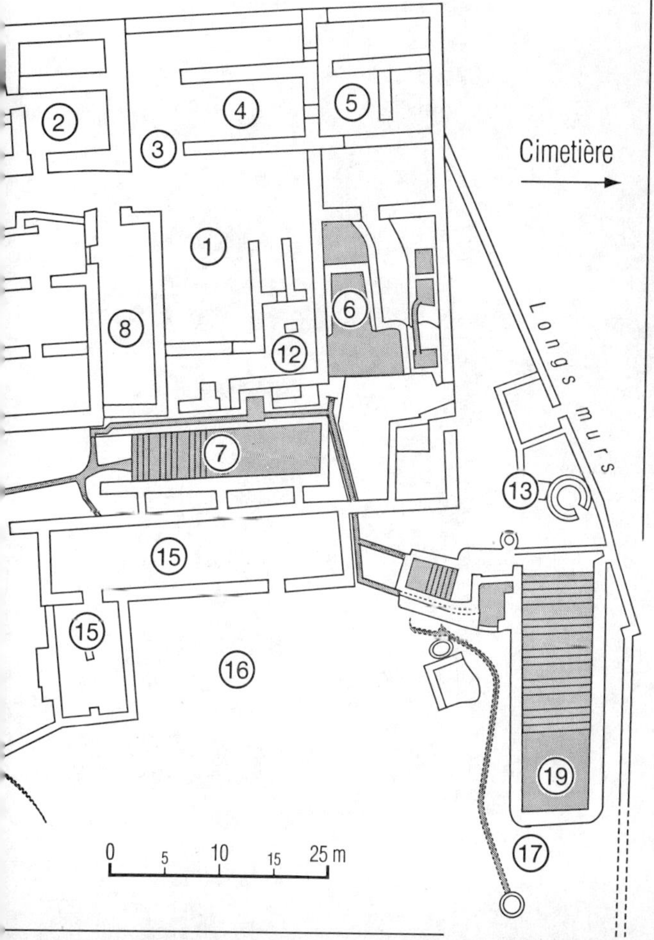

TABLEAU CHRONOLOGIQUE

Histoire générale	*Histoire religieuse*
64 : à Antioche, Pompée réduit la Syrie en province romaine.	63 : Pompée prend Jérusalem. Profanation du Temple : les soldats massacrent des prêtres sur l'autel et Pompée pénètre à l'intérieur du sanctuaire. 50 : situation trouble en Palestine : Hyrcan II est grand prêtre, mais son ministre Antipater (Iduméen) dirige le pays.
44 : assassinat de César. 40-31 : Antoine en Orient, Octave en Occident.	40 : invasion parthe : ANTIGONE, fils d'Aristobule II, est roi et grand prêtre ; luttes intestines. 37 : HÉRODE le Grand, fils d'Antipater, prend Jérusalem et règne jusqu'en 4 av. J.-C.
31 : Octave triomphe d'Antoine à la bataille navale d'Actium. 29 : Octave empereur (sous le nom d'Auguste à partir de 27) jusqu'en 14 apr. J.-C. La Syrie province impériale.	Hiver 20-19 : début de la reconstruction du Temple.
24 : Hérode reçoit la Trachonitide, la Batanée et l'Auranitide, puis Panéas.	Vers 13 : naissance de Philon d'Alexandrie. Vers 7-6 : naissance de JÉSUS.
Fin 4 av. J.-C : Auguste confirme le testament d'Hérode, mais sans le titre de roi pour Archélaüs. 4 av. J.-C - 6 apr. J.-C : Archélaüs ethnarque de Judée et de Samarie.	En 4, fin mars-début avril : mort d'Hérode à Jéricho. Pâque 4 (11 avril) : Archélaüs réprime une sédition à Jérusalem, puis se rend à Rome pour recevoir l'investiture d'Auguste.
4 av. J.-C - 39 apr J.-C : Hérode Antipas tétrarque de Galilée et Pérée.	Révolte de Judas le Galiléen (cf. Ac 5, 37) et du Pharisien Sadoq (origine des Zélotes, selon Josèphe).
4 av. J.-C - 34 apr J.-C : Philippe tétrarque de Gaulanitide, Batanée, Trachonitide et Auranitide ainsi que du district de Panéan (Iturée).	

6 apr J.-C : Auguste dépose Archélaüs et l'exile à Vienne (Gaule).	Entre 5 et 10 apr. J.-C : naissance de Paul à Tarse.
6 à 41 : la Judée province procuratorienne (avec Césarée comme capitale).	
19 août 14 : mort d'Auguste, Tibère empereur : 14-37.	
26-36 : Ponce Pilate préfet.	Automne 27 : prédication de Jean-Baptiste et début du ministère de Jésus (cf. Lc 3, 2).
	Pâque de 30 ou 31 14 ou 15 Nisan. Jésus est mis à mort.
33-34 : Philippe meurt sans héritier et Tibère rattache sa tétrarchie à la province de Syrie.	
Automne 36 : rappel à Rome de Ponce Pilate.	Martyre d'Étienne et dispersion des chrétiens hellénistes. Conversion de Paul.
37-41 : Caligula empereur	Paul en Arabie.
37 : Caligula donne à Agrippa I, fils d'Aristobule, les tétrarchies de Philippe et de Lysinias, avec le titre de roi (37-44).	
	Vers 39 : Paul s'échappe de Damas (2 Co 11, 32ss), et fait une première visite aux responsables de l'Église (Ga 1, 18ss).
41-54 : Claude empereur. Il octroie à Agrippa I la Judée et la Samarie. Son frère Hérode devient roi de Chalcis (41-48) et épouse Bérénice (fille d'Agrippa).	Vers 43 : Paul et Barnabé à Antioche, qui devient le centre des chrétiens hellénistes.
Printemps 44 : à la mort d'Hérode Agrippa I, la Judée redevient province procuratorienne (44-66).	43 ou 44, avant la Pâque, Agrippa I fait décapiter Jacques, le frère de Jean.
	Entre 45 et 49 : première mission de Paul, Ac 13, 1.
	Vers 47 : mort de Philon d'Alexandrie dont l'œuvre abondante a été écrite dans la première moitié du Ier siècle.
48-52 : Vendidius Cumanus procurateur.	Vers 48 : famine en Judée.
48 à 53 : Agrippa II, fils d'Agrippa I, roi de Chalcis.	48-49 : l'Assemblée de Jérusalem, Ac 15, 5ss.
	(52-58 : seconde Assemblée de Jérusalem ?)
49 : Claude « chasse de Rome les Juifs qui s'agitent à l'instigation	

de Chrestos» (Suétone). Cf. Ac 18.2.	
50-60 : Antonius Félix procurateur, frère de l'affranchi Pallas. Épouse Drusille, sœur d'Agrippa II, déjà mariée à Aziz, roi d'Émèse (cf. Ac 24,24).	50-52 : deuxième mission de Paul. Hiver 50 à été 52, à Corinthe. En 51, la première *Épître aux Thessaloniciens*. Au printemps 52, comparution devant Gallion (Ac 18, 12). Été 52 : Paul se rend à Jérusalem (Ac 18, 22), puis à Antioche.
52 : Gallion, frère de Sénèque, proconsul d'Achaïe.	
53 : Claude donne à Agrippa II, en échange de Chalcis, les tétrarchies de Philippe et de Lysinias (53-93).	53-58 : troisième mission de Paul (Ac 18, 23) Apollos à Éphèse, puis à Corinthe.
54-68 : Néron empereur.	54-57 : venu par la Galatie et la Phrygie, Paul séjourne deux ans et trois mois à Ephèse (Ac 19, 10). En 56 (?), *Épîtres aux Corinthiens et aux Galates*.
55 : Néron ajoute au royaume d'Agrippa une partie de la Galilée et de la Pérée.	
	56-57 : *Épître aux Philippiens*.
	Hiver 57-58 (?) : à Corinthe, Ac 20, 3 (cf. 1 Co 16, 6). *L'Épître aux Romains*.
	Pâque 58 : à Philippes (Ac 20, 6), puis, par mer, à Césarée.
	Été 58 : à Jérusalem. Jacques, le frère du Seigneur, à la tête de la communauté judéo-chrétienne.
	Pentecôte 58 : arrestation de Paul au Temple et comparution devant Ananie et le Sanhédrin. Amené à Césarée, il comparaît devant Félix.
	58-60 : Paul captif à Césarée.
60-62 : Porcius Festus procurateur.	60 : Paul comparaît devant Festus et en appelle à César. Il plaide sa cause en présence d'Agrippa et de sa sœur Bérénice.
	Automne 60 : voyage de Paul à Rome.
	61-63 : Paul à Rome sous garde militaire.
62-64 : Lucceius Albinus procurateur.	62 : le grand prêtre Anan fait lapider Jacques le frère du Seigneur. Siméon succède à Jacques à la tête de l'Église de Jérusalem (Eusèbe).

Juillet 64 : incendie de Rome et persécution des chrétiens.

64-66 : Gessius Florus procurateur.

66-67 : Néron désigne VESPASIEN et son fils TITUS pour rétablir l'ordre en Palestine.

Avril 68 : GALBA empereur.

Juin 68 : suicide de Néron.

69-79 : VESPASIEN empereur ; il confie à Titus le siège de Jérusalem.

Fin 70 : la Judée province impériale. Césarée colonie romaine.

71-72 : Lucilius Bassus légat de Judée.

73 : Flavius Silva légat de Judée.

79-81 : TITUS empereur.

81-96 : DOMITIEN empereur. Frère de Titus.

96-98 : NERVA empereur.

98-117 : TRAJAN empereur.

64 (ou 67) : martyre de Pierre à Rome.

Entre 65 et 70 : *L'Évangile selon saint Marc.*

Été 66 : à Jérusalem, Florus fait crucifier des Juifs. Troubles à Césarée : la répression fait des milliers de victimes.

Septembre 66 : gouvernement insurrectionnel à Jérusalem.

À Alexandrie, soulèvement des Juifs, sévèrement réprimé.

67 : Vespasien reconquiert la Galilée.

68 : Vespasien occupe la plaine maritime et la vallée du Jourdain (destruction de Qumrân).

70 : Vespasien soumet la Judée ; les révoltés se maintiennent à Jérusalem, et aussi à l'Hérodion, à Massada et à Machéronte.

Pâque 70 : Titus investit Jérusalem avec quatre légions.

29 août 70 : prise du parvis intérieur et incendie du Temple.

70-100 : F. Josèphe écrit son œuvre :
La Guerre des Juifs (76-79)
Les Antiquités juives (après 93)
Contre Apion (93-96)
Autobiographie (vers 100)

Été 71 : à Rome, triomphe de Vespasien et de Titus. L'arc de Titus.

Pâque 73 : siège de Massada par F. Silvia. Éléazar et ses partisans s'entr'égorgent plutôt que de se rendre.

Rabbi Iohanan ben Zakaï fonde l'académie de Yabné (Jamnia).

Vers 80 : *L'Évangile selon saint Matthieu, L'Évangile selon saint Luc, les Actes des Apôtres (?).*

Entre 80 et 90 : *L'Évangile selon saint Jean et ses Épîtres.*

Vers 95 : l'*Apocalypse.*

95-100 : Clément de Rome, *Épître aux Corinthiens.*

110-115 : Lettres d'Ignace d'Antioche.

115-117 : Révolte juive en Cyrénaïque et à Alexandrie.

117-138 : Hadrien empereur.

132-135 : Révolte juive en Judée, menée par Bar Kochba, écrasée par Jules Sévère. Jérusalem est rebaptisée Aelia Capitolina. Il est interdit aux Juifs d'y entrer. Un sanctuaire païen y est construit.

Vers 135-144 : Prédication de Marcion à Rome.

138-161 : Antonin empereur.

Vers 140 : Le gnostique Valentin enseigne à Rome.

161-185 : Marc Aurèle empereur.

165 : Martyre de Justin, auteur de deux *Apologies* et du *Dialogue avec Tryphon.*

Première partie

LE JUDAÏSME

1

UNITÉ ET DIVERSITÉ

1

Les judaïsmes au Ier siècle

Le judaïsme du Ier siècle n'est pas tant une religion — ce terme, dans son sens moderne, n'est pas connu de nos sources —, c'est un peuple, dont la particularité s'exprime en des pratiques et en des symboles. La règle reste valable quand des étrangers viennent s'incorporer volontairement au peuple juif : on les compte avec la descendance d'Abraham, d'Isaac et de Jacob (l'aïeul des douze tribus). Ce sont eux seuls qui sont obligés de vivre selon la Loi de Moïse, un fait reconnu (quoique non apprécié) par l'administration romaine.

L'ancienneté de la Loi de Moïse constitue son honneur, mais elle entraîne aussi une grande diversité au niveau des pratiques concrètes. Parmi les symboles figurent surtout les livres de la Torah, présents dans chaque synagogue, la *menorah*, rappelant l'intérieur du Temple de Jérusalem, le *loulab* (un bouquet contenant un rameau de palme) et l'*éthrog* (cédrat), qui appartiennent à la décoration de la fête des Tentes. Ils forment un lien assez fort qui met en relation le culte des synagogues, ces lieux de prière répandus dans le monde entier, et le culte unique et exclusif du Temple. Celui-ci était en cours de consolidation et d'élargissement sous l'initiative d'Hérode Ier le Grand et de ses successeurs.

Après la rupture avec les Samaritains et après le rejet violent des tendances d'hellénisation et d'adaptation au polythéisme, qui avaient secoué le deuxième quart du IIe siècle av. J.-C., le refus de tout compromis avec la religion grecque, même dans son interprétation la plus philosophique, renforça la définition ethnique du judaïsme. C'est du moins le cas en Judée ; nous évoquerons plus loin la Diaspora juive.

Les tensions de l'identité juive

En terre de Judée, les troubles autour de l'hellénisation de Jérusalem avaient marqué une rupture à l'intérieur même de la classe sacerdotale. Un grand prêtre légitime, déposé pour des motifs politiques, s'était réfugié en Égypte où, avec l'accord du roi Ptolémée VI, il avait érigé, à Léontopolis dans le Delta, un Temple juif schismatique, qui subsista même deux ans de plus que celui de Jérusalem ; le site est toujours connu sous le nom de Tell el-Yahoudieh. À Jérusalem cependant, l'onction des grands prêtres, prévue par la Torah, fut remplacée par une investiture.

L'autonomie politique dont jouissait la Judée, depuis les victoires maccabéennes et jusqu'en 63 av. J.-C., quand Pompée mit un terme à une guerre fratricide qui y sévissait, avait compromis le rôle des grands prêtres. Les rois se l'étaient arrogé, tout en le transformant en un titre politique (1 M 10, 1-21). Plus tard Hérode Ier, vassal des Romains, nommera des grands prêtres et les déposera à son gré. Cette pratique sera prolongée après sa mort (4 av. J.-C.) par les préfets romains.

Les pharisiens entrent sur la scène historique justement en contestant officiellement la légitimité de l'un des rois-prêtres, Alexandre Jannée (Josèphe,

Antiquités judaïques XIII, 288-298 ; cf. *Guerre des Juifs* I, 67 ; Talmud, *Qiddouchin* 66a). À l'époque de Jésus, cependant, ils avaient pris leur parti de l'état des affaires, et laissé aux esséniens le rôle de « protestants ». Le Ier siècle est donc une époque de tensions fortes et persistantes. Jusqu'à l'époque de la prédominance rabbinique, il n'y aura plus d'uniformité juive.

Parler des diversités du judaïsme à l'époque, c'est décrire les efforts divers pour vivre la Torah dans une situation changée, les différentes tentatives d'actualiser les prescriptions mosaïques. Les nobles des familles sacerdotales, pour soutenir leur influence, furent enclins à faire des compromis avec le pouvoir externe. Ce fut le cas des sadducéens. Les pharisiens, de provenance plutôt bourgeoise, adoptaient une ligne plus rigide, mais avec pour but de régler surtout la vie privée et familiale. La population, elle, pouvait suivre leurs conseils et leurs idéaux, ou bien rester indifférente, ou encore devenir radicale ; il y eut des groupes, surtout en Galilée, qui n'avaient rien à perdre (croyaient-ils) à déclencher une guerre messianique : tel fut le cas des zélotes.

Les courants du judaïsme palestinien, selon Flavius Josèphe

Pour expliquer à ses lecteurs romains la diversité du judaïsme, Flavius Josèphe, prêtre de Jérusalem réfugié à Rome, crée un schéma utile, mais simplificateur. Il distingue dans le judaïsme de son époque trois « hérésies », donc trois « écoles philosophiques » selon le sens préchrétien du terme *hairesis* (cf. *Antiquités* XIII, 171-173 ; 18, 11-22 ; *Guerre* II, 119-166 ; *Autobiographie* 10-12, etc.) : les sadducéens, les pharisiens, les esséniens. Le lecteur du Nouveau Testament connaît les deux premiers (cf. Mc 12, 13 sq. contre 12, 18 sq. et parallèles ; Ac 23, 6-10) ; les esséniens, qui se tenaient à l'écart et ne participaient ni aux fêtes du Temple ni aux décisions politiques, n'importent pas pour les écrivains du Nouveau Testament.

Parfois, Josèphe mentionne une quatrième option : les radicaux violents. Pour sa part, il se déclare pharisien de choix, ce qui ne l'empêcha pas, en cas de conflit et de danger personnel, d'adopter un point de vue typiquement sadducéen.

Les sadducéens étaient la noblesse sacerdotale, ainsi nommée en tant que descendance de la famille aaronite de Sadoq. Elle inclut surtout le clan des grands prêtres, parmi lesquels le pouvoir politique choisissait « le » grand prêtre. Depuis les troubles politiques et religieux du IIe siècle av. J.-C., ces familles étaient connues pour leurs compromis avec le pouvoir en place.

Josèphe (*Guerre* II, 166) leur attribue des mœurs moins chaleureuses que celles des pharisiens. Notons à cette occasion le paradoxe que la figure centrale du judaïsme, le grand prêtre, ne se distinguait pas forcément par sa piété ou par une mise en œuvre convaincante des idéaux de la constitution mosaïque.

Un autre groupement, pas forcément sacerdotal, mais composé de sympathisants et de collaborateurs de la politique d'hellénisation et d'obéissance envers Rome qui fut celle de la maison hérodienne, était désigné comme hérodien (cf. Mc 3, 6 et 12, 13 ; Josèphe, *Antiquités* XIV, 450). Nous connaissons notamment la famille d'un certain Boethus, établi grand prêtre par Hérode Ier (Josèphe, *Antiquités* XV, 320-322), qui se trouve décriée, dans le Talmud, comme les pires des épicuriens.

Les esséniens font preuve d'une rupture irrémédiable. Le schisme dont ils relèvent remonte au milieu du IIe siècle av. J.-C., période de la réorganisation de la société juive après les victoires maccabéennes. Il semble qu'un aaronite aspirant à la grande prêtrise, ou bien déposé de celle-ci, soit le Maître de Justice des écrits de Qumrân. Pour le moins, il s'arrogea le droit de corriger par écrit le grand prêtre en fonction et voulut lui enseigner ses véritables devoirs. Ce ne fut donc pas, à l'origine, un mouvement apocalyptique, mais un schisme survenu à l'intérieur des cercles sadducéens.

Depuis la publication de la *Lettre de halakha* de Qumrân (4QMMT), on possède enfin des éléments sur les motifs véritables de cette sécession, des questions essentiellement rituelles et juridiques : par exemple, comment fixer le jour de la semaine où devait avoir lieu la récolte de l'orge pour l'offrande d'un *omer* de farine ; fallait-il éviter que ce travail soit fait le jour du sabbat ? Ne devait-on pas prévenir le problème en validant un calendrier lunaire, pré-exilique ? Le non des pharisiens se traduisit en liturgie dans la récolte solennelle, le sabbat, de cette même gerbe d'orge (Mishna, *Menahot* 10, 3, où longtemps on n'a plus compris l'insistance mise sur ce détail).

La publication pratiquement achevée des textes de Qumrân nous oblige à corriger la thèse, longtemps colportée, que le messianisme ou d'autres éléments apocalyptiques auraient été à la base du schisme essénien. Force est de constater que les idées ou tendances apocalyptiques n'ont jamais caractérisé ni divisé le judaïsme, du moins en temps de paix. En revanche, pendant les années de la guerre quasi messianique disputant Jérusalem aux puissants de ce monde, le conflit des idées religieuses entre les zélotes et l'aristocratie sacerdotale finit par déterminer le cours des événements. Flavius Josèphe semble avoir honte d'en parler à ses lecteurs romains (cf.

toutefois *Guerre* IV, 158-161). Cela nous amène à supposer que la rupture avec les chrétiens ne se produira pas au niveau de la question du vrai Messie, mais plutôt au niveau de la question du vrai culte et du sacrifice parfait et valable.

Flavius Josèphe dessine une image très favorable de la « secte » essénienne ; il lui accorde plus de place qu'aux autres (*Guerre* II, 119-161). Il la compare aux pythagoriciens (*Antiquités* XV, 371), tout comme il compare les pharisiens aux stoïciens (*Autobiographie* 2). Pline l'Ancien (*Histoire naturelle* V, 73) mentionne les esséniens avec une sympathie que même la guerre des Juifs (dont il fait la rétrospective) n'a pu étouffer. Philon d'Alexandrie, lui, traite les esséniens, qu'il connaît par leur présence près du lac Maréotis (non loin d'Alexandrie), de modèle exemplaire d'une communauté religieuse. Son interprétation a fait de cette communauté un pont entre le pythagorisme et le christianisme à venir ; son traité *Sur la vie contemplative* est à l'origine de la légende de l'implantation, par Marc, du christianisme en Égypte.

Une réalité religieuse encore plus variée

Le chapitre 12 de Marc et ses parallèles (Mt 22, Lc 20) présentent un Jésus dialoguant avec des représentants de judaïsmes divers : pharisiens, hérodiens (en l'occurrence, ils se trouvent liés) et sadducéens. On s'est demandé pourquoi les esséniens sont absents des Évangiles, au point que ceux-ci ne les mentionnent jamais. On sait que leur présence n'était pas restreinte à l'établissement de Qumrân ; il y avait même une « porte des Esséniens » à Jérusalem. Jésus ne partageait-il pas les mêmes idées apocalyptiques qu'eux, du moins en partie, si bien qu'on peut commenter l'« Apocalypse synoptique » (Mc 13 et parallèles) à l'aide des prophéties récrites trouvées à Qumrân (4QpNah, 4QpHab, etc.) ? Jésus ne partage-t-il pas parfois le radicalisme eschatologique qui oppose un royaume de la lumière à un royaume des ténèbres ?

Certains auteurs américains ont eu un grand succès médiatique en supposant que le silence des Évangiles sur les esséniens est dû au fait que Jésus lui-même fut essénien. Mais on trouve aussi des idées eschatologiques fortes chez les pharisiens, et quant au rigorisme avec lequel les esséniens, bien plus que les pharisiens, croyaient devoir accomplir la Loi de Moïse, Jésus ne le partage aucunement. Au lieu d'ajouter comme eux des précisions légales à la Torah, il la réduisit pratiquement à une sorte de noyau. C'est aussi à tort que l'on a voulu établir avec Jean-Baptiste, l'ascète qui a baptisé Jésus, un parallèle avec l'ascète Banous, maître de Josèphe (*Autobiographie* 11), pour en tirer des conclusions portant sur un « essénisme » de Jésus. Josèphe, notre seule source d'information sur Banous, ne le compte justement pas parmi les esséniens. Et le judaïsme de l'époque de Jésus est plus varié que le schéma quadripartite suggéré par Josèphe.

Les pharisiens sont le mouvement le plus proche de Jésus — c'est justement pourquoi il se heurte le plus à eux. La recherche considère les « assidéens » (1 Mc 2, 42 ; 7, 13, et 2 M 14, 6), opposition « piétiste » à la politique d'hellénisation, comme les prédécesseurs des pharisiens. L'auteur anonyme du Livre de Daniel serait leur porte-parole à l'époque de l'hellénisation tentée de Jérusalem. On leur attribue aussi les Livres de Judith, de Tobie et les Psaumes de Salomon, qui sont surtout remarquables pour le messianisme politique exprimé en 18-19.

Les pharisiens visaient surtout la sanctification de

la vie laïque juive. Pour préciser ce que la Torah avait laissé en suspens, ils n'hésitaient pas à devenir des innovateurs : Josèphe (*Antiquités* XIII, 408), par exemple, parle des « règlements que les pharisiens ont introduits », un fait avoué par la Mishna dans *Maaser shéni* 5, 15 ; *Sotah* 9, 10, etc. L'intérêt de ces innovations semble être de rendre la Torah praticable. De quelque façon, les pharisiens étaient des humanistes. Ils tâchaient de mettre la Torah à la portée des hommes de leur temps. Tout en l'aggravant en maint détail, ils ont prévu une dispense formelle de l'année sabbatique (le *prozbol*). Une autre sorte de dispense est critiquée par Jésus en Mc 7, 11 et parallèles (en utilisant le terme correct, *qorbân*). En général, le Deutéronome est le modèle de la piété des pharisiens, tandis que la Loi de sainteté (Lv 17-26) façonne celle des esséniens. Un exemple : le sabbat est-il fait pour l'homme ou bien l'homme pour le sabbat ? La question rhétorique posée par Jésus en Mc 2, 27 ne caractérise nullement le pharisaïsme tel que nous le connaissons par ses propres sources ; c'est l'essénisme qui fut rigide sur ce point : voir l'*Écrit de Damas*, texte essénien (10, 13 sq.), pour une réponse explicitement négative.

Il y avait une concurrence remarquable entre les sadducéens et les pharisiens concernant le droit d'enseigner au peuple la pratique de la Torah : ce droit, ou plutôt ce devoir, dévolu aux prêtres par la Torah, fut de plus en plus usurpé par les pharisiens, mouvement laïque.

Il ne faut pourtant pas considérer les pharisiens comme un bloc : la Mishna nous avertit à mainte reprise des dissensions profondes entre l'école d'Hillel et celle de Shammaï. La Mishna exige qu'on honore les deux opinions opposées comme la Parole de Dieu, en écartant presque toujours celle de Shammaï, plus sévère, de la pratique concrète. Notons enfin que la coutume des pharisiens de ne pas fixer par écrit leurs règlements (évoqués dans le Nouveau Testament comme « traditions des Anciens ») fut continuée, jusque vers 200 apr. J.-C., par les rabbins. Peut-être ne voulait-on pas faire concurrence à la Torah écrite.

Enfin, y eut-il des pharisiens dans la Diaspora ? Cela paraît peu probable, en dépit d'Ac 23, 6, qui semble être une sorte de malentendu de Phil 3, 5. La pureté exceptionnelle requise par le pharisaïsme ne pouvait être vécue dans les compromis qui étaient nécessaires pour vivre au sein des cités hellénistiques.

Dans sa réécriture de la *Guerre*, contenue dans les *Antiquités* XVIII-XX, Josèphe ajoute à son schéma des trois « philosophies » une quatrième, née l'année même du recensement romain, en 6 apr. J.-C., quand la Judée devint une province romaine et Coponius son premier procurateur (*Antiquités* II, 117 sq. ; cf. 433). Il cite un certain Judas de Galilée comme instigateur d'une révolte. En 18, 23-25 enfin, il lui associe le pharisien Sadoq. C'est dans cette ambiance qu'il faut placer les événements résumés, avec coloris authentique en dépit des anachronismes, par les légendes de Noël des premiers chapitres de Matthieu et de Luc. Les Romains, bien sûr, n'hésitèrent jamais à éteindre immédiatement toute étincelle de résistance dans leurs provinces. Après Judas de Galilée, plusieurs autres leaders de la résistance armée viendront de la même région. Ils seront tous descendants de la même famille, celle d'un certain Ézékias. Cela dit, l'hypothèse d'une présence continuelle de zélotes en Judée jusqu'à l'éclatement de la Grande Guerre serait exagérée. En accord avec les Romains, Josèphe qualifie simplement de « brigands » les nombreux instigateurs de résistance armée. L'histoire en connaît une longue liste. Ce dont Josèphe ne dit mot, ce sont les attentes messianiques liées à de telles insurrections.

L'un des premiers soucis des révolutionnaires religieux fut de supprimer le régime sadducéen : en 66 apr. J.-C., des assassins spécialisés, appelés sicaires (hommes au couteau), commencent les hostilités internes en tuant le grand prêtre (Josèphe, *Guerre* II, 254). Ils représentent l'un des deux partis en guerre ; l'autre a pour chef Simon bar Giora, un Gérasénien (donc de la Transjordanie). Longtemps opposés l'un à l'autre, ils l'emportent finalement sur la noblesse sacerdotale. Le recrutement à tout venant pour la guerre contre les Romains (Josèphe, *Guerre* IV, 135-137) porte les marques d'une idéologie de la guerre populaire. Un Galiléen, Jean de Gischala, leader des zélotes, l'emporta sur les conseils plus modérés des aristocrates, y compris Josèphe. Le grand prêtre fut élu au sort, et non plus selon la dignité, ce qui provoqua l'extrême indignation de Josèphe, à la fois prêtre et aristocrate (*Guerre* IV, 151-157). Dans une situation plus favorable, il aurait sans doute posé sa propre candidature ; il savait exactement comment « on » fait ; ce fut lui le dépositaire de la Torah orale, et non pas les sans-culottes venus de Galilée. Le messianisme politique s'avérait de plus en plus être une affaire des couches les plus populaires (cf. aussi *Guerre* II, 9, 2-4 ; 11, 1 ; 12, 3 sq. ; 14, 2 sq.). On a récemment pris coutume d'appeler « Grande Révolte » ce que Josèphe rapporte sous le titre de *Guerre juive*. Mais toute grandeur et tout héroïsme ne peuvent occulter le fait que l'effort de rompre avec le pouvoir d'occupation n'établit pas d'unité au sein du peuple juif ; ce fut plutôt le contraire.

Le rôle de la Diaspora

Depuis la captivité babylonienne et même avant, il y eut des colonies juives en de nombreux lieux d'Orient. Ce fait n'a pas seulement conduit à essayer d'établir des temples ailleurs (notamment celui d'Assouan, disparu après le IVe siècle av. J.-C.), il a surtout permis une nouvelle institution dont la modernité se révéla être un grand avantage : la mise en place de « lieux de prière » (en grec : *proseukhai*) ou « synagogues », dont le culte renonçait aux sacrifices, étant restreint au seul usage de la parole, parole de prière, de lecture, d'enseignement. Ce qui offrit au judaïsme le culte le plus moderne que le monde antique ait connu. Il s'établit aussi en Judée même, jusque sous les murs du Temple de Jérusalem (cf. Mt 4, 23 ; Mc 1, 21 ; 6, 2 ; Lc 4, 15-31 ; 6, 6 ; 13, 10 ; Jn 6, 59 ; 18, 20, etc).

Le culte synagogal était public. La ressemblance avec les écoles de philosophie fut remarquée et exploitée par les écrivains apologétiques des Juifs, notamment Philon d'Alexandrie, qui qualifie le culte juif de philosophie. L'Église chrétienne imitera le culte synagogal, y compris sa structure, composée de prières, de lectures selon des séries de péricopes, et d'une prédication.

Le prosélytisme juif tirait grand avantage de cette innovation. Même ceux qui n'étaient pas prêts à se faire incorporer dans le peuple juif par les rites appropriés, dont surtout la circoncision, pouvaient obtenir un statut reconnu de « craignant-Dieu ». L'Évangile de Luc, les Actes des Apôtres, aussi bien que de nombreuses inscriptions de synagogues, en portent témoignage.

Au Ier siècle, les minorités juives étaient présentes presque partout dans l'Empire romain. Elles jouissaient de privilèges accordés par leur entourage hellénistique : juridiction propre limitée, approvisionnement séparé. Le pouvoir romain respectait le monothéisme des Juifs en renonçant à se faire adorer par eux. Ils étaient dispensés de service dans l'armée (à cause du sabbat), et le transfert de l'impôt du Temple s'effectuait sous garantie romaine (cf. Cicéron, *Pro Flacco* 66 sq.). Lucides et réalistes, les Romains tenaient compte de ce fait qu'environ un septième de la population de leur Empire étaient des Juifs. C'est là un effet de la Loi mosaïque interdisant de limiter la procréation du peuple.

Pourtant, l'exigence de vivre selon la Loi de Moïse dans un monde non juif posa de nombreux problèmes (cf. 2 M 6, 2-15). 3 *Maccabées* 6, 10 déplore que « dans l'exil, notre vie est empêtrée en des actes d'impiété ». « Maudit [la Septante, citée par Paul en Galates 3, 10, le renforce : "encore maudit"] celui qui n'accomplira pas les paroles [la Septante : "toutes les paroles"] de cette Loi ! » Ce qui aggravait la situation du point de vue religieux, c'est la malédiction de la Diaspora (Dt 27, 26) : voir Lévitique 26, finale de la Loi de sainteté (citée en 3 M 6) et Deutéronome 28, 58-65. Philon, exégète juif alexandrin, qui annonce une exégèse complète de ces passages dans son *De praemiis et poenis*, passe Dt 27, 26 et 28, 64 sous silence.

D'un autre côté, nombre de prescriptions de la Loi n'étaient valables qu'en Terre sainte, notamment toute la législation agricole. Mais les sources ne permettent pas de dire si l'on en ressentait un soulagement.

Alexandrie, centre culturel de la Diaspora

Plus qu'aucune cité du monde gréco-romain, Alexandrie servit de centre culturel aux Juifs parlant le grec. Il n'y eut rien de comparable pour les Juifs d'Asie Mineure, ni même à Rome (où manquait une synagogue centrale). Seule Antioche, éventuellement, aurait pu faire quelque concurrence à Alexandrie ; il se peut que le IVe Livre des Maccabées, une harangue d'un goût entièrement grec, soit une composition antiochienne (puisque c'est là qu'on vénérait les tombes des martyrs maccabéens, célébrés dans ce livre). Le summum de l'éducation grecque parmi les Juifs, cependant, fut Alexandrie. Précisons : ce fut l'Alexandrie des couches aisées, auxquelles appartenait Philon, membre d'une famille très riche.

L'effort des Juifs alexandrins riches et cultivés pour se faire compter avec les Grecs de cette ville leur valut la haine de ces derniers, aussi bien que celle des Égyptiens, défavorisés. À l'image de ce qui se passera bien plus tard à Berlin ou à New York, une double identité était en train de se créer. Mais un succès des Juifs d'Alexandrie aurait signifié un cumul de privilèges, grecs et juifs, ce que les empereurs ne pouvaient jamais admettre.

Dans cette ville fondée par Alexandre le Grand, l'un des cinq quartiers était attribué aux Juifs. La synagogue principale était la plus grande connue du monde antique : « Celui qui n'a pas vu la synagogue d'Alexandrie n'a pas vu la splendeur d'Israël », dira la Tosephta (un écrit rabbinique) bien après sa destruction.

L'usage de la langue grecque n'était pas réservé aux seuls Juifs de la Diaspora. À Jérusalem aussi, on vendait des livres bibliques en grec (Ac 8, 28) : des sadducéens, en haut de la hiérarchie, jusqu'aux marchands des rues, tout le monde savait plus ou moins utiliser cette langue. Deux des douze disciples de Jésus portent des noms grecs et ce n'est pas par hasard qu'ils servent d'interprètes envers des Grecs (Jn 12, 20-22). Une bonne partie de la littérature juive intertestamentaire se sert plus ou moins habilement du grec — de façon élégante pour Philon et pour certains écrits en vers (comme les *Oracles sibyllins*), dans un style plus rustique pour certains récits (les *Testaments des douze patriarches*, par exemple).

Le judaïsme hellénisé alexandrin a produit une abondante littérature, dont l'œuvre de Philon, qui correspond le mieux au goût grec, à la fois philosophique et littéraire. En dépit de la fidélité, sans cesse déclarée, envers la Torah, l'expression entièrement grecque de cette fidélité a amené le judaïsme des IIe et IIIe siècles à abandonner toute cette tradition. Ce sont les chrétiens exclusivement qui nous ont transmis ce que nous en possédons aujourd'hui. Ce constat inclut toute la traduction grecque de l'Ancien Testament (la Septante) — à quelques fragments près retrouvés à Qumrân.

Le christianisme, un courant acceptable

Avec le mouvement de Jésus apparut un nouveau courant dans le judaïsme, dont le problème majeur, aux yeux du judaïsme majoritaire, ne fut pas tant le fait qu'ils adoraient Jésus ressuscité, mais qu'ils admettaient aussi en leur sein une aile non juive. Plutôt que d'incorporer des prosélytes en les soumettant à des rites juifs, ou encore d'encourager l'adhésion des « craignant-Dieu », on admettait désormais des membres païens à une adhésion de plein droit, et sans en faire d'abord des Juifs. Le Livre des Actes (chap. 10-11) décrit cette décision ; au chapitre 15, elle est entérinée par une sorte de concile. Cette décision porta atteinte à la pureté rituelle du peuple de la Loi, et ce, en dépit d'un essai (d'ailleurs infructueux) d'imposer aux chrétiens issus du paganisme au moins quatre règles de pureté de base (v. 29). Marc 13, 9 et parallèles et 2 Corinthiens 11, 24 présentent une étape antérieure en mentionnant des pénalités de synagogue infligées à des chrétiens, mais pas encore des exclusions. Même le terme choisi dans Jn 16, 2 n'est pas le terme technique d'une condamnation ou d'une mise au ban (*herem*) formelles. La haine envers les Juifs dont témoigne Jean 8, 44 laisse percevoir la douleur qu'une séparation non voulue a dû susciter. La même supposition vaut pour la déception âprement exprimée par Paul en 1 Thessaloniens 2, 15. Il en va encore de même avec la haine des « pharisiens » (un terme qui visera désormais les rabbins) exprimée en Matthieu 23, un chapitre plein de polémique.

Une question fort débattue consiste à savoir dans quelle mesure les paroles et le comportement de Jésus avaient contribué à provoquer cette rupture. La « source Q » apporte un élément de réponse, en tant qu'image la plus ancienne de Jésus. Ce que les sources rabbiniques précisent, c'est qu'on se voyait amené, au début du IIe siècle, à condamner, dans une prière régulièrement répétée, les *minim*, ou sectaires, en mentionnant avec eux les « nazôréens » (ainsi la douzième des dix-huit prières synagogales). Mais la formulation transmise pourrait déjà faire preuve de persécutions venant du christianisme.

On peut trouver paradoxal le fait que l'Église ait été moins radicale, comparée aux autres courants du judaïsme, que l'essénisme, dont le caractère juif n'a pourtant jamais été mis en question. Ce qui fut ressenti comme grave, c'est l'abandon par l'Église de la Torah rituelle sous ses deux aspects principaux : les règles de pureté (par exemple, en mangeant avec des chrétiens issus du paganisme, on ne respectait plus les lois alimentaires et cérémonielles) et les moyens de réconciliation (on ne tenait plus à être incorporé au peuple saint par le signe de la circoncision — et/ou l'immersion —, et on célébrait un culte dont le point culminant, la sainte cène, était à même de remplacer les sacrifices légaux : voir Rm 3,

25). Le Christ en personne était considéré comme « agneau pascal » (1 Co 5, 7, faisant écho au symbolisme de la sainte cène).

La messianité de Jésus, en revanche, qui avait joué un certain rôle au moment de sa condamnation à mort (à en juger par Mc 14, 61-63 ; 15, 2-26 et les parallèles), n'était pas tellement centrale à l'autodéfinition juive. On pouvait renoncer à toute attente messianique (comme les sadducéens) ou même se tromper de Messie (comme rabbi Aqiba, voir plus loin), sans perdre son statut de bon Juif.

De fait, les Évangiles traitent la question de la messianité de Jésus avec une certaine retenue (voir Lc (Q) 7, 18-23, et Mc 15, 2 et parallèles). Jésus annonçant le règne de Dieu reprend le messianisme courant tout autant qu'il le contredit. Il déplace la question hors du cadre politique, niant l'existence d'une politique sacrée.

Dès la sainte cène, il devint pour les croyants « le corps » et « le sang » d'un nouveau sacrifice pascal ; et dès que l'on commémore sa résurrection, le dimanche fait alternative au sabbat. La rupture entre le judaïsme — surtout le judaïsme unifié d'après 70 — et l'Église ne se comprend pas tant comme une dissension sur la question du vrai Messie que comme une concurrence des moyens de réconciliation.

La naissance du judaïsme rabbinique

Après la destruction du Temple en 70, les guerres contre les Romains et autres catastrophes des Ier et IIe siècles, les divers courants du judaïsme disparurent pour se réduire à un seul : le judaïsme rabbinique.

Dans la légende rabbinique, l'un des sages les plus reconnus de l'époque, rabbân (« notre maître ») Yohanan ben Zakkaï, se fait porter dans un cercueil hors de Jérusalem assiégée, trompant ainsi les gardes zélotes, pour demander aux ennemis romains l'autorisation de fonder une école de droit et de piété mosaïques à Jamnia/Yabneh, une ville mi-juive, mi-païenne, à l'ouest de Jérusalem. La version la plus ancienne et la plus exacte, cependant, est celle de Josèphe (*Guerre* IV, 444) : il nous avertit (sans mentionner Yohanan) que les chefs romains décidèrent d'interner à la périphérie de la Judée, ou même loin d'elle, tous ceux qui se rendaient volontairement. Cette décision fut prise dès 68, avant même le paroxysme de la guerre.

Les sources rabbiniques reconnaissent donc à un groupe de déserteurs le mérite d'avoir établi un nouveau judaïsme sans armes ni soldats, ce qui est juste. Yohanan et ses compagnons réalisèrent la vision d'un judaïsme fondé exclusivement sur l'obéissance à la Loi, et ce dans une interprétation pacifiste, proche du pharisaïsme. Avec l'accord des Romains, et sous leurs yeux, ce groupe de sages posa les fondements du judaïsme devenu désormais classique : le judaïsme rabbinique. Ce processus, qui durera plusieurs décennies, aboutira à fixer les dix-huit prières synagogales (avec leur condamnation des *minim*) et le canon des Écritures hébraïques, plus tard repris par les protestants d'Europe et du monde.

Un judaïsme sans apocalypses

À Yabneh, on s'occupera désormais de l'enseignement de la Loi nationale : elle déterminera la vie privée des Juifs aussi bien que leur juridiction interne, et ce, sans interférer avec le droit et l'administration des Romains. En établissant l'étendue exacte des Écritures saintes et aussi celle des traditions ancestrales, désormais appelées la « Torah orale », on choisit d'écarter tout ce que la piété populaire, y compris l'essénisme et le christianisme, avait transmis ou transmettait comme révélations faites à Adam et Ève, Hénoch, Esdras, etc. Yohanan décida de commencer le recueil des traditions à respecter avec Hillel et Shammaï.

Le rabbinisme a repris bien des idéaux du pharisaïsme, si bien qu'on l'a considéré comme une continuation du pharisaïsme de l'époque du Second Temple. Mais ce qu'il ne reprend pas, c'est l'apocalyptique. Rabbi Aqiba (vers 45-135) fut le dernier à proclamer comme futur Messie un chef militaire juif de la seconde révolte contre les Romains, Simon Bar Kokhba. La postérité rabbinique ne lui en tint pourtant pas rigueur, reconnaissant en lui un excellent spécialiste de la Torah orale.

Folker Siegert

2

Qui était Flavius Josèphe ?

Curieuse, déconcertante figure que ce Josèphe, Titus Flavius Josephus pour le désigner du nom que lui valurent la faveur de Vespasien et le droit de cité romaine accordé par cet empereur. Peu de personnages historiques ont fait l'objet de jugements plus contradictoires : traître à son peuple ou patriote avisé, ainsi le voit-on qualifié tour à tour. Il est d'autant plus difficile de formuler sur lui un jugement équitable que tout ce que nous savons de lui vient de sa propre plume.

Né en 37-38 apr. J.-C. d'une famille de la haute aristocratie sacerdotale et, par sa mère, d'ascendance hasmonéenne, il fait grand cas, dans son autobiographie, publiée tout au début du IIe siècle, de ces quartiers de noblesse. Il reçut l'éducation rabbinique qui était de mise dans les familles aisées. Il a très bonne opinion de ses capacités intellectuelles : « Mes grands progrès dans les études me valaient une réputation de mémoire et d'intelligence supérieures. N'étant encore qu'au sortir de l'enfance, vers ma quatorzième année, tout le monde me félicitait pour mon amour de l'étude, car continuellement les grands prêtres et les notables de la cité venaient me voir pour apprendre de moi tel ou tel point particulier de nos lois. »

Il souligne de même, en mainte occasion, avec une égale vanité presque candide, ses éminentes qualités de diplomate, de chef militaire et d'historien. Il se sentit attiré successivement par chacune des trois écoles qui dominaient alors le judaïsme : sadducéens, esséniens et pharisiens. C'est à cette dernière obédience qu'il se rallia en définitive.

Un tirage au sort

Il fut bientôt directement impliqué dans les graves événements qui secouèrent la Palestine à partir de 66 et qu'il a relatés en détail dans sa *Guerre des Juifs*, pratiquement notre seule source sur ce conflit. Bien qu'opposé par principe, affirme-t-il, à tout mouvement insurrectionnel contre Rome, persuadé qu'il ne pouvait finir qu'en désastre, il accepta néanmoins la tâche d'organiser la révolte en Galilée. Après une résistance de près de deux mois dans la petite ville de Jotapata, et à l'issue d'une discussion dramatique avec une quarantaine de rescapés du siège pour savoir s'ils devaient se rendre aux Romains ou s'entretuer pour échapper à la captivité, la majorité opta pour la seconde solution. Un tirage au sort, destiné à fixer l'ordre dans lequel ils se donneraient réciproquement la mort, désigna Josèphe, « soit que le hasard, soit que la Providence divine l'ait ainsi voulu », pour périr le dernier, avec un autre qu'il réussit à convaincre, après le massacre de leurs compagnons, de choisir avec lui la vie. Il est difficile de savoir quelle confiance on peut faire à un tel récit. Il n'est pas exclu que Josèphe ait donné un petit coup de pouce au hasard ou à la Providence pour opérer le tirage au sort. Toujours est-il que, dans ces circonstances peu glorieuses, Josèphe se rendit à Vespasien, qui commandait les armées romaines. Il lui annonça qu'il serait bientôt élevé à la dignité impériale, et que son fils Titus lui succéderait sur le trône. Cette prédiction fut rapidement confirmée dans les faits : Vespasien fut proclamé empereur à Alexandrie en 69, tandis que Titus le remplaçait à la tête des troupes engagées en Palestine.

Propagandiste de Titus

Dès lors, la destinée de Josèphe est étroitement tributaire de Rome. Interprète de Titus auprès des insurgés, il essaya en vain de les convaincre de cesser une lutte sans espoir. Il ne réussit qu'à s'attirer leur haine implacable, sans pour autant triompher entièrement, nous dit-il, d'un reste de méfiance que les Romains continuaient de nourrir à son endroit. La victoire acquise, Josèphe suivit Titus à Rome, assista au triomphe des princes vainqueurs et acheva confortablement sa vie dans la capitale, patronné successivement par Titus et même Domitien, installé dans une maison propriété des empereurs et nanti d'une pension officielle.

Ces circonstances rendent suspecte, même *a priori*, la présentation que Josèphe nous propose de faits auxquels il a été si étroitement mêlé. Témoin direct, c'est aussi un témoin tendancieux, soucieux de présenter sous le jour le plus favorable son propre rôle. Son récit abonde en contradictions, en ambiguïtés, voire, dans la mesure où nous sommes en mesure de l'établir, en erreurs. Publiée avec l'imprimatur et sur l'ordre de Titus, la *Guerre des Juifs* est un écrit de propagande officielle, qui magnifie, sans le moindre mot de critique, la puissance romaine et qu'anime une aversion foncière pour le nationalisme exaspéré des zélotes, rendus responsables de la catastrophe. Même l'espérance messianique, qui soutient à l'époque la majorité, semble-t-il, du peuple juif, est par Josèphe détournée de sa forme traditionnelle. L'envoyé du Seigneur ne sera pas un prince juif, qui viendrait libérer son peuple de la domination étrangère. C'est tout au contraire, en la personne de Vespasien, l'empereur romain lui-même, appelé à régner sur l'univers entier.

Clairvoyant ou traître

Les positions de Josèphe ne l'entraînent sans doute pas à fausser fondamentalement la réalité des faits, mais elles infléchissent fâcheusement l'interprétation. L'opportunisme sans scrupule de notre historien n'est guère contestable. Mais il peut n'être que le reflet d'une particulière clairvoyance. Il n'est pas inutile de rappeler ici qu'un des docteurs les plus illustres de l'époque, Yohanan ben Zakkaï, se désolidarisa lui aussi de la cause des insurgés. Ayant réussi à s'échapper de Jérusalem assiégée, il alla, comme Josèphe, mais librement, trouver Vespasien. C'est à lui que la tradition juive ultérieure a attribué la prédiction dont se flatte Josèphe. Or, loin de le considérer comme un traître, elle n'a cessé de le compter parmi ses maîtres les plus vénérés. La démarche des deux hommes est fondamentalement la même. Mais Yohanan l'accomplit avec la préoccupation de sauvegarder l'avenir du judaïsme en le détachant d'une cause perdue. Et il y réussit en fondant, avec l'autorisation de Vespasien, l'académie rabbinique de Yabneh (ou Yavné). Josèphe au contraire se met tout entier au service du vainqueur et semble ne se préoccuper que de sa propre personne.

Cette impression fâcheuse doit cependant être nuancée à la lecture des autres ouvrages de Josèphe, écrits avec le souci avéré de servir la cause du judaïsme face à ses détracteurs et à l'incompréhension ou l'ignorance de l'opinion païenne. Le *Contre Apion* s'en prend directement à l'un des champions de l'antisémitisme alexandrin, dont il s'applique à réfuter les attaques, en particulier en démontrant la très haute ancienneté du peuple juif. C'est également dans une intention largement apologétique qu'il écrit le plus important de ses ouvrages les *Antiquités judaïques*, publié en 93-94, qui relate l'histoire de la nation israélite depuis ses origines les plus lointaines jusqu'au début de la guerre de Judée. Il se sent à coup sûr profondément enraciné dans son peuple. Si dans des circonstances particulièrement dramatiques, il s'est désolidarisé des insurgés, l'issue du conflit lui a donné raison. Politicien au rôle ambigu, courtisan servile, caractère peu estimable assurément. Mais peut-on vraiment lui en vouloir d'avoir été, face à un affrontement par trop inégal, plus clairvoyant que la masse de ses compatriotes ?

Marcel Simon

3

La première guerre juive contre Rome

La première révolte juive contre les Romains, qui éclate en 66, met en mouvement la grande machine de guerre romaine. Il faudra cependant quatre ans pour que cette impitoyable répression aboutisse à la chute de Jérusalem et à la ruine de son haut lieu, le Temple, qui disparaît à jamais dans les flammes. Dès lors ne subsisteront que quelques poches de résistance, dont la forteresse de Massada...

La révolte juive trouve son origine dans la brusque convergence de multiples facteurs. Le premier d'entre eux est la présence étrangère. Depuis la mort d'Hérode (4 av. J.-C.), la Palestine a subi de multiples vicissitudes politiques et, dans les années 60 apr. J.-C., les territoires de l'ancien royaume — sauf les possessions d'Hérode Agrippa II, situées sur les rives du lac de Tibériade et dans l'actuel Golan — se trouvent sous l'administration directe de Rome, dont les procurateurs sont souvent mal avertis du particularisme juif. En outre, les confiscations opérées pour le compte du fisc impérial, jointes à une mauvaise conjoncture économique, semblent avoir entraîné un appauvrissement qui frappe surtout les couches populaires.

On constate dès lors une recrudescence du brigandage et un développement des mouvements prophétiques, qui entretiennent une agitation permanente, d'ailleurs énergiquement réprimée par l'autorité romaine.

Un geste du procurateur met le feu aux poudres

Le règne de Néron (54-68) correspond à un alourdissement de la fiscalité, encore aggravée par les travaux de reconstruction de Rome à la suite du grand incendie de 64. Et, de fait, la cause immédiate de la révolte semble bien être une contestation à propos du tribut dû aux Romains. Lorsque le procurateur Gessius Florus fait saisir dix-sept talents dans le trésor du Temple, éclatent de violentes émeutes que les quelques forces de police se révèlent incapables de mater et le gouverneur doit évacuer sa province (juin 66). Les règlements de comptes dont Jérusalem est alors le théâtre et l'autodafé des créances montrent bien que la rébellion contre Rome se double aussi d'un vif malaise social. Le légat de Syrie, Cestius Gallus, qui représente l'autorité de tutelle du procurateur, intervient à l'automne en allant directement investir Jérusalem avec une légion mais, pour des raisons mal expliquées, il abandonne le siège en novembre et repart vers Antioche prendre ses quartiers d'hiver. Une embuscade tendue par les sicaires de Simon bar Giora — bandits dont l'arme favorite était la *sica* (poignard) —, dans les passes de Bethoron, transforme sa retraite en une véritable déroute. Les Romains ainsi chassés de Palestine, les insurgés peuvent se croire maîtres de la situation. Ils s'emparent de places fortes tenues par des garnisons romaines : Massada, Cypros, Machéronte.

D'après l'historien juif Flavius Josèphe, la résistance se serait préparée à la riposte romaine en répartissant les principaux secteurs géographiques entre différents chefs ; Flavius Josèphe, lui-même, aurait reçu la charge de la Galilée. Néanmoins, de nombreux indices indiquent qu'une telle organisation ne s'est jamais réalisée ; au contraire, dès le début, les rebelles paraissent profondément déchirés par les clivages sociaux et la rivalité des factions — zélotes, prêtres, sicaires — qui s'affrontent pour la direction du mouvement ou s'opposent quant à l'attitude à adopter vis-à-vis de Rome.

Vespasien se charge de nettoyer la Galilée

En cet hiver 68/69, Néron se trouve en Grèce lorsqu'il apprend le cuisant échec de Cestius Gallus. Il confie le commandement de la guerre à Vespasien, un chef militaire expérimenté, qu'il pourvoit de trois légions, renforcées de troupes auxiliaires et d'une flottille sur la côte méditerranéenne, soit environ cinquante mille hommes.

Après avoir concentré ses forces à Ptolémaïs (le futur Saint-Jean-d'Acre), Vespasien attaque en Galilée, négligeant momentanément Jérusalem et la Judée. Plusieurs raisons expliquent ce choix : en premier lieu, la faiblesse relative des troupes romaines ne permettait pas d'envisager une attaque combinée en plusieurs points et, fidèle en cela à une stratégie éprouvée, Vespasien fixe son effort sur un secteur pour le quadriller et, ensuite, le « nettoyer » ; de plus, un foyer d'agitation en Galilée, limitrophe au nord avec la province de Syrie, présente des risques de contagion qu'il vaut mieux étouffer rapidement. Cependant, plus largement, il a probablement tiré leçon de l'échec de Cestius Gallus et n'a pas voulu prendre le risque de s'enfoncer en Judée, loin de ses bases, en laissant derrière lui une région insoumise.

Ayant doté Sepphoris, ville favorable aux Romains, d'une garnison pour la protéger, Vespasien s'attaque à Gabara. Dénuée de défenses, la ville est prise dès le premier assaut, la population mâle massacrée sans merci, tous les villages des alentours ravagés et leurs habitants vendus en esclavage. Acte de cruauté qui trouverait sa justification dans les affronts que Gabara avait infligés à Cestius Gallus. Ensuite les Romains font le siège de Jotapata : sans réel intérêt stratégique, le site constitue plutôt un refuge difficilement accessible ; les Romains doivent édifier une rampe d'assaut pour acheminer une tortue bélière et il leur faut quarante-sept jours pour prendre la place (20 juillet 67). En même temps, des opérations secondaires permettent de chasser des foules inorganisées réfugiées sur le Garizim et le Thabor, de s'assurer l'accès au gué de Scythopolis et au port de Joppé.

À l'automne, Vespasien poursuit des opérations contre les foyers d'insurrection qui se sont développés sur les territoires d'Hérode Agrippa II : Tibériade et Tarichées sur la rive occidentale du lac de Tibériade, Gamala sur le Golan ; en novembre, son fils Titus obtient la reddition de Giscala en haute Galilée. Ainsi, au terme de la campagne de 67, la Galilée est-elle réduite ; les opérations s'arrêtent pour l'hiver. Les premiers prisonniers sont envoyés en Grèce pour travailler au percement du canal de Corinthe, ordonné par Néron.

Un mouvement convergent en direction de Jérusalem

Au printemps 68, Vespasien ordonne une vaste opération convergente vers Jérusalem : Cérialis, l'un de ses légats, part de Césarée Maritime pour rejoindre Emmaüs, où il établit un camp permanent, et place des garnisons dans tous les sites au nord-ouest de Jérusalem. En même temps, Trajan (le père du futur empereur du même nom) quitte Scythopolis, traverse le Jourdain et soumet la Pérée, puis il rejoint la Judée par le gué de Jéricho, détruisant au passage l'établissement de Qumrân (juin 68). Vespasien, de son côté, passe par la Samarie et fait sa jonction avec Trajan à Jéricho. Donc, au début de l'été, les insurgés ne contrôlaient plus que Jérusalem, Bethléem et l'Hérodion, ainsi que les places fortes isolées de Massada et de Machéronte.

Troubles à Rome, court répit à Jérusalem

À ce moment, Vespasien compte probablement investir Jérusalem et obtenir une issue rapide à la guerre mais la situation politique à Rome le pousse à tout suspendre : à la suite de la révolte des Gaules, Néron déchu est contraint au suicide, et le Sénat proclame à sa place Galba, le gouverneur d'Espagne (juin 68). Après plusieurs mois d'hésitations, Titus part pour Rome présenter ses devoirs au nouvel empereur, mais en arrivant en Grèce, il apprend l'assassinat de Galba (janvier 69) et juge plus prudent de rentrer en Palestine. Tandis que le Sénat reconnaît Othon, l'armée du Rhin proclame Vitellius ; après quelques mois de guerre civile, Vitellius reste apparemment le maître incontesté de l'Empire (avril 69).

Pendant ce temps, ayant interrompu les opérations contre Jérusalem, Vespasien n'est pas resté inactif : un vaste complot réunissant le gouverneur de Syrie, celui d'Égypte et les armées du Danube, lui permet de se faire acclamer par les armées d'Orient (juillet 69). Laissant faire les « besognes d'épuration » à ses partisans, il s'installe à Alexandrie. Au printemps 70, il peut s'embarquer pour Rome, laissant le soin à Titus de poursuivre les opérations contre Jérusalem. Durant ces mois de sécurité illusoire, les insurgés ont continué à s'entre-déchirer. L'aristocratie, disposée à négocier une paix honorable, s'est trouvée peu à peu éliminée par les « radicaux » du mouvement qui se révèlent pourtant incapables de s'unir : pendant l'hiver 69/70, Éléazar et les zélotes se sont retranchés dans le sanctuaire et les parvis intérieurs, tandis que Jean de Giscala tient les parvis extérieurs ; Simon bar Giora et les sicaires contrôlent la ville haute, une partie de la ville basse et ont des appuis en Idumée, à l'Hérodion et à Massada.

Le siège de Jérusalem et l'incendie du Temple

Parti d'Égypte au printemps 70, Titus entreprend le siège de Jérusalem : il cantonne une légion sur le mont des Oliviers, en place deux au nord de la muraille et une quatrième face à la Citadelle (ancien palais d'Hérode). Les Romains commencent par effectuer les travaux de terrassement nécessaires pour combler les fossés et faire avancer les machines de siège. Devant les médiocres résultats des hélépoles (sortes de tortues bélières) contre les fortifications, Titus entreprend de construire des tours d'assaut en faisant porter son effort sur le côté nord ; le 25 mai, il s'empare du premier mur et rase le quartier de Bézétha. Au début du mois de juin, il prend le second mur et fait donner l'assaut simultanément contre le palais d'Hérode et la tour Antonia qui domine le Temple.

À la fin du mois de juillet, l'Antonia est enfin prise

et le sacrifice perpétuel interrompu ; après des combats acharnés, les défenseurs sont submergés et le Temple est livré aux flammes le 30 août. L'armée se tourne vers la ville basse, puis réduit maison après maison la ville haute qui est incendiée le 25 septembre. Titus peut alors entrer en vainqueur dans une cité en ruine. Il ne reste plus que quelques bastions de résistance, l'Hérodion, Machéronte (réduits en 71) et Massada. L'année suivante, Vespasien et Titus célèbrent leur mutuel triomphe sur la Judée ; à l'issue de la cérémonie, Simon bar Giora est exécuté, tandis que Jean de Giscala est condamné à la détention. Dans la procession du triomphe, représentée sur l'arc de Titus à Rome, le vainqueur peut exhiber le butin pris dans le Temple de Jérusalem : le chandelier à sept branches (*menorah*), la Table des pains de proposition, les vases à encens et les trompettes d'argent. Ces objets seront entreposés dans le temple de la Paix, dédicacé en 75 pour commémorer la victoire de Titus.

Christiane Saulnier

4

Quand Flavius Josèphe raconte Massada

Tout historien s'implique dans son œuvre, par les faits qu'il tait comme par ceux qu'il monte en épingle. Comment évaluer le récit de Flavius Josèphe sur la prise de Massada et le silence des historiens latins ? Comment éviter le « concordisme » qui force les données archéologiques à « prouver » les dires de Flavius Josèphe ?

En l'été 67, le jeune Flavius Josèphe, après avoir organisé la résistance en Galilée et résisté longuement dans la petite ville de Jotapata à l'assaut des Romains, s'est finalement rendu à Vespasien.

La situation de Josèphe passé à l'ennemi

Dès lors, sa destinée devient tributaire de Rome : il essaie vainement de convaincre les insurgés de cesser la lutte et, la victoire acquise, il suit Titus à Rome, assiste à son triomphe et s'installe, nanti d'une pension officielle, dans une maison propriété de l'empereur. Au septième et dernier livre de la *Guerre des Juifs*, Josèphe suit la carrière de Vespasien et de Titus après la prise de Jérusalem et s'intéresse, de loin, à la chute des trois dernières forteresses judéennes. Il note ceci : « Après la prise de Massada, Sylva y laissa une garnison et se retira à Césarée, parce qu'il ne restait plus d'ennemis dans tout le pays » (*Guerre* VII, 407).

Il est vrai que, dès 71, Titus a célébré son triomphe et Rome a frappé les monnaies commémorant la défaite de la Judée. Pour les historiens officiels de l'Empire, l'affaire Massada, survenue en 73 ou 74, n'est qu'un ultime « nettoyage » qui ne doit pas ternir la victoire acquise ; d'où leur silence. Pour Josèphe, l'événement vaut au contraire comme un tragique symbole. À preuve, ce parallèle littéraire, souvent relevé : à Jotapata, la cité galiléenne où les Romains le capturèrent, Josèphe prononce un discours qui tente en vain d'empêcher le suicide de ses compagnons d'armes. À Massada, le chef des assiégés prononce deux discours qui aboutiront à un suicide collectif (*Guerre* III, 362-382).

Notre auteur peut d'autant plus broder sur le drame de la forteresse qu'il n'en est pas le témoin direct, puisqu'il se trouve à Rome depuis 71. En outre, son livre VII de la *Guerre* constituerait, selon certains indices, un appendice rédigé sous Domitien (81-96), quand Josèphe se découvre peu à peu une âme plus patriotique et des attaches pharisiennes. En fait, Josèphe se raconte en racontant Massada…

Un règlement de comptes avec les groupes de résistance

Dès le début de son récit (*Guerre* VII, 252-274), Josèphe présente les défenseurs de Massada comme des sicaires. Dans les archives romaines, ce terme englobe toute engeance de « terroristes ». Mais Josèphe précise l'identité de leur chef : Éléazar (fils de Yaïr), un parent de Judas le Galiléen. Ce dernier s'était illustré, au début de notre ère, par son opposition aux Romains et à tout autre pouvoir qu'à celui de Dieu. Il n'avait nullement « fondé » un parti ou une dynastie, comme d'aucuns le prétendent. Son amour de la liberté à tout prix avait plutôt inspiré un courant extrémiste qui, entretenu par ses descendants, prit feu très tôt dans la lutte contre Rome. Josèphe hait ce mouvement et l'appelle avec dédain la « quatrième école ». Celle-ci ne doit pas être confondue avec le groupe des zélotes, qui, quant à eux, n'ont rien à voir avec l'histoire de Massada.

Ce sont bien ces gens de la « quatrième école » qui délogèrent les Romains de Massada dès le début du siège de Jérusalem, en 66. Puisqu'il s'agit de l'ultime poche de la résistance judéenne, Josèphe peaufine ici une dernière attaque contre tous les groupes juifs de résistance, selon la thèse qu'il a défendue au long de son ouvrage : cette guerre est due à quelques leaders fanatiques qui poussèrent à se battre ou éliminèrent les Juifs opposés à leur aventure et obligèrent les Romains à riposter en conséquence ; mais les tenants de la tradition juive (pharisiens, sadducéens, esséniens) n'étaient pas d'accord. Obnubilé par cette idée, l'auteur en arrive à présenter Jean l'Essénien comme un officier de l'insurrection tout en taisant la participation probable d'esséniens à la lutte. Ainsi, les thèses de Josèphe ne permettent pas de savoir quels survivants d'autres groupes rallièrent celui d'Éléazar à Massada, alors qu'au vu des manuscrits esséniens trouvés sur le site la présence d'esséniens (voire de pharisiens) s'avère plausible.

Description de la forteresse et récit du siège

Après avoir évoqué l'installation par les Romains du mur de circonvallation et de leurs camps, le texte s'extasie sur les avantages naturels de Massada et les gigantesques travaux, dus à Hérode, qui expliquent les provisions inépuisables et les citernes du lieu (*Guerre* VII, 275-303). Tous ces détails concordent avec les résultats des fouilles. Cependant, pour les besoins de l'épopée, l'auteur oublie que l'approvisionnement vient sans doute moins d'Hérode que des Romains qui occupèrent les lieux, puis des insurgés eux-mêmes qui, au dire de Josèphe, razziaient la région.

La construction de la rampe d'assaut, la brèche dans le rempart, la résistance du mur de fortune aux assauts du bélier, tout cela reçoit l'aval de l'archéologue, de même que l'incendie (*Guerre* VII, 304-319). Ce feu, qui menace d'abord les assaillants, puis se retourne contre les assiégés, sert les thèses de Josèphe. Nouveau Jérémie, il a souvent annoncé aux rebelles que Dieu prenait le parti de l'ennemi. Voici donc les Romains «se réjouissant du secours de Dieu», se contentant de cet incendie sur un point du rempart et reportant l'hallali au lendemain, comme pour laisser aux assiégés le temps de régler la dramaturgie finale.

Un suicide littéraire réussi

Les pages qui suivent présentent le double discours d'Éléazar et le récit du suicide des assiégés (*Guerre* VII, 320-401). Ici, Josèphe dose subtilement les nobles sentiments de l'orateur et la rage d'un acte désespéré. Certes, le suicide de soldats pour échapper à la servitude de leurs vainqueurs semble une pratique courante dans l'Antiquité. Encore n'immolait-on femmes et enfants qu'à la dernière extrémité du combat, alors que, dans la mise en scène de Massada, le combat est remis au lendemain. Au reste, comment les prétendus survivants, tapis dans leur citerne (deux femmes et cinq jeunes enfants) auraient-ils mémorisé deux pièces oratoires travaillées avec tant de soin ?

Le premier discours met dans la bouche d'un sicaire honni la thèse de Josèphe sur l'inanité de cette guerre : il est temps de recevoir la juste punition de Dieu. Ceux qui ont tué tant de leurs compatriotes devront tuer ceux qu'ils chérissent le plus. Or, cruelle ironie, cette proposition d'un holocauste volontaire ne fait pas l'unanimité.

Éléazar passe alors à des arguments plus philosophiques, « sur l'immortalité de l'âme » et l'inanité de la résistance à la puissance de Rome. « La mort met nos âmes en liberté », dit-il. Ce motif et d'autres puisent dans les apologies du suicide devenues lieux communs chez les stoïciens et les cyniques, depuis le *Phédon* de Platon. Il faut rappeler ici un point d'actualité : les Flaviens (Vespasien, Titus, Domitien) faisaient la chasse aux stoïciens et aux cyniques dont beaucoup s'opposaient au régime impérial. Ces derniers vantaient le suicide politique en célébrant Caton le stoïcien qui, en se supprimant, avait frustré César de sa vengeance.

L'ambiguïté du récit de Josèphe

Par son récit ambigu de la fin de Massada, Josèphe cherche à se gagner les lecteurs de toutes opinions. N'avait-il pas dit aux Juifs partisans de la guerre que c'était, depuis le début, une entreprise suicidaire et que Dieu était avec les Romains ? Mais ce suicide était daté du quinzième jour du mois de Xanthicos. Aux Juifs émus par cet holocauste, l'auteur veut-il suggérer un rapport avec le 15 nisan, la fête de Pâques ? L'événement vaut-il comme un sacrifice réparateur, ou au contraire, comme le châtiment du pillage que ces sicaires avaient naguère perpétré contre leurs frères juifs d'En-Geddi un jour des Azymes (*Guerre* IV, 402) ?

Vis-à-vis des empereurs, agacés par la propagande stoïcienne, le récit de Josèphe constitue un acte d'allégeance. Car lui-même, lors de sa capture à Jotapata, ne s'était pas réfugié dans le suicide, à la différence des insensés de Massada, ignorants de la clémence impériale. Mais l'auteur ne néglige pas non plus l'audience des philosophes. Car, son récit le suggère, rien de commun entre l'autodestruction de gens « remplis d'une pulsion irrépressible, en état de possession » (*Guerre* VII, 389) et le suicide serein du stoïcien : « Le sage ne fuit pas la vie, écrit Sénèque ; il prend congé. »

La vérité historique d'un homme très impliqué

La vérité historique que l'on tire du récit de Josèphe sur Massada, c'est avant tout la vérité sur un homme impliqué dans des événements décisifs pour la destinée de son peuple et la sienne propre ; un homme qui, par le récit de la chute de l'ultime forteresse judéenne, légitime son engagement dans l'histoire.

Tant que Josèphe décrit les lieux et la stratégie du siège, l'archéologie confirme ses indications. Mais ses thèses simplificatrices empêchent déjà de savoir avec précision quels furent les neuf cent soixante derniers défenseurs de la place.

La mise en scène finale pose encore plus question. L'archéologie fait état d'un incendie de grande ampleur. Mais l'historien s'interroge : peut-on croire que les Romains se soient retirés jusqu'au lendemain, sans exploiter la situation, après avoir incendié une brèche ? Que les assiégés n'aient nullement combattu ? Un détail du discours d'Éléazar attire l'attention, à savoir la décision de tout incendier, sauf les réserves à provisions. Les fouilles confirment qu'une partie des entrepôts a échappé au feu. Josèphe le savait. Mais est-ce le fait d'une tragique bravade ? Après tout, ces détails insolites s'harmonisent en une solution plus simple : chose courante, les Romains auront allumé un gros incendie et tenté de protéger les provisions qui allaient devenir les leurs après la victoire.

Il est vraisemblable aussi qu'il y eut combat, et que, si certains assiégés se suicidèrent effectivement, d'autres cherchèrent quelque cachette : les squelettes trouvés dans la grotte sud, si difficile d'accès, peuvent être ceux de fuyards morts de faim ; si ces ossements ont été bouleversés, c'est que ce refuge aura ensuite été visité. Quant à la rareté des survivants dont fait état le récit, la disproportion des forces en présence suffit à l'expliquer : un millier d'assiégés, chiffre donné par le récit, contre neuf à quinze mille assiégeants, selon Yadin.

L'archéologue transmet à l'historien un certain nombre de données basées sur des faits matériels. Mais il revient à l'historien d'inviter l'archéologue à la prudence, lorsqu'il décèle, dans un récit qui se veut historique, les implications de l'écrivain. Or les événements que rapporte Flavius Josèphe ont profondément affecté son propre destin.

Claude Tassin

5
Les fonctions de la synagogue ancienne

Dès son origine, au début de la période du Second Temple (vers 500 ans av. J.-C.), la synagogue joua un rôle central dans la communauté juive. Sa dimension religieuse et spirituelle n'eut d'abord qu'une importance secondaire. En fait, jusqu'à la destruction du Temple en 70 apr. J.-C., la seule activité religieuse communautaire qui s'y exerçait régulièrement fut la lecture de la Torah, sa traduction en langue vernaculaire, la lecture des prophètes, et un sermon le sabbat et les jours de fête. Il semble que cette activité remonte à l'époque d'Esdras, venu à Jérusalem avec un mandat du roi de Perse vers l'an 450 pour exercer la charge de juge et enseigner la Loi aux Juifs habitant la région (Esd 7, 25). Toutes les sources les plus anciennes convergent dans cette direction.

La lecture et l'étude de la Torah

L'inscription de Théodotos (Ier siècle apr. J.-C.), trouvée à Jérusalem, mentionne l'étude de la Torah et l'accomplissement de la Loi comme les principales activités de la synagogue.

De son côté, Josèphe souligne l'importance centrale de la lecture de l'Écriture et de l'étude, pratique qu'il fait remonter à l'époque de Moïse : « Il disposa que la Loi soit la forme la meilleure et la plus nécessaire d'instruction, ordonnant, non pas qu'elle soit entendue une fois pour toutes ou deux fois en diverses occasions, mais que, chaque semaine, les hommes quittent leurs autres occupations et se rassemblent pour écouter la Loi et en acquérir une complète et exacte connaissance, pratique qui semble avoir été négligée par les autres législateurs » (*Contre Apion* II, 175). Bien que Josèphe ne le mentionne pas spécifiquement, il est certain qu'il avait en vue (du moins pour son époque) la synagogue comme cadre d'une telle activité.

L'auteur des Actes établit un tel lien de la manière la plus explicite : « En effet, Moïse, depuis les générations antiques, a dans chaque ville des gens qui le proclament, puisqu'il est lu dans les synagogues chaque sabbat » (Ac 15, 21).

De multiples fonctions pour la communauté

Il n'en reste pas moins que, depuis le début, la synagogue a été bien plus qu'un lieu de culte : elle fut en réalité un centre communautaire, qui remplissait bon nombre des fonctions d'un centre communautaire d'aujourd'hui, et quelques autres en plus. Les activités les plus fréquemment mentionnées sont les suivantes :

— L'étude. Celle-ci pouvait revêtir bien des formes : écoles pour les enfants, lecture et exposé de l'Écriture pendant les offices, séances régulières d'étude pour les adultes en général ou pour les sages locaux, en l'absence d'une académie (*Antiquités* XVI, 2, 4;

Mc 1, 21 ; *Genèse Rabba* 65 : 22 ; Talmud de Jérusalem, *Megillah* 3, 1 : 73 d).

— Des repas sacrés. Josèphe, la littérature rabbinique et les indices archéologiques témoignent tous de la pratique de servir des repas dans la synagogue. Ces festivités étaient probablement associées au sabbat ou aux fêtes, mais il est possible qu'elles aient eu lieu également à d'autres occasions. Un triclinium, ou salle à manger, est mentionné dans les inscriptions des synagogues de Césarée et de Stobi (Yougoslavie) (*Antiquités* XIV, 10, 8 ; 16, 6, 1 ; Mc 12, 39 ; Mt 23, 6).

— Dépôt pour les fonds communautaires. La synagogue servait de centre de dépôt pour les aumônes communautaires, recueillies chaque année pour le Temple. On les conservait à la synagogue locale, jusqu'à ce qu'on les transfère dans une banque régionale d'où on les transportait à Jérusalem (Mt 6, 2 ; Tosephta, *Terumot* 1, 10 et *Shabbat* 16, 22).

— Tribunaux. Les tribunaux communautaires siégeaient dans la synagogue et de nombreuses sources énumèrent les châtiments qui frappaient les contrevenants dans l'enceinte de la synagogue (Mt 23, 24 ; Ac 22, 19 ; Mishna, *Makkot* 3, 12).

— Lieu de l'assemblée. Principale institution communautaire, la synagogue servait également de lieu de rassemblement. Dans la description colorée qu'il nous donne des débats tumultueux à Tibériade en 66-67 apr. J.-C., pour savoir s'il fallait entrer en lutte avec Rome, Josèphe évoque les diverses réunions politiques qui se tinrent dans la synagogue de la ville, et dont certaines étaient prévues immédiatement après les offices religieux du sabbat (*Vie*, 54).

— Hôtellerie. Les synagogues servaient aussi de lieu d'hébergement pour les voyageurs juifs. À Jérusalem même, elles rendaient un service incomparable en fournissant un abri aux dizaines de milliers de pèlerins qui envahissaient la ville plusieurs fois par an. Mais les synagogues en dehors de Jérusalem et dans la Diaspora comportaient aussi, semble-t-il, des chambres réservées aux pauvres, aux voyageurs et aux marchands juifs (cf. inscription de Théodotos ; Talmud de Babylone, *Pesahim*, 100 b-101 a).

— Domicile pour les fonctionnaires de la synagogue. Les documents rabbiniques et archéologiques prouvent qu'un fonctionnaire de la communauté (le *hazzan*) résidait bien souvent à l'intérieur du complexe de la synagogue.

Des bâtiments sans cachet religieux

Bien que les vestiges archéologiques de cette période soient rares, ils semblent corroborer ce tableau de la synagogue du Second Temple, à savoir une institution d'abord communautaire, sans marque religieuse particulière. Les bâtiments synagogaux antérieurs à l'an 70 (Massada, Hérodium, Gamla et Délos) sont les seuls édifices publics dans chacune de ces localités. Aucun d'entre eux n'a de cachet religieux discernable, qu'il s'agisse de l'orientation, du plan ou de la décoration. Dans le cas de Délos et de Massada, seules les inscriptions ou les rouleaux de manuscrits indiquent que le bâtiment en question avait une destination religieuse. À Massada, des fragments des livres du Deutéronome et d'Ézéchiel ont été trouvés, et à Délos des inscriptions relatives à une *proseuchè*, maison de prière. Ces quatre édifices étaient visiblement les principaux lieux de rassemblement de la communauté et il est probable que toutes les affaires publiques énumérées plus haut y étaient traitées.

Une évolution progressive après la ruine du Temple

Après la destruction du Temple, le caractère religieux de la synagogue devint plus prononcé. L'évolution a été progressive et n'a atteint son sommet que pendant la période byzantine au VIe et au VIIe siècle. Les raisons de ce changement d'accent sont nombreuses et comprennent à la fois des facteurs internes et externes. Un élément déterminant a été, sans aucune doute, la destruction du Temple en 70. Les coutumes originellement liées au sanctuaire de Jérusalem furent désormais transférées dans le cadre de la synagogue : sonnerie du *shofar* au Nouvel An, lorsque celui-ci coïncidait avec le sabbat ; usage du *loulav* (myrte et saule reliés par des bandelettes de feuille de palmier) pendant la fête entière de Soukkot ; récitation de passages de la Bible tels que le *Shema'* (Dt 6, 11 ; Nb 15) et *Hallel* (Ps 113-118), qui firent désormais partie de la liturgie synagogale.

En outre, c'est en cette période postérieure à l'an 70 que le culte de la synagogue intégra de nombreux éléments destinés à conserver vivant le souvenir du Temple de Jérusalem : récitation, le sabbat et les jours de fête, d'un office *musaf* (supplémentaire) consacré aux sacrifices prescrits à cette occasion ; lecture de passages de la Torah aux jours de fête, rappelant les sacrifices offerts au Temple ; et enfin, inclusion du rituel quotidien du sacrifice dans les prières quotidiennes régulières.

L'importance capitale de l'élément religieux dans la synagogue fut encore renforcée par le fait que la prière communautaire s'inscrivit désormais dans le cadre synagogal, dans les liturgies du sabbat et des jours de fête qui existaient déjà. De plus, les offices quotidiens de prière se développèrent également à cette époque. Auparavant, comme nous l'avons noté, le service religieux de la synagogue tournait presque entièrement autour de la lecture de la Torah.

Un autre facteur qui contribua incontestablement au caractère religieux de la synagogue dans l'Antiquité fut la tendance générale, à travers tout l'Empire à cette époque (IIe-IIIe siècles), à l'accroissement de la spiritualité dans une orientation religieuse plus marquée. L'érection de temples romains monumentaux dans les provinces romaines de Syrie, Palestine et Arabie affecta sans nul doute l'attitude et la pratique des Juifs également.

Les nombreuses Églises : un défi pour les Juifs

Enfin, la poussée du christianisme au IVe siècle et, plus tard, sa position dominante eurent des répercussions profondes sur de nombreux aspects de la vie communautaire juive. Ainsi, il ne fait aucun doute que l'érection de dizaines d'églises dans la Palestine tout entière constitua un défi pour la communauté juive, en lui fournissant des modèles accessibles d'institutions religieuses qu'elle pouvait imiter ou adapter. Nous pouvons constater que la plupart des synagogues de cette époque dépendent étroitement des modèles architecturaux et artistiques chrétiens — y compris l'atrium, le narthex, la nef, les bas-côtés, l'abside et le cancel (comme, par exemple, à Beth Alpha). Même la décoration de nombreuses synagogues est la copie de schémas habituellement utilisés dans la société byzantine en général : bâtiments publics, habitations privées, et tout particulièrement églises. Comme l'élément religieux était prépondérant dans l'église, il ne pouvait manquer d'occuper une place centrale également dans la synagogue.

Un centre vital
pour un peuple sans pouvoir

Pourtant, cette accentuation de la dimension religieuse ne doit pas nous faire oublier que la synagogue continua à abriter comme par le passé tout un éventail d'activités sociales et communautaires. Le Talmud a conservé de nombreux récits où l'on voit la synagogue servir d'école, de tribunal, d'hôtellerie, de lieu d'assemblée, etc. En ce sens, dans l'Antiquité tardive, la synagogue embrassait des activités plus larges encore que l'église. Alors que la société chrétienne avait à sa disposition de nombreuses institutions — impériales, urbaines et privées —, la communauté juive dépendait presque exclusivement, pour tout un ensemble d'activités sociales, religieuses et communautaires, de ses propres institutions, dont la première était la synagogue. Ainsi, par exemple, dans les codes législatifs byzantins (*Codex Theodosianus, Codex Justinianus*), la synagogue est la seule institution communautaire juive à être mentionnée (à l'exception peut-être du Patriarcat, qui disparut vers 425 apr. J.-C.).

En résumé, pendant toute l'Antiquité, la synagogue représenta le centre vital autour duquel s'ordonnaient tous les aspects de l'activité de la communauté.

Lee I Levine

6

Quelles langues parlait-on au temps de Jésus ?

L'Évangile, n'étant pas une révélation ésotérique, a été annoncé dans les langues que parlaient ceux à qui s'adressaient les « serviteurs de la Parole ». Pour les Juifs, l'hébreu était la langue sacrée, la langue du sanctuaire, dans laquelle on chantait les Psaumes et on lisait l'Écriture. Toutefois, la lecture de l'Écriture était accompagnée d'un Targoum araméen, pour en expliquer le sens à ceux qui ne comprenaient plus l'hébreu. Dans la Diaspora hellénistique, les Juifs d'Alexandrie avaient traduit la Torah en grec, avec l'accord des autorités du Temple ; mais les autres livres saints avaient aussi été traduits.

À l'époque des origines chrétiennes, deux grandes langues « véhiculaires » se partageaient le monde occidental et oriental, en se superposant aux parlers locaux : l'araméen en Syrie et en Orient, le grec sur tout le pourtour méditerranéen et jusqu'à Rome. Chez les Juifs, l'araméen était parlé en Galilée, et il avait probablement submergé les campagnes de Judée : les mots cités par Jean comme « hébraïques » sont en réalité araméens (Jn 5, 1 ; 19, 13-17 ; 20, 16), et plusieurs désignent des lieux situés à Jérusalem (Bézatha, Gabbatha, Golgotha). Mais le grec avait également pénétré en Judée à partir de la côte et de ses villes hellénistiques (Césarée). Les Juifs hellénistes de la Diaspora avaient des synagogues à Jérusalem (Ac 6, 9).

Le premier événement qui manifesta au monde la présence de l'Église a un aspect linguistique : au jour de la Pentecôte, des « hommes dévots » de toutes les nations entendent les apôtres proclamer la louange de Dieu dans leurs propres langues. Il n'y a donc plus de « langue sacrée » : l'Évangile sera annoncé dans toutes les langues, et elles pourront toutes servir à exprimer la prière chrétienne.

Jésus parlait-il hébreu ou araméen ?

En fait, comment les choses se passèrent-elles ? Jésus avait annoncé l'Évangile du Règne de Dieu dans le dialecte araméen parlé par les paysans de Galilée. Il avait pu se servir de l'hébreu, connu par la liturgie synagogale, dans ses discussions avec les scribes. Les apôtres suivirent la tradition de Jésus en s'adressant aux gens dans la langue populaire. Parlaient-ils l'hébreu, en cours d'évolution vers une forme dialectale ? La question n'est pas simple, car elle est liée à celle de l'état des langues dans la Palestine à l'époque des origines chrétiennes. Le groupe fermé de Qumrân ne peut pas être pris comme exemple sur ce point, car il vivait en marge de la population, replié dans un conservatisme radical, coupé du Temple de Jérusalem, mais on peut penser que la pratique de l'hébreu dans la liturgie du Temple et dans les synagogues en avait maintenu la vitalité dans des familles liées au sacerdoce et aux milieux cultivés. L'araméen était toutefois majoritaire, et ceux qui ne le parlaient pas pouvaient le comprendre. Les disciples de Jésus, des Galiléens, purent donc annoncer l'Évangile à Jérusalem en araméen. Y en avait-il parmi eux qui parlaient l'hébreu pour l'annoncer dans cette langue ? C'est douteux, si l'on en croit la réputation qu'ils avaient auprès des membres du Grand Conseil : « des hommes sans instruction ni culture » (Ac 4, 13). Entendons : non des illettrés, mais des gens qui n'avaient pas reçu l'instruction spécialisée des futurs « docteurs » juifs.

On peut donc tabler sur une première annonce — orale — de l'Évangile en araméen de Galilée, reconnaissable à son accent (cf. Mt 26, 73), mais facilement compréhensible en Judée et à Jérusalem.

Certains disciples parlaient-ils grec ?

Parmi les premiers disciples, y en avait-il qui parlaient grec ? On peut poser la question pour deux d'entre eux, qui ont des noms grecs : Philippe et André. On les voit servir d'intermédiaires entre des « Grecs » (Juifs hellénistes ou prosélytes ?) et Jésus (Jn 12, 20-22). Mais il n'est pas sûr que la connaissance de cette langue, acquise probablement pour des buts commerciaux, était suffisante pour annoncer l'Évangile. En revanche, il y avait un nombre suffisant de disciples bilingues pour que le milieu « helléniste » (parlant grec) fût atteint à Jérusalem même. Cela advint très tôt. Le choix du groupe des Sept pour encadrer les hellénistes (Ac 6, 1-5), la prédication grecque d'Étienne, les réactions qu'elle suscita et le martyre du prédicateur (6, 8 ; 7, 60), se placent avant la conversion de saint Paul. Or, si l'on se fie à la chronologie de l'Épître aux Galates et si l'on place en 49 l'assemblée de Jérusalem, cette conversion a dû avoir lieu, soit 14 ans plus tôt (Ga 2, 1), soit 14 + 3 = 17 ans plus tôt (Ga 1, 18), ce qui fait remonter aux années 35 ou 32. C'est donc très rapidement que la communauté de Jérusalem était devenue bilingue. Les réunions « en Église », dans la mesure où elles exigeaient une lecture de l'Écriture, une prédication et une prière commune — avec des chants venus du judaïsme et réinterprétés, ou des compositions chrétiennes —, ne pouvaient se faire que séparément pour les groupes linguistiques sémitique et grec. Il faut donc envisager dès cette époque une traduction grecque des matériaux évangéliques fondamentaux, sous des formes adaptées aux Juifs « hébreux » et « hellénistes ». La traduction ne constituait qu'un problème mineur, dans un milieu juif où les hommes bilingues n'étaient pas rares. Les « hellénistes », dispersés après la mort d'Étienne, poussèrent l'évangélisation jusqu'en Samarie, en Phénicie, à Chypre, à Antioche de Syrie (Ac 8, 4-40 ; 11, 20).

Des aide-mémoire écrits sur papyrus ?

Il est clair que ces missionnaires zélés avaient à leur disposition les matériaux évangéliques indispensables, soit sous une forme orale soigneusement mémorisée (mais non sans variantes de détail), soit dans des aide-mémoire écrits qui ne pouvaient guère comporter que les feuillets de papyrus aisément transportables. Ces aide-mémoire existaient vraisemblablement aussi dans les communautés de langue araméenne (ou, éventuellement, hébraïque) ; mais il n'en est rien resté. Ceux de langue grecque, mis par écrit à des dates différentes, ont préparé les futures synthèses évangéliques de nos quatre livrets. Mais il ne faut exclure ni la communication des matériaux entre les deux groupes linguistiques, ni leur développement séparé et parallèle en vue d'une évangélisation fidèle, adaptée et efficace. Il revient aux commentaires des Évangiles d'étudier cette question cas par cas pour chaque tradition évangélique, en notant — si possible — les connexions entre les deux langues.

Pierre Grelot

7

Un judaïsme d'expression grecque

Jusqu'aux conquêtes d'Alexandre le Grand, à l'extrême fin du IVe siècle avant notre ère, Juifs et Grecs se connaissent mal. Ils suivent des chemins divergents, offrant peu de chance pour une rencontre. Avec Alexandre, tout change : les Juifs se retrouvent dans la mouvance grecque.

Une légende juive, recueillie par l'historien Flavius Josèphe, décrit une visite d'Alexandre à Jérusalem, pendant sa marche vers l'Égypte à travers la Syrie-Palestine, en 332 av. J.-C. Le grand prêtre Jaddous vient à sa rencontre, à la porte de la Ville sainte. Alexandre s'agenouille devant lui ; il confirme au profit des Juifs le droit de vivre selon leur « loi ancestrale », la Torah de Moïse. Quelques-uns rejoignent son armée. Ils le suivront en Égypte et se retrouveront parmi les premiers habitants de la cité qu'il allait fonder au début de 331 avant notre ère sur l'étroite bande de terre séparant la Méditerranée du lac Mariout. Ce sera la première Diaspora juive d'Occident et un premier « âge d'or » du judaïsme de la Diaspora, avant celui des Juifs d'Espagne sous le règne de l'Islam et d'Italie à l'époque de la Renaissance. Avec la fondation d'Alexandrie commencent une nouvelle époque dans l'histoire des Juifs d'Égypte et une nouvelle expérience dans l'histoire du judaïsme :

celle du judaïsme alexandrin, un judaïsme « non rabbinique » (ou « prérabbinique »).

Habitants, mais pas citoyens

Il existait à Alexandrie un quartier juif, nommé « Delta ». Au Ier siècle apr. J.-C., il était situé au nord-est, sur la côte, à une certaine distance des ports. Pour les ennemis des Juifs, ce n'était qu'un misérable coin de banlieue, mais ses habitants trouvaient que sa situation en bordure de mer et proche du palais royal le rendait à la fois agréable et respectable (*Contre Apion* II, 33 sq.). Du reste, ils vivaient aussi ailleurs dans la ville : une agglomération juive est attestée au nord-ouest, près du port occidental, où sera élevée plus tard l'église Saint-Théonas, et le philosophe Philon nous signale des lieux de réunion appartenant aux Juifs alexandrins dans chaque quartier.

Malgré leur nombre — environ 180 000 individus d'après des estimations récentes, soit un tiers de l'ensemble des habitants de la capitale —, les Juifs n'étaient pas, sauf rarissimes exceptions, citoyens d'Alexandrie. Aussi, dans sa *Lettre aux Alexandrins* (P. Lond VI, 1912 = CPJud II, 153 ; novembre 41 apr. J.-C.), l'empereur Claude a-t-il pu dire qu'ils « vivaient dans une cité qui n'était pas la leur ». Peu importait le fait qu'ils y aient été établis depuis plus de trois siècles.

Les Juifs d'Alexandrie avaient leurs « anciens » et leurs « leaders », tel l'ethnarque (« chef du peuple ») qui gérait les affaires juives et réglait des litiges par voie d'arbitrage ; mais c'est à tort que certains savants ont postulé l'existence d'une communauté autonome des Juifs alexandrins (*politeuma*), aspirant à l'égalité des droits avec le corps civique, la *polis* grecque. Les cadres institutionnels qui permettent aux Juifs d'Égypte de conserver une identité propre conciliable avec leur culture grecque ne relèvent pas d'une organisation communautaire conforme au modèle de la cité grecque ; ils se construisent sur la base de la pratique synagogale, autour de la prière et la lecture de la Torah.

La lecture de la Torah dans les synagogues d'Alexandrie, comme dans toutes les maisons de prière juives dans l'Égypte gréco-romaine, se faisait en grec, dans la traduction dite des « Septante ». Pour certains historiens, l'initiative de traduire la Torah en grec serait venue du souverain lagide. Pour d'autres, elle devrait être replacée dans la pratique synagogale : les Juifs ne comprenant plus l'hébreu ont besoin d'une version des Écritures qui leur soit compréhensible. La version grecque de la Torah aurait été d'abord une sorte de targoum, c'est-à-dire une traduction accompagnant la lecture de la Torah. Ce que nous appelons la « Bible des Septante » n'en serait qu'une rédaction ultérieure, unifiée et officialisée.

La Septante,
« Loi civique » des Juifs d'Égypte

L'étude des documents conservés par les papyrus grecs d'Égypte permet d'échapper à cette alternative, en nous dévoilant en même temps un aspect important, mais peu connu, de la Bible d'Alexandrie : sa place dans la réalité institutionnelle de la monarchie lagide. L'attachement des Juifs à leur Loi coïncidait avec les objectifs de la politique des Lagides qui tendait à garantir le respect des traditions nationales des habitants du royaume. La Torah de Moïse n'est pas le seul « livre sacré » qui ait été traduit en grec à Alexandrie sous le règne de Ptolémée II Philadelphe : le « Coutumier sacerdotal » égyptien, recueil de règles et de recettes juridiques réunies par les prêtres indigènes, fut lui aussi traduit en grec sous Ptolémée II, comme en témoigne une copie de cette traduction effectuée à l'époque des Antonins (P. Oxy XLVI, 3285).

Ces traductions avaient une importante incidence pratique : elles rendaient accessibles aux juges et aux agents du roi, qui ne connaissaient que le grec, les règles d'un droit éventuellement applicable qui étaient originellement consignées dans d'autres langues. La Loi juive en version grecque pouvait désormais être invoquée par les plaideurs juifs devant les tribunaux instaurés par la monarchie pour la population hellénophone. La Septante a ainsi reçu sa consécration officielle comme « loi civique » des Juifs d'Égypte.

Aux yeux des Sages du Talmud, la traduction de la Torah en grec fut une entreprise tout à fait licite, et même inspirée, en dépit des erreurs imputées aux traducteurs. Rabbi Shimon ben Gamliel, admirateur de la sagesse grecque, ira jusqu'à proclamer le privilège du grec, seule « autre langue » autorisée pour l'Écriture (b. *Megillah* 8b-9b). L'opinion contraire, qui n'admet que l'« hébreu carré » (*ktav ashuri*) pour l'Écriture et pour laquelle « le jour où la Torah fut traduite en grec pour le roi Ptolémée est aussi néfaste que celui où Israël fabriqua le Veau d'or » (*Massekhet Soferim* 7-10), doit être replacée dans son contexte historique : elle exprime une réserve à l'égard de la Septante à partir du moment où cette traduction, faite par les Juifs pour des Juifs, est devenue, après l'anéantissement du judaïsme alexandrin au début du IIe siècle, exclusivement la Bible des chrétiens.

Écrivains juifs d'Alexandrie

La Torah des Septante est le premier, et le plus célèbre, représentant de la littérature judéo-alexandrine : toute une littérature en langue grecque, mais qui reste juive par son contenu et par les objectifs qu'elle se propose. Deux ouvrages s'attachent directement à la Torah des Septante. Le premier, la *Lettre d'Aristée à Philocrate,* nous propose un récit romancé de la traduction. Il est écrit par un Juif pour qui, selon la formule de Victor Tcherikover, « le judaïsme n'est autre chose qu'un hellénisme enrichi par l'idée d'un Dieu unique ». L'ouvrage est difficile à dater ; peut-être faut-il le placer dans la deuxième partie du règne de Ptolémée VIII Évergète II (vers 146-116 av. J.-C.). L'auteur de la *Lettre* se fait le défenseur de l'idée qui consiste à attribuer au roi Ptolémée II l'initiative de la traduction.

La même idée est également retenue par le philosophe judéo-alexandrin Aristobule, auteur d'un ouvrage exégétique dédié au roi Ptolémée VI Philométor, vers 176-170 av. J.-C. Déçu de ne trouver aucune trace de la Torah dans la pensée grecque classique dont il est pénétré, Aristobule attribue ce silence au « larcin » des Grecs et n'hésite pas à affirmer que déjà Pythagore et Platon s'inspiraient de la Bible juive ; il postule donc une traduction grecque, au moins partielle, antérieure à celle des Septante. L'idée est certainement chimérique, encore qu'un papyrus d'Oxyrhynchos (P. Oxy XLI, 2944) suggère aujourd'hui que des thèmes bibliques, en l'occurrence la fameuse scène du jugement de Salomon (1 R 3, 16-28), étaient connus en Grèce avant la mort de Platon. Le chronographe Démétrios, qui vivait à Alexandrie à l'époque de Ptolémée IV Philopator

(222-205 av. J.-C.), est le premier historien juif de langue grecque que nous connaissions. Il a écrit un ouvrage sur les rois de Judée, dont six fragments nous sont parvenus. Sous l'influence d'Ératosthène de Cyrène, Démétrios rationalise à l'extrême l'histoire d'Israël en la présentant comme un enchaînement de chiffres, méthode qu'il considère sans doute comme la forme suprême de discours scientifique. Il suit le texte biblique dans la version des Septante, sa source unique, dont il est le premier témoin historique. Sa démarche se veut rigoureusement scientifique, c'est-à-dire « philologique » au sens alexandrin forgé par Ératosthène. Il est le précurseur de la chronologie juive traditionnelle.

La littérature judéo-alexandrine culmine dans l'œuvre du philosophe Philon (vers 20 av. J.-C.-40 apr. J.-C.). Seule une partie subsiste de ses traités strictement philosophiques, en grec ou en version araméenne. Ses écrits politiques (*Contre Flaccus, Ambassade à Gaius*) éclairent l'histoire du judaïsme alexandrin au Ier siècle de l'Empire et celle des sectes juives, tels les esséniens et les thérapeutes. L'essentiel de son activité concerne l'exégèse des Écritures (dans le texte grec des Septante) qui vise à prouver, à l'aide de démonstrations allégoriques, la parfaite compatibilité de la Torah avec la raison grecque. L'influence de Philon sur les Pères de l'Église et son rôle d'intermédiaire entre la philosophie grecque et la théologie chrétienne sont indéniables, alors que les Sages du Talmud les passent sous silence. Des recherches récentes s'efforcent cependant de tracer des parallèles, sinon d'établir des liens, entre Philon et la doctrine rabbinique contemporaine.

Universalisme juif et universalisme romain

Avec la conquête romaine de l'Égypte par Octave, futur empereur Auguste, en 30 av. J.-C., commence pour le judaïsme alexandrin une période qui est à la fois celle de son apogée culturel, illustré avec éclat par l'œuvre de Philon, et celle de son déclin politique. Les Romains n'ont pas touché à l'autonomie religieuse et culturelle des Juifs. Mais la conquête a détruit la structure sociale qui permettait à ceux-ci de concilier le maintien d'une identité nationale avec l'appartenance à un groupe dominant. Dans l'Égypte des Lagides, les Juifs faisaient partie de la communauté des « Hellènes », groupe dominant des conquérants hellénophones. Après la conquête romaine, la micro-société des « Hellènes » s'est désagrégée et leurs descendants ont été reclassés dans des ordres de notables provinciaux par le biais d'une politique fiscale appropriée. Pour des raisons encore mystérieuses, les Juifs en ont été écartés. Aussi la réduction de l'Égypte à l'état de province romaine signifie-t-elle pour eux le début d'une époque de déchéance.

La violence des affrontements entre Juifs et Grecs à Alexandrie au Ier siècle de notre ère porte la marque de ces bouleversements. Une première explosion se produisit pendant l'été 38, sous le gouvernement d'A. Avilius Flaccus, préfet d'Égypte bien connu pour ses excès grâce au témoignage de Philon (*In Flaccum*). Lors de l'ambassade à Rome sous sa présidence, Philon engage un combat devant l'empereur Caligula pour la défense des « droits politiques » des Juifs, leur *politeia* (*Legatio ad Caium*). Ce combat n'est pas une lutte pour l'émancipation ou pour l'égalité des droits civiques, notions anachroniques pour l'époque. La *politeia* que revendiquent les Juifs n'est pas une « constitution » ou une « citoyenneté » au sens premier du mot ; c'est la judéité elle-même, comme statut individuel et comme mode de vie conforme aux préceptes de la Torah.

À l'avènement de Claude au début 41 apr. J.-C., nous assistons à un procès dans lequel une ambassade juive affronte à Rome une ambassade grecque d'Alexandrie devant le tribunal impérial (*Caesariana cognitio*). Un certain universalisme grec, dont le porte-parole est le gymnasiarque alexandrin Isidoros fils de Dionysios, dénonce le particularisme juif incarné pour la circonstance par le roi de Judée Agrippa Ier. Le procès, connu par des fragments de papyrus, se termine par une sentence capitale à l'encontre d'Isidoros et de son compagnon, le greffier Lampon. Isidoros devient ainsi l'archétype du patriote héroïque, dont l'exemple sera suivi par d'autres « martyrs païens d'Alexandrie » (*Acta Alexandrinorum*). Le conflit s'aggrave sous le règne de Néron. En 66 apr. J.-C., un soulèvement juif éclate dans la ville ; il est écrasé sans merci par Tiberius Julius Alexander, neveu de Philon, qui exerce en ce temps-là la charge de préfet d'Alexandrie et d'Égypte. Flavius Josèphe parle à ce propos de cinquante mille victimes juives à Alexandrie (*Guerre* II, 490-497) ; le chiffre est sans doute exagéré, mais il est certain que l'année 66 fut une rude épreuve pour les Juifs alexandrins, autant que le pogrom de 38, sinon davantage.

Ces affrontements aboutissent, au début du IIe siècle apr. J.-C., à une dernière épreuve de force qui se termine par la destruction des communautés juives d'Alexandrie et d'Égypte. Pendant plus de deux ans, de l'été 115 apr. J.-C., fin du règne de Trajan, à août-septembre 117, début de celui d'Hadrien, une guerre acharnée soulève contre le pouvoir romain les Juifs en Cyrénaïque et en Égypte. Le bilan est désastreux pour le judaïsme alexandrin : l'anéantissement total. Les événements, leurs causes et leurs conséquences peuvent aujourd'hui être reconstitués grâce à l'éclairage que l'archéologie, pour la Cyrénaïque, et la papyrologie, pour l'Égypte, projettent sur les rares textes littéraires — païens, juifs et chrétiens — dont on disposait jusqu'alors.

Le principal de ces textes est une notice d'Eusèbe de Césarée qui se fait l'écho d'auteurs païens du IIe ou du IIIe siècle, difficilement identifiables pour nous (*Histoire ecclésiastique* IV: 2, 1-5). La source d'Eusèbe parle des Grecs qui se replient à Alexandrie en fuyant les rebelles et s'en prennent aux Juifs alexandrins, empêchant ceux-ci de rejoindre leurs « compagnons d'armes ». Les papyrus aident à suivre l'escalade dont la source d'Eusèbe dessine la progression. Les désordres se multiplient à travers le pays ; très rapidement, ce qui n'était au début qu'un trouble local devient une véritable guerre. Marcius Turbo, envoyé spécial de l'empereur, massacre les rebelles juifs par milliers. En Mésopotamie, une mission analogue a été confiée à Lusius Quietus, dont le nom s'est maintenu dans la « guerre de Quietus » (*polemos shel Qitos*) des textes rabbiniques.

La postérité spirituelle du judaïsme alexandrin

La fin tragique du judaïsme hellénisé en Égypte aide à percer le mystère qui entoure les origines du christianisme dans ce pays. Les deux premiers siècles sont obscurs. Ce n'est qu'à l'extrême fin du IIe siècle que nous rencontrons son premier représentant historiquement connu, l'évêque Démétrios, un contemporain de Clément d'Alexandrie et d'Origène, qui passe pour avoir été le fondateur du Didascalée, célèbre école de catéchèse. Cette soudaine et relativement tardive émergence de l'Église alexandrine a beaucoup intrigué les historiens et suscité diverses réponses.

La première consiste à expliquer le silence qui entoure les débuts du christianisme en Égypte par le caractère hétérodoxe de celui-ci : la première Église alexandrine aurait été une Église gnostique et, après le triomphe de l'orthodoxie au tournant du IIe siècle, elle aurait été rétrospectivement condamnée à l'oubli. Cette thèse a rencontré une réaction critique des papyrologues, et une autre explication, plus convaincante, a été proposée : si le christianisme primitif n'a laissé que peu de traces en Égypte avant la fin du IIe siècle, c'est qu'il a été un judéo-christianisme ; détruit pendant la révolte de 115-117 avec l'ensemble du milieu au sein duquel il était né, à savoir la communauté juive d'Alexandrie, il devait être remplacé au cours du IIe siècle par un christianisme d'origine païenne, grecque et égyptienne.

La thèse judéo-chrétienne rend mieux compte du « mystère » du christianisme alexandrin primitif que la thèse gnostique. Elle se reflète dans la tradition copte qui attribue à l'évangéliste Marc la fondation de l'Église d'Alexandrie. D'ailleurs, les deux thèses ne s'excluent pas, quitte à retenir l'idée d'une succession chronologique : à un judéo-christianisme initial succéderait, après la catastrophe de 115-117, une période de reconstruction pagano-chrétienne, marquée par une crise gnostique ; les tentations hétérodoxes surmontées, la communauté pagano-chrétienne pourra devenir, à la fin du IIe siècle, la base de la « Grande Église ». Du reste, la présence dominante d'une communauté judéo-chrétienne à Alexandrie n'empêche pas nécessairement l'existence parallèle de quelques foyers pagano-chrétiens.

Dans ce contexte, la révolte des années 115-117,

qui annonce la séparation du judaïsme et du christianisme, apparaît en même temps comme le nœud d'une continuité qui rattache celui-ci à celui-là. Si l'on admet que la communauté judéo-chrétienne d'Alexandrie a disparu, avec l'ensemble de la diaspora juive en Égypte, dans la tourmente de la révolte, c'est aussi parmi les judéo-chrétiens d'Alexandrie qu'on devra chercher, à côté de quelques notables juifs, les rares survivants de cette communauté. C'est à eux que revient le mérite d'avoir sauvé du naufrage les œuvres majeures du patrimoine culturel judéo-alexandrin — la Bible des Septante et l'œuvre exégétique de Philon. Cette indéniable continuité spirituelle nous fait sentir toute la profondeur de l'abîme qui, sur le plan des réalités humaines, sépare le judaïsme hellénisé du christianisme gréco-égyptien reconstitué à partir de la gentilité. Détaché de ses racines, il ne tardera pas à revendiquer pour lui seul la qualité de « Vrai Israël ».

La révolte de 115-117 a mis fin à l'aventure grecque des Juifs d'Égypte ; elle a plongé dans un long silence les débuts du christianisme alexandrin. Le judaïsme alexandrin avait vécu. La question qu'il nous pose reste, aujourd'hui plus que jamais, d'actualité : comment, jusqu'à quelle limite et à quel prix est-il possible d'appartenir à deux cultures, à deux univers aussi différents dans leur manière de concevoir la place de l'homme dans le monde, face au divin et par rapport au reste de la création, que le rationalisme grec et le monothéisme juif ?

Joseph Mélèze-Modrzejewski

8

La Septante est née à Alexandrie

C'est à Alexandrie que fut traduite en grec la Bible hébraïque. Il existait d'autres villes hellénistiques où résidaient des communautés juives, mais la nouvelle cité d'Alexandre était devenue, au IIIe siècle avant notre ère, la capitale économique du Bassin méditerranéen, la métropole culturelle du monde hellénistique, qui comptait sur son territoire la colonie juive la plus importante à l'ouest de la Judée.

Il est difficile de connaître exactement l'origine de la Septante et vain de vouloir trancher entre le motif officiel ou le motif privé qui a présidé à l'entreprise de traduction : qu'elle soit issue d'un ordre du roi lagide Ptolémée, soucieux de connaître les règles et les coutumes des divers peuples qui lui étaient assujettis, ou qu'elle soit une réponse aux besoins liturgiques d'une communauté particulière, la traduction en grec de la Torah des Juifs sut assurément satisfaire ce double intérêt, puisqu'elle rendait accessibles les lois de cette petite nation aux Grecs devenus curieux des « sagesses barbares » et permettait aux immigrants juifs ne connaissant plus l'hébreu de lire leurs textes sacrés dans la langue qu'ils utilisaient désormais dans leurs relations commerciales et, à côté de l'araméen, dans leur vie de tous les jours.

La Septante, entre légende et histoire

La Bible grecque a sa propre légende rapportée dans la *Lettre d'Aristée à Philocrate* (voir Annexes *infra*), qui lui a donné son nom et qui raconte avec éloges et enthousiasme la naissance miraculeuse de cette première traduction, mais elle a aussi son histoire. Le Pentateuque, c'est-à-dire les cinq premiers livres de la Torah, fut bien traduit à Alexandrie sous Ptolémée II Philadelphe (285-246) et, fait remarquable, l'entreprise s'est poursuivie sur deux, voire trois siècles. Sans pouvoir déterminer avec précision la date et le lieu de traduction de chacun des autres livres, l'examen du lexique ou des procédés de traduction permet de proposer une chronologie relative de la traduction et d'en établir une géographie vraisemblable : après la Loi, furent traduits à Alexandrie, au début du IIe siècle avant notre ère, le Psautier et, probablement par un même traducteur ou groupe de traducteurs, Ézéchiel, les « Douze Petits Prophètes » et Jérémie, suivis de la traduction des livres historiques (Josué, les Juges et les Règnes) et d'Isaïe ; les autres livres furent traduits plus tard, vers 150 avant notre ère, par exemple pour Daniel (on hésite sur le lieu de traduction), Job, Proverbes et Siracide. On situe en Palestine, aux alentours de notre ère, la traduction du Cantique des Cantiques, des Lamentations, de Ruth et d'Esther, puis celle de l'Ecclésiaste, peut-être due à Aquila. Bien que les livres n'aient pas tous été traduits à la même époque, au même endroit, ni par les mêmes traducteurs, l'on étendit alors le nom de Septante à l'ensemble des livres hébreux traduits en grec et encore à d'autres écrits non reçus dans le judaïsme palestinien ou composés directement en grec : des livres entiers comme la

Sagesse ou des parties de livres comme les compléments à Esther, à Jérémie ou à Daniel.

Les révisions juives de la Septante

Les premiers traducteurs grecs disposaient d'un texte hébreu purement consonantique, sans la vocalisation ni la ponctuation que fixèrent beaucoup plus tard, à partir du IIe siècle de notre ère jusqu'au IXe siècle, les savants juifs massorètes ; pendant toute une période circulèrent librement des exemplaires hébreux aux formes variées et corrigées ; les textes découverts à Qumrân nous confirment cette pluralité textuelle. Cela explique sans doute, en partie, les écarts de la Septante par rapport au texte hébreu reçu et justifie que, très tôt, on se soit mis, en milieu juif, à réviser cette Bible d'Alexandrie pour l'aligner sur l'hébreu. Si les premières tentatives de révision virent occasionnellement le jour en Égypte, elles devinrent plus systématiques en terre d'Israël où trois d'entre elles sont restées fameuses, celle de Théodotion et du groupe appelé *Kaige*, réalisée au début de notre ère, celle d'Aquila, datée approximativement de 125, et celle de Symmaque, de la fin du IIe siècle, les deux dernières étant plutôt considérées comme de nouvelles versions.

De la faveur au rejet

Plus tard, aux IIIe et IVe siècles de notre ère, face à la diversité des données manuscrites, des recenseurs chrétiens se proposèrent d'éditer le meilleur texte grec de la Septante. C'est ainsi qu'on parle de la recension hexaplaire issue des *Hexaples* d'Origène, du texte antiochien souvent attribué au martyr Lucien et du texte alexandrin, identifiable chez les Pères grecs d'Alexandrie.

Selon la légende, l'achèvement de la traduction de la Torah en grec fut accueilli par les acclamations de la communauté juive d'Alexandrie, et Philon d'Alexandrie rapporte que l'événement était chaque année fêté dans l'île de Pharos. On dispose toutefois de fort peu d'informations sur l'usage de cette version grecque dans le judaïsme hellénophone. La communauté de Qumrân, où l'on a retrouvé plusieurs manuscrits de la Septante, devait apprécier cette version, comme le feront encore, aux Ier et IIe siècles de notre ère, les rabbins de Palestine favorables à la Loi prononcée dans la langue de Japhet, c'est-à-dire le grec. Toutefois, dès l'instant où cette œuvre juive écrite par des Juifs et pour des Juifs fut annexée par la jeune secte chrétienne, la Septante fut rejetée et son usage remis en cause puis éliminé dans les années 90-130 ; mais pas l'usage de la langue grecque, lien indispensable entre la Palestine et la Diaspora, puisque les nouvelles versions grecques, en particulier celle d'Aquila, se lisaient encore dans les synagogues au début du VIe siècle de notre ère.

Alexandrie, creuset des cultures

L'implantation des premières colonies juives en Égypte est bien antérieure à la conquête macédonienne ; elle remonte à la destruction de l'État judéen par Nabuchodonosor en juillet 587 avant notre ère. Mais l'immigration juive se développe et connaît une vie nouvelle à l'arrivée d'Alexandre en Égypte. À Alexandrie, les Juifs, installés en particulier dans le quartier « Delta » (l'un des cinq quartiers de la ville), où ils exercent non pas des « métiers juifs » mais toutes sortes d'activités, représentent le tiers de la population. Leur adhésion à la culture grecque, dont témoigne l'abandon progressif de l'araméen au profit du grec, n'entraîna toutefois ni perte d'identité ni assimilation. Bien que parlant grec au sein d'une société grecque, les Juifs d'Égypte restaient juifs, c'est-à-dire monothéistes et adeptes fervents du culte juif.

À de rares exceptions, ces Juifs d'Égypte ne sont pas des citoyens grecs et l'existence d'un *politeuma* (une communauté autonome) pour les Juifs alexandrins hellénisés ne signifie nullement que leur étaient accordées l'autonomie et l'égalité des droits civiques avec les citoyens de la *polis* grecque. Face à l'Égyptien indigène, le *Ioudaios* est un Hellène, au même titre que l'immigrant *Athènaios* ou *Makedôn* (Macédonien). C'est sans aucun doute la curiosité si caractéristique de la culture alexandrine de l'époque et le souci chez les Ptolémées d'assurer la survie du passé et la mémoire de l'humanité qui expliquent que la traduction de la Septante ait pu constituer un tel événement dans le processus d'intégration des Juifs en Égypte. Cet intérêt des Grecs pour l'histoire et les usages religieux des barbares n'était certes pas nouveau : l'engouement pour les sagesses orientales avait suscité de nombreux commentaires de cette poésie attribuée aux mages de Chaldée, qui mêle principes de physique grecque et savoirs zoroastriens sur l'astrologie et la magie. Les écrits hermétiques, que l'on suppose traduits des originaux hiéroglyphiques du dieu égyptien Thot assimilé à Hermès, circulaient déjà sous les Ptolémées ; produit typique du syncrétisme alexandrin, ce corpus fut réuni seulement plus tard, aux Ier et IIe siècles après notre ère, sous le nom d'Hermès Trismégiste.

Haut lieu d'échanges scientifiques internationaux, Alexandrie s'était dotée d'un véritable institut de recherches à la (dé)mesure du projet de Ptolémée Ier

Sôtêr: le musée fondé par le philosophe athénien Démétrios de Phalère rassemblait dans sa bibliothèque la collection de livres la plus importante du monde méditerranéen; rhéteurs, mathématiciens, philologues au sens large venaient y étudier et les philosophes eux-mêmes tenaient école dans ses jardins, bien qu'Athènes demeurât le centre incontesté de la vie philosophique jusqu'au Ier siècle avant notre ère.

Il fallut sans doute cet étonnant creuset des cultures et ce foisonnement intellectuel sans équivalent pour permettre à la Septante d'« ouvrir la Bible au monde ».

L'originalité de la Septante

La Septante est une œuvre doublement « originale », d'une part en ce qu'elle comprend un ensemble de textes plus large que celui de la Bible hébraïque (voir *supra*) et de sens souvent différent, d'autre part en ce qu'elle est à l'origine de commentaires juifs et chrétiens de langue grecque.

La version grecque des livres écrits en hébreu est inévitablement une nouvelle Bible. Comme toute traduction, elle n'est pas un pur décalque, qui serait un jargon privé de sens pour le lecteur ignorant la langue source. Les Septante n'ont pu reproduire à l'identique ni la syntaxe hébraïque, ni le lexique, ni le rythme qui soutient le sens des phrases. Ainsi, malgré de nombreuses trouvailles dans le choix de bons équivalents, le passage d'une langue sémitique à la langue de la civilisation hellénique a modifié la forme et le sens du texte. Que l'on pense aux divers noms propres du Dieu des Hébreux, au tétragramme imprononçable YHWH, aux formes *El*, *Eloah*, *Élohim*, aux appellations *El Shadday* ou *Sabaoth* ; le grec banalise ces titres sacrés en employant des termes d'usage courant dans le monde hellénique: *theos* («dieu», n'importe quel dieu), *kurios* («maître»), *pantokratôr* («tout-puissant»). Le récit de la création: le chaos initial, vide et désert, tohu-bohu, devient la matière «invisible et inorganisée» des philosophes. Banalisations mais aussi ambiguïtés: le souffle divin, qui est également le vent, porte en grec le nom de *pneuma* qui peut certes nommer le vent mais désigne surtout une composante de l'âme humaine, l'«esprit». L'usage des mots de la philosophie commune à l'époque hellénistique n'entraîne cependant pas, comme on pourrait le croire, une hellénisation de la Bible: ces mots figurent dans des contextes où le sens biblique est préservé. Les Pères de l'Église ne s'y sont pas trompés, qui ont pratiqué une lecture de la Septante par la Septante et ont éclairé les mots les uns par les autres.

En dépit du souci qu'ils avaient de rendre leur modèle phrase par phrase, presque mot par mot, sans l'augmenter de gloses comme le feront les Targoums araméens, les traducteurs ont interprété la Bible. Leurs divergences vis-à-vis de l'hébreu, qui ne sont pas toutes des erreurs de lecture, ni des «fautes» de traduction, peuvent s'expliquer de plusieurs façons: différence entre leur modèle et l'actuel texte hébreu; autre vocalisation des consonnes; permutation de consonnes; enjambement d'une proposition sur la suivante; actualisations diverses; effacement ou atténuation de tours jugés impropres pour parler de Dieu. Les traducteurs disposaient d'une relative liberté et la tradition de lecture des racines hébraïques n'était pas contraignante. Du reste, les procédés exégétiques mis en œuvre par les Septante seront plus tard codifiés dans les traités rabbiniques.

Bien d'autres écarts qui font l'«originalité» de la Septante ont pour objet de mettre le texte sacré en accord avec les convictions des communautés de l'époque ; le caractère violent des prophéties est par exemple adouci ou transposé selon des valeurs morales : si Dieu menace de destruction, ce n'est pas contre l'humanité entière mais contre les impies qui ne suivent pas la Loi. Dieu est miséricordieux. Comme d'autres écrits juifs de ce temps « intertestamentaire », la Septante témoigne ainsi de l'espérance juive à l'époque hellénistique.

Le rôle et l'influence de la Septante

Toute traduction a pour but de faire connaître à un plus vaste public une œuvre qui lui échapperait pour des raisons de langue. Peut-on dire que la Septante soit parvenue à cette fin ? A-t-elle ouvert au monde grec les livres sacrés des Juifs ? Il est difficile de l'affirmer car elle ne semble pas avoir été diffusée dans le monde païen, à de très rares exceptions près.

Dans le judaïsme, si nous savons peu de chose sur son usage pour la lecture liturgique, nous pouvons en revanche affirmer qu'elle a exercé une grande influence sur plusieurs écrivains juifs de langue grecque : elle a été notamment le texte de référence de Philon d'Alexandrie, au début de notre ère. Ce savant, à la fois fidèle à la tradition de ses pères et nourri de philosophie grecque, a lu la Torah dans la version des Septante, jusqu'aux moindres détails de sa rédaction ; il en a tiré les arguments de ses riches développements philosophiques et religieux.

Le rôle de la Septante fut surtout décisif dans la formation de la première littérature chrétienne. Dès les écrits que l'on réunira sous le nom de « Nouveau Testament », rédigés en grec, les citations du premier Testament y sont faites selon le grec de la Septante, parfois sous une forme révisée, plus proche de l'hébreu. Les grandes affirmations théologiques sur le Dieu unique, sur sa Parole (le Verbe, *Logos*), sur son Esprit (*pneuma*), sur le salut apporté aux Nations et la constitution d'une Église universelle prennent appui sur des formules de la Septante. La Septante a fourni aux premiers chrétiens leur langue religieuse, même si le sens des mots est désormais infléchi par leur conviction que les annonces messianiques ont été réalisées par la venue de Jésus et que sa résurrection donne à tous l'espérance d'une vie future. L'unité des deux « Testaments » est ainsi établie par l'unité de langue. La copie sur un même manuscrit du IVe siècle — le *Codex Vaticanus* grec 1209 — de la Septante et du Nouveau Testament manifeste clairement cette continuité. Telle était la Bible des Églises anciennes en Orient, comme aujourd'hui encore pour les Églises de rite grec.

Au cours des quatre premiers siècles, les Pères grecs, fondateurs des doctrines et de la piété chrétiennes, n'ont pas connu d'autre source biblique que la Septante. Dans leurs œuvres de démonstration de la vérité évangélique, comme dans leurs essais théologiques ou leur prédication, c'est en son texte qu'ils ont trouvé leurs preuves (les *testimonia*) et certaines de leurs formulations. Les plus savants d'entre eux, comme Origène et ses successeurs, ont étudié ce texte avec une grande acribie, un profond respect de la foi des anciens Hébreux, même s'ils pensaient que celle-ci était une simple « préparation » à la foi chrétienne.

Les communautés chrétiennes adoptèrent pleinement la prière juive, en utilisant la version grecque des Psaumes pour la liturgie des fêtes. Les ascètes, les martyrs et les moines firent leurs les expressions de la Septante qui disaient le dialogue des patriarches et des « saints » de l'Ancien Testament avec leur Dieu.

En Occident, le plus grand des Pères latins, Augustin, travaillera encore sur une version latine de la Septante. Et quand Jérôme, découvrant les divergences entre cette version et le texte hébreu, proposera une nouvelle traduction faite à partir de l'hébreu, où, dit-il, se trouve la vérité, il continuera à comprendre le sens spirituel des prophéties comme la tradition lui a appris à le faire, à partir de la Septante.

Le Moyen Âge occidental adoptera peu à peu la «vulgate» de Jérôme, mais le Psautier de l'Église restera celui qui avait été traduit, avant Jérôme, à partir de la Septante. Les chrétiens d'aujourd'hui savent-ils qu'ils doivent les mots de leur prière, par-delà le latin, à un traducteur juif vivant à Alexandrie avant notre ère?

Marguerite Harl, Cécile Dogniez

ANNEXES

1. *La «Lettre d'Aristée»*

Dans une lettre adressée à son ami Philocrate, Aristée raconte ainsi l'origine de la traduction grecque de la Bible hébraïque: Démétrius de Phalère décide, à la demande du roi Ptolémée, de rassembler au musée d'Alexandrie tous les livres du monde. Constatant que la bibliothèque ne possédait pas de copie des lois des Juifs, le roi adresse une lettre au grand prêtre Éléazar de Jérusalem pour qu'il envoie en Égypte six Anciens de chaque tribu, experts en lettres hébraïques et grecques, afin de faire une traduction. Arrivés à Alexandrie, les soixante-douze traducteurs (d'où le nom de Septante), qui avaient été conviés à un banquet, sont installés sur la plage, dans une île, et, au terme de soixante-douze jours, rendent leur travail.

Ce récit légendaire, agrémenté de nombreux détails sur le

Temple de Jérusalem, les vêtements du grand prêtre ou par exemple les questions du roi aux traducteurs, fut encore embelli au fil des siècles: selon Philon d'Alexandrie, les traducteurs seraient parvenus à une traduction unique «comme sous la dictée d'un invisible souffleur». Un auteur anonyme du IIIe siècle, pour sa part, évoque soixante-douze petits appartements situés non loin du quartier du Phare et où les savants juifs étaient séparés les uns des autres, tandis que le témoignage d'Épiphane fait état de trente-six petites maisons dans lesquelles, enfermés à clé deux par deux de l'aube à la nuit, les traducteurs traduisirent l'ensemble des livres hébreux.

La *Lettre d'Aristée*, document fictif écrit entre les années 200 av. J.-C. et 50 apr. J.-C., est bien sûr à prendre *cum grano salis* avec ses anachronismes et son fond de vérité. En réalité, l'œuvre de propagande du faussaire n'avait pas pour seule fonction de signifier aux Grecs la supériorité de la religion et de la Loi juives, mais de défendre la Septante alexandrine contre les attaques et les tentatives de révision des autres Juifs restés en Judée ou installés dans d'autres régions d'Égypte.

2. *La Septante et les manuscrits de Qumrân*

Pourquoi les manuscrits découverts à Qumrân à partir de 1947 ont-ils fait progresser de manière remarquable les recherches sur la Septante?

Comparés aux textes hébreux ou araméens, les fragments grecs trouvés dans le désert de Juda sont peu nombreux (ceux de la grotte 4 de Qumrân concernent le Pentateuque et le rouleau du *NaHal Hever*, les Douze Petits Prophètes). Ce sont néanmoins des témoins précieux, puisqu'ils sont plus anciens que les grands manuscrits qui nous ont conservé la Septante. Ce fut surtout la découverte du rouleau de cuir du *Dodékapropheton* qui révolutionna notre compréhension de l'histoire de la Septante: D. Barthélemy montra qu'on avait là non pas une autre traduction, mais une révision juive, antérieure à Aquila et entreprise dans le judaïsme palestinien pour aligner le vieux grec sur l'hébreu; il mettait fin ainsi à la thèse d'une multiplicité originelle des versions grecques et confirmait que la diffusion de la Septante n'avait pas été uniquement chrétienne. En outre, les très nombreux fragments hébreux découverts à Qumrân ne furent pas seulement un apport décisif pour l'étude du texte hébreu connu jusque alors par des manuscrits datant du Moyen Âge. En révélant la fluidité textuelle de la Bible hébraïque et en permettant des rapprochements avec l'original hébreu de la Septante, ces manuscrits modifièrent radicalement l'appréciation que l'on portait sur la version égyptienne : l'identité entre certains fragments hébreux de Qumrân et le texte de la Septante prouvait que les différences entre le grec et l'hébreu des Massorètes, les « plus » ou les « moins », ne pouvaient plus systématiquement être mises au compte de la liberté ou de l'incompétence du traducteur. Le grec devenait dès lors un témoin fiable du texte biblique tel qu'il avait circulé sous des formes diverses, avant d'être corrigé et standardisé par les scribes. Parmi les autres documents non bibliques de Qumrân, certains écrits esséniens ou commentaires (*pesharim*) bibliques soulèvent parfois des problèmes qui font écho à ceux que pose la Septante, par exemple sur l'expression spécifique de la piété juive ou sur la tendance marquée à actualiser l'interprétation du texte sacré.

9

Les chrétiens et la Septante

Trois siècles avant la prédication de Jésus de Nazareth, le judaïsme a « ouvert la Bible au monde » en traduisant la Torah en grec. Il procédait ainsi à l'inverse des autres religions, qui n'autorisent la lecture de leurs Écritures sacrées que dans leur langue originale. Pour le christianisme, l'existence de cette traduction grecque fut décisive.

Sous la pression (fort probable) du pouvoir politique lagide qui avait ses propres motivations, une partie très importante de la Diaspora juive a usé d'une Bible en langue grecque, sans que le pouvoir central du Temple puisse y faire obstacle. Les traductions grecques d'ouvrages bibliques furent faites à Alexandrie sur des textes hébreux qui différaient plus ou moins de celui qui allait être progressivement normalisé et canonisé par le judaïsme palestinien. Par la suite, dès lors que s'officialise une forme du texte hébreu — ce qui deviendra le texte massorétique — le judaïsme veut, de façon compréhensible, combler les écarts qui existent entre son texte et la traduction alexandrine. C'est pourquoi, dès le début du Ier siècle de notre ère, en Palestine, le texte de la Septante des Douze « Petits » Prophètes est alors corrigé, en fonction de ce texte hébreu standard, et d'autres ouvrages sont aussi révisés ; c'est la version de Théodotion. Au IIe siècle, l'entreprise de révision tourne même à des retraductions ; celle d'Aquila est servilement littérale, quand Symmaque en offre une expression à la fois littéraire et fidèle au texte hébreu reçu.

Soyons clairs : ce qui est fondamental pour le Nouveau Testament, puis pour les Pères de l'Église, ne réside pas, ou fort peu, dans ces écarts de la traduction faite à Alexandrie. C'est d'abord l'existence même d'une traduction de la Bible en grec, la langue de communication de tout le Bassin oriental de la Méditerranée ; la Septante permet la diffusion du christianisme en présentant l'Écriture aux incirconcis cultivés, à tous ceux qui lisent ou, simplement, comprennent le grec. Et c'est, dans le même mouvement, l'existence même d'un vocabulaire grec travaillé pour exprimer la foi juive.

Un apport décisif pour les chrétiens : le vocabulaire de la Septante

La Septante offre aux Églises un champ lexical élaboré, un ensemble structuré de concepts, qui jouera son rôle jusque dans la Vulgate, la traduction latine appelée à devenir le texte officiel de l'Église d'Occident. La richesse d'un terme hébraïque peut ainsi passer dans l'équivalent grec choisi : le mot *kavod*, « poids, importance, éclat », est rendu par le terme *doxa*, « apparence, [bonne] opinion, prestige », dont il fait comme un mot nouveau désignant souvent Dieu et son action. « Gloire à Dieu… » Parfois la traduction conduit, à l'inverse, à une compréhension nouvelle du terme hébreu. Le mot *torah*, « instruction, enseignement », n'est pas traduit par son équivalent grec *didachè*, mais par *nomos*, « loi, prescription » ; l'aspect légaliste de la vie dans l'alliance est ainsi accentué — tout comme il l'est d'ailleurs dans la tradition des sages, des rabbins... Les termes grecs *chriein*, « oindre », et *christos*, « oint, christ », rendent habituellement les mots de la racine *mchh̲* ; depuis vingt siècles, leur influence est sensible : on parle du « Christ », des « chrétiens ». Il est intéressant de regarder le Psaume 44 (45), 8 (« Dieu, ton Dieu t'a oint ») et Is 61, 1 (« L'Esprit du Seigneur est sur moi, c'est pourquoi il m'a oint »), car ces textes sont importants pour la christologie néo-testamentaire, comme l'indiquent les citations qu'en font Luc 4, 18 et l'Épître aux Hébreux 1, 9. Le fait que la version grecque d'Aquila emploie, dans ces deux cas, la racine grecque *aleiphein*, « oindre » (d'où provient *èleimménos*, « oint ») indique que le traducteur juif du IIe siècle après notre ère a évité un vocabulaire devenu spécifique aux chrétiens. Mais ces derniers auraient fort bien pu s'accommoder d'une Bible grecque usant du terme *aleiphein* : leur vocabulaire aurait été modifié (on aurait parlé de Jésus-Éleîmène !), non leur foi ; et c'est Aquila qui aurait introduit *chriein*...

Dans l'appropriation chrétienne de l'Écriture, le terme *kurios*, « maître, seigneur », joue un rôle éminent. N'étant plus prononcé, sinon dans des circonstances exceptionnelles, le tétragramme divin YHWH est remplacé dans la lecture par le terme hébreu *adonaï*, traduit lui-même par *kurios* dans la Septante, qui emploie souvent ce dernier vocable sans article, tel un nom propre. Cela permet à la génération apostolique d'appliquer au Christ le texte de Isaïe 40, 3 qui, en hébreu, mentionne YHWH : « Une voix crie dans le désert : Préparez le chemin du Seigneur » (Mc 1, 3) ; et ce procédé devient très courant chez les Pères de l'Église. Le tétragramme est parfois aussi rendu par *ho théos*, « Dieu ». Les Pères n'en ressentent aucune gêne : dans la dualité des Noms divins, ils voient la désignation du Père (*ho théos*) et du Fils (*kurios*). L'exemple le plus célèbre et d'une portée christologique considérable est l'emploi du Psaume 110. Celui-ci s'ouvre ainsi en hébreu : « Oracle de YHWH à mon seigneur » (le roi de Jérusalem qu'on intronise). La Septante traduit : « Le seigneur a dit à mon seigneur »... En citant ce psaume dans cette version (Lc 20, 42), Jésus laisse entendre que le roi messianique participe à la seigneurie de Dieu.

Par la suite, les Pères de l'Église reprendront abondamment la christologie ainsi dégagée de la version alexandrine du Psaume 110. Notons pourtant que cette dernière n'est pas à l'origine de cette avancée décisive puisque, dans la lecture et la récitation du psaume hébreu, les Juifs de Palestine remplaçaient YHWH par *adonaï*, « seigneur ». Et le même phénomène existait en langue araméenne...

Quoique de grande portée, le vocabulaire de la Septante n'est pas ce qui a rendu possible le christianisme. La réflexion théologique de celui-ci et la diffusion de sa lecture scripturaire auraient pu se réaliser tout aussi bien avec d'autres choix lexicaux.

Deux interprétations différentes

La Torah orale, reçue par Moïse au Sinaï puis transmise par tradition, a pour rôle d'actualiser la Torah écrite (la Loi) en fonction des réalités changeantes de l'existence. Or l'évolution de la Torah orale dépend étroitement de l'exégèse du texte biblique. Pour exprimer la vérité cachée dans ce dernier, l'exégèse obéit à des règles herméneutiques codifiées progressivement par les rabbins : les sept règles de Hillel (Ier siècle avant notre ère), les treize règles de rabbi Ismaël (vers 100-130), puis les trente-deux règles de R. Éliézer ben Yossé ha-Gelili... Il nous suffit ici de retenir un seul point, capital : la mise en œuvre de cette exégèse nécessite le texte hébreu ; une traduction, à plus forte raison dans une langue non sémitique, ne peut en aucun cas faire l'affaire.

Tout aussi minutieuse et subtile, l'exégèse de la version grecque n'opère pas de la même manière. Née à Alexandrie, elle emprunte aux philologues et philosophes qui interprètent Homère et Hésiode — les « bibles » du monde hellénistique — en entendant, eux aussi, autre chose que ce que le texte exprime en clair. Mais la recherche du sens caché prend une tout autre voie : celle-ci, au Iᵉʳ siècle de notre ère, prend le nom d'allégorie. Alors, pour présenter une explication globale et unifiée de la Loi de Moïse dans la version de la Septante, le juif Philon d'Alexandrie (première moitié du Iᵉʳ siècle) applique les procédés de l'allégorisation, usant ainsi d'outils fort différents de ceux des rabbins. Deux siècles plus tard, le chrétien Origène reprend ces mêmes outils ; il diffère de Philon en ce qu'il interprète évidemment le texte de la Septante à la lumière du Christ. Pourtant, la distance herméneutique est plus grande, et le fossé plus large, entre Philon et les rabbins, qu'entre Origène et Philon. Cela provient de la langue et du contexte culturel dans lequel est lue la Septante, et non des écarts entre celle-ci et le texte hébreu reçu.

« *La vierge concevra* »

Telle qu'elle apparaît dans le *Dialogue avec Tryphon*, rédigé par Justin vers les années 150-160, la critique des rabbins porte en partie sur la teneur de la Bible (grecque) utilisée par les chrétiens. On en déduit souvent que les écarts entre la Septante et le texte hébreu reçu ont grandement facilité l'envol du christianisme. En réalité, ces écarts n'ont pas profité autant qu'on l'imagine à l'Église ancienne.

Dans le Nouveau Testament comme chez les Pères, le meilleur exemple d'un tel écart est fort connu : c'est l'emploi du mot grec *parthenos*, « vierge », en Is 7, 14 (la Septante), qui sera repris avec une visée théologique très forte par les Évangiles de l'enfance de Matthieu et de Luc. Du coup, les rabbins de langue grecque vont utiliser au IIe siècle le terme *neanis*, « jeune fille », pour récuser que la naissance virginale de Jésus soit annoncée par le texte prophétique. La lecture du *Dialogue de Justin* atteste que le terme choisi pour traduire le texte hébreu n'a rien d'un point de détail pour les juifs comme pour les chrétiens !

Les versions de la Bible cités par le Nouveau Testament

Le Nouveau Testament est rédigé en grec. S'il cite majoritairement l'Ancien Testament selon la Septante, il n'en fait pas pourtant un emploi exclusif. Regardons les deux Épîtres aux Corinthiens. Paul y cite explicitement l'Écriture vingt-quatre fois, la plupart du temps selon la Bible d'Alexandrie. Il cite le texte hébreu plus rarement, adapte parfois et use à l'occasion d'une traduction qui préfigure Aquila et Théodotion.

Il vaut la peine d'examiner la façon dont Isaïe 42, 1-4 est cité par Matthieu (c'est la plus longue citation scripturaire du premier Évangile) : Matthieu 12, 18-20 mêle le texte hébreu reçu et celui de la Septante. Suivre le verset 1 a-b dans l'hébreu lui permet d'écarter l'interprétation collective de la figure du serviteur et d'appliquer l'oracle à Jésus le Christ. En revanche, pour le verset 4 c, il suit la Septante en raison de son universalisme. Quant au mot « bien-aimé » (Mt 12, 18 b), il ne provient ni de l'hébreu ni du grec, mais de la voix céleste lors du baptême de Jésus (Mt 3, 17).

La citation d'Isaïe 42, 1-4 a donc fait l'objet d'un travail exégétique poussé, qui profite au mieux des différentes versions... Quand le besoin s'en fait sentir, Matthieu choisit l'hébreu. C'est encore le cas en Matthieu 2, 15 où la fuite en Égypte accomplit la parole prophétique « D'Égypte, j'ai appelé mon fils » (Os 11, 1). La Septante ici est inutilisable, car elle interprète ce dernier terme dans un sens collectif : « ... j'ai appelé ses enfants ». Devant l'assemblée de Jérusalem (Ac 15, 16-17), Jacques cite notamment la Septante d'Amos 9, 11-12 (mais non sans s'en éloigner !), car elle annonce l'universalisme du salut en écartant la perspective plus nationaliste présente dans le texte hébreu. On se gardera pourtant d'imaginer que, sans ce verset de la Bible grecque, la communauté n'aurait pas pu opérer cette mutation. On peut fort bien ne pas disposer de citation du tout ! Selon l'auteur de l'Épître aux Éphésiens, l'Écriture fait silence sur l'Église en tant que corps du Christ réunissant en son sein juifs et incirconcis ; pour exprimer cette réalité déroutante et imprévisible du dessein de Dieu alors même qu'elle n'est pas annoncée par les Écritures, Ép 3, 3-6 fait donc appel à la catégorie du « mystère » empruntée à Dn 2. La foi en la résurrection des morts, soulignée dans la Septante, est évidemment essentielle pour les chrétiens (comme pour les rabbins). En Ac 2, 25-31, Pierre argumente à partir du Psaume 15 (16), 8-11 selon la Septante. Notons cependant que le glissement de sens qui fait passer de la « fosse » (texte hébreu) à la « corruption » est repris par les traductions d'Aquila et de Théodotion. De façon plus générale, il faut rappeler ce fait capital : dans le christianisme primitif comme dans le judaïsme, la citation scripturaire vient toujours illustrer une foi ou une pratique communautaires, mais elle ne la fonde jamais ; elle est toujours seconde.

La Bible des Pères de l'Église

Dans le monde grec, la Septante est la Bible lue dans la liturgie et commentée par les Pères. En Occident, lorsqu'on abandonne le grec pour le latin, on traduit la Septante ; de là naît la version « vieille latine ». C'est seulement vers 400 que Jérôme, tenant de la *veritas hebraïca,* fonde sa traduction latine sur le texte hébreu reçu — même s'il intègre nombre de deutérocanoniques en langue grecque, ainsi que certaines particularités de la Septante, telle « la vierge » de Isaïe 7, 14. Par la suite, cette Vulgate devient normative pour l'Église d'Occident.

La Septante est donc la Bible de l'Église ancienne. Pourtant cette affirmation générale demanderait à être précisée. À titre d'exemple, voici deux faits qui se rencontrent chez Justin vers les années 160.

Lorsque ce dernier reproche aux « docteurs » juifs d'avoir tronqué les Écritures, il ne se contente pas de citer le célèbre passage sur la « vierge ». Il cite quatre prophéties sur la passion du Christ (Dialogue 71-72). Or trois de ces quatre textes n'appartiennent ni au texte hébreu, ni à la Septante, ni à d'autres versions de la Bible...

L'une de ces gloses chrétiennes aura une importance certaine dans la tradition : elle lit ainsi le Psaume 95 (96), 10 : « Dites parmi les nations : le Seigneur a régné du haut du bois. » Mais tout en reprochant aux rabbins de tronquer les Écritures, ce même Justin évite d'argumenter à partir des livres deutérocanoniques (propres à la version grecque). Et lorsqu'il cite les Douze « Petits » Prophètes, il le fait non d'après la Septante, mais d'après la forme révisée par Théodotion dans les années 30-50.

Quant au livre de Daniel, les Églises adoptent la révision de ce livre par Théodotion, qui suit de près les textes hébreu et araméen, au détriment de la vieille Septante de ce livre.

Qu'en est-il des textes messianiques ?

La Septante témoigne-t-elle d'une lecture messianique ayant joué un rôle essentiel dans l'application de nombreuses prophéties à Jésus ?

Considérons la citation de Deutéronome 28, 66 faite par Origène dans le *Contre Celse* (II, 75) pour reprocher aux Juifs leur incrédulité à Jésus : « En vous s'accomplit la prophétie : "Votre vie sera comme en suspens devant vos yeux, et vous ne croirez pas à votre vie", car vous n'avez pas cru à la Vie venue habiter parmi les hommes. » Ta vie désigne Jésus Sauveur et le verbe *pisteuein* prend le sens fort de « croire ». Cette messianisation du passage ne vient pas de la Septante ; elle est totalement du côté du récepteur-lecteur chrétien. Un tel phénomène n'est pas rare dans le Nouveau Testament et chez les Pères. Si Mme Harl a fourni une « liste de versets qui révèlent un processus de messianisation dans la version grecque ou qui ont facilité une lecture messianique », elle en a aussi dressé une autre des versets de la Septante qui n'ont pas facilité une telle lecture. Le texte d'Isaïe 9 est l'un des grands textes messianiques. Or sa traduction grecque est un beau cas de non-messianisme (ce n'est pas le seul) : quand, dans le texte hébreu, la titulature de l'enfant royal comprend cinq noms de couronnement, la Septante n'en connaît qu'un. Visiblement, le traducteur — ou le texte hébreu qu'il avait sous les yeux — a reculé devant le titre « Dieu fort », strictement divin. Cela va grandement étonner les Pères de l'Église, notamment saint Jérôme.

En fait, l'Église ancienne n'a pas besoin d'un texte davantage messianisé. Redisons-le : le point de départ de la réflexion croyante au Ier siècle, qu'elle soit juive ou chrétienne, n'est pas le texte scripturaire, mais la foi de la communauté lectrice ; appuyer et illustrer cette foi en référence à l'Écriture est second (mais non secondaire). Pour la lecture ecclésiale, n'importe quelle version de la Bible aurait fait l'affaire et la tradition chrétienne aurait fort bien pu se développer à partir d'un texte plus proche du texte hébreu reçu. Nous avons donné ci-dessus deux exemples opposés qui le montrent. D'un côté, l'importance prise, dans la lecture patristique, par certaines gloses absentes tant du texte massorétique que de la Septante ou de certaines traductions ; souvent l'exégèse chrétienne n'a pas besoin d'un appui cohérent pour prendre son envol. De l'autre surtout, le fait que Jérôme fonde sa version latine sur le texte hébreu reçu (même moyennant quelques aménagements) et que cette Vulgate va devenir normative pour l'Église d'Occident.

La tradition chrétienne aurait fort bien pu se développer à partir d'un texte grec très fidèle au texte hébreu que nous lisons aujourd'hui.

Hugues Cousin

10
La Pâque intertestamentaire

Il serait erroné d'imaginer un intervalle entre les deux Testaments. Jésus a été juif jusqu'au bout. C'est en célébrant la Pâque juive qu'il a fondé la Pâque nouvelle. C'est en référence à l'Alliance du Sinaï et pour l'accomplir en plénitude qu'il a fondé l'Alliance nouvelle avec son propre sang. Au-delà de sa mort, la Pâque et l'Alliance nouvelles sont devenues, pour l'Église, des réalités historiques grâce à sa résurrection. Mais le judaïsme dans lequel il a vécu, tout en trouvant la nourriture de sa foi dans la lecture des Écritures, n'était pas seulement une « religion du Livre ». Il avait une tradition vivante dans laquelle Jésus fut plongé. Il importe de la connaître pour comprendre Jésus lui-même et le Nouveau Testament qui est né de lui. On ne la connaît que par la littérature juive extra-biblique qu'il faut explorer pour savoir de quelle façon la Pâque était alors comprise. On laissera seulement de côté les textes de la littérature rabbinique, qui feront l'objet de l'article suivant.

Le « Livre des Jubilés » ou la Pâque à Qumrân

L'œuvre la plus ancienne qui, en marge de la Bible, donne une réglementation pour la célébration de la Pâque, est le *Livre des Jubilés* (chap. 49). Conservé en traduction éthiopienne et, plus partiellement, en traduction latine, il est attesté par plusieurs exemplaires dans les fragments trouvés à Qumrân. Sa date reste discutée, mais les environs de 110 av. J.-C. sont une hypothèse plausible. Ses recoupements avec les pratiques de Qumrân, notamment pour le calendrier, peuvent le faire regarder comme une œuvre composée dans cette communauté, ou tout au moins proche d'elle. Les particularités de sa législation pascale montreraient donc comment on célébrait la fête à Qumrân, ou comment on y rêvait de la célébrer, en reprenant l'essentiel des prescriptions données dans Exode 12 (v. 4-6.9-13.18.23.29-30.39.46), en y ajoutant des coutumes déjà entrées dans la tradition juive, mais en transformant aussi sur un point capital l'ancien modèle du repas de fête.

Les détails ajoutés au récit et au rituel d'Exode 12 comportent une part d'explication théologique et une part de jurisprudence. L'explication théologique exclut la responsabilité de Dieu dans l'envoi de l'Exterminateur : pendant que les Hébreux mangent la Pâque, « toutes les puissances de Mastêma [le Satan du *Livre des Jubilés*] furent déchaînées pour tuer tout premier-né sur la terre d'Égypte » (49, 2). Mais les Hébreux sont épargnés, « parce que le signe du sang était sur leur porte » (49, 3). On lit toutefois ensuite : « Les puissances du Seigneur firent absolument tout ce que le Seigneur leur avait ordonné » (49, 4) : même les mauvais esprits restent à la disposition de Dieu.

Les précisions de jurisprudence montrent ce qu'il faut entendre par l'immolation des agneaux (49, 3: il n'est plus question de chevreaux) « entre les deux soirs »: la Pâque est faite « entre les soirs depuis la troisième partie du jour jusqu'à la troisième partie de la nuit, car deux parties du jour sont données à la lumière et la troisième, au soir » (49, 10). On est donc dans le dernier tiers du jour, avant le coucher du soleil: « au temps de la limite des soirs, et on doit la manger sur le soir jusqu'à la troisième partie de la nuit » (49, 12). Rien n'est ajouté au sujet de la tenue prescrite. Mais un détail du repas est attesté pour la première fois: « Israël était occupé à manger la Pâque et à *boire le vin...* » (49, 6). C'est le signe d'une fête de joie (49, 2). Mais il est dit expressément que quiconque omettrait la fête sera exterminé (49, 9).

Cette fête, « mémorial agréable devant le Seigneur », garantit à ceux qui auront pris part au repas qu'« aucune plaie ne viendra sur eux pour tuer et pour frapper, en l'année où ils auront fait la Pâque en son temps et en tout selon ses rites » (49, 15). Mais une précision importante fixe le lieu du repas, en contradiction formelle avec les textes d'Exode 12: « On ne doit pas manger [la Pâque] à l'extérieur, en dehors du Temple du Seigneur, mais en face, devant le Temple du Seigneur » (49, 16). Comme le livre est censé être écrit au temps de Moïse, on prévoit deux étapes dans la réalisation de cette prescription: il y aura d'abord le temps de la Tente (ou Tabernacle), puis celui où « une Maison aura été construite au nom du Seigneur » (49, 19). C'est là que les Israélites « offriront son sang [celui de l'agneau pascal] sur la base de l'autel, puis ils devront placer sa graisse sur le feu qui est sur l'autel et manger sa chair rôtie au feu dans la cour de la maison qui aura été sanctifiée au nom du Seigneur » (49, 20). La célébration de la

Pâque est obligatoire sous peine d'« être supprimé ». Le cérémonial n'est donc adapté qu'à une communauté étroite, rassemblée autour de son temple. La scission intervenue entre la communauté de Qumrân et le Temple de Jérusalem pose sur ce point un problème : comment faisait-on pour y manger la Pâque ? À moins que la communauté elle-même, rassemblée dans ses bâtiments et se considérant comme le seul « Reste juste » d'Israël, n'ait substitué sa seule existence au Temple souillé par un sacerdoce impur. Car il est exclu qu'on n'ait pas mangé la Pâque à Qumrân. Quoi qu'il en soit, une autre règle indique l'âge minimal des hommes qui doivent participer au repas pascal : « Que tout homme, venu en son jour, mange [la Pâque] dans le Temple de notre Dieu devant le Seigneur, à partir de vingt ans et au-dessus » (49, 17). Cet âge ne correspond pas à la pratique du temps de Jésus (cf. Lc 2, 42). On remarque en outre que les femmes ne sont pas mentionnées : serait-ce la règle idéale d'une secte ? On la comprendrait assez bien à Qumrân.

Il faut ajouter un point important à propos de la date liturgique de la Pâque, le 15e jour du premier mois. En racontant le sacrifice d'Abraham (Gn 22), le livre note que c'est le 12e du premier mois que Mastêma a obtenu de Dieu qu'Abraham soit tenté (17, 15). Aussitôt, le Seigneur appelle Abraham et lui donne l'ordre de sacrifier Isaac sur la montagne qu'il lui montrera (18, 1-2). Il se rend donc à cette montagne, et il exécute l'ordre au bout de trois jours, donc le 15 du premier mois. C'est alors que se déroule le sacrifice où Isaac est « lié » puis épargné, tandis qu'un bélier est offert en holocauste à sa place (18, 12).

« Et Abraham appela ce lieu : "Le Seigneur a vu", de sorte qu'on dit : "Le Seigneur a vu" : c'est le mont Sion » (18, 13).

Et sur cette montagne

« il célébra cette fête tous les ans pendant sept jours dans la joie, et il l'appela la fête du Seigneur » (18, 18).
« Et il est écrit sur les tablettes du ciel, pour Israël et pour sa race, qu'ils doivent célébrer cette fête pendant sept jours dans la joie de la fête » (18, 19).

La fête du 15 du premier mois sera donc la Pâque, jour de la « ligature d'Isaac » sur le mont Sion.

Ézéchiel le tragique, ou la célébration de la fête en Alexandrie

La traduction grecque des textes du Pentateuque relatifs à la Pâque est très littérale, en dépit du ton très hostile à l'Égypte qui les marque. Il ne faut donc pas s'attendre à des modifications dans la célébration de la fête, à Alexandrie ou dans les villages qui ont un peuplement juif. La Pâque ne peut être, pour les colons ou les citoyens juifs installés en Égypte, qu'une fête annuelle de la libération nationale, religieuse en tant que mémorial de l'Exode, mais imprégnée de ferveur nationaliste.

On le constate dans la seule œuvre théâtrale juive dont Eusèbe de Césarée nous a conservé des fragments substantiels : l'*Exagôgè*, ou « Sortie (d'Égypte) » due à un certain Ézéchiel. L'auteur de ce premier drame biblique reste pour nous un inconnu. C'est probablement un Alexandrin qui connaît les classiques grecs.

En ce qui concerne la Pâque, un premier passage (v. 132-174) en insère le rituel dans un discours de Dieu adressé à Moïse, après avoir résumé toutes les plaies qui vont survenir à l'Égypte. Un second passage (v. 175-191) reprend le même thème avec des variantes de détail, pour communiquer au peuple les ordres de Dieu.

Discours de Dieu :

« Ce mois-ci deviendra pour vous le premier des années ; c'est en lui que j'emmènerai le peuple vers une autre terre, celle que j'ai promise aux ancêtres des Hébreux.
Tu diras à tout le peuple qu'en ce mois dont je parle, à la demi-lunaison, ayant sacrifié la Pâque à Dieu, ils teignent de sang les portes avant la nuit, afin que mon ange terrible passe outre à ce signe.
Quant à vous, durant la nuit, vous mangerez la chair rôtie... »

Suit une évocation rapide du départ, d'après Exode 12, 35-36. Puis la loi continue :

« Lors donc que vous serez entrés dans votre propre terre, puisqu'à partir de ce matin-là vous aurez fui en faisant route depuis l'Égypte durant sept jours, durant autant de jours, tous, chaque année, vous mangerez des azymes et vous rendrez un culte à Dieu, sacrifiant à Dieu les animaux premiers-nés qu'auront enfantés en premier les jeunes femelles, des mâles qui auront ouvert le sein de leurs mères. »

Le discours de Moïse reprend ces prescriptions en y insérant des détails supplémentaires, tous tirés de l'Écriture. Cette fois, ce n'est plus l'ange de Dieu mais « la Mort, qui passe en épargnant les Hébreux » (v. 186). On ne sait pas si le drame fut représenté un jour. Il fait toutefois entrevoir le caractère populaire d'une fête étroitement rattachée au récit biblique. Est-il sûr que, dans l'entourage des Juifs, les Égyptiens hellénisés l'aient considérée avec autant de faveur.

Philon d'Alexandrie : « l'Heureux Passage » pour des lecteurs grecs

Ce n'est pas dans sa *Vie de Moïse* que Philon (20 av. J.-C. 50 apr. J.-C.) a introduit le rituel de la Pâque, bien qu'il y raconte en détail l'histoire des plaies et la sortie d'Égypte, en justifiant même le pillage des Égyptiens (*De vita Mosis* I, 94-180). Mais il explique en détail la fête « de l'Heureux Passage » (*ta diabatèria*) et celle des Azymes dans son commentaire des « Lois spéciales » (*De Specialibus Legibus*, II, 145-161). Le nom grec qui transpose celui de la Pâque — mentionné sous la forme araméenne (*Paskha*) au numéro 145 — donne un sens nouveau à un mot bien connu qui désignait le sacrifice offert avant une traversée. Ce qu'il remarque, c'est que :

> « ... Cette fête est un mémorial et une action de grâces pour l'émigration immense qui fit sortir d'Égypte plus de deux cents myriades d'hommes et de femmes ensemble » (nº 146).

Quant au rite lui-même, Philon n'ignore pas qu'il ne se pratique qu'à Jérusalem à cause de la présence du Temple. C'est pourquoi il signale une différence entre la première Pâque et celle de son temps. Dans le récit biblique de la sortie d'Égypte, dit-il,

> « ... tout le monde sacrifie plusieurs myriades de victimes, depuis midi jusqu'au soir, le peuple entier, vieillards et jeunes gens, étant honoré ce jour-là de la dignité sacerdotale. En effet, en tout autre temps, les lois prescrivent que les prêtres accomplissent les sacrifices publics et privés, tandis qu'alors la nation tout entière fait en toute légiti-

mité avec des mains pures une action sacrale et sacerdotale » (nº 145).

Le renouvellement annuel de cet acte est fait selon d'autres règles. Mais on peut en justifier aussi le rite selon l'allégorie :

« L'Heureux Passage parle à mots couverts de la purification de l'âme. Les textes disent que l'homme amant de la Sagesse ne s'applique à rien d'autre qu'au passage hors du corps et des passions, dont chacune déborde d'un fleuve torrentiel, si on n'en réprime pas et on n'en arrête pas le cours par les préceptes de la vertu » (nº 145).

Voilà pour la Pâque. Et voici pour la fête des Azymes que la Loi rattache à celle « de l'Heureux Passage ». Elle a un sens universel par son rapport à l'harmonie de la nature. Car le printemps naissant apporte avec lui un renouveau qui rappelle la création (nºs 150-155), et la fête est célébrée durant sept jours en raison du privilège du nombre « sept » (nºs 156-157). Mais la fête a aussi un sens particulier pour le peuple juif, en raison des conditions dans lesquelles l'Exode fut réalisé (cf. Dt 16, 3). Philon fait appel, à ce propos, aux « interprètes des saintes Écritures », c'est-à-dire à la tradition commune d'Israël :

« L'aliment azyme, sans levain, est un don de la nature, tandis que l'aliment levé est un résultat de l'art. [...] Puisque la fête printanière est un mémorial de la genèse du monde, et puisqu'il était nécessaire aux premiers hommes et à leurs descendants d'user des dons du monde sans contrefaçons, [...] la Loi a prescrit la nourriture la plus appropriée à ce temps » (nºs 159-160).

On voit qu'à la justification historique du rite, Philon tente d'ajouter une justification rationnelle accessible à des lecteurs grecs, de même qu'il donne une explication morale du rite de la Pâque en gommant l'aspect nationaliste de ce « mémorial » anti-égyptien. Mais en dehors des Juifs attachés à leur histoire et à leurs rites légaux, qui pouvait se sentir séduit par des coutumes aussi étranges, ignorées de toute autre société antique ?

Le « Livre des Antiquités bibliques » : une fête de pèlerinage

Le *Livre des antiquités bibliques*, antérieur à 70 de notre ère et proche de la tradition synagogale, reprend plus d'une fois les récits bibliques sous une forme amplifiée, qui recueille des données traditionnelles. Or il omet totalement de le faire pour la sortie d'Égypte : après avoir énuméré les plaies d'Égypte, il en vient tout de suite au passage de la mer Rouge (*LAB* 10, 1-2). La Pâque et les Azymes n'y font l'objet que de trois brèves allusions : une mention lors de l'énumération des pèlerinages annuels (13, 4, où la fête est le « mémorial » de la sortie d'Égypte) ; une indication chronologique inédite qui donne un nom à la fête mentionnée dans Juges 21, 19, en introduisant dans ce cadre le personnage révéré de Phinéès (Pinehas : *LAB* 48, 3) ; enfin une autre donnée chronologique qui situe lors de la Pâque le pèlerinage du père de Samuel à Silo (*LAB* 50, 2), pour mettre la future naissance de Samuel en rapport avec la fête. Ces données semblent courtes. Elles ne donnent aucune indication sur la célébration elle-même. Mais les deux introductions de la Pâque dans une chronologie qui n'en parlait pas montrent l'importance que cette fête de pèlerinage revêtait aux yeux de l'auteur.

Flavius Josèphe, ou la justification des rites juifs

Chez Flavius Josèphe, au Ier siècle apr. J.-C., la situation est différente. En exposant les *Antiquités judaïques* pour faire l'éloge de son peuple devant ses lecteurs païens, Josèphe s'oblige à deux opérations. D'une part, il doit raconter l'histoire en recourant aux livres saints, quitte à les embellir par quelques traditions extra-bibliques — notamment pour la jeunesse de Moïse. D'autre part, il doit présenter exactement les lois et les rituels, qu'il justifie par leur origine et dont il montre le caractère raisonnable. On a ainsi deux mentions de la Pâque et des Azymes : l'une dans le récit de la sortie d'Égypte (*Antiquités* II, XIV, 6 ; nos 311-314), et l'autre dans la présentation du calendrier des fêtes (III, IX, 5 ; nos 248-249).

Le rituel en forme de récit, qu'on lit dans Exode 12, est strictement historicisé à la manière grecque. Cela permet d'expliquer l'origine de la fête et le sens de sa désignation, non sans souligner le danger qu'il y a toujours à résister aux ordres de Dieu : Dieu va montrer, par un dernier fléau, qu'il veut contraindre les Égyptiens à laisser partir son peuple. En prévision de ce départ,

> « ... au mois de Pharnouti, appelé nisân par les Hébreux et xanthique par les Macédoniens [...] Moïse rassembla les Hébreux en les partageant en familles [litt. : *phratries*, subdivisions des tribus]. Puis, quand le quatorzième jour fut atteint, prêts au départ, ils firent un sacrifice et purifièrent leurs maisons avec le sang en utilisant des rameaux d'hysope. Après le repas, ils brûlèrent le reste des viandes comme des gens sur le départ. De là vient que maintenant encore, selon la coutume, nous sacrifions ainsi en appelant cette fête *Pâque*, ce qui signifie passage-par-dessus, parce qu'en ce jour-là Dieu, en passant-par-dessus eux, infligea le

fléau aux Égyptiens. Car, la même nuit, la destruction des premiers-nés s'abattit sur les Égyptiens... » (II, XIV, 6 ; n°s 312-313).

Le rituel est expliqué à nouveau dans le cadre des fêtes juives, en commençant le calendrier à la manière grecque par la fête d'automne (III, x, 1-4). On arrive ainsi à la Pâque, suivie par les sept jours des Azymes (III, x, 5 ; n°s 248-250). C'est le début de l'année pour les Juifs. Josèphe introduit en cet endroit, en abrégé, les règles des sacrifices mentionnées dans le Livre des Nombres (Nb 28, 16-25). À l'époque où il écrit, le Temple n'existe plus. Il n'est donc plus possible ni d'offrir des sacrifices ni d'immoler les agneaux pour la Pâque. Mais la Loi subsiste et les Juifs espèrent que le culte reprendra un jour. Josèphe y travaille à sa manière en rendant les coutumes juives intelligibles aux Grecs et aux habitants de Rome, où il écrit ses livres. C'est le contre-pied des ragots dont Tacite se fera bientôt le colporteur malveillant (*Histoires* V, 3-5).

Les Targoums, premiers commentaires rabbiniques

Les Targoums, traductions plus ou moins paraphrastiques de la Bible hébraïque, sont dans une position particulière par rapport au Nouveau Testament. Leur rédaction actuelle et leur édition n'ont pas dû prendre place avant la seconde moitié du IIe siècle de notre ère, quand il y eut des écoles rabbiniques en Galilée, et leur texte a subi des amplifications et des refontes. Leur ordre de parution fut probablement le suivant : d'abord le Targoum dit « palestinien » ou *Yerushalmi* (*Codex Neofiti* 1 et Tg fragmentaire ou TJ 2) ; puis le Targoum d'Onqelos qui fut retenu comme officier au IIIe siècle dans les académies juives de Babylonie ; enfin le Targoum dit du « Pseudo-Jonathan » (ou *Yerushalmi* 1), qui suit alternativement les deux autres en y ajoutant des éléments de son crû. Mais le caractère relativement tardif des recueils ne les empêche pas de reproduire des matériaux anciens, d'autant mieux conservés qu'ils étaient liés à la lecture synagogale de la Bible pour la rendre intelligible au peuple. Les passages targoumiques concernés sont : Exode 12, 1-30 ; Lévitique 23, 5-10 ; Nombres 28, 16-25 et Deutéronome 16, 1-8.

— Dans le *Targoum d'Onqelos*, le texte hébreu est traduit presque littéralement, sans additions notables, et les paraphrases sont rares. Dans Exode 12, 23, Dieu ne « passe » pas en frappant les Égyptiens ; il « se révèle » pour les frapper. Ce genre de détails a peu d'importance.

— Dans le *Codex Neofiti* 1, pour les quatre passages cités, on trouve des gloses explicatives qui ne modifient pas le sens fondamental du texte biblique. Ainsi, en Exode 12, on lit : « Je passerai *par ma Parole* dans le pays d'Égypte en cette nuit *de la Pâque*, et je mettrai à mort tous les premiers-nés, etc. » (12, 12). Puis, après l'instruction relative au sang de l'agneau pascal : « Je verrai le sang et je passerai outre, *et par ma Parole je* vous *protégerai* et il n'y aura pas pour vous de *mort* exterminatrice... » (12, 13). Le verbe hébraïque *pâsah* reçoit une double explication (« passer » et « protéger ») ; puis l'Exterminateur devient la Mort personnifiée. De même, le chômage du premier et du septième jour des Azymes fait l'objet d'une jurisprudence pratique : « On n'y fera aucun travail ; mais *ce qui doit se faire pour toutes les nécessités* de la vie, c'est cela seulement que vous vous permettrez de faire » (12, 16). Ce genre d'additions fait écho à des explications simples qui peuvent être très anciennes.

Le Manuscrit 110 de Paris (Bibliothèque nationale de France) introduit, à propos d'Exode 12, 1 (« ce mois-ci sera le commencement des mois »), une très longue addition qui est certainement tardive. Il s'agit d'une « dispute de prévalence » entre les mois, pour savoir lequel sera le premier des mois de l'année. Tous font valoir ce qui s'est passé durant leur cours dans l'histoire sainte. Moïse en laisse parler onze, puis il dit :

« Le mois de nisân sera le commencement de tous les mois, parce que c'est en lui que YHWH a délivré [ou racheté] son peuple, les enfants d'Israël, et en lui qu'il les délivrera. »

L'idée importante qui est notée ici est le rapprochement entre la première délivrance du peuple de Dieu et sa rédemption finale : celle-ci sera la nouvelle Pâque (cf. Luc 22, 14-16). Le « Poème des quatre nuits », inséré dans le *Targoum Yerushalmi* à propos d'Exode 12, 42, le rappelle en rapprochant la nuit de la création, celle du sacrifice d'Abraham, celle de la Pâque, et celle de la délivrance finale.

Les manuscrits de la Genizah du Caire ont livré des poèmes (*Piyyûtîm*) acrostiches en marge d'Exode 12. Voir un exemple dans la *Revue biblique* de 1999, p. 41-65.

— Le *Targoum du Pseudo-Jonathan* a généralement allongé les gloses qui amplifient le texte biblique. Par exemple, quand Dieu « se révèle » durant la nuit de la Pâque (cf. *Onqelos*), il le fait « par la Gloire de sa présence, en ayant avec lui quatre-vingt-dix mille myriades d'anges exterminateurs ». Il détruit toutes les idoles de l'Égypte en exterminant les premiers-nés (Ex 12, 12), tandis que les Israélites sont préservés du fléau parce qu'ils ont teint leurs portes en mélangeant le sang du sacrifice de la Pâque et le sang de la circoncision (12, 13). Ce dernier rapprochement est, semble-t-il, emprunté à une exégèse rabbinique tardive (IIIe siècle ?).

Le plus important à retenir est ceci : la fête de la Pâque, en rappelant la délivrance d'Égypte, fait espérer aussi la délivrance finale. Cette fête joyeuse renouvelle chaque année l'espérance de ceux qui la célèbrent.

Pierre Grelot

2

QUMRÂN

11
Des fragments par milliers

Si l'on en croit la tradition reçue et largement diffusée, cela fait maintenant cinquante ans qu'un jeune homme de la tribu des Ta'amireh a mis au jour les premiers manuscrits dissimulés depuis deux mille ans dans une des anfractuosités de la paroi marneuse dominant le site de Khirbet Qumrân, à l'ouest de la mer Morte. Si l'importance de la découverte s'est imposée rapidement, ce cinquantenaire offre l'occasion de mesurer le chemin parcouru depuis cet événement, même si les richesses de la bibliothèque de Qumrân ne sont pas encore aujourd'hui totalement épuisées, loin s'en faut.

Les manuscrits de la mer Morte ont bouleversé nos conceptions de l'histoire du judaïsme et du christianisme, malgré les vicissitudes de leur publication et en dépit des zones d'ombre qui demeurent sur la nature de la communauté de Qumrân.

Une étonnante découverte

Dès le printemps de 1948, les déclarations convergentes des professeurs William F. Albright et Eliézer Sukenik, qui avaient examiné, chacun de son côté, les échantillons parvenus à l'American School of

Oriental Research et à l'Université hébraïque de Jérusalem, convainquaient le monde savant de l'authenticité et de l'antiquité des documents extraits de la première grotte de Qumrân.

Au printemps suivant, le comte Lippens, observateur de l'ONU, repérait le lieu de la découverte et ouvrait la voie aux explorations archéologiques dirigées par G. Lankester Harding, alors en charge des antiquités jordaniennes, et le P. Roland de Vaux, directeur de l'École biblique et archéologique française de Jérusalem. Pendant ce temps, les philologues s'étaient mis à la lecture des rouleaux trouvés par les Ta'amireh et ne tardaient pas à communiquer sur leur contenu des informations essentielles. Le bon état de conservation des rouleaux explique cette célérité, mais n'enlève rien à la reconnaissance due au zèle et à la générosité de ces premiers interprètes, John Trever, William H. Brownlee, Millar Burrows et Eliézer Sukenik, qui n'attendirent pas d'avoir compilé toutes les gloses possibles avant de livrer au monde les textes de la grotte 1, bibliques (le *Livre d'Isaïe*) et non bibliques (le *Commentaire d'Habacuc*, la *Règle de discipline*, les *Hymnes*).

Alors s'instaura un débat sur la date exacte de rédaction des documents, telle que l'archéologie et les allusions historiques des textes la faisaient entrevoir, et sur le milieu spirituel qui les avait produits. Ce débat renouvelait celui qu'avaient entraîné, au début du siècle, la découverte et la publication par Salomon Schechter, dans la synagogue caraïte du Vieux-Caire, d'un texte médiéval appelé par convention l'*Écrit de Damas*. Il apparaissait que les nouveaux documents appartenaient au même mouvement religieux que cet *Écrit* que Louis Ginzberg en 1922 attribuait à une « secte juive inconnue ». Ils apportaient quelques éléments éclairant cet inconnu : les références historiques du *Commentaire d'Habacuc* faisaient préconiser une datation pré-chrétienne et les prescriptions du *Rouleau de la Règle* suggéraient un milieu d'origine présentant avec l'essénisme décrit par Flavius Josèphe les plus grandes affinités. Le débat qui devait voir l'hypothèse essénienne recueillir la majorité des suffrages se doubla parfois d'un autre, non exempt d'arrière-pensées, sur les affinités du christianisme et de cet essénisme. Le « Maître de Justice », victime selon le *Commentaire d'Habacuc* des manœuvres d'un « prêtre impie » — qu'on a cherché en vain à identifier — fut considéré par certains comme le prototype du Messie souffrant des chrétiens. Cette piste de recherche devait être délaissée quand de nouvelles informations donnèrent une idée plus complexe de la secte.

Un gigantesque puzzle

D'autres gisements de manuscrits étaient venus au jour. Le plus riche était celui de la grotte 4 visitée par les Ta'amireh en 1952. Mais des centaines de manuscrits qui y avaient été déposés, il ne subsistait plus qu'une multitude de fragments, parfois infimes, dont l'identification et le regroupement ne pouvaient être que laborieux. La tâche accomplie alors par l'équipe d'éditeurs constituée par le P. de Vaux, et dans laquelle se distingua M. Józef T. Milik, force l'admiration, car en peu d'années le plus gros du travail paraît avoir été accompli, si l'on en croit un article de la *Revue biblique*, dans sa première livraison de 1956, sur « le travail d'édition des manuscrits de Qumrân ». Ses informations nombreuses et précises autant qu'alléchantes permettaient d'espérer de promptes publications. En fait, il y en eut peu durant les trente années qui suivirent : seuls deux lots de manuscrits non bibliques firent l'objet d'éditions officielles, tandis que des publications préliminaires, concernant des morceaux choisis de la grotte 4, accroissaient le désir d'en connaître davantage. La parcimonie des éditeurs pressentis créa l'impression qu'on entendait quelque part retenir l'information et ne manqua pas d'engendrer de sottes rumeurs : des incidents imputables à la faiblesse humaine furent attribués à une conjuration obscurantiste. Quoi qu'il en soit, la rétention au sujet de la grotte 4 était d'autant plus déplorée que les documents de la grotte 11, découverte dans des conditions semblables, étaient publiés dans des délais beaucoup plus raisonnables.

Interprétations et polémiques

C'est un texte de la grotte 11 qui a ranimé le débat sur la secte de Qumrân. La guerre des Six Jours, en 1967, avait permis qu'un grand rouleau de soixante-six colonnes vînt aux mains de Yigael Yadin, fils d'Eliézer Sukenik, et lui-même archéologue, philologue et historien tout en étant général dans l'armée israélienne. En raison de son contenu, on le nomma le *Rouleau du Temple*. La belle édition qu'en donna, en 1977, Yigael Yadin prouvait l'attachement des auteurs au principe du Temple, pour lequel était présenté un véritable projet de restauration, et à son culte, ce qui suggérait que la condamnation des sacrifices, lue dans d'autres documents, était affaire de conjoncture et non de principe. Ainsi était posée à frais nouveaux la question du milieu d'origine des écrits de Qumrân et de son homogénéité. Pouvait-on tout ramener à l'essénisme présenté par Flavius Josèphe ? La perplexité était accrue par la diffusion discrète d'informations de plus en plus précises sur des manuscrits de la grotte 4 contenant le texte d'une lettre adressée par un maître de la secte, peut-être même le fondateur de celle-ci, à un haut dignitaire du Temple et revendiquant comme cause du schisme un souci de rigueur dans l'observance de lois cultuelles et sociales.

Certaines des pratiques de la secte, opposées par la lettre au laxisme de ses adversaires, ressemblent à ce qu'on sait des usages sadducéens connus par les sources rabbiniques anciennes. C'est pourquoi des exégètes actuels attribuent les textes de Qumrân à l'école sadducéenne, quoique leur orientation eschatologique, réaffirmée par les nouveaux documents, rende cette hypothèse peu compatible avec ce qu'enseignent sur les sadducéens Flavius Josèphe et le Nouveau Testament.

Le renouvellement du débat chez les philologues, qui mettent volontiers en cause aujourd'hui l'homogénéité de la trouvaille littéraire, s'accompagne d'une interrogation des historiens sur l'origine de la bibliothèque de Qumrân et de celle des archéologues sur la nature même du site. Il est peu probable que tous les manuscrits soient « sectaires » mais comment reconnaître ceux qui le sont de ceux qui ne le sont pas ? Certains y voient les vestiges de la bibliothèque du Temple détruit en l'an 70. Si beaucoup continuent à croire que l'établissement de Qumrân était une laure accueillant les membres les plus portés sur l'ascèse d'un ordre religieux féru d'ésotérisme, mais comportant aussi des adeptes vivant dans le siècle, quelques chercheurs y voient une colonie agricole et même un centre d'édition de manuscrits.

Mieux connaître nos racines religieuses

Le débat se prolongera encore quelques années, même lorsque sera publié tout ce qui peut l'être des documents de Qumrân. On ne peut que se réjouir de l'accélération du programme de publication. On ne se dissimulera pas que la campagne lancée vers 1985 par un journaliste américain, M. Herschel Shanks, se faisant le porte-parole des curieux frustrés d'information, a eu des effets bénéfiques. Depuis cette date, l'équipe éditoriale a été accrue et mieux internationalisée, les photographies des inédits ont été rendues accessibles à tous, les éditions officielles ou préliminaires se sont multipliées et montrent de mieux en mieux la variété des genres cultivés à Qumrân. Notre connaissance de l'hébreu et de l'araméen ayant cours au tournant des âges s'est accrue, car on rencontre dans les textes de Qumrân plus d'un lexème dont on ne soupçonnait pas jusqu'ici l'existence. On voit mieux la pénétration de ce monde sémitique par les modes hellénistiques de pensée et d'expression : c'est ainsi que le style de la diatribe se sent derrière les écrits dits « sapientiaux » de Qumrân. Sur le plan de l'histoire religieuse, on entrevoit que la pratique commune dont la secte a voulu s'affranchir par souci de perfection est déjà celle du judaïsme consacrant le succès du pharisaïsme, et d'un autre côté se vérifie l'opinion émise dès 1950 par André Dupont-Sommer : « Jamais il n'aura été offert à l'historien du christianisme un pareil jet de lumière. » Rappelons seulement que l'institution de l'évêque et la locution évangélique « les hommes de bonne volonté » trouvent leurs antécédents non dans la Bible, mais à Qumrân. Vingt ans après les découvertes de Ras Shamra qui ont tant éclairé la Bible hébraïque et la préhistoire religieuse d'Israël, deux ans après celle de Nag Hamadi et de ses logia coptes de l'*Évangile de Thomas*, celles de Qumrân sont venues couronner l'apport extraordinaire d'un quart de siècle, abominable à bien des égards, à la connaissance de nos racines religieuses.

André Caquot

12
À la recherche des textes perdus

Parmi plus de huit cents manuscrits trouvés à Qumrân, seuls dix rouleaux sont plus ou moins bien préservés (tels le *Rouleau d'Isaïe* ou la *Règle de la Guerre* de la grotte 1) et une seule feuille de cuir (4Q *Testimonia*). De tous les autres manuscrits, très endommagés, il ne reste souvent que quelques parcelles, en particulier ceux de la grotte 4, qui n'étaient pas déposés dans des jarres.

La plupart des publications présentent les fragments de manuscrits par ordre de taille décroissante. Pour mieux comprendre tous ces textes, une reconstruction matérielle est nécessaire, pour retrouver l'emplacement précis des fragments dans le rouleau original. On peut ainsi récupérer au moins en partie le texte perdu et gagner des informations sur son contenu, sa structure et son genre. L'avantage d'un tel travail est en même temps d'éviter des spéculations sur le texte qui contredisent les données matérielles du manuscrit !

Un méticuleux jeu de construction

Dès 1955, J.T. Milik appliquait une méthode de recomposition matérielle à deux de ses manuscrits cassés (1Q22 *Dires de Moïse* et 1Q28b: *Recueil des Bénédictions*). Elle est connue sous le nom de «méthode Stegemann», du nom de H. Stegemann (Göttingen) qui l'a développée en détail et la pratique.

Cette technique est assez simple. Il s'agit en premier lieu de comparer entre eux tous les fragments d'un manuscrit sans se soucier du texte, en observant seulement leur forme et leur apparence physique. Les fragments similaires sont disposés sur un même niveau horizontal. Dans la mesure où, dans un rouleau, les formes correspondantes se répètent à intervalles réguliers de l'extérieur vers l'intérieur, selon le principe de la spirale, la forme des fragments, des échancrures des marges du manuscrit, des cassures ou autres traces de destruction naturelle se répètent en grandeur croissante ou décroissante à chaque enroulement du document. Voilà qui renseigne avec précision sur l'emplacement de la séquence des fragments en l'absence de joints directs entre eux.

Bien entendu, il convient aussi de chercher des joints directs, mais ils sont souvent assez rares, la première équipe de chercheurs en ayant déjà situé la plupart. Il est indispensable, à ce stade, de travailler avec les originaux au musée (presque tous les manuscrits fragmentaires de Qumrân sont conservés au musée Rockefeller, l'ancien Palestinian Archaeological Museum à Jérusalem).

Si les photos prises sous lumière infrarouge nous aident beaucoup pour le déchiffrement du texte, la reconstruction matérielle nécessite bien des informations sur l'épaisseur, la couleur et le réglage des fragments (souvent invisible sur les photos), qui généralement ne sont pas indiqués dans les éditions. Et parfois, les empreintes d'un fragment sur le dos d'un autre permettent de calculer la distance exacte de l'un à l'autre.

La reconstruction matérielle d'un texte mal préservé apporte donc des informations importantes sur la séquence des fragments, la dimension des colonnes et souvent sur la hauteur et la longueur du rouleau, qui varient à Qumrân du grand manuscrit modèle au rouleau de poche. Le meilleur moyen de vérifier qu'une telle reconstruction n'est pas erronée est de lire le texte qui en résulte. Le chercheur doit pour cela déchiffrer avec soin les fragments à l'aide de l'original et de photos. Un microscope est parfois utile pour lire les infimes traces d'encre ou le *ductus* de la graphie.

Des fragments à jamais mystérieux

La méthode Stegemann est appliquée surtout aux textes cassés et inconnus. Les *Hymnes* de la grotte 1 ont ainsi été recomposées par É. Puech et H. Stegemann. Mais il est souvent opportun de l'appliquer également aux textes déjà connus par d'autres copies, parce qu'il existe parfois des recensions différentes — plus courtes ou plus longues — de certaines compositions (voir par exemple, les différences entre les manuscrits de la *Règle de la Communauté* de la grotte 1 ou de la grotte 4 et entre les *Hymnes* de la grotte 1 et quelques exemplaires de ce texte recueillis dans la grotte 4). La méthode peut aussi se révéler utile pour des textes bibliques, *4Q: Rois* est un exemple. Elle n'est pas concluante pour tous les textes ; le contenu de quelques manuscrits est trop fragmentaire et il restera sans doute énigmatique à jamais.

Travail de bénédictin, la reconstruction des manuscrits se révèle aussi lourde de conséquences, chaque recomposition constituant une création. Un exemple de reconstruction matérielle sage et prudente autant que fructueuse : celle proposée par Émile Puech de l'*Apocalypse messianique* (4Q521), qui a permis de retrouver une séquence de six colonnes. Le texte doit sa célébrité à la mention qui y est faite de la Résurrection.

Annette Steudel

13
Les grandes batailles de Qumrân

Selon les premières annonces, toute une bibliothèque de textes religieux contemporains du Second Temple était en train d'être récupérée, et chaque morceau acheté aux Bédouins ou retrouvé par les archéologues apportait une nouvelle lumière sur cette période. L'époque de rédaction de ces documents était antérieure et ils étaient tous conservés dans leur langue d'origine, sans les modifications (pour ne pas dire tergiversations) qu'exige nécessairement le passage dans une autre culture, libres donc de toute intervention des orthodoxies postérieures.

Ces documents promettaient de saisir sur le vif les grandes transformations, jusque-là restées énigmatiques, de la pensée religieuse à cette période clé. Et parce que ces manuscrits étaient censés être antérieurs au processus par lequel furent fixées les écritures saintes des deux grandes religions, ils allaient nous permettre aussi de comprendre pourquoi certains écrits avaient été choisis plutôt que d'autres, comment s'était établi le texte sacré, comment s'était formé le canon de la Bible. Au fond, ces manuscrits permettaient de récrire l'histoire de la pensée religieuse de l'Occident, parce qu'ils pouvaient mener à redécouvrir les sources du christianisme et à retrouver le judaïsme originaire d'avant la catastrophe. Et pour l'État qui était en train de naître après tant de siècles en tant qu'héritier de l'ancien Israël, quel meilleur cadeau que ces témoins directs d'une époque antérieure à la destruction de l'État juif par les Romains ? Rien d'étonnant alors, devant l'ampleur des enjeux soulevés, que l'histoire de la recherche qumrânienne de ces cinquante dernières années se lise comme une succession de batailles entre savants, comme une guerre dans laquelle tous les coups seraient permis.

De quand datent les manuscrits ?

La question de l'authenticité des manuscrits fut assez rapidement réglée. Le souvenir de l'affaire Sapira (un antiquaire de Jérusalem qui avait presque réussi à vendre au British Museum un faux manuscrit biblique et qui, une fois démasqué, avait fini par se suicider) était encore trop frais dans les mémoires pour que les nouveaux manuscrits fussent accueillis sans soupçon. Mais assez vite, dès la première campagne de fouilles de la grotte 1 en 1951, les preuves de leur authenticité furent livrées : des recherches archéologiques scientifiquement contrôlées permettaient de découvrir quelques fragments provenant des mêmes manuscrits que ceux qui avaient été achetés aux Bédouins, prouvant ainsi l'authenticité des pièces achetées.

La bataille de leur datation, en revanche, fut plus longue à gagner. Très tôt, une première preuve de l'antiquité globale des manuscrits avait été fournie par l'archéologie, qui avait livré l'âge de la céramique qui leur était associée (jarres, lampes à huile, etc.) et par l'analyse au carbone 14 des résidus organiques des ruines de Qumrân et des tissus qui enveloppaient certains documents.

Les manuscrits eux-mêmes étaient trop précieux pour être soumis à cette analyse, qui aurait exigé leur destruction. Leur datation reposait fondamentalement sur l'analyse paléographique, dont la précision était contestée par un certain nombre de chercheurs. C'est seulement à partir de 1987, avec le développement de nouvelles techniques d'analyse spectrométrique, qui n'exigent qu'une quantité infinitésimale de matière, que de nouveaux tests ont été entrepris. Les investigations effectuées par des laboratoires de Zurich et Tel Aviv en 1991 et par l'université d'Arizona en 1994 sur plus de cinquante manuscrits ont confirmé avec une précision étonnante la datation proposée par la paléographie et prouvé incontestablement l'âge des manuscrits : tous avaient été copiés avant la destruction de Jérusalem par les Romains, et leur grande majorité provenait des IIe et Ier siècles av. J.-C.

À qui les attribuer ?

Une bataille plus longue, et pas encore tout à fait terminée, a été celle de l'origine des manuscrits. Nombre d'identifications de première heure (avec les caraïtes médiévaux, avec des zélotes, voire avec des judéo-chrétiens) furent définitivement abandonnées après que la datation des manuscrits se fut montrée incompatible avec ces identifications. Il est vrai que certains champions de l'identification avec des groupes chrétiens (comme R. Eisenman ou B. Thiering) continuent à postuler cette thèse, avec plus d'imagination que de rigueur scientifique, mais l'évidence est incontournable : le cadre historique des protagonistes des événements dont nous parlent les manuscrits de Qumrân n'est pas celui de la révolte contre Rome au Iᵉʳ siècle de l'ère chrétienne, mais les IIᵉ et Iᵉʳ siècles av. J.-C.

Le travail de pionnier de Dupont-Sommer, et d'autres savants des années cinquante, avait fait pencher la balance de façon décisive en faveur des esséniens comme étant le groupe juif avec lequel la communauté de Qumrân présentait la plus grande affinité. Ces travaux avaient tracé une série impressionnante de parallèles entre les descriptions des esséniens faites par des auteurs classiques (comme l'historien juif Flavius Josèphe et le philosophe juif Philon d'Alexandrie) et les éléments caractéristiques de la communauté décrits dans les manuscrits.

La force de la démonstration était telle que, pendant presque trente ans, l'hypothèse essénienne fut considérée presque comme un dogme et elle est encore aujourd'hui la plus répandue. Mais cette hypothèse, qui permettait d'expliquer les données apportées par les premiers manuscrits publiés, notamment ceux de la grotte 1, ne suffit pas à expliquer l'ensemble des données depuis que les trésors de la grotte 4, avec sa grande diversité de manuscrits, sont devenus accessibles.

N. Golb a essayé de résoudre le problème en n'établissant aucun lien des manuscrits avec les ruines de Qumrân (qu'il identifie comme une forteresse) ni avec la communauté qumrânienne (dont il nie l'existence). Pour lui les manuscrits proviendraient des diverses bibliothèques de Jérusalem, et auraient été déposés là en sécurité devant l'avancée de l'armée romaine, conservant ainsi les écrits de tous les courants confondus du judaïsme de la période du Second Temple. Selon lui, ces textes représentaient l'ensemble de la production littéraire du judaïsme de l'époque.

Cette interprétation se heurte à une série de difficultés insolubles, et elle a été, avec raison, rejetée par l'ensemble des chercheurs : Qumrân n'est pas une forteresse, et son type de construction ne ressemble en rien aux forteresses hasmonéennes ou hérodiennes de la région ; le rapport entre les grottes (particulièrement la grotte 4) et les ruines de Qumrân a été prouvé par l'archéologie ; les diverses grottes contiennent le même type de manuscrits, souvent les mêmes compositions, et copiées par les mêmes scribes ; et malgré la diversité réelle du contenu des manuscrits, il n'y en a pas parmi eux un seul qui puisse être identifié comme une œuvre pharisienne, le groupe le plus puissant et le plus grand dans le judaïsme de l'époque.

L. Schiffman, de son côté, a souligné avec force les affinités de certaines prescriptions légales de documents provenant de la grotte 4 avec la *halakhah* des sadducéens et postule une origine sadducéenne et non pas essénienne à la communauté, qui aurait été fondée par des prêtres sadducéens dissidents, en désaccord avec la façon dont était célébré le culte du Temple de Jérusalem. Mais ces affinités, réelles mais très rares et limitées aux domaines de la pureté et de la *halakhah* rituelles, n'expliquent pas d'autres positions halakhiques non sadducéennes bien plus abondantes et ne donnent pas raison sur les éléments d'organisation communautaire qui apparaissent dans les écrits de la communauté de Qumrân. Elles sont aussi contredites par certaines idées théologiques figurant dans les manuscrits, comme la croyance dans la prédestination et aux anges, explicitement niés par les sadducéens au dire de Flavius Josèphe.

À mon avis, l'hypothèse qui permet le mieux de fournir une explication en respectant la totalité des données aujourd'hui connues est celle qui est désignée comme l'« hypothèse de Gröningen ». Celle-ci distingue clairement les origines des esséniens et les origines de la communauté de Qumrân. Celles des esséniens doivent être cherchées dans la tradition apocalyptique palestinienne des IIIe-IIe siècles av. J.-C., alors que les origines de la communauté de Qumrân se trouvent à l'intérieur du mouvement essénien vers la fin du IIe siècle av. J.-C. La communauté serait née d'une rupture à l'intérieur du mouvement et le protagoniste de cette scission serait le personnage que les textes nomment le Maître de Justice, suivi par un petit groupe de fidèles parmi lesquels un bon nombre de prêtres.

Les motifs de la rupture, telle qu'elle apparaît dans les textes qumrâniens, furent d'une part une interprétation particulière des normes de la Torah par rapport au calendrier, au Temple et à la Ville sainte, et des normes de pureté concernant le culte, les personnes et les objets, et d'autre part une forte attente eschatologique dans laquelle le présent est perçu comme la «fin des jours». Cette hypothèse permet d'expliquer à la fois les nombreux éléments esséniens des textes qumrâniens et aussi les nombreuses différences, et cela au niveau de l'organisation communautaire, au niveau de l'interprétation du texte biblique, au niveau de la *halakhah* et de la théologie.

Qui a accès aux manuscrits ?

La dernière bataille retentissante a été celle de l'accès libre à tous les matériaux. Si les controverses que l'on vient d'évoquer s'étaient déroulées dans le domaine restreint des publications de recherche spécialisée, cette dernière bataille s'est livrée dans les pages des journaux de grande diffusion. Elle concerne essentiellement les matériaux de la grotte 4 et a été, elle aussi, récemment gagnée.

Le 21 octobre 1991, les autorités archéologiques d'Israël décidèrent de donner libre accès à tous les manuscrits, y compris ceux qui étaient encore inédits. Cette décision était rendue inévitable après la décision de la Huntinton Library le 22 septembre de la même année de mettre à la disposition du public les copies des manuscrits qu'elle possédait, ainsi qu'après la publication aux États-Unis, toujours en 1991, d'une édition « pirate » de la majorité des photographies des manuscrits.

Les résultats de la décision israélienne ont été, d'une part, la parution d'une édition complète en microfiches de toutes les photographies des manuscrits en 1993 (et dans un CD-Rom en 1997) et, d'autre part, l'accélération de publication des textes dans la série officielle *Discoveries in the Judaean Desert* : sept volumes ont été publiés ces trois dernières années (1994-1996), contre sept volumes parus en vingt-sept ans de recherche (entre 1955 et 1982).

Pour comprendre les enjeux de cette dernière bataille, éclaircissons la question de la propriété des matériaux. Un principe fondamental de l'archéologie au Moyen-Orient veut que les trouvailles archéologiques soient partagées, après négociations, entre l'État et l'institution qui réalise et finance les recherches. Ce principe fut appliqué aux fouilles de Qumrân et des grottes, réalisées par le département d'Archéologie de l'État jordanien, par le Musée archéologique palestinien (PAM) et par l'École biblique et archéologique française (EBAF) de Jérusalem, mais aussi aux manuscrits achetés aux Bédouins par le PAM et par l'EBAF. Or, pour les acheter, le PAM et l'EBAF avaient sollicité la contribution de plusieurs institutions de divers pays comme le Vatican, la France, l'Allemagne, les Pays-Bas, la Grande-Bretagne ou les États-Unis. En contrepartie, une part proportionnelle des manuscrits achetés grâce à ces fonds devenait la propriété de ces institutions et, après leur publication, devait leur être transférée.

C'est pourquoi, selon ces accords, les matériaux de la grotte 1 se trouvent aujourd'hui dispersés, une partie au musée d'Amman, une partie au PAM, une autre partie encore à la Bibliothèque nationale de France, et parmi les matériaux de la grotte 4, publiés en 1968, le *Pesher de Nahum* se trouve à la bibliothèque de l'université de Heidelberg et la *Femme folle* à l'université de Chicago…

De son côté, en 1961, l'État jordanien avait déclaré propriété nationale tous les manuscrits provenant de Qumrân qui se trouvaient encore au PAM et avait interdit leur sortie du pays. En échange, il accordait aux institutions propriétaires les droits exclusifs de publication des matériaux. Ces droits furent confiés aux membres de l'équipe internationale d'édition formée par les chercheurs envoyés à Jérusalem par les institutions impliquées afin de préparer la publication des manuscrits qui leur appartenaient. En 1966, la Jordanie nationalisa le PAM qui, comme le reste de la partie est de Jérusalem, tomba aux mains d'Israël pendant la guerre des Six Jours. Dès lors, les autorités archéologiques d'Israël administrent le PAM et se portent garants des droits acquis précédemment, y compris les droits exclusifs de publication des manuscrits de Qumrân.

Ces questions d'exclusivité de publication résultaient donc des droits précédents de possession, qui réservaient l'accès aux manuscrits encore inédits aux chercheurs de l'équipe internationale chargés de leur publication. L'impatience du public devant le retard de la publication intégrale des textes, la frustration de certains chercheurs de ne pas avoir accès à des manuscrits dont on connaissait l'existence, et une campagne de presse habilement menée par la *Biblical Archaeology Review*, finirent par convaincre les autorités archéologiques israéliennes d'autoriser le libre accès à tous les manuscrits. Les résultats de cette décision ne se sont pas fait longtemps attendre : pour la première fois depuis cinquante ans, des traductions plus ou moins complètes de tous les manuscrits ont été publiées dans plusieurs langues, offrant une vision d'ensemble de l'extraordinaire bibliothèque accumulée par la communauté de Qumrân pendant ses deux siècles d'existence. Il est vrai que personne ne peut prétendre que nous disposons de la totalité du fonds de cette bibliothèque. Nos connaissances seront toujours limitées et partielles. Mais la récente disponibilité de tous les manuscrits récupérés permet une vision d'ensemble et un nouveau regard sur les textes qumrâniens, y compris ceux qui sont déjà connus depuis longtemps : cette vue d'ensemble a déjà changé la perspective dans laquelle nous lisons aujourd'hui les écrits sectaires, les plus caractéristiques du groupe qumrânien. Et elle a changé aussi le poids relatif de ces écrits sectaires par rapport à l'ensemble de la collection.

Une idéologie sectaire ?

Les éléments apocalyptiques contenus dans les écrits sectaires continuent à être fondamentaux pour comprendre la communauté de Qumrân. L'idée que l'univers et les hommes ont été créés selon un plan divin prédéterminé, celle de la division du monde entier et du cœur de chaque homme en deux fractions opposées, la Lumière et les Ténèbres, de la lutte acharnée qui les oppose à travers l'histoire et de la victoire finale des forces du bien, continuent à définir l'horizon idéologique de la communauté, et aussi sa vie quotidienne : conscience de l'élection, séparation du reste du peuple, rupture avec le culte du Temple, préparation à la bataille finale. Mais les textes dernièrement disponibles nous montrent clairement que l'application concrète de la loi selon l'exégèse particulière de la communauté est encore plus importante que l'eschatologie dans la vie du groupe, et que l'observance de la loi est vraiment le centre de la vie communautaire. Dans l'ensemble des textes sectaires, les sections légales sont plus étendues et ont plus de poids que les sections apocalyptiques. À Qumrân, comme dans le judaïsme en général, la *halakhah* prime sur la théologie.

La proportion entre les textes d'origine communautaire et les textes qui ne montrent aucune caractéristique sectaire se trouve maintenant modifiée. Si auparavant on pouvait diviser les manuscrits découverts en deux grandes catégories, manuscrits bibliques et textes esséniens ou qumrâniens, avec éventuellement un petit reste de textes d'attribution incertaine, nous savons aujourd'hui que plus d'un tiers des manuscrits récupérés ne contient aucun élément permettant de définir leur contenu comme sectaire, une proportion qui pourrait difficilement être attribuée aux accidents de transmission. Ces textes, que l'on désigne comme « apocryphes et pseudépigraphes » ou plus généralement comme littérature « para-biblique », étaient auparavant (sauf quelques exceptions) complètement inconnus. Ils présentent une richesse et une variété de pensée étonnantes. Ils prolongent d'une part plusieurs lignes de la tradition biblique, y compris la tradition sapientielle maintenant amplement représentée par plusieurs « textes de sagesse », et ils anticipent d'autre part diverses idées que l'on croyait être des développements propres au judaïsme postérieur, voire au christianisme. Cet ensemble d'écrits non sectaires nous prouve que la communauté de Qumrân est héritière d'une tradition plus riche et plus variée que ce que nous avions osé imaginer. Et il nous montre que l'idéologie sectaire n'est qu'une partie de la pensée qumrânienne.

La bibliothèque, que l'accès à la totalité des textes nous découvre, se révèle être une bibliothèque très particulière : c'est une bibliothèque de littérature religieuse, dont la plupart des œuvres, sectaires et non sectaires, peuvent être considérées comme littérature d'interprétation biblique. Mais cette bibliothèque est loin d'être un amalgame de textes rassemblés au hasard. L'absence de certaines compositions écrites pendant cette période, comme 1 Maccabées ou les Psaumes de Salomon, tout comme l'absence totale d'écrits contenant des idées opposées à la pensée qumrânienne (notamment des idées des Pharisiens) nous prouve que cette bibliothèque ne représente pas l'ensemble du judaïsme de l'époque, mais qu'elle appartient bel et bien à la communauté de Qumrân. Mais l'importance, dans l'ensemble, des écrits non sectaires nous prouve aussi que la communauté de Qumrân est un phénomène moins isolé et marginal que ce que l'on voulait faire croire. L'étude des rapports précis entre les textes sectaires et les non sectaires, ainsi que de leur relation respective avec les textes bibliques, demeure encore en chantier.

Quelles sont les perspectives de recherche ?

La recherche qumrânienne, après cinquante ans, se trouve en fait dans ses débuts. Si les apports des manuscrits trouvés à Qumrân ont déjà complètement transformé notre manière de comprendre la croissance et le développement du texte biblique et sa fixation dans des collections « canoniques », l'appréciation des apports des textes para-bibliques et des textes sectaires reste encore en grande partie à faire. Le vrai travail d'interprétation ne pouvait commencer qu'une fois publiés tous les témoins de chaque œuvre, souvent très différents les uns des autres. L'analyse détaillée des compositions parabibliques nous montrera la richesse et la variété de la pensée du judaïsme du Second Temple. L'étude des transformations révélées par les diverses copies des textes sectaires nous renseignera sur l'évolution de la pensée et sur la modification des structures de la secte qumrânienne, mais aussi sur ses rapports avec les pouvoirs politiques de Jérusalem et avec d'autres groupes à l'intérieur du judaïsme. Mais l'histoire de la communauté et le support sociologique des textes ne pourront être pleinement dévoilés que quand le matériel archéologique aura été lui aussi intégralement publié. Depuis les rapports préliminaires des fouilles publiés par le P. Roland de Vaux, forcément sommaires et limités, et sa brillante synthèse des résultats, on attend toujours la publication intégrale des matériaux : céramique, monnaies, textiles, verres, stratigraphie, etc. Seul un premier volume, avec des photographies et des extraits des carnets de notes de De Vaux, a été livré au public. Sans les données de l'archéologie, l'étude des textes reste privée de son support historique le plus important. La publication récente d'un cadran solaire est un bon exemple de l'enrichissement que les objets retrouvés peuvent apporter à nos connaissances. La publication complète des fouilles du Khirbeh, des cimetières et des grottes, est l'élément qui manque encore pour pouvoir apprécier la « plus grande découverte archéologique du XXe siècle ».

Florentino Garcia Martinez

14
Khirbet Qumrân : un site énigmatique

Jamais Qumrân n'a fait l'objet de discussions aussi passionnées que de nos jours. Les fouilleurs avaient proposé une interprétation des vestiges qui ne rendait pas compte de tout, et quarante ans plus tard, bien des questions restent posées, en particulier en ce qui concerne le culte. Il s'agit en effet d'un point essentiel : les esséniens n'étaient-ils pas les plus religieux de tous les Juifs ?

La ruine de Qumrân se présente comme un grand quadrilatère, flanqué de dépendances et d'un important cimetière. Les vestiges visibles occultent une construction de la fin de l'âge du fer (VIIIe-VIIe siècles). Les fouilleurs ont cru discerner, à partir d'éléments épars, un plan qui n'est pas convaincant. Le P. de Vaux avait proposé une identification avec Irha-Melah, la Ville du Sel, construite sous le roi de Juda Ozias (781-740 av. J.-C.) ; mais Qumrân n'est pas une ville et la date est peut-être trop haute. De l'interprétation du P. de Vaux, on retiendra qu'il s'agissait probablement d'un petit fortin gardant le passage du wadi Qumrân. Le site serait un élément du système de contrôle du désert de Juda au VIIe siècle av. J.-C.

Sous les rois hasmonéens, une résidence d'hiver?

Après cinq cents ans d'abandon, Qumrân est rétabli sous les Hasmonéens, mais pas nécessairement par les esséniens. Mon opinion est qu'il s'agirait plutôt d'une villa : résidence d'hiver ou villégiature dépendant de la forteresse de l'Hyrcania, avec sources, domaine agricole et palmeraies.

À partir du règne de Jean Hyrcan (135-104 av. J.-C.), le bassin de la mer Morte est, en effet, à nouveau habité. Alexandre Jannée (104-76 av. J.-C.) a consolidé les trois places fortes : l'Alexandreion dans la vallée du Jourdain ; Machéronte, de l'autre côté de la mer Morte, poste avancé contre les Nabatéens ; enfin, à un croisement de routes vers Jérusalem, l'Hyrcania. Cette dernière n'est qu'à trois heures de marche de Qumrân, par le chemin en pente douce qui suit le lit d'un torrent. Les deux sites sont, malgré les apparences, liés par la géographie. Les autres forteresses hasmonéennes étaient aussi liées à des villégiatures d'hiver : Machéronte avait son domaine au bord de la mer Morte, Callirohé avec ses bains, ses jardins et ses villas. L'Alexandreion domine les belles terres irriguées de Phasaelis. De même, à cette époque, le rivage de Qumrân et de Aïn Feshkha a certainement été, avec ses jardins et palmeraies, une dépendance de l'Hyrcania.

Le noyau hasmonéen, qui comprend un corps d'habitation et ses dépendances, sera le point de départ d'un long développement architectural. Le corps d'habitation se présente comme un rectangle presque carré (32 × 37 m), avec une distribution régulière autour d'une cour centrale. L'entrée doit alors se pratiquer par le nord, dans un renfoncement qui rappelle l'architecture monumentale, avec deux avancées évoquant des tours. Celle de l'ouest sera renforcée plus tard. Note de luxe dans cette bâtisse austère, les éléments d'une colonnade, avec ses tambours éparpillés et au moins deux chapiteaux.

À l'ouest, s'étendent les dépendances, autour de la citerne ronde alimentée en ce temps-là par le drainage des toitures : un réseau de drains abandonnés court sous le canal principal d'alimentation des grandes citernes. Les dépendances sont organisées pour le service de l'eau.

Les esséniens impriment leur marque distinctive

Les esséniens prendront possession de cet établissement domestique associé à un beau domaine. S'il n'est pas possible de préciser à quel moment ils s'installent à Qumrân, ils vont y imprimer leur marque propre pour la pratique d'un culte qui exigeait des dispositifs spécifiques. Avec les espaces cultuels, les citernes, les ateliers, etc., il ne reste que peu de place pour le logement des hommes. Une dizaine ou une quinzaine de personnes, au mieux, peuvent habiter Qumrân. Il n'y a de place que pour des desservants ou des « gardiens » ; les ouvriers attachés au lieu peuvent habiter à l'extérieur. Par ailleurs, rien n'autorise vraiment à penser que les esséniens vivaient comme des ermites dans les grottes, aucune d'elles ne montrant trace d'habitat permanent. La communauté localisée par Pline l'Ancien (*Histoire Naturelle* V, 17) sur les bords de la mer Morte ne concerne pas que le site de Qumrân : il s'agit évidemment d'une région. Les esséniens peuplent Aïn Feshkha et les oasis le long du rivage jusqu'à Aïn Gaddi (Engaddi), et probablement plus loin : les uns sont artisans, d'autres agriculteurs.

Qumrân : le substitut du Temple de Jérusalem

Les esséniens, en rupture avec le judaïsme officiel, se sont exilés de Jérusalem, en particulier pour un désaccord de calendrier à propos du jour des célébrations. Ils ont besoin d'un dispositif de substitut du Temple, pour accomplir coûte que coûte les rites requis. C'est ainsi qu'ils fréquentent Qumrân, qui s'affirme comme leur lieu saint et leur centre, pour les libations, les offrandes et probablement des sacrifices. Ils y viennent pour les fêtes, les prières et pour des repas qui, en certaines occasions, présentent un aspect communautaire. Toutes ces pratiques sont connues par les textes esséniens et les auteurs anciens comme Philon et Flavius Josèphe.

Les installations à vocation cultuelle semblent remonter à la première période de l'occupation essénienne (la période Ib du P. de Vaux). Après une catastrophe — peut-être le tremblement de terre de 31 av. J.-C. —, plusieurs installations sont désaffectées (période II). Il semble que si les bains demeurent en activité, les rites aient cessé. Les esséniens se seraient-ils plus ou moins ralliés ? Flavius Josèphe pouvait alors écrire qu'ils « envoient des offrandes au Temple, mais n'y font pas de sacrifices » (*Guerre* XVII, 19). Et Philon qu'« ils ne sacrifient pas d'animaux » (*Quod omnis probus* 75). Qumrân serait donc le témoin de ce début d'exil qui a suivi le retrait de Jérusalem.

Le bâtiment principal et le fameux « scriptorium »

Le bâtiment principal émerge de quelques mètres du champ de ruines. Il correspond au noyau de la résidence hasmonéenne que les esséniens ont réaménagé. La circulation continue de se faire à partir de la cour centrale (n° 1, sur le plan p. LXVI-LXVII), peu à peu envahie par des appentis.

— Au nord-ouest s'élève la « tour » (n° 2) qui comptait plusieurs niveaux, mais dont ne subsiste que le soubassement, en pièces aveugles. Le vestibule présente le seul accès vers l'extérieur. Un tremblement de terre que les fouilleurs rapprochent de celui de 31 av. J.-C. sépare les niveaux Ib et II. L'abandon du site après cette catastrophe est du moins accepté aujourd'hui. Il n'en reste pas moins que la tour a été soutenue par un glacis, et que la citerne n° 6 a été disloquée.

— Le quadrant nord-est abrite une cuisine (n° 4), où l'on remarque plusieurs foyers, et ses offices (n° 5).

— Le quadrant sud-est s'organise autour d'une citerne (n° 6), associée à des bassins. Les fouilleurs y ont vu une blanchisserie. Ce secteur ne communique pas avec la cour, mais uniquement avec les annexes situées au sud-ouest. Il en est de même pour la citerne creusée dans le secteur sud du bâtiment. Les quatre citernes n° 6, 7, 18 et 19 qui représentent l'essentiel du stockage de l'eau à Qumrân sont situées loin de la cuisine. Il faut peut-être en déduire que l'eau en aval de la citerne ronde était impropre à la consommation et réservée aux purifications corporelles.

— La destination du quadrant sud-ouest n'est pas

aisée à définir. Ces petites pièces sont organiquement liées à une grande salle (n° 8) mordant sur la cour. Alertés par la présence d'encriers dans les décombres, les fouilleurs avaient localisé un « scriptorium » à l'étage de cette salle : c'est là qu'auraient été écrits les fameux manuscrits, sur un dispositif de banquettes stuquées. Cette hypothèse a été contestée, sans qu'aucune autre solution ne s'impose : on a proposé d'y voir une table pour préparer les rouleaux de cuir, ou encore une salle de banquet, ce qui est peu vraisemblable.

Les besoins en eau de la communauté

Les esséniens pratiquaient les bains rituels avec assiduité. Il est probable que les fidèles qui venaient faire leurs dévotions à Qumrân s'y purifiaient. Une grande quantité d'eau était nécessaire. La citerne ronde de la résidence hasmonéenne fut vite insuffisante. Les citernes 9 et 10 ont probablement été ajoutées dès ce moment-là.

Bientôt le développement du culte consécutif à l'accroissement de la communauté obligea à trouver un mode de collecte des eaux plus abondant que celui des pluies sur les toitures. L'eau sera désormais prise dans le wadi Qumrân. La gorge coupe la falaise en trois ressauts successifs, entrecoupés de paliers encaissés formant vasques. Il suffisait de barrer un de ces paliers avec un barrage (aujourd'hui emporté par le torrent). Un canal s'ouvrant dans la digue conduisait l'eau vers le site, en contrebas. Le bassin de décantation à l'entrée du site, imaginé par les fouilleurs, n'a pas de sens : la décantation se faisait au barrage même, et c'est l'eau reposée qu'à l'aide d'une vanne on distribuait avec un flux maîtrisé jusqu'aux citernes. Un second canal permettait de curer le bassin avec évacuation vers la cascade.

Les ateliers nécessaires aux préparatifs rituels

Les dépendances de la résidence hasmonéenne, qui s'étendent à l'ouest du bâtiment principal, connurent, avec les esséniens, une intense activité artisanale. Dans l'établissement même étaient probablement traités, pour des questions de pureté rituelle, les produits et les ustensiles destinés aux offrandes. Le blé y était moulu, le raisin pressé et fermenté, les animaux abattus. Les *tephilin* teints de pourpre violette. Coupelles et gobelets pour les offrandes étaient fabriqués sur place par le potier ; ils ont été retrouvés par centaines, soigneusement empilés. Ces quelques activités sont localisées : au sud des dépendances on trouve un four et un moulin (n° 11) ; au sud de la cour du bâtiment principal, une teinturerie (n° 12) ; dans l'extension à l'est, on a décrit une fabrique de poteries avec tour et fournaise (n° 13).

Au nord, un enclos cultuel avec un autel à sacrifices

Certaines pièces ou espaces en plein air auraient eu une fonction cultuelle. Des éléments, jusqu'ici peu observés, permettent de préciser cette affectation.

Un grand enclos a été rajouté par les esséniens au nord des dépendances de l'ancienne résidence. On y pénétrait, de l'est, par une cour intermédiaire (n° 20). L'espace de l'enclos était presque vide (n° 21). On montre habituellement un bain rituel (*miqweh*) qui occupe la partie ouest (n° 22). Mais sa construction est tardive : il recouvre en effet un édicule antérieur, qui n'avait pas retenu l'attention des fouilleurs. L'édicule, construit avant même l'adduction d'eau, en pierres non taillées, était peut-être un autel. Dans toute la zone sud-ouest de l'enclos, des dizaines de marmites ou de jarres en fragments, contenant des os d'animaux brûlés, avaient été enterrées intentionnellement. Entre les dépôts et l'autel, on remarque les nappes d'un rejet de cendres. Il est permis d'interpréter l'enclos comme un lieu réservé où se déroulaient des sacrifices d'animaux. Le *miqweh* est inscrit dans un triangle qui semble en excroissance. Les amorces des murs au nord et au sud permettent de restituer un mur rectiligne (en pointillés sur le plan) qui s'harmonise mieux dans le plan général. Contre ce mur s'appuierait notre autel, alors exactement dans la direction de Jérusalem.

Les petites pièces attenantes à la cour intermédiaire étaient peut-être destinées aux préparatifs des sacrifices : ablutions corporelles, abattage des bêtes. Le drain d'évacuation couvert qui file vers le nord amorce une courbe pour passer au-dessous de ces chambres. L'eau puisée dans les citernes 9 et 10 et jetée à l'orée du drain pouvait emporter les eaux usées ou le sang vers la ravine au nord. Cependant l'adduction d'eau entraînera la désaffection de ce dispositif cultuel. Le *miqweh* a pu être construit en même temps que le drain. Ultérieurement a été aménagé un bassin de décantation (n° 23) lié au seul *miqweh* : la vase de décantation couvre les dépôts d'ossements.

La mystérieuse fonction de l'édifice occidental

Les pièces (n° 14) qui s'étendent à l'ouest des dépendances et de la citerne ronde, en bordure de la ravine, ont longtemps été présentées comme le «quartier industriel», ce qui ne laisse pas d'étonner: en effet, le soin apporté à la construction et l'ampleur des locaux, qui n'ont été compartimentés que par la suite, obligent à distinguer l'édifice. Les trois chambres présentaient un sol enduit de plâtre que l'on n'a retrouvé que dans les parties les plus nobles de l'établissement. Mais surtout la fondation des murs porteurs de l'ouest avait nécessité un terrassement massif sur la pente très abrupte. Cette difficile implantation laisse deviner le besoin que les esséniens avaient d'élever un bâtiment à cet endroit, le plus occidental de l'établissement, dans l'exacte direction de Jérusalem.

On remarquera aussi la proximité des citernes les plus anciennes (n°s 9, 10 et la ronde) facilitant les ablutions, les trois portes qui font communiquer les deux pièces jumelles; la longueur inusitée de la pièce nord qui mord sur le ravin; l'abondant dépôt de vaisselle de table avec des lampes hérodiennes dans la resserre attenante (locus 114 du P. de Vaux). Le mystère demeure, les dispositifs originaux ayant été démantelés: s'agit-il d'une bibliothèque? d'une salle de réunion et de prière, en particulier la salle nord orientée vers la Ville sainte? ou encore d'une salle des banquets sacrés? Trois hypothèses qui ne s'excluent d'ailleurs pas.

La salle des offrandes: Les «piliers» sont des autels

Restent deux salles mystérieuses situées au sud du bâtiment principal. Appelées «réfectoire» par les fouilleurs, ces deux salles (n° 15, soit le locus 77, et le locus 86 du P. de Vaux) sont les seules à posséder des «piliers». Ces «piliers» en fait ne servent certainement pas à soutenir les toitures qui, comme alentour, n'en avaient nul besoin. D'ailleurs, le « réfectoire » n'aurait été couvert que sur un tiers de sa longueur. Les photographies du chantier montrent qu'il s'agit plutôt de petites tables ou d'autels soigneusement stuqués.

Il conviendrait d'interpréter cet espace comme un lieu de culte. Les centaines de bols, coupelles et gobelets trouvés empilés dans le locus 86 fournissaient la vaisselle destinée aux offrandes de grains et aux libations. Nous ne savons pas comment se tenait celui qui faisait l'offrande, puisque les autels à offrandes sont (n° 15), dans un cas (locus 77), dans la partie orientale de la pièce, et dans l'autre cas (locus 86) dans la partie méridionale, exactement à l'inverse de ce que l'on attendait du fait de la position de Jérusalem. Dans la longue salle, à proximité des autels, une porte ouvrait sur l'esplanade méridionale.

Partout à l'extérieur, on a trouvé des os d'animaux brûlés enfouis dans des marmites ou des jarres brisées. On rencontre ici le même rite que celui pratiqué dans l'enclos nord. Ou bien les autels du locus 77 servaient aussi aux holocaustes, ou bien il faudrait chercher sur l'esplanade sud un autel similaire à celui de l'enclos nord. Le transfert a pu se faire ici avec la désaffectation du dispositif cultuel de l'enclos nord.

L'esplanade sud: un espace soigneusement clos

La terrasse au sud de la ruine est un espace soigneusement clos (n° 16): les bâtiments la ferment vers le nord; le profond ravin l'entoure à l'ouest et au sud; enfin, le mur dont on a parlé et qui court rectiligne jusqu'au promontoire, la sépare du cimetière à l'est. Les auteurs ont déjà souligné que cette barrière distingue le pur de l'impur, la part du sacré de la part de l'humain, l'espace des vivants de la terre des morts. Aucune porte ne vient interrompre cet écran pour ne pas risquer qu'un animal qui aurait côtoyé les tombes ne s'y aventure ou qu'un homme n'y rentre sans s'être purifié. C'est dans cet espace réservé que l'on enfouit les restes des holocaustes.

Le long mur qui ferme la terrasse sud est construit depuis la grande citerne jusqu'au promontoire, d'une manière très particulière : une seule rangée de grosses pierres empilées formant les deux parements et selon des assises irrégulières. Un autre mur long de 1,5 kilomètre joignait Qumrân à Aïn Feshkha ; il n'est plus conservé que sur 500 mètres. Il est en zigzag et les différents tronçons ne sont pas homogènes.

Il semble que les enclos de domaines dispersés le long de la mer Morte aient été reliés entre eux pour faire barrière. Certaines jonctions présentent le même mode d'assemblage de blocs que celui du mur de la terrasse sud. D'autres longs murs identiques sont connus dans la région. Le mieux conservé ferme l'oasis de ez-Zara côté montagne, sur l'autre rive de la mer Morte. De la hauteur d'un homme, il n'a aucun effet défensif.

Ces longs murs permettaient vraisemblablement d'appliquer à un domaine agricole étendu les prescriptions sabbatiques réservées aux villes encloses de remparts. Jérusalem est encore aujourd'hui explicitement dans ce but, entourée d'un fil continu tenu par des poteaux de bois. Les habitants du rivage et de Aïn Feshkha avaient donc toute licence pour fréquenter Qumrân pendant les jours saints.

Jean-Baptiste Humbert

15
Le Maître de Justice et Jésus

La personnalité la plus attachante que nous aient révélée les rouleaux de Qumrân est celle du fondateur de la secte, que l'*Écrit de Damas* présente ainsi : « 390 ans après qu'Israël eut été livré aux mains de Nabuchodonosor roi de Babylone, Dieu les a visités et a fait germer d'Israël et d'Aaron un plant pour qu'il hérite de sa terre... Ils ont alors reconnu leurs fautes, mais durant vingt ans, tels des aveugles, ils cherchaient à tâtons leur chemin. Dieu leur suscita alors un Maître de Justice (*môreh sedeq*) pour les diriger dans la voie de Son cœur car ils Le recherchaient de tout cœur (CDI, 5-11) »

L'époque maccabéenne (180-130 av. J.-C.)

Ni Philon ni Josèphe ne mentionnent le fondateur, mais le second signale les esséniens dès le pontificat de Jonathan (152-143), *Antiquités* XIII, 171. La période de tâtonnement répondrait alors à la formation du parti des pieux, les « assidéens », après la création par Antiochus Épiphane de la cité grecque de Jérusalem (2 M 4, 9), peu après son avènement en 175. De 586, date de la prise de Jérusalem par Nabuchodonosor, à 175, il y a 411 ans, mais la chronologie de l'époque restait approximative et le nombre 390, emprunté à Ézéchiel 4, 4-6, est symbolique, tout en constituant pour l'auteur de l'*Écrit de Damas* un ordre de grandeur suffisant. Quant à l'intervention du Maître de Justice, qui était probablement un prêtre de la famille des Oniades, elle se situerait bien en 152, lorsque Jonathan, de la classe sacerdotale de Yoyarib, fut nommé grand prêtre par le roi Alexandre Balas. La famille des Oniades, de la classe de Yedaya, issu de Sadoq, se trouvait ainsi évincée, et il est possible, comme on l'a supposé, que le Maître de Justice se soit posé en grand prêtre.

On attribue avec raison au Maître de Justice fondateur la première rédaction de la *Règle de la Communauté*, attestée par des manuscrits de la grotte 4 plus anciens que 1QS, et une partie des *Hymnes* du rouleau de la grotte 1 (1QH). La *Règle* semble bien faire allusion à la prise en main par le Maître de Justice d'un groupe de pieux et à leur installation dans le désert de Juda : « le conseil de [cette] communauté comprend douze hommes et trois prêtres [pour les douze tribus et les trois clans de celle de Lévi], parfaits en tout ce qui est révélé de toute la Loi... Cela une fois réalisé en Israël, le conseil de la communauté est fondé dans la vérité : plantation d'éternité, maison de sainteté pour Israël et Saint des saints pour l'association d'Aaron, témoins véridiques pour le Jugement et élus par grâce (divine) pour expier en faveur du Pays et faire payer leur dû aux méchants. C'est le mur éprouvé, la pierre d'angle précieuse, les fondations ne seront pas ébranlées et elles ne s'échapperont pas de leur lit... Cela une fois réalisé en Israël, pour la communauté, ils doivent quitter l'habitat des hommes de perversion conformément à ces dispositions, pour se rendre au désert, *pour y préparer le chemin de Lui* [le Seigneur], *selon qu'il est écrit: dans le désert préparez le chemin de...* [ces 4 points remplacent YHWH], *nivelez dans la steppe une chaussée pour notre Dieu* [Is 40, 3]. C'est l'étude de la Loi qu'Il a donnée par l'intermédiaire de Moïse» (VIII, 1-15). Les mots en italique ne semblent pas avoir fait partie de la *Règle primitive.*

La première installation à Qumrân a laissé peu de traces archéologiques, mais elle est antérieure au règne d'Alexandre Jannée (103-76 av. J.-C.), et les dates attribuées à certains manuscrits de Qumrân sont favorables à l'hypothèse suggérée par les indications de Josèphe et de l'*Écrit de Damas*. Nous sommes donc à l'époque maccabéenne. On a noté une éclipse de l'espérance messianique durant la domination des rois successeurs d'Alexandre, qui eussent vite fait d'étouffer toute prétention d'un rejeton de David. Au plus fort de la persécution d'Antiochus IV Épiphane, l'auteur du Livre de Daniel entrevoit le détenteur eschatologique de la royauté universelle sous des traits mi-humains, mi-célestes (7, 13-14). Même silence sur le messie davidique dans les livres des *Maccabées*, qui attendent tout au plus un prophète (cf. 1 M 4, 46), et déjà chez le Siracide (l'Ecclésiastique), qui écrivait sous le règne de Séleucus IV, le frère aîné d'Antiochus IV. Le grand prêtre du retour de l'Exil, Josué, est jugé digne de l'onction tout comme Zorobabel, le descendant royal (Za 4, 14), et un texte remanié lui attribue même la couronne royale (Za 6, 11 ; Si 45, 12). C'était l'amorce d'un messianisme sacerdotal.

Comment se situe le Maître de Justice par rapport à ce contexte ? À s'en tenir aux écrits qu'on lui attribue il n'évoque jamais le messie à venir. Bien plus, alors que le prophète Malachie (3, 1-5) avait donné une portée eschatologique à Isaïe 40, 3, comme le fera l'Évangile, l'auteur de 4QS réduit à l'étude de la Loi le séjour au désert ! Il n'est cependant pas sûr que la citation d'Isaïe 40, 3 soit le fait du Maître de Justice, car le rouleau 1QS qui la porte date du début du Ier siècle av. J.-C. et elle paraît absente de manuscrits plus anciens de la grotte 4. En revanche, les *Hymnes* attribuées au Maître sont explicites : ainsi le mot rare de rejeton, *neser* en hébreu, qui en Isaïe 11, 1 vise le descendant messianique de David, est donné au petit groupe des pieux : « Le rejeton de sainteté fructifie pour devenir la plantation de vérité, il est caché, sans considération et sans que soit connu le sceau de son secret » (VIII, 10-11). Ici et ailleurs, le rejeton méconnu est à l'origine de la plantation d'éternité que constituera sa communauté. S'il y a messianisme, il est collectif. De même si, en Isaïe 9, 5, les noms de « Conseiller merveilleux, Dieu-Fort » sont ceux de l'enfant qui montera sur le trône de David, dans les *Hymnes*, il s'agit du conseil de la Communauté auquel le Maître de Justice a donné naissance (III, 10, où Dieu-Fort devient « avec sa force »).

UN RESTAURATEUR DE L'ALLIANCE. Le Maître de Justice se présente comme le restaurateur de la Loi en Israël et fonde à cet effet la Communauté de l'Alliance, qui doit devenir le véritable Israël. Son rôle est sacerdotal et prophétique, et le messianisme davidique reste hors de son champ de vision. On a comparé sa mission à celle de Jésus, fondateur du collège des Douze et instaurateur de la « Nouvelle Alliance » (1 Co 11, 24, et Lc 22, 20) et cette dernière expression empruntée à Jérémie (31, 31), se lit aussi dans l'*Écrit de Damas*, en relation avec l'exil de la secte en Damascène (VI, 19, etc.). S'il n'est pas certain, comme nous le verrons, que le fondateur de la Communauté de Qumrân fût encore en vie, la « Nouvelle Alliance au pays de Damas » n'en reste pas moins la continuation de l'« Alliance » si souvent nommée en 1QS, 1QH, CD et aussi 1QM, plus tardif. Le rôle du Maître de Justice est donc, comme pour Jésus, celui de médiateur de l'alliance nouvelle (He 9, 15 et 12, 24). Mais c'est par son propre sang que Jésus scelle cette alliance, et s'il est vrai que le Maître de Justice a enfanté sa communauté dans la douleur et la contradiction (1QH III, 3-18 et *passim*), il ne se charge pas des «fautes de la multitude» et n'offre pas sa vie en «sacrifice expiatoire», comme le Serviteur de Yahweh en Isaïe 53. Et pourtant, il a lu et relu les poèmes du Serviteur, comme l'attestent les citations implicites des *Hymnes*. Lorsqu'il s'écrie: «Je fus un piège pour les pécheurs et la guérison pour tous ceux qui se détournent du péché» (II, 8), il a pu songer au Serviteur dont «les blessures nous sont une guérison» (53, 5), mais le contexte de l'hymne invite à entendre cette guérison de l'effet salutaire de son enseignement. Il est avant tout un Docteur, par qui Dieu «a illuminé la face d'une multitude d'hommes... en l'instruisant de ses secrets merveilleux» (IV, 27-28). De la lignée de Sadoq, il en partage les vues conservatrices, et sa conception de la vie future reste également vague, bien que moins négative que ne le sera celle des sadducéens.

L'époque hasmonéenne (130-37 av. J.-C.)

L'exemplaire 1QS de la *Règle* a été copié sous le règne d'Alexandre Jannée (103-76), au témoignage de son type d'écriture. Après la mention de l'exil au désert, citée plus haut, 1QS présente un long développement qui se termine ainsi: «... ils seront jugés selon les premières ordonnances, celles qui au début ont formé les membres de la communauté, et cela jusqu'à la venue du Prophète et des Oints [Messies] d'Aaron et d'Israël» (IX, 10-11). Ce développement est absent de 4QS[e], que son écriture situe à une période antérieure. Par ailleurs, 1QS a été copié par le scribe auquel on doit 4QTestimonia, une feuille de cuir groupant une série de «témoignages» de l'Écriture visant le Prophète futur (Dt 18, 19), le prince futur (l'étoile de Jacob et le sceptre d'Israël de l'oracle de Balaam, Nb 24, 17) et la postérité de Lévi, qui gardera l'Alliance, enseignera la Loi et offrira les sacrifices (bénédiction de Moïse sur Lévi, Dt 33, 8-11). Toujours de la même main proviennent les deux annexes de 1QS à savoir la *Règle de la Communauté* (1QSa) et le *Recueil des Bénédictions* (1QSb), publiées par D. Barthélemy et J.T. Milik (*DJD* I). Dans la première, il est question de l'assemblée au temps où Dieu «fera naître parmi eux le Messie [d'Israël]». La préséance reste au grand prêtre et c'est lui qui bénit le premier le pain et le moût du banquet eschatologique, avant le «Messie d'Israël» (II, 11, 22). Dans la seconde annexe, la bénédiction sur le grand prêtre précède celle sur le roi, ou plutôt le «prince», car le terme de *nasî*, emprunté à Ézéchiel (34, 24, etc.) convient mieux aux conceptions théocratiques des «fils de Sadoq». ... Dieu le charge de «restaurer la royauté de son peuple». L'auteur lui applique les prophéties messianiques concernant la descendance de David, mais évite de nommer le fils de Jessé ou la tribu de Juda (1QSb, V, 20-29). Ainsi s'explique la formule volontairement ambiguë employée par 1QS, «les Messies d'Israël et d'Aaron», pour désigner le futur grand prêtre et le futur chef temporel.

Ce double messianisme se lit également dans les livres apocryphes des *Jubilés* et des *Testaments des douze patriarches*, le premier daté du règne de Jean Hyrcan (134-104 av. J.-C.), le second en partie postérieur. Mais là il s'explique par le cumul des pouvoirs temporel et sacerdotal, dans la dynastie hasmonéenne et les auteurs de ces deux ouvrages ne lui étaient pas, comme les esséniens, défavorables. On a supposé qu'ils étaient des pharisiens, mais lorsque ceux-ci se brouillèrent avec Alexandre Jannée, ils se réconcilièrent sans doute avec les esséniens, dont ils vinrent grossir les rangs (la période Ib de Qumrân, la plus prospère). Ils réveillèrent parmi eux l'espérance messianique sous la forme complexe que révèle le recueil des *Testimonia*.

LES SUCCESSEURS DU PREMIER MAÎTRE DE JUSTICE. Le Maître de Justice, fondateur de la Communauté de l'Alliance, a-t-il été témoin de ce renouveau? C'est peu probable, à moins de lui accorder une longévité exceptionnelle. Dans l'*Écrit de Damas*, il est question d'un « Maître de la Communauté » (*môreh hayyahad*, XIX, 35-XX, 1), appelé aussi « Enseignant de la Communauté » (*yôreh hayyahad*, XX, 14; dans les deux cas le texte a *yahîd*, « unique », qui est une erreur du copiste). Il meurt « environ quarante ans » avant que ne « s'embrase la colère de Dieu contre Israël, selon qu'il a dit: pas de roi et pas de prince (Os 3, 4) et pas de juge et personne qui reprenne avec justice » (XX, 13-17). Le *Commentaire de Nahum* mentionne également la fin de la royauté hasmonéenne: « son règne sur Israël s'écroulera... ses femmes, ses nouveau-nés, ses enfants iront en captivité » (3-4, IV, 3-4), allusion évidente au sort d'Aristobule II, défait en 63 par Pompée (*Antiquités* XIV, 79). Le *Commentaire du Psaume 37* fait aussi allusion à ces quarante ans (II, 7), inspirés des quarante de l'Exode, mais qui n'en restent pas moins un ordre de grandeur: ils nous font remonter au règne d'Alexandre Jannée et à la persécution qui suivit l'appel que ses adversaires, surtout des pharisiens, lancèrent à Démétrius III, roi de Syrie, pour qu'il les débarrassât du roi (vers 88 av. J.-C.). Ce dernier, après le retrait imprévu de Démétrius, en pendit huit cents, tandis que huit mille s'enfuirent et restèrent en exil jusqu'à la mort de Jannée (*Ant.* XIII, 383, cf. pNah I, 1-6). On a de bonnes raisons de penser que parmi les exilés, il y avait des esséniens et que c'est au « pays de Damas » qu'ils se rendirent. L'*Écrit de Damas* fait partir les « quarante ans » du séjour en Damascène (XIX, 32-xx, 17) et le « Chercheur de la Loi », que le contexte invite à identifier au Maître de la Communauté, semble bien avoir accompagné « les convertis d'Israël qui sont sortis du pays de Juda [où était Qumrân] et ont séjourné au pays de Damas » (VI, 4-8). Il sera mort en Damascène, entre 88 et 76 av. J.-C., date du retour d'une partie au moins des exilés. C'est dire que ce chef de la communauté, dont le titre n'est d'ailleurs pas constant, a peu de chances d'être le *môreh sedeq* fondateur de la secte (I, 11).

L'auteur de l'*Écrit de Damas* (tel que nous le lisons dans les deux manuscrits du Caire) a écrit peu après la prise de Jérusalem en 63, et il attend un nouvel « enseignant de justice » à ce qu'il pense être « la fin des jours » (VI, 10-11, cf. XX, 28 et 32, où revient l'expression *môreh sedeq* de I, 11).

Il attend également la venue d'un « Messie d'Aaron et d'Israël » (XII, 23 - XIII, 1 et *passim*), expression que certains traduisent « un messie d'Aaron et [un messie] d'Israël », ce qui nous ramènerait aux deux messies de la période antérieure. Mais la traduction la plus naturelle laisse supposer qu'entre-temps la confusion du sacerdoce et de la royauté chez les Hasmonéens et l'importance du sacerdoce à Qumrân aient abouti à l'attente d'un Messie-prêtre. Cependant, un passage difficile identifie « le Chercheur de la Loi » à l'étoile de Jacob et le « [futur] prince de toute la congrégation » au sceptre d'Israël de la prophétie de Balaam (VII, 18-21). Il y aurait donc distinction entre deux personnages messianiques, le prince et le grand prêtre.

La fin de l'époque hasmonéenne est marquée par la déchéance d'Hyrcan II, mutilé par son neveu Antigone en 40 av. J.-C., pour le rendre inapte au souverain pontificat, puis par la prise de Jérusalem par Hérode aidé des Romains, en 37, et enfin par le meurtre d'Hyrcan, en 30. Le *Commentaire d'Habacuc* fait allusion au « prêtre qui s'est rebellé contre les commandements de Dieu » et à qui « ils ont fait subir d'abominables tourments en se vengeant sur son corps de chair ». C'est aussi parce que ce « prêtre impie s'est montré inique envers le Maître de Justice (*môreh has-sedeq*) et les hommes de son conseil que Dieu l'a livré aux mains de ses ennemis : il a été humilié et frappé à en périr, en proie à d'amères souffrances, et cela parce qu'il a agi avec méchanceté contre Son élu » (VIII, 16-IX, 12). Le Maître de Justice attendu par l'auteur de l'*Écrit de Damas* est donc à la tête de la communauté essénienne vers l'an 40. Il a été en butte aux tracasseries du grand prêtre et ethnarque Hyrcan II (63-40), qui le poursuivit « jusqu'au lieu de son exil [à Qumrân]... au jour des Kippurîm » (XI, 4-8), sans doute pour établir le constat d'un calendrier liturgique différent de celui du Temple.

On aura noté le terme d'*élu de Dieu* pour désigner le Maître de Justice. Il ne faudrait pas en presser le sens messianique, car en X, 13 les « élus de Dieu » sont l'ensemble de la communauté. Il est « le Prêtre que Dieu a donné [...] pour interpréter toutes les paroles de ses serviteurs les Prophètes » (II, 6-10, cf. VII, 4-5) et ses partisans « qui pratiquent la Loi dans la maison de Juda seront sauvés par Dieu lors du procès (intenté par Hyrcan), à cause de leurs peines et de leur foi au Maître de Justice ». Ce commentaire d'Ha 2, 4 (le juste vivra par sa foi) a été comparé à celui de Paul dans l'Épître aux Romains (1, 16). Mais il s'agit d'un côté de la confiance accordée à un prêtre et chef qui se présente comme l'authentique interprète de l'Écriture, et de l'autre, de la foi en Jésus, messie davidique et Fils de Dieu, ressuscité des morts (Rm 1, 3-4). De même, la conscience que Jésus avait de son rôle et de sa véritable nature le situe sur un tout autre plan, même si ses affirmations sont volontairement discrètes (Mt 11, 27 ; 21, 37 ; 22, 41-45 ; 26, 63-66).

L'époque hérodienne (37 av. J.-C. — 68 apr. J.-C.)

En 37 av. J.-C., Hérode prenait effectivement le pouvoir à Jérusalem, sous la tutelle romaine naturellement. En 31, la vallée du Jourdain est secouée par un fort tremblement de terre, qui laisse indemne l'armée d'Hérode (*Guerre* I, 370), mais provoqua l'abandon partiel de Qumrân. D'ailleurs cet exil dans le désert de Juda ne s'imposait plus comme au temps de la persécution, car nous savons par Josèphe qu'Hérode était favorable aux esséniens (*Ant.*, XV, 378). Cependant ils pouvaient difficilement associer la dynastie hérodienne, d'origine iduméenne, à leurs espérances messianiques. Aussi voit-on réapparaître l'attente du Messie davidique dans les commentaires que leur écriture date du tournant de l'ère. Après avoir cité Isaïe 1, 1-5, un Commentateur explique : « [Il s'agit du rejeton] de David qui se lèvera à la fin des jours… et Dieu le soutiendra par […] de la Loi… et il régnera sur toutes les nations… et son glaive jugera tous les peuples. Et pour ce qui est écrit : il ne jugera pas d'après ce que voient ses yeux et il ne réprimandera pas d'après ce qu'entendent ses oreilles, l'explication est que des prêtres […] et que selon ce qu'ils lui enseigneront, il jugera et selon leur décision, il [...]» (4Q161, 8-10, 11-24). De même dans le *Florilège* (4Q174), à propos de la prophétie de Natan (2 S 7, 11-14): «il s'agit du germe [*semah*] de David qui surgira avec le Chercheur de la Loi qui se lèvera dans Sion à la fin des jours» (1-2, I, 10-12). Même mention du messie davidique sur un fragment intitulé provisoirement *Bénédictions patriarcales*: Genèse 49, 10, est interprété de «la venue du Messie de Justice [*meshiah has-sedeq*], le germe de David, car c'est à lui et à sa descendance qu'a été donnée sous forme d'alliance la royauté sur son peuple pour des générations éternelles». Ces textes peuvent être postérieurs à la mort d'Hérode, mais on notera que, dès l'époque de Pompée, l'auteur pharisien des *Psaumes de Salomon* demande avec instance à Dieu de susciter à son peuple «son roi le fils de David... qui purgera Jérusalem des nations qui la foulent et la détruisent» (17, 23 *sq.*).

Ce sera «l'Oint du Seigneur» (18, 8), et il n'est pas question d'un Oint (Messie) sacerdotal. À Qumrân non plus, mais le Messie davidique n'agit que sur les conseils du Sacerdoce, qui garde la haute main sur les affaires temporelles, comme l'atteste si éloquemment la *Règle de la Guerre*. La copie principale (1QM) est contemporaine d'Hérode, et à défaut de perspective proprement messianique, ce traité dénote une intense attente eschatologique.

UN MESSIE FILS DE DIEU? On s'est posé la question de savoir si les esséniens croyaient en une génération divine du Messie. S'ils ne connaissaient pas la traduction des Septante du Psaume 110, 3 («du sein de l'aurore je t'ai engendré»), ils pouvaient s'appuyer sur le Psaume 2, 7 («Tu es mon fils; moi... aujourd'hui je t'ai engendré...»), sur le chapitre 7 des Proverbes («la Sagesse engendrée par Dieu») ou encore du Messie céleste de Daniel, 7, 13-14. Faut-il alors traduire : Dieu « engendrera le Messie parmi eux » le passage de 1QSa II, 11-12 que nous avons rendu plus haut par : Dieu « fera naître parmi eux le Messie » ? La forme verbale hébraïque *yôlîd* signifie normalement « engendrer », mais en soi rien n'empêche de l'interpréter au sens large de « donner naissance à », Dieu étant considéré comme cause de la fécondité (cf. Gn 29, 31-30, 24). Mais comme il s'agit du « Messie d'Israël », l'auteur l'aura considéré comme le fils adoptif de Dieu, en reprenant le langage du psaume d'intronisation (2, 7) et de la prophétie de Natan (2 S 7, 14). D'ailleurs nous sommes, avec la *Règle de la Congrégation*, à l'époque des rois hellénistiques, qui en Égypte et en Syrie se considéraient comme fils de Zeus, et notre auteur aura certainement partagé l'horreur des Juifs pieux devant un Antiochus Épiphane « qui s'élève et se grandit au-dessus de tout dieu » (Dn 11, 36) et « simple mortel, s'égalait à la divinité » (2 M 9, 12). Un fragment araméen de la grotte 4 que publiera J. T. Milik mentionne un fils (royal) « qui sera dit fils de Dieu et qu'on appellera fils du Très-Haut », puis fait allusion à une succession rapide de rois et de conflits jusqu'à ce que se lève le peuple de Dieu (voir en attendant J. A. Fitzmyer, *New Test. Studies*, 20 [1974], p. 391 *sq.* qui songe à un fils royal juif). J. T. Milik suggère que le titre de « fils de Dieu » vise Alexandre Balas, qui se dit *théopatôr* sur ses monnaies, c'est-à-dire fils d'Antiochus IV « dieu épiphane », selon les monnaies de ce dernier.

Le monothéisme rigide des esséniens laissait peu de place pour des spéculations de ce genre qui faisaient d'un homme un dieu. J'ai publié en 1964 un texte araméen de la grotte 4, d'écriture hérodienne, que j'avais interprété dans un sens messianique

(*Mémorial du cinquantenaire de l'ELOA de l'Institut catholique de Paris*, p. 51-66). Il s'agit de la naissance d'un personnage exceptionnel : « … avec lui seront le conseil et la prudence ; il connaîtra les secrets de l'homme, sa sagesse ira à tous les peuples, il connaîtra les secrets de tout ce qui vit. » Puis il est question de machinations et de la corruption grandissante, mais « ses desseins à lui réussiront parce qu'il est l'élu de Dieu. Sa naissance et l'esprit de son souffle sont [ ] et ses desseins sont pour l'éternité ». Le mot *môldeh* que je traduis par « sa naissance », et que j'entendais du thème de géniture, se retrouve dans un texte astrologique hébreu avec ce sens et l'indication des parts de lumière et de ténèbres octroyées à l'esprit du nouveau-né (4Q186). Mais ici le même mot peut aussi être compris comme un participe passif, « son engendré », et on traduirait alors : « parce que l'élu de Dieu est son engendré ». Pourtant, l'ensemble de la phrase présenterait alors une construction moins naturelle, et par ailleurs l'étude des autres données de ce morceau a suggéré à J. A. Fitzmyer qu'il avisait la naissance de Noé et non du Messie. Son point de vue est maintenant confirmé par d'autres fragments de Qumrân relevant d'un « livre de Noé » (J. T. Milik, *The Books of Enoch*, Oxford, 1976, p. 56). Noé n'est pas engendré de Dieu, ni même d'un ange, et sa mère Batenôsh tient à rassurer sur ce point son époux Lamek (1QG : *Apocryphe de la Genèse*, II ; *Hénoch* 106).

Jésus

Notre enquête sur le messianisme à Qumrân montre à quel point il a varié au cours de près de trois siècles : presque inexistant pour le Maître de Justice fondateur, réparti entre le pouvoir sacerdotal et le prince temporel au temps du Maître qui s'exila en Damascène, réduit, semble-t-il, à l'attente d'un Messie sacerdotal au temps de Pompée et peu marqué dans les commentaires qui visent le Maître de Justice persécuté par Hyrcan II, il redevient très vivace dans les Commentaires de l'époque du Christ, avec retour aux prophéties sur le rejeton de David. La personnalité du futur Prophète reste plus vague, et il ne semble pas qu'il faille lui identifier le Chercheur de la Loi qui surgira avec le Messie davidique. Il s'agit du futur Maître de Justice, le grand prêtre eschatologique. En revanche, sur des débris de papyrus, je lis une citation de Malachie 3, 23 : « J'enverrai Élie avant [que ne vienne le Jour de Yahweh] » (cf. *Revue biblique* 70, 1963, p. 497-498) : il s'agit bien, dans cet écrit qu'on peut dater entre 50 et 25, du futur Prophète, attendu par les Juifs et les Samaritains, au témoignage des Évangiles. En Malachie 3, 1 il est aussi question de l'« Ange de l'Alliance » qui suit l'arrivée d'Élie et qui semble identique au « seigneur » (*ha'adôn*), nommé dans le même verset. On a rapproché cet Ange de l'Alliance du personnage céleste appelé Melchisédech dans les fragments d'un rouleau de la grotte 11, publié par A. S. van der Woude. Durant le Jubilé final, il est l'exécuteur des jugements vengeurs de Dieu et le libérateur de ceux qui sont fidèles à l'Alliance, qu'il arrachera de la main de Bélial. Et cela n'est pas sans rapport avec le personnage mi-céleste de Daniel. Divers indices du texte très mutilé de 11Q ont suggéré à J. T. Milik que Melchisédech y est une hypostase divine, à la manière de l'Ange de Yahweh qui dans l'Ancien Testament apparaît maintes fois comme sa manifestation visible (*Journal of Jewish Studies*, XXIII [1972], p. 95-144, en particulier p. 125). Quoi qu'il en soit, cette exaltation du Melchisédech de Genèse 14, 18-20 et Psaume 110, 4, explique l'importance donnée au personnage dans l'Épître aux Hébreux, qui estime que Melchisédech « est assimilé au Fils de Dieu » (7, 3). Jésus est le grand prêtre eschatologique à la façon de Melchisédech (Ps 110, 4), supérieure à celle d'Aaron (He 7). Le Melchisédech de 11Q laisse le rôle de grand prêtre à un « Oint de l'Esprit », avec référence à Daniel 9, 25, sans doute le futur Maître de Justice.

En Jésus convergent et se réalisent toutes les anticipations messianiques de l'Ancien Testament et des milieux piétistes du judaïsme contemporain et, parmi eux, il faut donner une place de choix à la fervente communauté essénienne.

Jean Starcky

16

Les manuscrits de la mer Morte et le Nouveau Testament

Dès les premières publications, il est apparu que les manuscrits de la mer Morte ouvraient un champ nouveau pour l'étude des origines du christianisme : ils permettent de mieux connaître les courants religieux du judaïsme palestinien au milieu desquels la nouvelle religion a pris son essor.

L'apport des textes qumrâniens à l'intelligence de la pensée judéo-chrétienne est d'ores et déjà considérable. Des informations de première importance parce qu'inédites portent sur les langues, le vocabulaire, les expressions, genres et formes littéraires, mais aussi sur les institutions, pratiques et croyances religieuses.

Une synthèse pouvant difficilement être tentée avant la publication complète des manuscrits, il nous paraît préférable de nous limiter ici à quelques sujets extraits de textes récemment publiés, qui sont d'une extrême importance. Nous balayons d'emblée un thème fantaisiste dont la presse s'est faite l'écho depuis quelque temps : celui d'un messie « crucifié ». Pure sottise reposant sur une lecture erronée. Le fragment invoqué ne parle que du Messie davidique vainqueur (du roi) des Kittim qu'il fera mourir. Ce fragment peut être rapproché en réalité de l'« avènement du roi juste » et justicier prophétisé en Isaïe 11, 1 et il n'apporte rien de nouveau. D'autres textes soulèvent des questions plus sérieuses.

Des manuscrits récemment déchiffrés évoquent un « dernier roi » aux titres messianiques, le retour d'Élie, l'espoir en la résurrection des morts : ces thèmes eschatologiques chers aux esséniens hantent maintes pages du Nouveau Testament, avec des formulations presque inchangées. Et que dire des béatitudes transmises par un petit manuscrit, si proches de nos béatitudes évangéliques ?

Un « dernier roi » aux titres messianiques (4Q246)

L'un des impacts les plus frappants sur le vocabulaire de la christologie du Nouveau Testament est bien celui de l'apocalyptique. En premier lieu, un fragment d'apocalypse en araméen de la grotte 4 (4Q246 : *Apocryphe de Daniel*) ne laisse pas d'étonner. Le texte est malheureusement très lacunaire, il manque la moitié de la première des deux seules colonnes retrouvées. Mais, grâce à la construction poétique de ce passage et à la structure de ses « vers », il est possible de comprendre le sens général des parties manquantes.

Certes, on ne peut pas exclure que les titres de ce « dernier roi » qu'on appellera « Fils du Très-Haut » (lignes 7-9) puissent se rapporter à Antiochus IV Épiphane qui, comme les rois de l'époque, se faisait passer pour dieu et qui représentait le « dernier » des quatre grands royaumes ennemis du Peuple de Dieu. Cependant, le sens du passage peut demander d'interpréter la venue de ce dernier roi comme celle du Messie appelé « Seigneur » et « Fils de Dieu ». Cette exégèse peut s'appuyer sur les Psaumes 2 et 110, psaumes messianiques par excellence, où le roi messie reçoit le titre de « Fils de Dieu » : « Tu es mon Fils, moi aujourd'hui je t'ai engendré... » (voir aussi Mc 12, 36 et *passim*).

Dès lors, il n'est pas étonnant que ce type de composition ait laissé quelques traces dans l'annonce de la naissance de Jésus en Luc : « Lui, Il sera grand, Il sera appelé Fils du Très-Haut, Il régnera à jamais et son règne n'aura pas de fin, Il sera appelé Fils de Dieu. » Ces titres messianiques du personnage eschatologique sont aussi à la base des énoncés pauliniens (Rm 1, 3-4 ; 1 Co 12, 3).

L'origine davidique du Messie est, par ailleurs, bien attestée dans les textes de Qumrân, en particulier dans un beau passage de 4Q174 I : les lignes 10-13 reprennent la prophétie de Natân concernant la lignée davidique (2 Sm 7, 12) et les lignes 18-19 commentent le Psaume 2, 1-2 parlant de la filiation divine du Messie.

FILS DE DAVID ET FILS DU TRÈS-HAUT. Une fois établie la messianité de Jésus dans sa double filiation « fils de David » et « fils de Dieu », Luc pouvait formuler l'annonce de la naissance virginale et de la filiation divine de Jésus en reprenant les termes mêmes de formules préexistantes.

En effet, même si Jésus n'est pas le messie guerrier attendu, il est difficile de nier tout rapport entre ces textes du Nouveau Testament et le fragment de l'*Apocryphe de Daniel* qui évoque nettement un messie eschatologique « au royaume éternel » (col. II, ligne 5). En reprenant les termes du Livre de Daniel : « Son royaume est un royaume éternel et sa domination est une domination éternelle » (Dn 7, 14 et 27), notre manuscrit rappelle l'origine céleste de ce messie, même si ces formules sont appliquées ici au Fils de l'Homme qui exercera le jugement, en même temps qu'au peuple de Dieu qui, comme le

Fils de l'Homme et avec lui, reçoit le royaume éternel.

Les Béatitudes (4Q525)

Un autre apport important fourni par le creuset judéo-chrétien de ces textes concerne les Béatitudes. Les exégètes du Nouveau Testament ont tenté de remonter à la formulation primitive des Béatitudes prononcées par Jésus, de retracer l'histoire de la rédaction de Matthieu 5, 3-12 et de Luc 6, 20-26. Ils ont proposé d'isoler un noyau consistant en 3 + 1 béatitudes correspondant aux 3 + 1 malédictions du passage lucanien (3 courtes + 1 longue), soit 2 strophes de 4 énoncés chacune. À la suite de quoi on a essayé d'expliquer les additions en Luc et le réaménagement considérable de Matthieu (2 strophes de 4 béatitudes courtes + 1 longue, mais sans malédiction). Tout cela sans trop se préoccuper de la vraisemblance du squelette primitif ainsi reconstitué.

Jusqu'à présent, on connaissait dans l'Ancien Testament un certain nombre de béatitudes à l'état isolé, ou groupées par 2 ou 3, rarement 4. Une étude attentive de Ben Sira (L'Ecclésiastique) découvre une série de 8, construite selon un procédé poétique obéissant à des règles précises pour ce genre littéraire (Si 14, 20-27). On a pu démontrer que ce même procédé s'appliquait à un fragment d'écrit de sagesse provenant de la grotte 4 (4Q525 2 II). Cette constatation, appuyée sur de nombreuses remarques stylistiques, a des conséquences directes sur l'étude du texte matthéen qui présente, lui aussi, une structure reposant sur ce même procédé. Elle permet d'affirmer qu'on se trouve face à la formulation originelle (8 + 1 béatitudes) et de rétablir, pour la première strophe, leur ordre exact (soit : v. 3-5-4-6 de la Bible de Jérusalem). De même, chaque béatitude ne peut être ramenée à une forme simplifiée par une harmonisation sur le texte lucanien, car chaque mot grec a son importance dans la structure primitive et il répond à un substrat sémitique, probablement hébreu.

Un exemple : les « pauvres en esprit » est la traduction d'une expression retrouvée plusieurs fois dans les textes qumrâniens, et uniquement là dans l'état actuel de nos connaissances (par exemple, dans le rouleau des *Hymnes* de la grotte 1). Par cette expression ne sont nullement visés les simples d'esprit, mais les humbles, les observants de la Loi qui vivent sous la mouvance de l'Esprit. Ou, pour reprendre une expression qumrânienne, ce sont des fils de lumière par opposition aux fils de ténèbres. On comprend mieux alors que vienne en tête de ce premier discours de Jésus en Matthieu le « bonheur des pauvres d'esprit », ces fils du Royaume de la Nouvelle Alliance inauguré par Jésus, nouveau Moïse et Sagesse de Dieu.

Soulignons toutefois la nouveauté totale de la perspective matthéenne : l'irruption du Royaume avec Jésus, proclamé par ce discours inaugural, auquel répondra le dernier discours (Mt 25, 31-46) annonçant la participation entière du fidèle lors du Jugement dernier. C'est alors que seront séparés les justes / bénis, ceux qui auront appliqué la charte du Royaume définie par les Béatitudes, et les autres, les impies / maudits ou les fils du Mauvais. Remarquons ici que, si Luc a bloqué en un seul ensemble bénédictions et malédictions, le contexte eschatologique est encore préservé.

Dans les béatitudes du fragment qumrânien, de type sapientiel, l'aspect eschatologique n'est pas absent non plus. À la ligne 9, il est dit de l'homme qui a atteint la Sagesse : « Et Elle posera une couronne d'or pur sur sa tête et avec des rois le fera asseoir. » C'est une allusion claire aux récompenses eschatologiques ou à la vie éternelle, comme c'était déjà le cas dans le Psaume 1, 5-6, qui ouvre le recueil des Psaumes sur une béatitude : « Heureux l'homme qui ne va pas au conseil des impies [...] mais se plaît dans la loi de Yahvé... » Il n'y a pas, sur ce plan, d'opposition fondamentale dans l'esprit de ces compositions matthéenne et qumrânienne : toutes deux visent un « code de conduite » pour le juste dans la vie présente, en vue du bonheur eschatologique. Structure, vocabulaire et style montrent bien la parenté formelle entre le texte matthéen et le fragment qumrânien.

Le retour d'Élie, précurseur du Messie

Vers le milieu du Vᵉ siècle, Malachie avait annoncé le retour d'Élie, le prophète enlevé de son vivant sur un char de feu (2 R 2, 11 sq.) : il allait revenir pour préparer le peuple à la conversion et à l'observance de la Loi avant la venue du Jour de Yahvé (Ml 3, 23). Reprenant ce thème au début du IIᵉ siècle, Ben Sira y avait ajouté une béatitude : « Heureux qui te voit avant de mourir, car tu rendras la vie et il (re)vivra ! » (Si 48, 11, en hébreu). Sira précisait par là que le juif qui viendrait à mourir en juste observant de la Loi avant la venue du Jour de Yahvé, ressusciterait pour ce jour-là. Rappelons qu'Élie était connu par le Livre des Rois comme celui qui ressuscitait les morts.

Ainsi était bien vivante, dans un milieu de sages religieux, l'idée de la résurrection des justes juifs lors du Jugement, comme récompense de leur conduite, les méchants ayant disparu. Mais la venue de ces temps nouveaux, que doit inaugurer le Jour de Yahvé préparé par le nouvel Élie, est aussi mise en relation avec la venue du Messie-Roi. Ainsi avait déjà pris naissance une tradition qui voyait dans le nouvel Élie l'accompagnateur, le précurseur du Messie. On sait les traces qu'une telle tradition a laissées dans le Nouveau Testament: Marc 9, 11-13 (question des disciples sur le retour d'Élie et réponse de Jésus), Jean 1, 19-27 (question des Juifs et témoignage de Jean-Baptiste), Matthieu 11, 2-15 et Luc 6, 18-30 (question de Jean-Baptiste et témoignage de Jésus), Marc 6, 15, et 8, 28 et parallèles (l'opinion d'Hérode et du peuple sur Jésus); on en trouve aussi trace dans l'annonce de la naissance de Jean-Baptiste qui précède le jour du Seigneur, Luc 1, 16-17 citant les passages de Malachie 3, 23 et Siracide 48, 10.

Cette tradition juive sur le nouvel Élie précurseur du Messie, dont l'ancienneté était parfois mise en question, trouve de nouveaux appuis dans deux fragments de la grotte 4. Un fragment de papyrus araméen très lacuneux (vers le milieu du Ier siècle av. J.-C.), après une référence probable au huitième fils de Jessé (= David), fait allusion à l'envoi d'Élie devant l'Élu de Dieu et à un embrasement de la terre: « ... le huitième comme élu, et voici que je vais purifier [...] Je vous enverrai Élie avant / devant [...] sera tancée par l'éclair intense. » Un fragment de manuscrit en cuir (4Q521 2 III) en hébreu, lacuneux lui aussi et un peu plus ancien que le précédent, cite sous forme abrégée Malachie 3, 24a: « Les pères reviennent vers les fils. » Suivent des débuts de lignes renvoyant au Messie-Roi et à la joie messianique de la terre.

Les temps messianiques et la résurrection (4Q521)

C'est cette joie messianique qu'évoque précisément la colonne précédente de ce fragment 4Q521 2 II. On retrouve le contexte d'Isaïe 40 sq. et du Psaume 146 : conversion, fidélité, attente du jugement et de la venue du ou des messies. Toutefois, dans la conception essénienne, le Messie-Roi n'aura pas la préséance sur le prêtre qui est, lui aussi, oint ou messie.

Le Seigneur récompensera « les pauvres-humbles sur qui reposera son Esprit, il les honorera sur un trône de royauté éternelle [...] libérant les prisonniers, rendant la vue aux aveugles et redressant les courbés, et le fruit d'une bonne œuvre ne sera différé pour personne. Et comme Il l'avait dit, Il guérira les mortellement blessés et les morts Il fera revivre, les humbles Il évangélisera et les pauvres Il comblera, les expulsés Il conduira et les affamés Il enrichira / invitera au banquet, et les instruits Il illuminera dans la gloire / la lumière » (= un septénaire de 3 paires + 1).

Le bas de la colonne non préservé ne permet pas de savoir si tous ces bienfaits accompagneront la venue du Messie, mais le rapprochement avec Matthieu 11, 3-6 et Luc 7, 22-23 est évident. En effet, à la question des disciples de Jean-Baptiste : « Es-tu celui qui doit venir ou devons-nous en attendre un autre ? », Jésus répond par une séquence de bienfaits messianiques puisée à des sources identiques : « Allez rapporter à Jean ce que vous voyez : les aveugles voient et les boiteux marchent, les lépreux sont guéris et les sourds entendent, les morts ressuscitent et les pauvres-humbles sont évangélisés. » (Mt 11, 3-6). Malgré les variantes, se retrouvent dans les Évangiles les trois premiers bienfaits de la liste qumrânienne, guérisons, résurrections et évangélisation des pauvres, et dans le même ordre, Matthieu ayant seul gardé le groupement par paires. Manifestement la réponse de Jésus en Matthieu appartient à un genre déjà connu de la tradition juive, regroupant les bienfaits messianiques annoncés par les Écritures.

Par là, Jésus affirmait qu'il n'était pas un messie justicier venu pour trancher entre le bon et le mauvais, ni un libérateur de l'oppression étrangère, mais celui qui inaugure les temps messianiques : en accomplissant lui-même des actions inédites relevant de la Toute-Puissance divine, il se montrait l'égal de Dieu.

L'instauration du Royaume de Dieu ne sera pas encore la phase finale du Jour de Yahvé, ruine pour les uns et lumière pour les autres. Le fragment 7 de ce même manuscrit 4Q521 décrit récompenses et châtiments lors du Jugement : la mort éternelle pour les maudits et, pour les bénis la résurrection des morts présentée comme une nouvelle création. Ce passage décrit, tel un credo, selon les formules de confession de foi du Nouveau Testament, la manifestation de la puissance créatrice et recréatrice de Dieu : « [Réjouissez-vous], vous tous qui faites bien devant le Seigneur, [les bénis, et non] pas comme ceux-ci les maudits, car ils seront pour la mort [lorsque] le vivificateur [ressus]citera les morts de son peuple. »

Il n'est point question dans ces textes de résurrection universelle : seuls les justes (les esséniens) déjà morts ressusciteront et ils paraîtront dans la lumière en laquelle seront transformés les justes encore vivants en ce jour-là — Jour du Jugement. Cette conception se retrouve dans les Épîtres pauliniennes (1 et 2 Th et 1 Co 15). Après une lacune, le fragment 5 II mentionne le pont de l'Abîme, la chute des maudits dans les Enfers et l'accueil des justes / bénis dans les cieux par les anges. Il est intéressant de rapprocher ce texte de l'évocation du Jugement dernier en Matthieu 25, 31 sq.

Cette vision de la résurrection des seuls justes, déjà présente dans certains fragments qumrâniens (*Deutéro-Ézéchiel* et *Visions de 'Amram*), se révèle pleinement dans notre manuscrit 4Q521 comme un terreau où s'enracineront des thèmes majeurs du Nouveau Testament, tels que messianisme et eschatologie.

La radicale nouveauté du message de Jésus

Les lignes qui précèdent n'ont pu évoquer que quelques points de rapprochement entre christianisme et essénisme, portant sur vocabulaire et expressions, genre et forme littéraires, institutions, pratiques et croyances. Mais si rapprochements il y a, et ils sont nombreux, le message de Jésus ne tranche pas moins par sa radicale nouveauté.

Ainsi, tout en s'inscrivant dans un temps et un lieu précis, à présent mieux connus, la mission de Jésus n'apparaît pas seulement dans les Évangiles comme celle d'un simple prophète. Elle n'est pas un chaînon supplémentaire dans la liste des maîtres juifs, tel le Maître de Justice auquel Dieu révèle ses secrets, mais la clé de voûte de l'histoire du salut.

La présentation messianique des Évangiles diffère totalement de celle des textes esséniens et pharisiens en ce que Jésus réalise en sa personne les figures du Fils de l'Homme céleste et transcendant et du Fils de Dieu agissant avec la puissance de Dieu par l'Esprit Saint.

La dimension universelle de la figure messianique de Jésus, livré pour le salut de la multitude, tranche d'autant plus sur le caractère fermé du courant essénien. Le baptême au nom de Jésus pour le pardon des péchés et le don de l'Esprit ne peut en rien se comparer à quelque ablution rituelle, signifiant une purification passagère et répétitive. Comme entrée dans l'Église, il est un acte de foi en Jésus, Fils de Dieu mort et ressuscité, fait Seigneur et Christ, nouveau Moïse, nouvel Adam, Homme nouveau, premier-né du monde à venir.

Émile Puech

3

JEAN-BAPTISTE ET JÉSUS

17
Jean-Baptiste était-il essénien ?

Les premières publications des manuscrits de Qumrân avaient suscité un débat passionné sur les rapports de Jean-Baptiste avec les esséniens. La fièvre s'est un peu apaisée, mais aujourd'hui encore nombreux sont ceux qui s'interrogent à ce sujet : Jean-Baptiste était-il essénien, ou du moins a-t-il connu la communauté de Qumrân ? Le baptême de Jean est-il un rite qu'il aurait emprunté ?

Après cinquante ans de recherches et la publication de plus de 95 % des textes retrouvés, il est désormais possible d'apporter des réponses étayées sur une base assez large. Qu'il soit bien entendu que, malgré quelques voix discordantes, nous tenons pour assurée l'identification des habitants de Khirbet Qumrân avec un groupe essénien.

Le prophète solitaire : un qumrânien exclu ?

Tandis que l'occupation de Qumrân s'étend du milieu du IIe siècle av. J.-C. à 68 apr. J.-C., les Évangiles sont unanimes à situer l'apparition de Jean-Baptiste dans le désert dans les années 20 av. J.-C., lui appliquant la prophétie d'Isaïe 40, 3 : « Une voix crie dans le désert... » Luc dit même que Jean « vivait dans les solitudes jusqu'au jour de sa manifestation à Israël » (Lc 1, 80). Certains auteurs n'ont pas hésité à y voir l'indice d'une éducation essénienne, à partir des indications de Flavius Josèphe : « ... répudiant le mariage, ils adoptent les enfants des autres à un âge encore tendre pour recevoir leurs enseignements » (*Guerre* II, 120).

Il est visible cependant que Jean n'est pas (ou plus) attaché au centre qumrânien : vivant dans les solitudes, il prêche dans le désert de Judée et dans la région du Jourdain, à Béthanie au-delà du Jourdain (Jn 1, 28 ; 3, 26 ; 10, 40) et à Aenon, près de Salim, en Samarie (Jn 3, 23), voire « dans toute la région du Jourdain » (Lc 3, 2). Vêtu d'une peau de chameau et se nourrissant de sauterelles et de miel sauvage, il devrait tout au plus passer pour un Qumrânien exclu. Il ne pouvait participer aux repas en commun, qui étaient l'un des points forts de la vie qumrânienne, repas en habits blancs dans une salle au caractère aussi sacré que le parvis du Temple (*Guerre* II, 143). En effet, il ne mangeait pas de pain ni ne buvait de vin. On pourrait le comparer à un certain Banous qui, à la génération suivante, vivra dans cette même région du désert, mais ce dernier ne baptisera pas, il se contentera de fréquentes ablutions d'eau froide de jour et de nuit (Josèphe, *Autobiographie* 11).

Fils d'une famille sacerdotale de Jérusalem (Zacharie son père exerçait au Temple), il aurait, avance-t-on, rompu dans sa jeunesse avec sa famille, pour vivre dans l'idéal d'un milieu sacerdotal fortement opposé à celui qui était en place à Jérusalem. Mais une telle rupture volontaire, suivie d'une exclusion de la communauté essénienne, voire d'une désertion, rend-elle compte de l'activité prophétique de Jean-Baptiste ?

On sait que, dès les origines du mouvement, l'idéal des esséniens était de se retirer au désert afin d'y préparer le chemin pour Dieu. Séparés ainsi de tout impie, ils pouvaient méditer la Loi divine et se tenir prêts pour le Jour des vengeances (1QS VIII 13-125 ; IX 19-21). Cet éloignement temporaire du Temple était accepté en vue de revivre le cheminement du peuple selon le cœur de Dieu, lors de l'Exode comme de l'Exil. Les premières approches ont souligné les ressemblances entre ce mouvement et celui de Jean : même spiritualité de l'exode au désert, s'appuyant sur Isaïe 40, 3 sq., même importance de la repentance et de l'eau... Le voisinage et la contemporanéité de ces mouvements faisaient alors pencher pour une dépendance du Baptiste envers Qumrân.

Les différences apparaissent pourtant fondamentales. Plutôt qu'un essénien exclu qui aurait végété tel un insoumis ou un idéaliste impénitent (*Guerre* II, 143 sq. ; 1QS VII), les textes du Nouveau Testament présentent Jean-Baptiste comme un prophète vêtu à la manière d'Élie, proclamant un baptême de repentir pour la rémission des péchés. Au lieu de justifier la coupure d'avec le monde impie par l'isolement au désert, dans la recherche de la perfection et l'attente des temps eschatologiques, Jean appelle tous ses auditeurs à la conversion, mais le thème du désert n'est pas exploité pour lui-même. Jean se présente comme un prédicateur itinérant dans la vallée du Jourdain. Or l'idéologie du Jourdain n'occupe aucune place dans les écrits de Qumrân.

Un baptême bien différent des ablutions esséniennes

Contrairement aux diverses formes d'ablution où le sujet se donne lui-même le bain rituel, c'est Jean qui baptise les pénitents en vue du pardon. Il le fait dans l'eau vive, que ce soit au Jourdain ou aux sources (Aenon près de Salim), jamais dans des bassins rituels, qui pourtant existaient à Jéricho et dans sa région. Contrairement aux multiples purifications rituelles quotidiennes des esséniens, le baptême de Jean est unique, non réitérable, accompagnant la confession des péchés et la conversion.

Ce « baptême d'eau » est même subordonné au « baptême d'Esprit et de Feu » qu'administrera le Messie et qu'il ne fait que préparer. Il n'a donc qu'une durée limitée, celle de la préparation immédiate du converti au règne messianique qui vient (Mt 3, 11-15; Lc 7, 17 sq.; Jn 1, 31-33). Mais il s'adresse à tous ceux qui répondent favorablement à la prédication du prophète: foules, soldats, publicains, pharisiens, sadducéens. Pas question d'appartenance à un groupe fermé, à l'issue d'un long temps de noviciat et d'un serment, comme il est exigé à Qumrân. Les rites de purification dans les bains réservés de la communauté sacerdotale de Qumrân ne sont autres que ceux que l'on pratiquait au Temple, adaptés à la nouvelle situation de l'exil au désert; ils n'ont rien de commun avec le baptême d'eau pratiqué par Jean devant l'imminence du Jugement divin et la venue du règne messianique. Pour l'essénien, c'est l'entrée dans la communauté qui garantit le salut, et l'accès au bain est lié à cette admissibilité. Le rituel d'entrée dans l'Alliance comporte une confession des péchés de type collectif, annuellement renouvelable à la fête de la Pentecôte (12QS I 24-II 1), contrairement au pardon des péchés lié au baptême personnel administré par Jean.

L'attente eschatologique

Enfin, deux points de vue différents s'affrontent dans la conception de l'attente eschatologique. Si le temps du salut est vivement attendu de part et d'autre, la communauté essénienne, rapportant à elle-même les promesses des prophètes, se considère comme le lieu où il a déjà commencé (1QS VIII 7-8), alors que Jean met en garde contre l'irruption imminente de la colère de Dieu et prêche la conversion nécessaire pour échapper au Jugement. Si, dans l'Ancien Testament et à Qumrân, le jugement par le feu est la prérogative de Dieu seul, dans la bouche de Jean, c'est « Celui qui est plus puissant que moi » qui purifiera ou consumera dans le feu qui ne s'éteint pas (Mt 3, 11 sq. ; Lc 3, 16). En définitive, s'il est difficile de trancher si Jean a connu ou non les esséniens de Qumrân, il est sûr qu'il n'a jamais été leur adepte, à moins d'avoir totalement changé de cap. Il ne leur a pas emprunté le rite baptismal pour le pardon des péchés, rite inconnu des textes qumrâniens et d'ailleurs peu adapté au site de Qumrân où ne sont connues que des citernes — absence d'eaux vives. Si Jean avait été essénien, son groupe religieux aurait dû le suivre dès qu'il reconnut le Messie. Or il n'en a rien été dans les quarante ans qui ont suivi. Jean a administré avec autorité un baptême d'eau, unique, pour le pardon des péchés, comme signe précurseur du baptême d'Esprit que devait conférer tout prochainement le Messie. Comme les esséniens, il a pris quelque distance par rapport au judaïsme officiel, mais il n'est pas sûr qu'il se soit complètement coupé du Temple. Il a prêché aux foules sans distinction ni examen probatoire. Moins rigoriste et légaliste que les Qumrâniens, il a prêché les exigences religieuses et morales de la Première Alliance et préparé *tout* le peuple, et non pas un « reste » exclusif, à la venue d'un plus grand que lui. Il se tient à l'aube de l'ère nouvelle, précurseur du Messie qu'il a rencontré, baptisé et reconnu. Les analogies s'expliquent mieux par le contexte juif de l'époque et les traditions vétéro-testamentaires communes que par une influence directe de l'essénisme. En revanche, les différences sont trop importantes, et parfois radicales, pour pouvoir faire de Jean un essénien car il aurait dû rompre avec la communauté sur presque tous les plans.

Émile Puech

18
Jean-Baptiste et les baptistes

Remontant le temps, la caméra de l'histoire débusquera une poignée de groupes que les auteurs chrétiens du IIe au IVe siècle caractérisent par la pratique réitérable d'un baptême qui remet les péchés. Pour ces écrivains, certains de ces groupes seraient nés avant la ruine du Temple en 70 et dans les parages du Jourdain.

Les baptistes : un monde bariolé

Les sabéens (ou mandéens) ont une histoire obscure et leur lien prétendu avec le Baptiste laisse l'historien sceptique. Néanmoins le mot sabéen correspond à la racine araméenne *sb*c (« baptiser ») et la région du Jourdain pourrait être le berceau de cette secte[1]. Cette survivance renvoie aux mouvements baptistes qui fleurirent aux deux premiers siècles de notre ère : les masbothéens, les hémérobaptistes (baptistes quotidiens), peut-être les mêmes que ces

1. Le Coran (2, 59 ; 5, 73) mentionne deux fois les sabéens. Dans les deux cas, il semble s'agir d'une glose. Les sabéens se seraient réclamés de Jean-Baptiste afin de bénéficier, comme les juifs et les chrétiens, d'un statut spécial dans l'État islamique.

« baptistes du matin » aux prises avec les pharisiens dans la Tosephta (IIe siècle) ; ou encore les nazôréens, c'est-à-dire « observants », correspondant aux nôzerîm qu'à la fin du Ier siècle les *Dix-huit Bénédictions* juives dénoncent comme hérétiques. En Jean 19, 19, l'écriteau de la Croix porte le mot nazôréen (et non « nazaréen »). Car le mouvement de Jésus s'apparentait bien aux cercles baptistes.

Quelque vingt-cinq ans après la mort du Baptiste, Éphèse abrite encore de ses fidèles et, à lire candidement Actes 19, 1-7, la distinction entre le baptême au nom de Jésus et celui de Jean était, pour maint adepte du baptisme, un point de détail. Au IVe siècle, en critiquant les disciples de Jean, Éphrem fait-il de l'histoire ancienne ou connaît-il encore d'authentiques johannites ? Il est difficile d'en décider.

Vers l'époque où Paul découvrait les johannites d'Éphèse, Flavius Josèphe, âgé de seize ans, cherchait sa voie. Avant son affiliation pharisienne, il passa trois années à l'école d'un dénommé Banous qui vivait au désert en végétarien, s'habillait de feuilles et d'écorce et répétait nuit et jour des ablutions d'eau froide (*Autobiographie* 11). Par ses mœurs, l'ascète évoque le fils de Zacharie. Mais s'agit-il d'un baptiste ? Est-ce un ex-pharisien ou un ex-essénien radicalisant l'idéal de pureté par ses incessantes ablutions et l'exil d'une civilisation jugée dangereuse par ses contacts impurs inévitables ? Ces incertitudes mêmes révèlent la complexité de l'univers dans lequel baignent les mouvements baptistes.

Aux origines du baptisme

Le baptême de Jean se voulait un sauve-qui-peut avant le jugement implacable par lequel Dieu allait inaugurer son Règne. D'autres baptistes contemporains vibraient-ils de la même fièvre eschatologique ? En fait, des meneurs prophétiques aux prétentions eschatologiques n'agiteront la Palestine qu'à partir des années 40. En outre, les johannites ne survécurent sans doute à leur fondateur qu'au prix d'un certain abandon de l'eschatologie. Au demeurant, c'est le rite baptismal même qui donne à ces groupes leur nom et au Baptiste son surnom. En matière religieuse, le rite l'emporte sur l'interprétation qu'on en fait : le premier demeure, la seconde change. Ainsi le rite de Jean passera-t-il intact dans la communauté chrétienne, mais non point son sens. Pour les origines du baptisme, ne partons pas du sens du rite, mais d'un faisceau de phénomènes favorisant la pratique rituelle en laquelle les baptistes ont insufflé leur âme propre.

LES BAINS DE PURIFICATION. Les ablutions pharisiennes « domestiquaient » la vogue des rites d'eau du monde iranien ou hellénistique : ces rites devinrent le cœur même du baptisme. Les bains pharisiens visaient la pureté sacrale, le pardon des péchés relevant des sacrifices du Temple. Mais, en pratique, pureté sacrale et pureté morale ont quelque analogie : les prophètes avaient plaidé pour la cohérence entre l'une et l'autre et les esséniens insistaient sur le repentir intérieur devant accompagner les bains de purification. Le baptisme, lui, conteste le régime des sacrifices ; il transpose au baptême et la confession des péchés qui caractérisait la fête du Kippour et la rémission même des péchés. Si, d'autre part, les rites de pureté cloisonnaient la société, Jean abolit les barrières : on « vient ensemble au baptême » (Josèphe), de toutes conditions sociales (publicains, prostituées, soldats étrangers), dans l'unité d'un même repentir et de la foi au message du prophète, dans une liberté qui fait, des uns, de simples auditeurs et, des autres, des disciples suivant le Baptiste et partageant avec lui un repas de pénitence.

LE BAPTÊME DES PROSÉLYTES. À l'ère rabbinique, la circoncision du converti est suivie d'un baptême qui le purifie de ses attaches païennes. Par sa place au moins, ce bain faisait partie de l'intégration du prosélyte et ressemblait par là au baptême chrétien. C'est pourquoi nous le croyons antérieur au christianisme, même s'il n'était pas alors universellement pratiqué ; et il a pu inspirer un Jean-Baptiste qui situait tous les hommes comme passibles du jugement, contestait la valeur de la circoncision (cf. Mt 3, 9) et proposait son baptême comme moyen de salut pour un peuple de convertis de toutes origines.

BAINS-REMÈDES ET EXORCISMES. Pour la religion iranienne, l'eau pouvait guérir et chasser les démons. Dans le judaïsme du Ier siècle, des exorcistes agissaient aussi par l'eau, « au nom de » quelque personnage sacré (par exemple « au nom de Salomon »). Ces pratiques populaires ont dû compter pour la conception d'une eau libérant du péché « au nom » d'un baptiseur. Car, à la différence des bains de purification, le baptême se reçoit d'un autre et établit un lien entre baptiseur et baptisé. Déjà l'Ancien Testament connaît, pour Naaman, une guérison par « baptême » (selon le verbe de la Bible grecque en 2 R 5, 14) dans le Jourdain, sur l'ordre d'Élisée. Or les figures d'Élie/Élisée collent à Jean-Baptiste dont l'accoutrement même est celui d'Élie (Mt 3, 4).

Un réveil du prophétisme et de l'eschatologie

La tradition évangélique (cf. Mt 17, 10-13) identifie le Baptiste au nouvel Élie qui serait le héraut de la Fin (cf. Mal 3, 23). Et tel se voulait Jean, ressuscitant ainsi le prophétisme éteint depuis Zacharie, en un siècle où justement la secte de Qumrân croyait en l'accomplissement des prophéties en son sein et où, dans les synagogues, on se mettait à commenter la Loi par la lecture des prophètes. Et la rémission des péchés était l'espérance eschatologique par excellence chez un Jérémie ou un Ézéchiel, ce dernier liant même le grand pardon à une aspersion d'eau pure (Ez 36, 25).

Le choix du Jourdain ne tenait-il qu'aux eaux vives nécessaires au baptême ? C'est aussi le symbole de l'entrée en Terre promise, la frontière du désert, lieu du nouvel Exode où se préparent les chemins du Seigneur, selon Isaïe 40, un texte également exploité à Qumrân. Josèphe note l'inquiétude d'Antipas devant la fièvre provoquée par Jean chez des gens « très exaltés en l'entendant parler... [prêts] à suivre en tout les conseils de cet homme » (*Antiquités* XVIII, 116-119). Vers l'an 45, un Theudas, se disant prophète, appellera à la libération et prétendra rééditer l'antique traversée du Jourdain à pied sec.

Le Précurseur a-t-il douté ?

Les évangélistes ne cachent pas la tension entre Jean et Jésus quant à leurs conceptions respectives de l'avènement du Règne de Dieu (cf. Mt 11, 2 sq.). Jean mourut-il en doutant de l'identité de celui qui l'avait d'abord suivi ? C'est son secret. Il reste que c'est auprès de lui que Jésus mûrit sa mission de héraut du Royaume et c'est le christianisme, et non l'inverse, qui eut à se définir par rapport au baptisme dont il conservait le rite central. Jean fut l'oncle ou le père de mouvements qui s'ensablèrent par effritement ou syncrétisme, mais aussi de l'Église, laquelle pacifia cette fièvre eschatologique qui, au cours des années 45 à 70, eut sa part dans la ruine de la Palestine.

Claude Tassin

19

Jean-Baptiste et Jésus dans les Évangiles synoptiques

Jean-Baptiste et Jésus : deux personnages dont les liens historiques sont indubitables. Jésus s'est associé au mouvement de Jean-Baptiste, pour procéder ensuite de son propre chef et répandre son message personnel. Certains des premiers disciples de Jésus ont été, semble-t-il, dans le cercle de Jean-Baptiste. Comment les trois premiers évangélistes, en centrant leur œuvre sur Jésus, ont-ils su incorporer Jean-Baptiste ? Quelle place lui ont-ils accordée ?

Bien loin de voir en Jean-Baptiste l'ennemi du Christ, comme ce sera le cas pour la communauté des mandéens, les premiers chrétiens ont salué en lui le Précurseur : dès l'instant où il s'est agi de raconter et d'écrire la vie et l'œuvre de Jésus, on ne pouvait omettre ce qui en avait été le berceau. C'est autour du prophète du Jourdain que l'Église avait pris son départ. Sans doute une certaine concurrence entre les deux mouvements a-t-elle suscité une réaction de défense visant à minimiser le rôle de Jean-Baptiste, mais, à la différence de l'Évangile de Jean, cette perspective n'affleure que discrètement dans les Évangiles synoptiques.

Un messager annoncé de loin

Le ministère de Jean-Baptiste n'était-il pas prédit dans les Écritures ? Marc (1, 2-3) nous offre à ce propos un mélange de plusieurs textes bibliques : à la prophétie de Malachie 3, 1 (« Voici, j'envoie mon messager. Il aplanira le chemin devant moi... ») sont jointes une réminiscence d'Exode 23, 20 (« Je vais envoyer un ange devant toi pour te garder en chemin ») et une citation d'Isaïe 40, 3 (« Une voix proclame : Dans le désert dégagez un chemin pour le Seigneur... »). Le messager dont la voix retentit dans le désert n'est autre que Jean-Baptiste annonçant le Messie et préparant sa venue. Le cadre géographique est celui où, de mémoire israélite, Dieu rencontre son peuple pour le mener en Terre promise. La nourriture de Jean, aliments de Bédouins, nous maintient dans la même perspective. Sa tenue est celle des prophètes (Za 13, 4), elle évoque le vêtement d'Élie (2 R 1, 8).

Cette figure d'Élie, présente en filigrane dans le texte de Malachie, revient en force ici. Traditionnellement, Élie est le précurseur de Dieu lui-même, ou du Messie à la fin des temps. Ici, Jean-Élie (la suite des Évangiles confirmera l'identification) prépare la venue de Jésus. D'après Marc et les autres évangélistes, l'horizon tout proche est messianique.

Une équivoque entretenue

Mais Jean-Baptiste parle et agit. L'annonce d'un « plus fort » que lui ne laisse planer aucun doute : dans les Évangiles, il ne peut s'agir que de Jésus, à l'égard duquel Jean se reconnaît indigne d'accomplir des tâches pourtant serviles (Mc 1, 7; et parallèles). Le «baptême dans l'Esprit», qui sera alors administré, désigne le don de l'Esprit Saint après la Résurrection. Le «baptême de feu» dont parlent Matthieu (3, 11) et Luc (3, 16) peut annoncer le jugement de ceux qui auront refusé la grâce du Christ. Cependant plusieurs auteurs, à propos de Luc, songent aux langues de feu de la Pentecôte.

Les évangélistes évoluent, en quelque sorte, sur la corde raide, lorsqu'ils cherchent à «garder» Jean-Baptiste dans des écrits où Jésus occupe la place centrale, pour ne pas dire unique. Certes, ils «christianisent» Jean en l'incluant dans l'œuvre du salut; mais ils prennent soin de ne pas nuire à celui que le Baptiste annonce et prépare.

Des précautions pour bien délimiter les rôles

Ces précautions sont visibles dans Marc où Jean lui-même souligne son infériorité par rapport à Jésus. C'est également dans cet Évangile que les deux ministères sont bien distingués: Jésus n'entre en scène que lorsque Jean l'a quittée (1, 14-15). Il n'en reste pas moins que, pour Marc, le ministère de Jean constitue le «commencement de l'Évangile de Jésus-Christ»: quoique inférieur, il n'en est pas moins inclus dans l'œuvre qu'il annonce (Mc 1, 1-8).

La même tension ou, si l'on veut, la même complémentarité, se manifeste dans les deux autres Évangiles synoptiques, surtout dans Luc, abstraction faite de ses deux premiers chapitres. Il prend bien soin de ne pas porter préjudice à Jésus en exaltant le Précurseur. C'est ainsi qu'il élimine ce dernier de son récit avant que Jésus n'y fasse son apparition pour un baptême que le lecteur sait pourtant avoir été administré par Jean (3, 19-22). Pourtant le rôle de Jean, débordant celui de précurseur qui lui est assigné dans Marc, empiète sur la phase terminale du salut. En écrivant : « La Loi et les prophètes vont jusqu'à Jean ; depuis lors le Royaume de Dieu est annoncé et chacun lui fait violence » (16, 16), Luc, loin d'exclure le Baptiste de l'ère du salut, l'y inclut. Dans cet Évangile, il est clair que Jean-Baptiste inaugure la période décisive dont le début est solennellement mis en relief par son insertion dans l'histoire contemporaine : « L'an quinze du principat de Tibère César, Ponce Pilate étant gouverneur de Judée [...], la parole fut annoncée à Jean » (3, 1-2). Pour Luc comme pour Marc, Jean est bien au commencement de l'Évangile.

Bien plus, son message est déjà une « évangélisation » (3, 18) et son action l'assimile aux futurs prédicateurs chrétiens : on le voit parcourir « toute la région du Jourdain », répandant un enseignement éthique adapté aux divers états de vie et susceptible d'être actualisé dans les futures communautés (3, 3.10-14). Jean est décidément « plus qu'un prophète » (7, 26). Pierre, dans son premier discours des Actes, le confirme quand il fixe le début du temps où « le Seigneur Jésus a vécu parmi nous » au baptême de Jean (Ac 1, 21-22).

L'aspect contradictoire est renforcé par Matthieu

L'équilibre que Marc et Luc prennent soin de maintenir entre les privilèges incommunicables du Christ et le rôle du Baptiste n'est pas rompu chez Matthieu. Celui-ci renforce même les postes frontières entre les deux personnages et leur mission respective. Alors que, selon Marc et Luc, le baptême de Jean obtient le pardon des péchés, Matthieu l'ampute de cette finalité pour en faire seulement un baptême « en vue de la conversion » (3, 11). Seul le sang du Christ a le pouvoir de remettre les péchés, comme Matthieu le rappelle en modifiant les paroles de l'institution eucharistique (26, 28 ; cf. Mc 14, 24). L'infériorité du baptême de Jean, et même celle de sa personne sont soulignées, quitte à modifier les sources... En témoigne la phrase : « Celui qui vient après moi est plus fort que moi », où Matthieu réécrit Marc 1, 7. Encore plus éloquente, la liberté avec laquelle Matthieu a traité la scène du baptême en y introduisant un dialogue on ne peut plus significatif. Jean proteste de son indignité : « C'est moi qui ai besoin de me faire baptiser par toi, et c'est toi qui viens à moi ? » Il s'exécute néanmoins, mais sur un ordre de Jésus qui, ici, joue en réalité le rôle principal et se conduit en maître (Mt 4, 13-14).

Toutefois, paradoxalement, c'est chez Matthieu que la « christianisation » de Jean-Baptiste est la plus sensible. Car ici le Précurseur prêche déjà le « Royaume des Cieux » (3, 2) et dans les mêmes termes que Jésus (4, 17b). Mais, alors que, d'après Marc 1, 15, Jésus déclare que « le temps est accompli », Matthieu omet cette phrase : pour lui, l'aube du salut s'est déjà levée avec l'œuvre du Baptiste, quoique la pleine lumière ne rayonne qu'avec Jésus (4, 14-16). Il reste qu'un échange s'opère entre eux. Parmi l'auditoire du Baptiste on trouve « beaucoup de pharisiens et de sadducéens » (3, 7), ennemis patentés de Jésus, les seconds surtout. Invectivant ces derniers (12, 34 ; 23, 33), c'est à Jean-Baptiste que Jésus emprunte l'apostrophe « race de vipères » (3, 7 ; et parallèle Lc 3, 7) pour l'appliquer à ses propres adversaires.

Les relations entre baptistes et chrétiens

Comme Luc (7, 28), Matthieu conserve les données de la source où Jean est déclaré « le plus grand parmi les enfants des femmes », et cependant inférieur au « plus petit dans le Royaume des Cieux » (Mt 11, 11). Mais cette rectification a perdu sa pointe polémique. Alors que la source soulignait l'appartenance du Baptiste à l'ordre ancien, la version de Luc et Matthieu se contente de délimiter les rôles : Jean inaugure le temps du salut, Jésus est le seul à en poser les fondements. Pas plus que Marc, Matthieu et Luc n'entendent blâmer le jeûne des johannites ; du reste, au témoignage des deux évangélistes, les chrétiens jeûnent (Lc 5, 35 ; Mt 6, 16). L'alliance entre le mouvement de Jean et Jésus est confirmée quand on voit les disciples du premier communiquer au second la nouvelle du martyre de leur maître (Mt 14, 12). Bref, pour les évangélistes et leurs lecteurs, Jean-Baptiste et ses adeptes ne constituaient ni une menace ni même un problème. La documentation est ici utilisée en faveur du Christ, mais sans effacer la personne et le rôle du Précurseur.

Le martyre de Jean-Baptiste éclairé par la figure d'Élie

Le récit populaire du martyre de Jean (Mc 6, 17-29 ; Mt 14, 3-12) n'intervient que comme un flashback provoqué par la notice précédente sur les miracles de Jésus. Hérode Antipas s'en est ému et, superstitieux, déclare : « Ce Jean, que j'ai fait décapiter, c'est lui qui est ressuscité ! » Marc introduit alors l'histoire du martyre. En elle-même elle ne nous apprend pas grand-chose sur la portée religieuse de ce drame, mais il en va autrement si l'on recourt à d'autres passages de l'Évangile. À la descente de la montagne de la Transfiguration, les disciples posent, impromptu, une question à Jésus : « Pourquoi les scribes disent-ils qu'Élie doit venir d'abord ? » (Mc 9, 11). On a là le thème traditionnel du retour d'Élie, jadis enlevé au ciel et censé revenir à la fin des temps. Jésus ne répond pas vraiment à la question, mais, tout en s'alignant sur cette même croyance, évoque sa future Passion, pour revenir enfin à Élie : en réalité, il n'y a plus à l'attendre, car « il est déjà venu et ils lui ont fait tout ce qui leur a plu, comme c'est écrit à son sujet ».

On a vu plus haut, à propos du vêtement de Jean-Baptiste (1, 6), que celui-ci évoquait le personnage d'Élie. Ici il ne fait pas de doute que Jésus l'identifie au prophète de jadis qui devait aussi revenir pour « tout remettre en ordre », c'est-à-dire préparer le peuple à affronter le jugement de Dieu. C'est bien ce qu'a fait Jean-Baptiste, encore qu'il ne soit pas nommé et que Marc procède en demi-teinte (pour les disciples tout ne sera clair qu'après la Résurrection). Mais on le pressentait dès les premières lignes de l'Évangile : comme Jésus devait être « livré » pour mourir dans les supplices, Jean-Baptiste est aussi « livré » (1, 14). On sait à présent que non seulement sa mission mais encore son martyre s'inscrivent dans l'ordre de Dieu tracé dans les Écritures (9, 13). Il en va de même pour Jésus (9, 12 ; 14, 21). Ainsi l'ombre de la Croix s'étend, à titre d'annonce et de préfiguration, sur l'Élie *redivivus*. Cet inédit du point de vue des perspectives apocalyptiques juives (elles n'ont jamais conçu l'idée d'un Élie souffrant) met la dernière touche à l'entrée de Jean-Baptiste dans le mystère chrétien.

Alors que Luc passe entièrement la chose sous

silence, la jugeant sans intérêt pour ses lecteurs grecs, Matthieu la retient et l'explicite (Mt 17, 10-13). Ce que Marc laisse entendre à mots couverts est ici mis en toutes lettres : à l'allusion encore voilée de Jésus, les disciples répondent par une conscience claire de ce qu'elle recouvre et comprennent qu'il s'agit de Jean-Baptiste. Il est vrai, que plus haut (11, 14), Jean les a lui-même préparés à cette saisie immédiate, tout en leur signifiant que c'était là affaire de foi et non d'évidence : « Si vous voulez comprendre, c'est lui [Jean] le prophète Élie qui doit venir. » Cette identification dépend en effet d'une autre, qui est de reconnaître Jésus comme Messie et qui, elle aussi, relève de la foi et d'un don de Dieu (16, 17).

C'est pourquoi les incrédules à l'égard de l'un le sont à l'égard de l'autre, encore que pour des raisons différentes (Mt 11, 16-19). Cette mission de Jean-Baptiste, Élie incognito, à l'égard de Jésus Messie, les adversaires ne l'ont pas comprise (17, 12-13), ils les ont rejetés tous deux et tous deux condamnés au martyre. Ces vues schématiques, où le meurtre imputable au seul Hérode Antipas est inscrit au compte du judaïsme incrédule, ne font que confirmer le lien indissociable qui, aux yeux de l'évangéliste, unit le Précurseur à Jésus, lui dont « tout le peuple » a assumé la mort (Mt 27, 25). Ainsi pleinement admis en christianisme, Jean-Baptiste y nourrit et le dogme et la polémique.

Simon Légasse

20
Les sources littéraires de la vie de Jésus

Les Évangiles canoniques ont été longtemps les seules sources exploitées de la vie de Jésus. Les travaux modernes ont élargi la liste, notamment aux documents chrétiens apocryphes, c'est-à-dire non retenus par le Canon biblique. La valeur historique de ces derniers fait l'objet de débats, en fonction notamment de la date de rédaction qu'on leur attribue. Ces difficultés de datation nous ont conduit à présenter les documents en les classant par catégorie, et non selon un ordre chronologique sur lequel n'existe pas de véritable consensus.

Les documents canoniques

Le Nouveau Testament dans son entier est la source la plus complète dont nous disposons. Les Épîtres de Paul (rédigées entre 50 et 65) sont généralement reconnues comme plus anciennes que les Évangiles, mais fournissent peu de renseignements sur l'existence terrestre de Jésus de Nazareth. Dans leur état actuel, les Évangiles datent vraisemblablement d'entre 68 et 95, le premier rédigé étant celui de saint Marc — et certains exégètes les pensent plus anciens. Les parties communes à Matthieu et à Luc dépendent sans doute d'un même document désigné par le sigle Q (de l'allemand *Quelle*, source), un recueil de paroles de Jésus que certains biblistes ont cru pouvoir reconstituer à partir des textes canoniques, et qui daterait des années 50.

Les Évangiles apocryphes

Deux Évangiles apocryphes anciens et d'une certaine ampleur, dont l'existence était connue par la tradition mais dont le texte était perdu, ont été retrouvés au cours de fouilles archéologiques. Les autres Évangiles apocryphes sont nettement plus tardifs, ou ne sont connus que par des fragments (nous en citons ici les principaux). Leur attribution à des apôtres est très largement contestée. L'authenticité même de certaines publications est discutée.

L'« ÉVANGILE DE PIERRE ». Le texte en était perdu jusqu'à la découverte d'un manuscrit grec de soixante versets datant du VIIIe ou du IXe siècle, mis au jour à Akhmîm en Égypte. Commençant en milieu de phrase et également mutilé en finale, le fragment découvert présente un récit original du procès de Jésus, de la passion et de la résurrection. Il est généralement admis que l'apôtre Pierre n'en est pas l'auteur. La plupart des chercheurs datent sa rédaction de l'an 130 environ. Certains, peu suivis, tentent de la faire remonter aux années 50.

L'« ÉVANGILE SECRET DE MARC ». Une lettre attribuée à Clément d'Alexandrie (mort en 215), publiée pour la première fois en 1973, prétend que Marc aurait composé un second évangile conservé par l'Église d'Alexandrie, comprenant des passages ne figurant pas dans l'Évangile canonique. La lettre cite un récit de résurrection qui prendrait place dans le chapitre 10 de Marc et que l'on peut rapprocher de la résurrection de Lazare rapportée au chapitre 11 de Jean. L'authenticité de cette lettre, qui daterait des environs de l'année 200, n'est aucunement établie. Le manuscrit original n'a jusqu'à ce jour jamais été exhibé. Il pourrait même s'agir d'une supercherie montée au XXe siècle !

LE « PAPYRUS EGERTON ». Publié pour la première fois en 1935, un papyrus fragmentaire de la collection Egerton (Egerton 2), composé de quatre fragments écrits recto verso, retranscrit quelques faits et paroles à rapprocher de l'Évangile de Jean et de l'épisode du lépreux dans l'Évangile de Marc. Un morceau de papyrus se rattachant à l'un des fragments précédents et conservé ailleurs (ΠKöln 255) a été publié en 1987. Au moment de leur publication, ces textes mutilés ont été lus comme constituant un ensemble de citations évangéliques reproduites de mémoire, mises par écrit autour de l'année 150. Certains biblistes pensent cependant disposer là d'un document antérieur à la rédaction des Évangiles canoniques.

L'« ÉVANGILE DE THOMAS ». Des fragments en étaient connus par trois papyrus découverts à Oxyrhynqchos en Égypte à la fin du XIXe siècle. Les fouilles menées en 1945 à Nag Hammadi, également en Égypte, ont permis d'en découvrir une traduction complète en langue copte. C'est un regroupement de 114 paroles attribuées à Jésus, parfois dans le cadre d'un bref dialogue avec un disciple. La moitié de ces paroles environ figure aussi dans les Évangiles canoniques, sous une forme proche ou légèrement différente. Son attribution à l'apôtre Thomas est très largement rejetée par les chercheurs. Contemporain de l'*Évangile de Pierre*, l'ouvrage pourrait dater, pour sa rédaction finale, des années 125-130, ce qui n'exclut pas que certaines paroles qui s'y trouvent remontent à une date nettement plus haute (il existe des tentatives pour dater l'ensemble des années 60-70).

Les sources patristiques

Le Canon des Écritures chrétiennes n'a pas retenu un certain nombre d'écrits qui, bien que datant de la fin du Ier siècle ou des débuts du IIe, n'ont pas de lien direct avec la génération apostolique. Quelques-uns d'entre eux comportent cependant des témoignages de valeur sur la vie de Jésus.

LA « DIDACHÉ ». Texte grec anonyme appartenant à la tradition syrienne, retrouvé en 1875 à Constantinople, donnant des instructions sur la vie chrétienne présentées comme transmises aux apôtres par Jésus. Elle est datée des environs de l'année 95.

L'« ÉPÎTRE DE CLÉMENT DE ROME AUX CORINTHIENS ». Lettre adressée par l'évêque de Rome à la communauté chrétienne de Corinthe, sans doute autour de l'année 95.

LES « ÉPÎTRES D'IGNACE D'ANTIOCHE ». Ensemble de sept lettres composées en grec, expédiées par Ignace, évêque d'Antioche en Syrie, aux Églises qu'il allait visiter en se rendant à Rome pour y subir le martyre autour de l'année 115.

D'AUTRES TÉMOIGNAGES PATRISTIQUES. Il arrive aux Pères de l'Église, notamment Eusèbe de Césarée (mort en 340) et saint Jérôme (mort en 420), de citer des fragments d'Évangiles apocryphes, en général pour en contester la valeur. Plusieurs de ces textes, aujourd'hui perdus, ont dû être rédigés dans le courant du IIe siècle. Citons *L'Évangile des Hébreux*, *L'Évangile des Ébionites*, *L'Évangile des Égyptiens*, *L'Évangile des Nazôréens*.

Les sources juives

LES ÉCRITS DE FLAVIUS JOSÈPHE. Jésus est nommé à deux reprises dans les écrits de Flavius Josèphe, le grand historien juif du Ier siècle (mort autour de l'année 100). Une première fois, à propos de la mort de Jacques de Jérusalem qui fut lapidé en l'an 62 de notre ère. L'homme est décrit comme étant « le frère de Jésus appelé Christ » (*Antiquités judaïques* XX, 197-203). La seconde fois, dans un passage beaucoup plus développé sur Jésus lui-même (*Antiquités* XVIII, 63-64) : « À cette époque vécut Jésus, un homme exceptionnel, car il accomplissait des choses prodigieuses. Maître de gens qui étaient tout disposés à faire bon accueil aux doctrines de bon aloi, il se gagna beaucoup de monde parmi les Juifs, et jusque parmi les Hellènes. Lorsque, sur la dénonciation de nos notables, Pilate l'eut condamné à la croix, ceux qui lui avaient donné leur affection au début ne cessèrent pas de l'aimer, parce qu'il leur était apparu le troisième jour, de nouveau vivant, comme les divins prophètes l'avaient déclaré, ainsi que mille autres merveilles à son sujet. De nos jours encore ne s'est pas tarie la lignée de ceux qu'à cause de lui on appelle chrétiens. » Ce passage, connu sous le nom de *Testimonium flavianum*, a fait l'objet de nombreuses études. La plupart des commentateurs considèrent que, tel qu'il nous est parvenu, il a été retouché par des mains chrétiennes. Ce qui n'exclut pas que Josèphe ait lui-même composé une notice sur Jésus, plus brève et au ton moins enthousiaste ! Peu après cette notice, Josèphe consacre en outre un assez long passage à Jean-Baptiste (*Antiquités* XVIII, 116-119).

LE TALMUD DE BABYLONE. Il est témoin d'une tradition concernant la mort de Jésus qui pourrait remonter au IIe siècle (*Sanhédrin* 43a). La tradition rapporte : la veille de la Pâque, on a pendu Jésus. Un héraut marcha devant lui pendant quarante jours, disant : « Il sera lapidé parce qu'il a pratiqué la magie et trompé et égaré Israël. Que ceux qui connaissent le moyen de le défendre viennent et témoignent en sa faveur ». Mais on ne trouva personne qui témoignât en sa faveur et donc on le pendit la veille de la Pâque.

LES LETTRES DE PLINE LE JEUNE. Dans une lettre à Trajan (livre X, lettre 96), Pline le Jeune, alors gouverneur de Bithynie, explique à l'empereur les résultats d'une enquête qu'il a dû mener contre les chrétiens, à la suite des accusations venues jusqu'à lui : « Toute leur faute ou toute leur erreur, ont-ils confessé, s'était bornée à se réunir habituellement à date fixe, avant le lever du jour, et à chanter entre eux un hymne à Christ comme à un dieu ; ils s'engageaient aussi par serment non pas à accomplir tel ou tel crime, mais à ne point commettre de vols, de brigandages ou d'adultère, à ne point revenir sur une foi jurée, à ne pas nier un dépôt réclamé. »

Les *Vies des douze Césars*, écrites par l'historien Suétone, comportent, elles, quelques mentions des activités des chrétiens (*Vie de Néron* XVI ; *Vie de Claude* XXV), dont la dernière citée fait explicitement mention de Christ : « Comme les Juifs se soulevaient continuellement à l'instigation de Khristos, il les chassa de Rome. »

L'historien fait allusion à un édit de Claude promulgué soit en 41-42, au début de son règne, soit en 49 — les historiens en débattent —, en vue d'expulser les Juifs de Rome. Les remous dans la communauté juive venaient sans doute du fait que quelques-uns d'entre eux, atteints par la prédication des évangélisateurs parvenus dans la capitale de l'Empire, avaient rejoint l'Église et étaient en cela pris à partie par les autres. Incomplètement informé, Suétone semble présenter les choses comme si Jésus lui-même était venu à Rome.

LES « ANNALES » DE TACITE. Elles rapportent comment Néron, accusé d'avoir lui-même fait allumer l'incendie qui ravagea Rome en 64, s'ingénia à trouver des incendiaires et accusa les chrétiens (livre XV, § 44) : « Néron chercha des coupables et infligea des tourments raffinés à ceux que leurs abominations faisaient détester et que la foule appelait chrétiens. Ce nom leur vient de Christ que, sous le principat de Tibère, le procurateur Ponce Pilate avait livré au supplice. Réprimée sur le moment, cette détestable superstition perçait de nouveau, non seulement en Judée où le mal avait pris naissance, mais encore à Rome où ce qu'il y a de plus affreux et de plus honteux dans le monde afflue et trouve une nombreuse clientèle. »

Les sources musulmanes

Jésus, prophète de l'Islam, est plusieurs fois nommé dans le Coran, ainsi que d'autres personnages de la tradition biblique, juive et chrétienne. Les passages concernant Jésus s'inspirent de traditions que l'on peut rapprocher à la fois des textes canoniques et des Évangiles apocryphes. La forme qu'elles ont prise dans le Coran est évidemment beaucoup plus tardive que l'écriture des autres sources nommées jusqu'ici : elle date du VIIe siècle.

Michel Quesnel

21
Jésus et le témoignage des Évangiles

Les Évangiles ont retenu de la vie de Jésus un certain nombre de scènes et de paroles qui sont d'abord des témoignages de foi et dont l'historicité peut à bon droit être questionnée. Mais histoire et foi y sont à tel point mêlées qu'il est impossible de les départager sans détruire le récit qui les constitue.

À partir de toutes les sources existantes — les plus complètes et les plus anciennes sont les Évangiles canoniques — il nous faut tenter de préciser comment le récit de Jésus de Nazareth s'inscrit dans un cadre qui lui donne une consistance historique. On tiendra compte des limites de l'histoire comme science, car elle n'a pas forcément les moyens d'appréhender tous les événements réels du passé.

Naissance et mort

L'élément le plus assuré de la vie de Jésus est paradoxalement sa mort. Elle fait intervenir Ponce Pilate, gouverneur romain de Judée de 26 à 36, un personnage connu par ailleurs des historiens antiques. Les chrétiens ne nient pas sa crucifixion (à la différence des musulmans), ils s'appuient même sur elle pour donner corps à la Résurrection, qui est le pivot de leur foi. On peut la dater avec un bon degré de probabilité, sachant que les sources écrites attestent unanimement que Jésus mourut à Jérusalem un vendredi (Mc 15, 42 ; Jn 19, 31).

Une divergence existe cependant entre les témoignages des Évangiles canoniques. Selon les trois Évangiles synoptiques, ce vendredi correspondait au jour même de la fête de la Pâque juive, le 15 du mois de nisan, puisque Jésus avait pris le repas pascal avec ses disciples, la veille au soir (Mc 14, 12). Selon le témoignage de Jean, au contraire, Jésus mourut l'après-midi qui précédait la fête, le 14 (Jn 18, 28), à quoi correspondent les données fournies par le Talmud de Babylone (*Sanhédrin* 43a). Malgré les essais tentés à partir d'études sur les calendriers de l'époque, ces données sont difficilement conciliables. Il est probable que Jean a historiquement raison : exécuter en effet trois condamnés juifs le jour de la plus grande fête de l'année aurait été une faute politique majeure de la part de l'occupant romain. En conséquence, Jésus mourut le vendredi 14 nisan, et le dernier repas qu'il prit avec ses disciples ne fut sans doute pas le repas pascal proprement dit, bien qu'il baignât déjà dans l'atmosphère de la fête toute proche. Et parmi les 14 nisan qui tombèrent un vendredi pendant le mandat de Pilate, celui qui convient le mieux pour l'exécution de Jésus correspond au vendredi 7 avril de l'année 30, selon le comput actuel.

Plus difficile est la détermination de l'année de naissance de Jésus, un homme du peuple ne sachant en général pas, à l'époque, quand il était né. Si l'on en croit Matthieu et Luc (Mt 2, 1 ; Lc 1, 5), Jésus naquit sous le règne d'Hérode le Grand, qui mourut lui-même en 4 avant notre ère. Si l'on tient compte que Jésus avait environ trente ans quand il commença à prêcher (Lc 3, 23), et qu'Hérode mourut peu de temps après la naissance de Jésus (Mt 2, 19), on peut émettre l'hypothèse vraisemblable qu'il naquit autour de 5 ou 6 avant notre ère, et qu'il avait 34 ou 35 ans à sa mort.

Cette proposition pose deux questions. La première est que Jésus est né « avant Jésus-Christ », ce qui est pour le moins étonnant. On s'étonnera moins en apprenant que le fait de compter les années à partir de la naissance de Jésus est tardif (il s'imposa progressivement en Europe à l'approche de la fin du Ier millénaire), et qu'il se fonde sur les calculs d'un moine du VIe siècle, Denys le Petit, dont on ne découvrit que longtemps après sa mort qu'il s'était trompé.

La seconde question porte sur la date proposée, peu conciliable avec une indication fournie par Luc, à savoir que le déplacement de Marie et Joseph à Bethléem eut lieu à l'occasion du recensement conduit en terre juive par Quirinius, légat de Syrie. Or, selon des indications fournies par Flavius Josèphe, Quirinius n'occupa ce poste qu'à partir de l'an 6 de notre ère, soit dix ans après la mort d'Hérode. L'indication de Luc est-elle fautive ? Ou celle de Josèphe ? Ou bien Quirinius, expert en politique orientale pour le compte de l'Empire, exerça-t-il deux fois la même fonction à quelques années d'intervalle ? Les points d'interrogation s'accumulent, et l'historien doit reconnaître qu'il est quasi impossible de faire coïncider toutes les données. La date la plus vraisemblable de la naissance de Jésus reste finalement celle qui a été proposée, malgré les points obscurs : autour de 5 ou 6 avant notre ère. Quant au lieu de cette naissance, Bethléem est attestée par deux évangélistes, Matthieu et Luc (Mt 2, 1 ; Lc 2, 4), tandis que Marc et Jean n'en disent rien, ce dernier insistant plutôt sur l'origine galiléenne de Jésus (Jn 7, 41-42). L'indication de Bethléem, patrie de David, pourrait avoir été influencée par le titre de Fils de David communément donné au Messie. Les historiens hésitent donc entre Bethléem en Judée et Nazareth en Galilée, sans que l'une des deux hypothèses parvienne à s'imposer.

Les années d'enfance et de formation

Jésus passa toute sa jeunesse à Nazareth. Les auteurs qui l'expédient en Inde, au Tibet, en Haute-Égypte ou ailleurs pour expliquer sa science bâtissent là des hypothèses sans aucun fondement. Bien que les Évangiles n'en disent rien, on peut aisément reconstituer les conditions de son éducation, celles d'un Juif de Galilée appartenant à un milieu artisanal relativement aisé. Il savait lire — on le voit à la synagogue de Nazareth (Lc 4, 17-19) ; en plus de sa langue maternelle, l'araméen, il avait des notions d'hébreu, langue de la Bible juive, et sans doute de grec. La maison dans laquelle il grandit devait grouiller d'enfants et de gens de passage, comme toutes les maisons orientales.

Les raisons pour lesquelles il quitta Nazareth vers trente ans, l'âge d'un homme en pleine maturité, relèvent du secret de sa personne. Le rayonnement de Jean-Baptiste, prédicateur populaire et contestataire du culte établi dont la réputation s'étendait à travers le pays, n'y fut certainement pas pour rien. Jésus le rejoignit sur les bords du Jourdain et fit sans doute un temps partie de ses disciples, au point de recevoir de lui le baptême de repentir pour le pardon des péchés que Jean administrait à ceux qui recevaient favorablement son message. C'est sans doute dans les milieux baptistes que Jésus recruta ses premiers disciples (Jn 1, 35-51), avant de prendre lui-même la tête d'un petit groupe au sein duquel se pratiquaient des baptêmes proches de celui de Jean (Jn 3, 22-26 ; 4, 1-3). Cette période, considérée par les évangélistes comme celle des « commencements », peut être située autour de l'automne de l'année 27. En effet, en se fondant sur l'Évangile de Jean et en faisant un compte à rebours à partir de la date de la dernière Pâque (année 30), le texte du quatrième Évangile mentionne la Pâque de l'an 29 (Jn 6, 4) et celle de l'année 28 (Jn 2, 13. 23). Compter environ six mois avant cette dernière pour situer le début de la mission est une hypothèse non assurée mais raisonnable.

Une brève existence, itinérante et prédicatrice

Quel était cependant le contenu essentiel de son message ? L'évangéliste Marc en donne un résumé que de nombreux biblistes considèrent comme la pointe de cet enseignement : « Le temps est accompli, et le Règne de Dieu s'est approché : convertissez-vous et croyez à l'Évangile » (Mc 1, 15). Un tel message semble en effet prolonger celui de Jean-Baptiste et s'inscrire dans le courant de fièvre apocalyptique qui traversa le monde juif pendant le Ier siècle de notre ère. De nombreux textes contemporains en sont témoins. Certains exégètes sont plutôt de l'opinion que Jésus s'imposa d'abord comme un maître de sagesse populaire, et que l'insistance sur la proximité du Règne correspond à une relecture postérieure de sa vie, à la lumière de la foi chrétienne. Il est, dans ce domaine, réellement difficile d'être sûr de soi. Faut-il l'être, d'ailleurs ? Le message proclamé par Jésus semble être trop divers et trop original pour tenir dans des catégories socio-religieuses préalablement établies. L'étonnement des foules et même de certains notables qui en avaient pourtant entendu d'autres le montre: «Jamais homme n'a parlé comme cet homme!» (Jn 7, 46).

L'une des formes de discours dans lesquelles Jésus excella est la parabole. Il n'en est pas le créateur, les maîtres juifs de son époque la pratiquaient, et il y en a même un ou deux splendides exemples dans le Premier Testament (2 S 12, 1-10). Plus que tout autre, il en fit le ressort privilégié de sa pédagogie. C'est en effet une forme d'enseignement qui, au lieu de prendre l'auditeur de front, s'adresse à lui latéralement et le laisse parfaitement libre de ses réactions. Elle va de pair avec le comportement général de Jésus tel que le révèlent les textes, attitude de bienveillance, d'attention aux gens, et tout spécialement à ceux que leur situation personnelle ou sociale mettait en situation défavorisée: les lépreux, les malades, les pauvres, les femmes et surtout les veuves, les étrangers, les pécheurs publics, les collecteurs de l'impôt romain. L'unité de la parole et du comportement faisait certainement partie de ce que la personne inspirait à ceux qui la rencontraient.

Jésus fut aussi perçu par ses contemporains comme exorciste et thaumaturge. Cette dimension de sa vie est assurément celle qui divise le plus les historiens, selon qu'ils sont ou non ouverts au surnaturel. Il est pourtant difficile de l'évacuer. Elle est attestée tant par les sources chrétiennes canoniques que par les apocryphes, ainsi que par le Talmud qui parle à ce propos de «magie». Sans doute les foules juives du Ier siècle de notre ère étaient-elles facilement crédules, sans doute Jésus n'était-il pas le seul thaumaturge de son temps, sans doute encore y a-t-il des miracles évangéliques pour lesquels un scientifique moderne trouverait des explications naturelles. Reste que l'importance du fait miraculeux est une caractéristique marquante des récits des Évangiles. La narration en est en général sobre, les rédacteurs insistent beaucoup plus sur la confiance du bénéficiaire que sur le détail des manipulations. Jésus lui-même ne fait rien pour en tirer gloire, au contraire, il s'en défend. Il présente ses miracles comme un signe du Règne de Dieu en train de naître, une sorte d'anticipation de l'accès au bonheur éternel auquel tous les humains sont destinés, y compris les plus pauvres. À des envoyés de Jean-Baptiste prisonnier qui l'interrogeaient sur sa personne, il répondit en citant le prophète Isaïe: «Allez rapporter à Jean ce que vous entendez et voyez: les aveugles retrouvent la vue et les boiteux marchent droit, les lépreux sont purifiés et les sourds entendent, les morts ressuscitent et la Bonne Nouvelle est annoncée aux pauvres» (Mt 11, 4-5).

Cette forme itinérante d'existence dura probablement environ deux ans et demi. Les événements ne peuvent pas aisément être situés dans leur succession chronologique, les évangélistes, seuls rédacteurs d'un récit suivi sur Jésus, n'ayant pas ce souci. Un moment peut cependant être saisi avec plus de précision chronologique que les autres, à savoir l'épisode au cours duquel Jésus posa à ses disciples la question de confiance. Sa façon d'être attirait inévitablement de nombreux admirateurs à l'enthousiasme parfois fugitif, et provoquait simultanément des mouvements d'hostilité. Tel est le destin commun des grands hommes. Les intuitions de Jésus restaient pour une part incomprises. Sa bienveillance envers des personnes méprisées et sa mise en cause de toute forme de mensonge et d'hypocrisie furent à l'origine de mouvements déclarés d'opposition. Certains de ses disciples, déçus ou craintifs, cessèrent de le suivre. Autour de la Pâque de l'année 29 — un an et demi environ après le début de l'aventure —, Jésus interrogea ceux qui l'accompagnaient encore. La question prend une forme différente selon les évangélistes. Chez les synoptiques, elle est du type : « Qui suis-je, au dire des hommes ? » (Mc 8, 27 et parallèles). Chez Jean, elle a un ton plus dramatique : « Voulez-vous partir, vous aussi ? » (Jn 6, 67). C'est alors Pierre qui prit la parole au nom des autres : « Seigneur, à qui irions-nous ? Tu as les paroles de la vie éternelle », lui fait dire Jean (6, 68), tandis que Marc place dans sa bouche une confession messianique : « Tu es le Messie » (8, 29). Effectivement, alors que Jésus n'avait pas pris les voies du pouvoir qui faisaient partie, parmi les foules, du programme du Messie d'Israël, l'ensemble de son comportement avait pu faire accéder quelques-uns à la conviction qu'il était pourtant cet envoyé de Dieu attendu.

Arrêté et crucifié

Déterminer qui porte la responsabilité de la mort de Jésus a des retombées politiques, religieuses, idéologiques. Après avoir longtemps chargé les Juifs, les historiens sont actuellement souvent tentés d'attribuer l'initiative de sa mise à mort aux seuls Romains, en la personne de Pilate. Plus délicate encore que d'autres à propos de Jésus, cette question doit être étudiée par les chercheurs en faisant au maximum abstraction de leurs présupposés.

Jésus est mort crucifié. Les Romains n'étaient pas les seuls à pratiquer cette forme de supplice. Il semble que les Parthes l'aient beaucoup utilisée, peut-être même inventée. À l'époque, dans l'Empire, c'était le supplice prévu pour les esclaves et les gens du peuple. Ce fut donc Pilate qui prononça l'ordre d'exécution et organisa la mise à mort. Cependant, Pilate n'aurait sans doute jamais entendu parler de Jésus si les autorités juives ne l'avaient conduit devant lui. On peut d'ailleurs remarquer que les rabbins juifs de l'époque talmudique ne refusaient aucunement la responsabilité en cette affaire des dirigeants de leur peuple : le Talmud prétend en effet que Jésus faillit subir la lapidation, un supplice typiquement juif (*Sanhédrin* 43a).

Le judaïsme du Ier siècle, pourtant, n'était pas une réalité homogène, et le terme « autorités juives » mérite d'être précisé. L'événement qui fit prendre à des Juifs la décision de supprimer définitivement Jésus fut sans doute le scandale qu'il provoqua dans le Temple peu avant la Pâque de l'année 30 (Mc 11, 15-19 et parallèles). Avec son enseignement ouvert sur la Torah, assez proche de celui des pharisiens, Jésus s'était depuis toujours situé à l'opposé des sadducéens, milieux sacerdotaux conservateurs. Le saccage du Temple fut décisif. Cet homme-là, pourtant réputé pour sa douceur, venait de se révéler pouvant être violent, et donc risquait de fragiliser l'équilibre précaire entre le monde juif toujours prêt à s'agiter et l'occupant romain. Les classes sacerdotales supérieures, et à leur tête le grand prêtre en place, étaient les véritables vis-à-vis du gouverneur romain et les garantes d'une relative stabilité. Indépendamment d'une hostilité personnelle à l'égard de Jésus dont on ne peut savoir si elle existait, la décision de le supprimer relevait donc au moins de la prudence politique. Elle fut prise au cours d'une parodie d'interrogatoire, la vie d'un homme n'ayant pas à l'époque, même dans le monde juif, le prix qu'on lui accorda par la suite.

La mort de Jésus eut cependant des conséquences plus lourdes que ses contemporains ne pouvaient le prévoir. La Résurrection changea tout. Pour les croyants, elle est un événement réel et l'un des objets majeurs de leur foi. Pour les non-chrétiens, elle n'est qu'illusion et même, pour certains, un danger à combattre. Les indices qui conduisirent les disciples à en être convaincus n'ont certes pas une objectivité qui permette de saisir la réalité de l'événement par des méthodes purement historiennes. Pour autant la Résurrection n'en appartient pas moins à l'histoire, ne serait-ce que par les effets qu'elle produisit.

Michel Quesnel

22
Jésus face au pouvoir politique

Galiléen, Jésus est sujet d'Hérode Antipas, mais depuis longtemps le véritable pouvoir est exercé par Rome. De plus, Jérusalem, cœur de la vie juive, est sous l'administration directe de Rome. En effet, en 64-63 av. J.-C., « Pompée rendit Jérusalem tributaire des Romains [1] ». L'occupation romaine met un terme aux espoirs de véritable indépendance du peuple juif. Mais celui-ci n'est pas au terme de ses mésaventures. Le règne faste d'Hérode le Grand (37 av. J.-C. - 4 apr. J.-C.) pouvait encore faire illusion. La situation devint tout autre quand, en 6 de notre ère, Auguste (27 av. J.-C. - 14 apr. J.-C.) érige la province romaine de Judée.

Désormais, au cœur de sa vie quotidienne, le peuple juif sent le poids de Rome, les païens disposent du souverain pontificat et peuvent intervenir dans la vie juive quand ils le jugent bon [2]. Les grandes familles sacerdotales s'accommodent assez bien de la situation, car le grand prêtre est une créature du gouverneur romain. Aux yeux de ses concitoyens, il se justifie en faisant remarquer que, grâce

1. Flavius Josèphe, *Antiquités judaïques*, XIV, 74.
2. Cf. J.-P. Lemonon, *Pilate et le gouvernement de la Judée*, Paris, Études bibliques, Gabelda, 1981, p. 98-100.

à sa politique, les institutions juives, et en particulier le Temple, fonctionnent. Des membres de la famille des Hérodes font la cour à l'empereur et interviennent quand les libertés juives apparaissent trop menacées.

Des remous parmi le peuple

Hormis quelques familles qui tirent avantage de la situation, les Juifs ressentent la présence de Rome en terre d'Israël comme l'expression d'un désordre, ils aspirent à la délivrance du joug romain. Conscients de leur histoire, ils sont vigilants face à tout geste qui apparaît comme innovation du gouverneur et, par là même, extension de la mainmise romaine. Entre 27 et 36 plusieurs incidents ont lieu quand Pilate innove ou entreprend des constructions nouvelles. Cependant l'analyse des causes de la situation diffère et les solutions proposées sont variées. Le recensement opéré par Quirinius a suscité des remous parmi le peuple, et certains se situent dans la ligne de Judas le Galiléen : payer l'impôt est signe d'un assujettissement insupportable pour un peuple libéré jadis par son Dieu. Vers 27, sans constituer un parti visant l'expulsion des Romains, ils fomentent des révoltes [1]. Les pharisiens représentent une autre sensibilité : l'occupation romaine est un châtiment provoqué par le péché d'Israël, ils se réfugient dans la piété individuelle, invitent à la pénitence et attendent l'intervention de Dieu : son messie rétablira Israël dans sa

1. Les héritiers de Judas le Galiléen ne sont pas, comme on l'affirme trop souvent, les zélotes, mais les sicaires. Au temps de Jésus, il n'y a pas de parti organisé luttant contre les Romains, mais on rencontre un « esprit » zélote. Voir H. Cousin et J.-P. Lemonon, dans *Le monde où vivait Jésus*, Paris, Le Cerf, 1998, p. 700-705.

dignité et le purifiera de l'immigré et de l'étranger, sources de souillure[1].

Les disciples de Jésus n'échappent pas à ce climat et, sous des formes diverses, les Évangiles trahissent cette espérance de libération, liée à un mouvement de purification[2]. Aussi Jésus invite-t-il ses disciples à la patience (Mt 13, 24-30; Lc 17, 23; 19, 11). Par toute son éducation il partage l'espérance de son peuple, cependant il ne se pose en aucune façon en rival du pouvoir romain. Prenant ses distances vis-à-vis des représentations messianiques courantes, il complique à plaisir l'exégèse des scribes qui présentent le messie d'Israël comme fils de David (Mc 12, 35-37) car il sait l'ambiguïté d'une telle filiation. De même, la retenue de Jésus face aux intuitions messianiques de ses auditeurs exprime ses réserves quant à une interprétation de sa mission en termes nationalistes. Quelques Juifs ont pu ressentir son accueil des collecteurs d'impôts comme une acceptation de fait du pouvoir romain. En effet, Jésus ne conteste pas radicalement ce pouvoir, mais, à l'inverse, le prophète de Nazareth ne manifeste aucune sympathie à l'égard des milieux sacerdotaux proches de l'autorité romaine.

L'impôt à César: une réponse déroutante

La conception que Jésus a du pouvoir (Lc 22, 24-27) et les choix qu'il a opérés quant à la réalisation de sa mission expliquent son attitude. Le prophète

1. Cf. les *Psaumes de Salomon* 17 et 18 en H. Cousin, *Vies d'Adam et Ève, des patriarches et des prophètes*, sup. *Cahiers Évangile* n° 32, 1980, p. 84-88.

2. Mc 10, 37; Lc 24, 21; Ac 1, 6. L'attente d'Élie qui rétablit tout est à comprendre en un sens premier comme le rétablissement d'Israël en sa dignité (Mc 9, 12).

de Nazareth n'a pas de raison d'entrer en concurrence avec le pouvoir du gouverneur, comme le ferait le messie surgi des aspirations de ses contemporains. À l'occasion d'une polémique qui lui est imposée par des adversaires, Jésus dévoile sa pensée sur le pouvoir romain et le jugement qu'il convient de porter à l'égard de tout pouvoir (Mc 12, 13-17). Les initiateurs de la polémique diffèrent selon les Évangiles, tous cependant confessent la loyauté de Jésus qui enseigne « la voie de Dieu avec vérité ».

La question posée à Jésus est classique dans les milieux juifs depuis le recensement opéré par Quirinius : « Est-il permis ou non de donner l'impôt à César ? ». Comme il procède dans d'autres circonstances, Jésus interroge ceux qui le questionnent et les oblige à prendre position. Il ne répond pas directement à la question, mais il donne le principe qui commande la réponse et toute réflexion sur le pouvoir : « Ce qui est à César, rendez-le à César et ce qui est à Dieu, à Dieu. » Jésus ne détermine pas deux domaines parallèles qui auraient chacun leurs principes, leur mode de fonctionnement sans interaction l'un à l'égard de l'autre. En effet, la question réclame une réponse qui concerne les biens de César (Tibère, qui régna de 14 à 37 apr. J.-C.). Or Jésus réplique par une phrase composée de deux parties[1] ; entre les deux membres de la phrase se trouve un lien intrinsèque provoqué par la mention de l'image (traduit la plupart du temps par « effigie » dans les bibles françaises). Le « bien » de Dieu relativise le pouvoir et les droits de César. César ne dispose pas d'une indépendance radicale. La pièce revient à César, car elle porte son image, or l'homme porte l'image de Dieu

1. Les deux parties sont liées par *kai* et non par *alla* qui pourrait laisser supposer une indépendance des deux domaines l'un à l'égard de l'autre.

(Gn 1, 26-27), et donc le «bien» de Dieu c'est lui-même. En reconnaissant les droits de César, Jésus en rappelle les limites signifiées par l'homme, image de Dieu.

Jésus refuse de s'enfermer dans un cadre nationaliste. En agissant ainsi il prend ses distances par rapport aux espérances juives marquées par un lien à la terre d'Israël et l'attente d'un royaume messianique. Il limite les droits de César en les définissant par rapport à tout homme. La sentence de Marc 12, 17 sur l'impôt à César est à attribuer à Jésus; elle est originale; elle appartient à ces propos de Jésus déroutants pour ses auditeurs et ouvrant à une interrogation sur sa personne. D'ailleurs la version johannique de la passion de Jésus n'ignore pas cette orientation. À Pilate qui affirme son autorité, Jésus rappelle la relativité de ce pouvoir (Jn 19, 11): «S'il ne t'avait été donné d'en haut» comporte un jeu de mots. Le pouvoir de Pilate n'est qu'un pouvoir délégué par l'empereur, mais plus fondamentalement ce pouvoir est limité en raison de son origine ultime.

Face au roitelet Hérode Antipas

L'attitude de Jésus est tout aussi critique à l'égard du pouvoir qu'exerce Hérode Antipas (4-39 apr. J.-C.), il en souligne l'insignifiance, il ne représente pas un grand danger. Au cœur d'une péricope fort composite, Marc 8, 15 comporte une mention étrange d'Hérode Antipas. Jésus met en garde ses disciples face au levain des pharisiens[1]. Marc rapporte en outre une mise en garde vis-à-vis du levain d'Hérode, tandis que Matthieu évoque celui des saddu-

1. Les trois synoptiques ont chacun une interprétation différente du levain.

céens. En Marc Jésus reproche aux pharisiens et à Hérode leur refus des signes proposés : pour Hérode le signe constitué par Jean le Baptiste. Le tétrarque, meurtrier du Baptiste, n'a pas su saisir le sens de l'activité de Jean et reconnaître en lui un prophète. Les disciples sauront-ils comprendre les signes qui leur sont proposés ? La mention d'Hérode remonte sans doute à Jésus, car on imagine mal un intérêt quelconque de la communauté primitive pour ce personnage.

En Luc 13, 32a, Jésus met en évidence la relativité du pouvoir d'Hérode. La scène est largement rédactionnelle et ne se trouve qu'en Luc. De plus, depuis Bultmann, les exégètes sont réservés quant à l'authenticité des paroles de Jésus annonçant sa Passion. Il est cependant difficile de refuser à Jésus toute lucidité dans son conflit avec les autorités juives. D'autre part, tout comme il s'était intéressé à l'activité de Jean-Baptiste, Hérode Antipas a dû se préoccuper de la prédication et des gestes du prophète de Nazareth (Mc 6, 14-16). Les liens que Jésus a entretenus avec le mouvement baptiste rendent fort vraisemblable l'intérêt d'Antipas pour Jésus. Après la mort du Baptiste, Jésus a évalué le danger que représente Hérode : il est insignifiant, comparé à la menace qui provient des grands prêtres. L'homme n'est pas dangereux ; il n'a pas la possibilité de bousculer la démarche de Jésus. Si l'on en croit Luc, Hérode et Jésus se sont retrouvés face à face lors de la condamnation de celui-ci (Lc 23, 6-12). Jésus ne conteste pas le droit d'Hérode à le faire comparaître, mais il domine la situation. Le tétrarque n'obtient pas la moindre réponse à ses questions. Face à un roitelet qui inspire de la crainte à ses sujets, Jésus relève le défi ; il parle du tétrarque en toute liberté, il n'oublie pas l'attitude d'Hérode à l'égard du Baptiste.

Jésus ne s'est jamais pensé en opposition au pouvoir romain ou à celui d'Hérode, c'eût été méconnaître le sens et la portée de son messianisme. Il a en revanche souligné fortement le caractère relatif de ces pouvoirs et l'a marqué par sa liberté de parole à leur égard.

Jean-Pierre Lemonon

23
L'inscription de Pilate

En 1961, A. Frova faisait connaître les premiers résultats des fouilles menées sur le site de Césarée[1]. Le théâtre a tout particulièrement retenu l'attention des archéologues. Au cours des fouilles un matériel abondant a été mis au jour, mais la trouvaille la plus inattendue a été une inscription mentionnant Ponce Pilate et le *Tiberiéum*.

À une époque, sans doute bien postérieure au Ier siècle, la pierre utilisée pour l'inscription a été réemployée comme marche lors de la construction d'un petit escalier. Cette réutilisation empêche de connaître le lieu originel de l'inscription et le type de bâtiment auquel elle était liée. Elle provenait sans doute d'un lieu peu éloigné.

La pierre est un bloc de calcaire local dont la hauteur est de 82 cm, la largeur, de 68 cm, et l'épaisseur, de 21 cm. Elle est aujourd'hui conservée au musée d'Israël à Jérusalem. L'inscription se compose de quatre lignes. Malheureusement la partie gauche a été effacée. La partie droite des trois premières lignes se lit sans difficulté ; de la quatrième

1. *Bible et Terre sainte*, nº 57, juin 1963, p. 8-14, a donné sous le nom de A. Calderini une traduction de cette communication de A. Frova à l'Institut Lombard.

ligne ne demeure que l'apex (accent). L'inscription se présente ainsi :

---] S TIBERIÉVM
---] NTIVS PILATVS
---] ECTVS IVDA..E

Nous proposons la lecture suivante : *[...]s Tiberiéum[? Po]ntius Pilatus/[praef] ectus Iuda [ea]e/[fécit]*

Le Tiberiéum

Il est impossible de donner une restitution plus complète ayant quelque chance de probabilité[1]. En effet, l'ignorance où nous sommes de l'emplacement de la pierre, l'élimination des premières lettres et de la dernière ligne ne permettent pas de définir avec précision le type d'inscription devant lequel nous nous trouvons. Néanmoins la dimension de la pierre, assez petite, laisse supposer que nous ne sommes pas en présence d'une inscription solennelle de type dédicatoire. L'inscription est brève, or avec l'Empire on commence à développer les formules dédicatoires. De plus, s'il s'agissait d'une dédicace, Tibère en serait nécessairement le destinataire, or ce ne peut être le cas puisque le bâtiment, par son nom même, est déjà une célébration de Tibère. Aussi, à la quatrième ligne, un simple *fecit* est plus plausible que *dedicavit*. En revanche, rien ne peut être supposé pour les premières lettres à jamais disparues.

Préciser la nature du *Tiberiéum* est une entreprise risquée. Les parallèles orientent aussi bien vers un

1. Plusieurs propositions de restitution des parties meulées ont été avancées, elles sont non seulement hypothétiques, mais fort critiquables, cf. notre ouvrage *Pilate et le gouvernement de la Judée*, Paris, Études bibliques, Gabalda, 1981, p. 26-28.

bâtiment non religieux que vers un temple. La première hypothèse est plus vraisemblable. Le *Tiberiéum* peut être une place, une colonnade, voire un bâtiment administratif. Si le bâtiment était un temple, la pierre serait dédicatoire, ce qui n'est pas le cas.

Les pouvoirs de Pilate

L'inscription de Pilate offre bien des énigmes et défiera sans doute encore longtemps la perspicacité des épigraphistes. Les difficultés de restitution ne doivent pas masquer cependant le grand intérêt de ce document pour la connaissance de Pilate. En effet, cette pierre constitue l'unique témoignage épigraphique du séjour de Pilate en Judée et atteste sa dévotion à l'empereur, au moins sous son aspect extérieur ; elle enrichit aussi notre connaissance théorique de la Césarée du Ier siècle. Mais surtout elle permet de trancher un vieux débat sur la titulature exacte de Pilate et des premiers gouverneurs de Judée[1]. Ces hommes ne sont pas des procurateurs, mais des préfets. Pilate y est en effet qualifié de *praefectus Iudaeae*. Cette lecture ne souffre aucune discussion. Or Josèphe, Philon et Tacite qualifient Pilate d'*epitropos* ou de *procurator*, équivalent latin d'*épitropos*. Le même Josèphe, dans les *Antiquités*, et les auteurs néo-testamentaires lui attribuent un terme assez vague : *hêgêmon*. Déjà en 1939, A.N. Sherwin-White[2], à la suite de Hirschfeld, suggérait qu'avant

1. Sur l'histoire de la titulature des gouverneurs au début de l'Empire, cf. A.H.M. Jones, *Procurators and Prefects in the Early Principate*, dans *Studies in Roman Government and Law*, Oxford, 1960, p. 117-125 ; sur la titulature des premiers gouverneurs de Judée, cf. *Pilate et le gouvernement de la Judée*, p. 43-58.

2. A.N. Sherwin-White, *Procurator Augusti, Papers of the British School at Rome*, Londres, NS II, 1939, p. 11-25, à la page 12.

Claude le titre du gouverneur de Judée était *praefectus* (*eparchos* en grec). A. H. M. Jones, en 1960, à partir d'une documentation précise, élevait au rang de conviction ce que ses devanciers estimaient probable ; l'inscription de Césarée confirme ses vues de façon éclatante.

Sous Auguste et Tibère, préfet et procurateur recouvraient deux fonctions distinctes. Le *praefectus*, seul, a un pouvoir proprement administratif et dirige une province, il exerce une juridiction civile et criminelle. Cette précision sur la titulature a donc pour conséquence ultime de nous faire mieux connaître les pouvoirs de Pilate et sa responsabilité dans la condamnation de Jésus de Nazareth. Le préfet est détenteur de l'*imperium*, seul il peut permettre une exécution capitale [1].

Jean-Pierre Lemonon

1. Sur les droits et pouvoirs d'un gouverneur comme Pilate, cf. *Pilate et le gouvernement de la Judée*, p. 72-115, en particulier p. 74-97.

24
À la recherche du Jésus de l'histoire

Le nombre impressionnant de livres et d'articles portant aujourd'hui sur Jésus laisserait facilement penser à une redécouverte de son histoire à partir d'une documentation nouvelle. Une telle conclusion forcerait un peu les données réelles, mais en partie seulement. Car la situation actuelle est singulièrement différente de celle de la fin du XIXe siècle et de la première moitié du XXe surtout : certains récusaient alors l'existence de Jésus ou encore se cantonnaient dans un agnosticisme prudent face à un Christ qui relèverait d'abord du mythe. Aujourd'hui, « l'affaire Jésus » continue, et le questionnement historique à son sujet se renforce sensiblement.

Encore faut-il délimiter les lieux exacts d'un tel changement, à partir d'une documentation quelque peu renouvelée et en raison surtout d'un autre regard soutenu par des procédures méthodologiques de plus en plus affinées. Car l'historien sait mieux cerner désormais les limites de son propre discours. Il peut certes désigner historiquement Jésus, mais sans pouvoir en reconstruire exactement la vie ou produire une description des sentiments intérieurs qui l'animaient. Malgré la pauvreté relative de la documentation et la difficulté de l'interpréter, il peut néanmoins « faire de l'histoire » avec un continuel souci d'objectivité jusque dans le creux de son discours marqué de sa subjectivité. Car un biographe n'atteint jamais l'homme en son entier. Et cela d'autant plus que l'historien de Jésus ne possède que des traces de son histoire, à savoir une série de paroles et de gestes signifiants, passés au crible de la critique littéraire et historique. Leur nombre en est limité, mais suffisant pour poser la question de sa personne profonde, sans pour autant en résoudre l'énigme, sinon dans la foi.

Comment atteindre historiquement Jésus ? Ramassons en trois moments les étapes de la longue recherche historique qui le concerne, au moins depuis le XVIIIe siècle, sans remonter jusqu'à l'époque patristique. La question historique ne se posait guère alors, sinon sous le couvert du soupçon, à la manière des adversaires du christianisme, tels Celse (IIe siècle) et Porphyre (IIIe siècle). Au IVe siècle, Origène est le seul Père de l'Église à avoir pressenti le problème, lorsqu'il ose distinguer, dans les Évangiles mêmes, certains récits « qui ne se sont pas passés » selon la manière dite. Déjà, la question du langage pointait à sa manière : un langage imagé de frappe sémitique — par exemple, dans le récit des trois tentations de Jésus — insiste d'abord sur la signification de l'événement, sans guère se préoccuper des minuties de l'histoire.

Abordons la première étape. L'interrogation critique n'est guère apparue qu'à partir du XVIIIe siècle, avec Reimarus entre autres. D'une part, on relevait les évidentes discordances entre les quatre Évangiles, et, de l'autre, on soulignait le décalage apparemment considérable entre ces Évangiles dits canoniques et la foi des diverses Églises. Le Jésus de l'histoire, pensait-on alors, devait donc être différent du Christ des Églises, et chacun de se tailler ensuite une figure de Jésus à sa convenance, selon les utopies du moment.

Aux XVIIIe et XIXe siècles en particulier, Jésus devait, selon le cas, prendre la figure d'un moraliste puritain, d'un révolutionnaire jacobin ou d'un illuminé fourvoyé dans l'annonce d'un Royaume qui n'arrive jamais. Les récits évangéliques sont alors comme réécrits selon l'humeur du temps, sans, d'une part, cette distance critique qui permet à l'exégète d'aujourd'hui de mieux mesurer le langage utilisé en l'occurrence et sans, d'autre part, la connaissance du milieu hellénistique, en Israël et ailleurs, susceptible de manifester la particularité des paroles et des gestes du Nazaréen.

La deuxième étape, durant la première moitié du XXe siècle, avec Rudolph Bultmann et Ernst Käsemann surtout, devait donc assurer les bases d'une démarche historique valable à partir d'une meilleure perception de ce qui distinguait Jésus du contexte de son temps. Encore leur fallait-il partir d'un terrain solide, en fait, un double terrain, celui des paroles retenues comme les plus authentiques (en gros, dit-on, 18 % des paroles attribuées à Jésus) et celui de certains gestes de Jésus (touchant le sabbat ou les coutumes alimentaires, par exemple), où l'argument christologique qui recouvre l'ensemble des textes évangéliques respecte cependant l'authenticité de la description narrative. Avec Martin Dibelius en premier, l'*École de l'histoire des formes littéraires* donna ainsi au départ l'impression d'une sorte de « déconstruction » des récits évangéliques qui provoqua le scandale de ceux qui, englués dans leur positivisme historiciste, n'arrivaient pas à saisir la particularité du langage biblique et l'intérêt d'une recherche historique. Selon nos auteurs donc, les Évangiles ne se présentent pas comme des biographies à la moderne ; les récits d'enfance de Jésus et certains récits de miracle, maniant la langue du merveilleux, ne sont pas à situer historiquement au même niveau que les paroles de Jésus par exemple ; et si le témoignage des premiers croyants portant sur la Résurrection est bien réel, l'événement même de cette Résurrection échappe évidemment au regard de l'histoire.

Les paroles et les gestes de Jésus

Allons plus loin dans la démarche. Comment jauger la valeur historique ou non des paroles et des gestes de Jésus ? Käsemann apporte en l'occurrence un important critère de discernement : sont à considérer comme authentiques les paroles et les gestes de Jésus qui n'ont pas directement de parallèle dans le judaïsme d'alors et qui ne proviennent pas aussi des premières communautés chrétiennes. Ce critère de dissemblance ou de *dissimilarité* ne permet certes pas d'écrire une histoire de Jésus, en son entier. Il opère plutôt comme le détecteur d'une recherche de Jésus dans sa singularité première. Bref, ce critère permet déjà de dégager certains traits de la figure de Jésus pour mieux la différencier du judaïsme de son temps et du Christ des communautés post-pascales. Une fois posé ce premier repère, les exégètes pourront user d'autres critères encore : celui de la cohérence entre les paroles et les gestes ainsi discernés de façon critique, sans oublier le critère d'une attestation multiple, lorsque plusieurs sources, littérairement indépendantes, réfléchissent les mêmes motifs et les mêmes pratiques attribués à Jésus.

Les fruits d'une telle démarche, cerclée par les méthodes susdites, devaient déjà s'avérer importants, surtout chez Käsemann toujours soucieux de dire combien les premières communautés chrétiennes avaient à cœur d'enraciner leur message dans la parole et l'action du Nazaréen d'avant l'événement pascal. Signalons surtout les points suivants : la distance de Jésus d'avec les diverses formes du judaïsme alors en cours est par là mieux évaluée, et de même son rapport avec le Baptiste. Les paroles et les gestes de Jésus portant sur le sabbat et les règles de la pureté rituelle manifestent son étonnante liberté dans le contexte de l'époque. Les antithèses du Sermon sur la montagne, en particulier, soulignent chez lui un certain antilégalisme et surtout l'incroyable autorité qu'il se donnait, par-delà celle même de Moïse. Ces paroles encore, pleines de paradoxes, posent directement la question de son rapport particulier avec celui qu'il désignait intimement comme son Dieu. Enfin, dès le départ de son ministère dans son annonce du Royaume de Dieu, sa personne même est de quelque manière compromise. Ce qui pose la question de savoir comment Jésus s'est situé face à sa propre mort. Même s'il refusait en direct l'attribution d'un titre messianique — un titre plein de violence à son époque —, sa condamnation par Pilate implique de fait un motif d'accusation de type politique ou politico-religieux. Cela dit, l'historien ne peut guère évaluer comment Jésus a lui-même compris le sens de sa propre mort.

Abordons maintenant la troisième étape de cette recherche historique : une quête nouvelle de Jésus depuis deux décennies environ. Cette fois, l'accent n'est plus mis sur la différence ou la singularité de Jésus par rapport au milieu ambiant, mais au contraire sur le lien de continuité à reconnaître entre Jésus, sa personne, sa parole et son action, et le monde hellénistique ou judéo-hellénistique du Ier siècle. L'apport des manuscrits de Qumrân, la redécouverte des textes du judaïsme hellénistique, dits apocryphes ou rabbiniques, ainsi qu'une lecture renouvelée de Flavius Josèphe, l'historiographe juif de la fin du Ier siècle, devaient fortement modifier le paysage contextuel du judaïsme palestinien. L'historien peut alors vérifier en partie la consonance ou la dissonance des paroles et des gestes de Jésus par rapport au milieu ambiant. Or ce milieu est lui-même éclaté dans l'éparpillement des mouvements juifs de l'époque, sous l'influx d'un monde hellénistique qui pénètre jusqu'au cœur de Jérusalem. L'historien tente en conséquence d'appréhender la figure historique de Jésus à partir d'une documentation devenue plurielle, que nul ne saurait actuellement dominer en sa totalité d'une manière critique.

Une quête nouvelle de Jésus depuis deux décennies

Ainsi, à partir des plus anciennes traditions rabbiniques, certains spécialistes font de Jésus un rabbi à l'image de ceux de son temps, un rabbi guérisseur en particulier à la manière de Honi, le traceur de cercles. On assiste donc aujourd'hui à une sorte de « re-judaïsation » de la figure de Jésus, poussée parfois à l'extrême. Certains soulignent plus spécialement le lien entre Jésus et les scribes d'obédience pharisienne de son temps, sans nier cependant la particularité du Nazaréen. D'autres encore, et c'est le plus grand nombre, travaillent à partir de la documentation considérable livrée par Flavius Josèphe et vont plutôt aligner la figure de Jésus sur celle d'un prophète de l'époque, dans un contexte eschatologique encore en pleine effervescence. Quelques autres enfin, particulièrement impressionnés par l'*Évangile de Thomas* ou encore à partir d'une reconstruction littéraire de la *Seconde Source dite Q* (à savoir les éléments de Matthieu et de Luc, absents chez Marc), vont proposer une image de Jésus sur le modèle des rhéteurs cyniques du monde grec. Jésus devient alors un philosophe de type hellénistique, sans grand lien avec le judaïsme, avec en plus une parole hautement paradoxale et pleine d'aphorismes. Mais cette dernière image de Jésus s'opère au détriment d'une large part des récits évangéliques, sans nullement prendre en compte les controverses qui l'opposent aux autorités presbytérales et autres. Le prophète Jésus, engagé jusqu'à la mort dans l'aventure eschatologique, se diluerait en conséquence dans la figure d'un maître de sagesse, cultivant l'universel jusqu'à l'insignifiance. Bref, d'un côté, l'événement de la mort de Jésus devient sans importance, et de l'autre, il demeure la pierre de touche d'une identité qui reste énigmatique. Mais est-ce bien là le Jésus de l'histoire dont les premières communautés, jusque dans leur extrême différence, portent en fait le témoignage ? Car tous, autant Paul que ses adversaires judéo-chrétiens, ne sauraient évoquer la figure de leur maître sans d'abord désigner la Croix. L'ouvrage historien demeure donc ouvert.

Charles Perrot

Deuxième partie

LA PROPAGATION DE LA FOI EN CHRIST

1

JÉRUSALEM

25

Jérusalem et la Palestine entre les deux guerres

Avec la prise de Massada en 73 apr. J.-C., qui mettait un point final aux opérations de nettoyage après la chute de Jérusalem en 70, tarissent les sources littéraires qui avaient alimenté l'histoire juive d'un flot continu. Désormais, les événements doivent être reconstitués à partir d'informations fragmentaires : allusions occasionnelles dans la littérature juive ou païenne, rares inscriptions relatives aux gouverneurs et à leurs troupes, matériel archéologique et — apport récent — lettres, documents juridiques, dépêches militaires, etc., sur des fragments de papyrus trouvés dans les grottes du désert de Juda. Toutefois, la plupart de ces papyrus correspondent à la guerre de Bar Kokhba, et ne projettent qu'une maigre lumière sur la période 70-130, qui fait l'objet de cette étude.

Flavius Josèphe écrit que, après la prise et l'incendie de Jérusalem en 70, Titus donna l'ordre à ses soldats de « raser jusqu'au sol la ville tout entière ainsi que le sanctuaire, à l'exception des tours qui dominent les autres, celles de Phasaël, d'Hippicos et de Mariamme et de la partie de la muraille qui entourait la ville à l'ouest : la muraille pour servir de protection à la garnison qui devait y être installée et les tours pour montrer aux générations futures quelle fière et puissante cité avait été abattue par les vaillants fils de Rome. Le reste des fortifications encerclant la ville fut si totalement nivelé qu'aucun visiteur de cet endroit ne pouvait croire qu'il avait été autrefois habité[1] ». Cette description n'est pas tout à fait exacte. La totalité du mur sud de l'enceinte du Temple, de même que les remparts est et ouest, furent conservés jusqu'à une hauteur considérable, comme on peut le constater aujourd'hui encore. Et rien n'oblige à imaginer la cité tout entière comme un vaste site bombardé, avant sa reconstruction par Hadrien en 135 ! On peut raisonnablement supposer que bien des survivants du siège rebâtirent leurs maisons, et Épiphane, Père de l'Église du IVe siècle, rapporte que les chrétiens qui avaient fui Jérusalem étaient de retour.

Une ville de garnison

Il y avait aussi la légion romaine, la dixième, qui avait autrefois fait partie de la garnison de la vaste province voisine de Syrie. Elle avait combattu durant la guerre de 66-70, et était désormais casernée, comme le dit Josèphe dans le texte ci-dessus, à Jérusalem. Cela représentait une innovation importante de la part de Rome. Avant 66, l'ensemble de la petite garnison avait ses quartiers dans la ville de Césarée, en majorité païenne, afin d'épargner à la ville sainte les manifestations païennes de l'occupation militaire romaine. Il y avait à présent une légion, forte de cinq mille hommes, pour exercer une surveillance sur le foyer d'où risquaient d'éclater des troubles. Autour de son camp dut se créer, comme d'habitude, tout un quartier réservé à la population civile, avec des maisons pour les femmes des soldats

1. F. Josèphe, *Guerre des Juifs*, VII, 1-3.

et leurs familles, des bains, des boutiques, des lieux de culte, etc.

La légion de Jérusalem était renforcée par des corps auxiliaires (généralement composés de cinq cents hommes recrutés parmi les provinciaux), dont on ignore le nombre exact, mais qui devaient atteindre au moins six unités. Ils étaient dispersés à travers toute la province, et l'un d'entre eux se trouvait à Massada. Ce renforcement de la garnison montre que Rome prenait le gouvernement et le contrôle de la province de la Judée plus au sérieux qu'elle ne l'avait fait auparavant. De même, un nombre bien plus élevé d'officiers supérieurs furent nommés au poste de gouverneur, avec le titre de légat. Le légat avait sous ses ordres un procurateur, à l'époque fonctionnaire dont le rôle consistait uniquement à percevoir les impôts. La carrière d'un grand nombre de ces légats nous est fort bien connue, encore qu'elle ne nous soit pas parvenue sous des traits aussi vivants que celle de certains procurateurs de 6 à 66 apr. J.-C., et certains d'entre eux se distinguèrent. Mais, bien que nous ne disposions pas de détails sur leur administration ou leurs rapports avec leurs sujets, le fait que la révolte de 132 n'ait pas été provoquée par des affrontements internes, à la différence de celle de 66, est un argument *a silentio* (avec la valeur qui s'y attache), qui tend à prouver que l'administration des nouveaux gouverneurs était plus libérale que celle de leurs prédécesseurs.

Mainmise plus ferme sur le pays

En règle générale, Rome n'était pas un conquérant vindicatif. Après 70, la reconstruction alla de pair avec une mainmise plus ferme sur le pays : Joppé, gravement endommagée par la guerre, fut reconstruite, et une ville toute neuve, Néapolis (aujourd'hui Naplouse) fut fondée près de Sichem. Aucune restriction ne fut apportée à la pratique du judaïsme. Il faut reconnaître que les Juifs, pour autant que nous le sachions, ne tentèrent pas de reconstruire le Temple de Jérusalem, mais cela n'est pas dû à une interdiction des Romains. On peut supposer tout simplement qu'ils n'en avaient pas les moyens, d'autant plus qu'ils ne disposaient plus désormais des revenus de l'impôt du Temple. En effet, si les Romains, toujours réalistes, ne punirent pas les Juifs pour s'être révoltés, en mettant sur leurs épaules le fardeau intolérable des impôts ordinaires, ils détournèrent vers le fisc romain l'impôt préalablement payé par tous les Juifs mâles adultes pour l'entretien du Temple, le consacrant à la réparation du temple de Jupiter Capitolin à Rome qui venait d'être endommagé par un incendie : ce qui constituait pour les Juifs une insulte supplémentaire. En même temps les deux sexes furent assujettis à l'impôt à partir de trois ans. La somme réelle exigée n'était pas énorme, et représentait sans doute un poids plus psychologique que financier. Mais, il importe de le noter, c'est seulement sur ce plan que les Juifs de la dispersion furent punis pour les fautes de leurs frères de Palestine.

Il va sans dire que le coup d'arrêt donné au culte du Temple signifiait un certain nombre de changements fondamentaux dans les observances extérieures de la religion juive.

L'évolution du judaïsme

Sans le Temple, il ne pouvait y avoir de sacrifices, de sacerdoce et de grand prêtre, et les pèlerinages à Jérusalem à l'occasion des grandes fêtes et du Jour de l'Expiation, dans la mesure où ils existaient encore, étaient sans nul doute bien moins fréquentés. Le centre religieux devint la synagogue locale, et la principale autorité religieuse — qui devait devenir avec le temps le porte-parole de la nation — fut le nasi, ou président de l'école rabbinique centrale, alors transférée de Jérusalem à la ville côtière de Jamnia (Yavné). En effet, avec l'abolition de la fonction de grand prêtre, l'influence des sadducéens, cette secte aristocratique et fortunée — on pourrait presque l'appeler un parti — à laquelle appartenaient les familles exerçant cette charge, connut un déclin inexorable, la secte rivale des pharisiens, d'où provenaient la plupart des rabbins, occupa désormais le devant de la scène. L'étude des dispositions minutieuses de la loi juive, de même que la recherche de la perfection morale par l'observance parfaite de la Loi — domaines largement indépendants du culte du Temple désormais caduc — étaient leur principale préoccupation. À partir de 70, l'évolution du judaïsme reposa entre leurs mains. Leur étude et leur discussion de la Loi écrite du Pentateuque, la Torah, donnèrent lieu à un vaste corpus de lois secondaires, orales, qui amplifiaient la Torah pour rendre compte de toutes les circonstances imaginables, et qui devaient avec le temps se codifier dans la Mishna, au début du IIIe siècle.

En ce qui concerne les événements spécifiques de la Palestine entre les deux guerres nous ne disposons que de maigres sources. La tentative des Juifs pour recouvrer leur indépendance politique avait échoué, mais leur rêve ne s'était pas éteint. Le messianisme continuait de vivre, et devait inspirer la seconde révolte juive de 132. En réalité, ce n'est pas dans la tradition juive, mais dans la tradition chrétienne, que nous trouvons la relation de trois épisodes où des membres de la « maison de David » eurent maille à partir avec les autorités romaines. Les détails en sont vagues et incertains, et les sources, dans leur état actuel, font penser à des tracasseries policières destinées à assurer l'ordre public plutôt qu'à une véritable persécution de l'Église. En réalité, la signification de ces épisodes réside dans le fait que Rome restait sur ses gardes, face à l'éventualité de révoltes à caractère messianique, centrées sur la famille dont on attendait le Messie. Il est visible que Rome préférait s'en tenir à la ligne de conduite selon laquelle il vaut mieux prévenir que guérir.

Révolte chez les Juifs d'Égypte

En 115, une révolte de grande ampleur contre Rome éclata parmi les Juifs d'Égypte et s'étendit rapidement aux communautés de la Diaspora en Cyrénaïque et à Chypre, événement qui ne laisse pas d'intriguer car Rome avait toujours été pointilleuse en ce qui concerne la protection des droits civils et religieux des minorités juives à travers l'empire. Il semble que cela ait déclenché un certain mouvement de soutien en Palestine, mais il ne s'agit là en aucune façon d'une révolte généralisée. C'est vers cette époque que les effectifs de la garnison de la province furent doublés : une deuxième légion fut détachée et postée au sud de la Galilée. Cette mesure peut certes être interprétée comme une précaution contre des risques de remous, plutôt que comme la preuve de troubles réels. Il n'en reste pas moins que, dans la littérature juive et ailleurs, certaines indications montrent que la province de Judée ne fut pas entièrement paisible au cours des trois années que dura le soulèvement de la diaspora d'Afrique du Nord.

Avec ces témoignages bien flous, le rideau tombe de nouveau sur la Palestine, jusqu'à l'éclatement de la seconde révolte de 132. Mais, en définitive, on peut tirer la conclusion générale suivante sur la période d'entre les deux guerres : les Juifs n'auraient pu entreprendre une autre révolte ou résister à la puissance militaire de Rome pendant trois ans, s'ils ne s'étaient pas remis sur le plan de l'économie, de la population et du moral, des effets dévastateurs de la première guerre, pendant les soixante années qui la séparent de la deuxième. Cela est à mettre au crédit de la politique, de l'administration et, plus généralement, de l'attitude de Rome à l'égard de ses sujets vaincus en 70 apr. J.-C.

E. Mary Smallwood

26
Qui sont les premiers chrétiens à Jérusalem ?

À Jérusalem, au Ier siècle de notre ère, les disciples de Jésus sont des Juifs parmi lesquels Jacques joue un rôle primordial. Le mot « chrétien » n'apparaît que plus tard, à Antioche, semble-t-il. Et les débats sont vifs pour savoir s'il convient ou non d'accepter les incirconcis dans la communauté nouvelle.

Eusèbe, l'historien des trois premiers siècles de l'Église, rapporte que jusqu'à la guerre de Bar Kokhba (132-135) tous les évêques de Jérusalem étaient des « Hébreux de vieille souche », issus de la famille de Jésus, comme Jacques ; leurs ouailles étaient des Juifs observants, et tous attendaient un Messie fils de David. Ils sont qualifiés de nazôréens, mais on en sait peu de chose, car ils sont restés éloignés des milieux qui ont produit le Nouveau Testament sous sa forme actuelle. Après 135 et l'expulsion des Juifs de Judée, Jérusalem, renommée Aela, fut rattachée au tout nouveau diocèse de Césarée, d'obédience chrétienne occidentale.

Ces renseignements s'accordent assez mal à ce que rapportent les Actes, où l'on voit que tout part de Jérusalem ; cependant, le nom de « chrétien » apparaît seulement plus tard, à Antioche, dans des circonstances fortuites.

Il convient d'abord de souligner un contraste

majeur entre ces deux moments. Lors de l'Ascension, les disciples attendent manifestement que soit rétablie la royauté en Israël. Ils sont comme les pèlerins d'Emmaüs : ils auraient bien vu Jésus roi, mais il a disparu, et ils se replient sur cet échec ; peut-être reviendra-t-il pour vaincre définitivement le mal, dont le symptôme évident est la domination romaine. Tel est le point de départ : les disciples avaient une teinte zélote, ou « galiléenne » ; ils comprenaient mal Jésus, et Pierre avait une épée.

La Pentecôte montre tout autre chose : on perçoit une communion internationale, Pierre intervient avec assurance et fait parler l'Écriture au présent ; ce sont les deux effets de l'Esprit. On peut imaginer que le cadre initial est une fête de pèlerinage au Temple, avec ses énormes foules, et l'on voit bien que Pierre s'adresse à des Juifs. Toutefois, la rédaction actuelle suggère nettement un rassemblement à Jérusalem de toutes les langues et de toutes les nations ; cela est bien différent de l'Ascension. En réalité, il s'agit d'un frontispice qui dessine un tableau final, en anticipant sur quelques étapes. Un indice en ce sens est fourni par la mention de trois mille nouveaux baptisés qui paraissent très volatiles, car on les perd de vue aussitôt.

Au quotidien, la vie du groupe a ensuite deux traits caractéristiques : ce sont de petites gens pratiquant une vie commune, avec « fraction du pain » et prières, très analogue à ce que Flavius Josèphe dit des esséniens ; d'autre part, ils opèrent de nombreuses guérisons, ce qui leur vaut une réputation considérable. Même les autorités sont impressionnées, « car la magie ne réalise pas des signes aussi étonnants », précise Josèphe. Comme leur maître disparu, ils réalisent ces guérisons par la parole, proférée avec autorité : on voit Pierre relever un impotent par le nom de Jésus, mais aussi foudroyer Ananie et Saphire pour leur fraude. Divers groupes d'hommes et de femmes se joignent à eux. Ils affirment que Jésus est vivant parmi eux, d'où d'importantes controverses sur la Résurrection.

Pierre et Corneille

Tout cela reste strictement juif. Il en est de même de la lapidation d'Étienne et des persécutions provenant de mouvements adverses, parmi lesquels Paul (Saul). L'histoire de Philippe ouvre une lucarne sur d'autres horizons, puisqu'il va à la rencontre d'un Éthiopien impur et des Samaritains. Mais l'ébranlement majeur vient de Pierre. Il circule en Judée en faisant des guérisons, et voici qu'à Jaffa, chez Simon le tanneur, alors qu'il prie sur le toit pour être séparé des impuretés de son hôte, il a une vision où toute la création est pure. Cela se conjoint avec une invitation de Corneille, un officier de l'armée d'occupation, qui le fait venir à Césarée.

Mû par l'Esprit, il s'y rend, et découvre avec une extrême surprise qu'il est en communion avec lui ; il le déclare alors bon pour le baptême, mais sans le circoncire. C'est très nouveau. « N'allez pas chez les païens », avait dit Jésus de son vivant. L'épisode reste très isolé en Judée, et imperceptible pour les sphères dirigeantes jusque après la guerre de 70, mais il est de première grandeur, car il est difficilement imaginable pour le milieu d'origine des apôtres. Selon Jean, qui perçoit une continuité, Jésus leur avait annoncé qu'ils feraient des choses plus grandes que lui. La barrière de la haine est rompue, dira plus tard Paul.

Pourtant, l'affaire est grave et se redouble de cas analogues à Antioche : faut-il être d'abord juif (circoncision) pour entrer dans la communauté (baptême)? On peut l'énoncer autrement: quelle est la marque de l'entrée dans l'Alliance? Depuis Abraham, c'est la circoncision, et les pharisiens tiennent à cette tradition séculaire. Mais les esséniens veulent recréer l'Alliance sur de nouvelles bases, avec une note sacerdotale (fils de Sadoq): seule compte pour eux l'entrée dans la communauté après un parcours baptismal, dont le terme est d'ailleurs la Pentecôte, fête de l'Alliance; les Juifs extérieurs — et même les candidats à l'admission — sont de même impureté que les païens. La circoncision et la filiation juive deviennent secondaires, mais est-ce au point d'admettre des non-Juifs?

Jacques, patron des judéo-chrétiens

Telles sont les circonstances du fameux «concile de Jérusalem», sous l'arbitrage de Jacques. Selon la rédaction actuelle des Actes, Jacques donne tort aux pharisiens: la circoncision n'est pas nécessaire à l'entrée dans la communauté par le baptême, et le cas de Corneille est agréé. Cependant, si l'on isole la réponse de Jacques de son contexte, un autre sens apparaît: lors de la fin imminente, Dieu va relever la maison de David, et il s'est choisi un peuple parmi les païens; voici pour eux quelques préceptes, qui se rattachent à l'alliance de Noé, mais qui n'incluent pas la circoncision; quant à nous, nous avons Moïse, proclamé chaque sabbat dans les synagogues. Il n'y a donc pas de commensalité, et finalement Jacques est assez proche de l'état d'esprit des disciples lors de l'Ascension.

L'on peut se demander s'il envisage ou non un baptême pour ces païens, c'est-à-dire s'il accepte ou non Corneille, mais l'essentiel est ailleurs: il maintient une séparation entre Juifs et païens. Il en résulte de sérieuses tensions avec Paul, comme on le voit dans l'Épître aux Galates. Plus tard, lorsque Paul arrive à Jérusalem, l'entourage de Jacques s'inquiète de rumeurs selon lesquelles il aurait dans ses voyages poussé des Juifs à abandonner la circoncision, alors qu'il y a en Judée des milliers de croyants très zélés pour la Loi de Moïse ; on retrouve au passage un écho des trois mille baptisés de la Pentecôte. Pour eux, Jésus est vivant, comme l'ont annoncé les prophètes.

Jacques et Paul sont d'accord sur la Résurrection, mais sur sa signification il reste un conflit majeur, où Pierre, le disciple de Jésus, a oscillé. Pour l'un, le jugement final est imminent, mais l'ordre de la Création subsiste, et il est hors de question de brouiller les frontières entre Israël et les nations ; pour l'autre, le jugement ultime est réalisé par le sacrifice rédempteur de Jésus ; c'est la miséricorde, et une nouvelle création a commencé, sans frontières, fondée sur la communion. Il existe cependant une dissymétrie : Paul est inclusif, et n'a pas de difficulté à se voir en accord avec les « colonnes » de Jérusalem, dont Jacques ; mais la réciproque est fausse : pour Jacques — et pour les Juifs en général — Paul est une menace, car l'abolition des frontières, surtout au nom de l'Écriture, détruit la Création et n'est qu'un retour au chaos primitif, au « tohu-bohu » ; c'est ce qu'attestent aussi les écrits pseudo-clémentins.

Qui est ce Jacques, frère du Seigneur ? Pourquoi même Pierre doit-il lui rendre des comptes ? La réponse est familiale, et liée à un clan de nazôréens, qui attendent que surgisse de son sein un fils de David. Jésus en était, l'écriteau de Pilate en témoigne, mais il s'en est séparé pour entrer dans le baptême de Jean, en vue d'une mission que sa famille lui a reprochée. À sa disparition, Jacques est devenu le personnage de référence, peut-être par réflexe familial, sans doute davantage par sa personnalité. Il avait en effet une stature exceptionnelle, comme on le voit en combinant les indications de Josèphe et d'Eusèbe : en 62, la violence des zélotes montait inexorablement, Jacques voyait la fin proche et, à un moment où il n'y avait pas de gouverneur romain, il voulut se substituer au grand prêtre pour supplier Dieu — en invoquant son nom — de ne pas retenir la faute du peuple ; le grand prêtre Anân le fit alors lapider légalement pour blasphème ; c'était conforme au droit biblique, mais ce fut une faute, car le martyre grandit Jacques « le Juste », et Anân fut déposé. Pourtant, celui-ci n'était pas le premier venu, car Josèphe, qui en avait fait son modèle, déclare que s'il n'avait pas été ensuite assassiné (en 70) il aurait pu, par sa piété et par son envergure politique, éviter la guerre.

L'origine des premiers chrétiens

En dehors du cas isolé de Corneille, il n'y a pas trace de païens convertis à Jérusalem ni en Judée. On n'y voit pas non plus de « chrétiens », et la terminologie moderne de « judéo-chrétiens » n'est pas très heureuse.

Le terme « chrétien » vient du grec *christos* (messie, oint), augmenté d'un suffixe latin, d'où *christianus*. À l'origine, il désignait les agitations juives messianisantes sous l'empereur Caligula, qui atteignirent un paroxysme quand il ordonna d'ériger sa statue au Temple de Jérusalem, en 39. On en a des traces à Alexandrie et à Rome, sans aucun lien avec Jésus. Dans la troisième capitale, Antioche, le principal témoignage est fourni par les Actes : Barnabé, envoyé à Antioche, est pris dans un tourbillon messianisant et va chercher Paul à Tarse, car celui-ci s'y connaît en matière d'agitations populaires ; et c'est là que des disciples furent qualifiés de « chrétiens », par la population ou peut-être par l'autorité romaine. Le terme dura grâce à Paul et son entourage, apparemment en deux phases : sur le chemin de Damas, par son identification du Messie attendu avec Jésus imminent (le Christ est Jésus), puis plus tard, vers Éphèse, par la reconnaissance que sa venue est déjà entièrement accomplie (Jésus-Christ est Seigneur).

Ce n'est pas le lieu de développer ces points, mais seulement d'observer que le terme « chrétien » n'a jamais eu cours en Judée jusqu'à la guerre de 70, du moins pour désigner des disciples de Jésus. Le témoignage de Josèphe est très net. D'ailleurs, lorsque Paul est arrêté à Jérusalem pour cause de tumulte (et que Jacques ne le défend nullement, bien au contraire), il finit par comparaître devant le roi Agrippa II. Celui-ci, l'ayant entendu, lui déclare : « Encore un peu, tu vas faire de moi un chrétien. » Il ne s'agit pas ici de devenir un disciple de Jésus, un thaumaturge à la manière de Pierre, mais un partisan du Messie imminent.

Paul et ses chrétiens sont donc bien distincts de Jacques et des apôtres, tels qu'on les voit à l'œuvre à Jérusalem et autour, mais il a tenu à garder le contact. De fait, un lien institutionnel très ferme est assuré par le baptême, dont il est le chantre incontesté. Jésus a été baptisé ; les Onze, au moment de remplacer Judas, cherchent un témoin de tous les faits « depuis le baptême de Jean », que connaissent aussi Apollos d'Alexandrie et les disciples d'Éphèse ; et Paul lui-même, dans les Actes, réinterprète par deux fois ce baptême en déclarant que Jésus est bien celui dont Jean-Baptiste annonçait la venue. Le mouvement juif suscité par les disciples en Judée fut considérable, ce qui ne veut pas dire que tous ceux qui avaient été guéris ou simplement impressionnés soient entrés dans la communauté.

Celle-ci n'était pas nécessairement domiciliée à Jérusalem en permanence ; on y venait en tout cas pour les fêtes de pèlerinage, ce qui fournissait aussi des occasions de rencontre et d'enseignement. Il y avait donc certainement au moins un pied-à-terre, un peu comme auparavant Jésus, qui savait où être reçu ; pour d'excellentes raisons, la tradition situe ces lieux dans l'enceinte de Jérusalem, près de la « porte des Esséniens ». Pierre était un rural, et divers détails narratifs laissent entendre qu'il résidait habituellement à la campagne, probablement en Judée. Jacques était peut-être plus régulièrement à Jérusalem, puisque c'est là qu'étaient ses successeurs, les évêques (« surveillants ») de la communauté.

Ce n'est que plus tard, vers 75 à Rome, que Josèphe a pu faire un lien entre ces mouvements en Judée et l'importance sociale croissante du christianisme paulinien, lui aussi rattaché à Jésus, mais incluant des païens incirconcis. Comme il était soucieux de restaurer sa nation, il est alors passé de la bienveillance au refus navré, attribuant même plus tard à Jésus la fondation d'une école où se mêlaient déjà Juifs et Grecs.

Étienne Nodet

27

Les personnages de l'Évangile nommés Jacques

Quiconque lit ingénument le Nouveau Testament, en s'efforçant d'y repérer ce qu'il y est dit des personnages nommés Jacques, constate, lorsqu'il essaie d'organiser les données éparses qu'il a recueillies, qu'il existe un bon nombre de personnages de ce nom.

Plusieurs textes parlent de Jacques, le frère de Jean, tous deux fils de Zébédée, appelés parfois Boanerges, c'est-à-dire Fils du tonnerre. Jacques, avec Jean, fait partie du groupe des Douze. La tradition chrétienne a donné à ce personnage le nom de Jacques le Majeur (cf. Mt 10, 2 ; Mc 3, 17 ; Lc 6, 14 ; Ac 1, 13).

Dans ces mêmes listes qui mentionnent les douze apôtres apparaît un autre personnage du nom de Jacques. Celui-ci est souvent mis en rapport avec Thaddée (Mt 10, 3 ; Mc 3, 18) et il est, dans tous les passages, caractérisé comme étant le fils d'Alphée (Mt 10, 3 ; Mc 3, 18 ; Lc 6, 15 ; Ac 1, 13). Ce Jacques est appelé par la tradition Jacques le Mineur.

À deux reprises, les listes des Douze mentionnent un Jacques qui serait le père de l'apôtre Jude (Lc 6, 16 ; Ac 1, 13). Ce Jacques, dont on ne sait au juste s'il est le père ou le frère de Jude (cf. note de la TOB sur Lc 10, 16), est inconnu par ailleurs et la tradition ultérieure ne s'y est pas intéressée.

Enfin on rencontre dans le Nouveau Testament un personnage appelé Jacques, frère du Seigneur (cf. Mt 13, 55 ; Mc 6, 3). Ce personnage jouera un grand rôle dans l'Église de Jérusalem (Ga 2, 19) dont il sera le chef, voire le premier évêque. La tradition chrétienne postérieure a donné à ce Jacques le surnom de Jacques le Juste en vertu de son attachement au judaïsme et de son intransigeance dans l'obéissance à la Loi juive.

Jacques le Mineur

Nous sommes donc en présence de quatre personnages du nom de Jacques. Si Jacques, père de Jude, n'a pas laissé de traces dans l'histoire, il n'en est pas de même des trois autres Jacques. Certes Jacques, frère de Jean, apparaît comme un personnage typé avec sa personnalité bien à lui. Mais la question qui se pose est de savoir s'il ne conviendrait pas de réduire le nombre de Jacques en identifiant Jacques, fils d'Alphée et Jacques frère du Seigneur. *A priori* cela semble difficile car si Jacques est le fils d'Alphée, il ne peut être frère du Seigneur, c'est-à-dire avoir Joseph pour père. Jacques ne peut être à la fois le fils d'Alphée et de Joseph, à moins que ces deux personnages ne soient identiques, ce que ne dit pas le Nouveau Testament. On comprend donc la tradition orientale qui distingue généralement les deux personnages et qui célèbre la fête de Jacques le Mineur le 25 octobre, tandis qu'elle célèbre celle de Jacques fils d'Alphée le 9 octobre.

En revanche, la tradition occidentale a assimilé Jacques fils d'Alphée et Jacques le frère du Seigneur et n'en a fait qu'un seul et même personnage. En effet, si selon Galates 1, 19, Jacques le frère du Seigneur est un apôtre, il est évident qu'il faut lui trouver sa place dans les listes synoptiques des Douze. Et comme il ne peut être le frère de Jean, il ne peut être que le fils d'Alphée. Et si, avec la tradition occidentale, on admet que frère, dans le langage néotestamentaire, est l'équivalent de cousin, il est clair alors que Jacques fils d'Alphée peut être également cousin du Seigneur. Tel est le raisonnement de la tradition occidentale qui, suivant en cela Clément d'Alexandrie, identifie le frère du Seigneur et le fils d'Alphée et ne connaît donc que deux Jacques, le Majeur et le Mineur. « Et il y eut deux Jacques, déclare Clément d'Alexandrie au VIIe livre de ses *Hypotyposes*, l'un le Juste [à savoir le frère du Seigneur]... et l'autre qui fut décapité [à savoir le fils de Zébédée, cf. Ac 12, 2] » (cité par Eusèbe, *Histoire ecclésiastique* II, 1, 5).

Jacques le Majeur

Pouvons-nous préciser ce que l'on sait de Jacques le Majeur ? Notre source est ici la tradition synoptique. Elle nous apprend que Jacques est le frère de Jean, qu'ils sont tous deux fils de Zébédée, qu'ils appartiennent au cercle des Douze et sont, avec Pierre et André, des disciples très proches de Jésus (cf. Mt 10, 2 et parallèles).

La tradition évangélique nous rapporte la vocation de Jacques et de Jean qui, à l'appel de Jésus, laissent leur barque pour le suivre (cf. Mt 4, 21 ; Mc 1, 19 s ; Lc 5, 10).

Au moment de la Transfiguration, Jacques apparaît comme l'un des proches de Jésus, puisque, avec Pierre et Jean, ils sont les trois bénéficiaires de la vision (Mt 17, 1 et parallèles).

C'est encore Pierre, Jacques et Jean qui accompagnent Jésus au moment de la résurrection de la fille de Jairos (cf. Mc 5, 37 et parallèles).

Ce sont Jacques et Jean qui demandent à Jésus de siéger à sa droite et à sa gauche (Mc 10, 35 et parallèles). Ce sont eux aussi qui demandent à Jésus quels seront les signes de la fin (cf. Mc 13, 3). À Gethsémani, on retrouve encore ces trois disciples avec Jésus pour la prière décisive, mais ils s'endorment (cf. Mc 14, 33).

Jacques apparaît encore dans la chambre haute, au moment où les disciples attendent, avec la mère et les frères de Jésus, la descente du Saint-Esprit (Ac 1, 13).

Enfin, nous apprenons qu'Hérode fit périr par l'épée Jacques, frère de Jean, en même temps qu'il fit arrêter Pierre (Ac 12, 2).

Tels sont les renseignements que la tradition évangélique nous offre sur Jacques le Majeur : c'est un disciple très proche de Jésus qui l'a accompagné durant son ministère et qui finalement a, lui aussi, subi le martyre sous Hérode.

Le frère du Seigneur

En ce qui concerne Jacques le frère du Seigneur, il faut ajouter aux données de la tradition néotestamentaire d'autres éléments de la tradition chrétienne primitive, rapportés par Eusèbe de Césarée.

Dans les Évangiles, les frères et les sœurs de Jésus apparaissent pour montrer que Jésus n'a rien d'extraordinaire puisque sa famille est bien connue (cf. Mt 12, 46-50 et parallèles), et l'Évangile de Jean précise que ses frères ne croyaient pas en lui (cf. Jean 7, 5).

Au jour de la Pentecôte, on retrouve les frères de Jésus dans la chambre haute attendant l'effusion de l'Esprit Saint. C'est à partir de ce moment que l'on voit émerger, parmi les frères de Jésus, le personnage de Jacques qui prend une place de plus en plus grande dans l'Église de Jérusalem.

Dans la première épître aux Corinthiens (15, 7), Jacques est mentionné comme un des témoins autorisés de la résurrection du Christ et cela explique pourquoi Paul le considère comme un apôtre (cf. Gal 1, 19). Lorsque Paul, après sa conversion, se rend à Jérusalem, pour rendre compte de son voyage à Éphèse, il se rend chez Jacques comme étant le chef incontesté de l'Église de la ville (Ac 21, 17). Ainsi Jacques le frère du Seigneur apparaît comme le premier évêque de Jérusalem. Il va donner à la communauté une orientation judaïsante qui ira s'accentuant après le départ de Pierre et la mort de Jacques le Majeur.

La tradition de l'Église ancienne, dont l'historien Eusèbe de Césarée est le grand représentant pour cette époque primitive, reprend les mêmes données et les précise. Il déclare que « Jacques, celui qu'on appelle le frère du Seigneur… à qui les anciens donnaient le surnom de juste à cause de la supériorité de sa vertu, fut, dit-on, le premier installé sur le trône épiscopal de l'Église de Jérusalem » (*Histoire ecclésiastique* II, 1, 2). Eusèbe nous apprend que Jacques le Juste est mort martyr. Pour étayer cette affirmation, il nous donne trois récits du martyre de Jacques, l'un venant de Clément d'Alexandrie (*Histoire ecclésiastique* II, 1, 4-5), l'autre d'Hégésippe (II, 23, 4-18), le troisième de l'historien juif Josèphe (II, 23, 21-24). Ces trois témoignages, qui divergent profondément sur les circonstances de la mort de Jacques, sont cependant unanimes à affirmer que celui-ci a été la victime de la haine des Juifs et que, peu après, Jérusalem fut assiégée.

André Benoit

28
Pierre qui passait partout...

Dès le début de l'Évangile selon Luc, la mission de Pierre est liée étroitement à sa vocation. À la suite de la pêche miraculeuse, Pierre se voit confier la mission de pêcheur d'hommes : « Sois sans crainte ; désormais ce sont des hommes que tu auras à capturer ! » (5, 10). Matthieu et Marc n'ont pas ces détails. De même, après le repas d'adieu, à Jérusalem, Pierre est confirmé dans son rôle auprès des disciples de Jésus : « Et toi, quand tu seras revenu, affermis tes frères » (22, 32). Les premiers chapitres des Actes des Apôtres montrent comment Pierre réconforta ses frères.

Nommé le premier dans la liste des apôtres (1, 13), il préside au choix de Matthias (1, 15) ; il prend la parole le jour de la Pentecôte, parlant au nom du groupe (2, 14). Vient ensuite la guérison du paralytique à la Belle Porte et la comparution devant le Sanhédrin (3, 1 ; 4, 31). Administrant les biens de la communauté, il tance vertement Ananias et Saphira qui mentent à Dieu (5, 4) et provoquent l'Esprit du Seigneur (5, 9). Même sévérité avec Simon le magicien (8, 18-24) lors de l'évangélisation de la Samarie (8, 14-25).

Sans doute Pierre est-il associé à Jean dans certains épisodes (3, 1 ; 4, 13 ; 8, 14-25), sans doute est-il l'envoyé des « apôtres qui sont à Jérusalem » (8, 14) (cf. 2, 42 ; 6, 2 ; 9, 27), « de l'Église qui est à Jérusalem » (11, 22), « de l'Église, des apôtres et des anciens » (15, 4). Mais partout, chaque fois, Pierre agit, parle, répond.

Le voyage de Césarée

« Pierre, qui passait partout ». Cette petite phrase des Actes des Apôtres (9, 32) inaugure un voyage décisif de l'apôtre, car il va mener Pierre de Jérusalem à Césarée, où Corneille, le centurion, sera baptisé, avec tous les siens. Au départ, il ne s'agit sans doute que d'une visite aux communautés chrétiennes qui s'étaient éparpillées autour de Jérusalem : « Saint Pierre, qui était demeuré dans Jérusalem pendant tout le temps de la persécution, en sortit aussitôt que la paix fut rendue à l'Église. Il alla dans tout le pays visiter les Églises, comme un général qui fait la revue de ses troupes » (Calmet). Mais le cours des événements change ce voyage de routine en révolution : un païen est admis à part entière dans la communauté exclusivement juive des premiers chrétiens (10, 1-11, 18).

Cette initiative de Pierre — ou plutôt cet acquiescement de Pierre à l'initiative de l'Esprit — cadre bien avec les péripéties de ce même voyage qui mettent en valeur le personnage : comme Jésus, Pierre guérit à Lydda un paralysé, Énée (9, 32-35) ; comme Jésus ils ressuscite une morte. Tabitha (9, 36-43). Cette mise en valeur est intentionnelle : l'admission de Corneille dans la communauté chrétienne va susciter d'âpres discussions, et il faut assurer l'autorité de celui qui a été acteur de cette admission. Dès son retour à Jérusalem, Pierre est interpellé : « Pourquoi as-tu été chez les incirconcis et as-tu mangé avec eux ? » (11, 3). Pierre répond aux critiques en soulignant l'initiative divine et il conclut : « Qui étais-je, moi, pour empêcher le dessein de Dieu ? » (11, 17). Cette démarche de Pierre est révélatrice et de son autorité et des limites de cette autorité.

Le concile de Jérusalem

Après un voyage à Césarée, c'est, lors de la persécution, l'emprisonnement et la délivrance miraculeuse (12, 5-19), emprisonnement au cours duquel « la prière ardente de l'Église montait sans relâche vers Dieu à son intention » (12, 5). C'est enfin le « concile » de Jérusalem où Pierre fait un exposé décisif : « Vous le savez, frères, c'est par un choix de Dieu que, dès les premiers jours et chez vous, les nations païennes ont entendu de ma bouche la parole de l'Évangile et sont devenues croyantes » (15, 7). Si Pierre expose lui-même la situation (15, 7-11), les éléments de solution seront avancés par Jacques qui appelle Pierre par son nom juif, « Syméon » (15, 14) et non par le prénom que Jésus lui a donné.

L'opposition de Paul

Pierre, ce personnage de premier plan, se voit contesté par Paul de Tarse. Relatant ce qu'on a appelé l'incident d'Antioche, Paul décrit son affrontement avec Pierre et sa plume vibre encore d'une indignation à peine contenue « Quand Céphas vint à Antioche, je me suis opposé à lui ouvertement, car il était dans son tort » (Ga 2, 11). Cet incident semble avoir laissé des traces dans la vie des premières communautés. Des gens bien intentionnés s'ingénièrent à opposer Pierre et Paul (cf. 1 Co 3, 22).

Pierre, d'ailleurs, n'avait-il pas, par trois fois renié Jésus ?

Cette polémique reviendra fréquemment dans l'histoire de l'Église : saint Augustin et saint Jérôme auront à ce sujet une controverse retentissante.

Il semble que, déjà, certaines variantes — une vingtaine — qui accompagnent le texte grec des Actes des Apôtres (et que l'on retrouve parfois en note dans les éditions françaises) entendent mettre en valeur la personne de Pierre.

Tout d'abord, elles s'ingénient à faire ressortir le parallélisme que le récit des Actes établit entre Pierre et Paul : tous deux ont entrepris des voyages missionnaires (9, 32 et 13, 4), au cours desquels ils ont converti des notables (10, 48 et 13, 12), ont rencontré des magiciens (8, 9 et 13, 6) ; tous deux ont été jetés en prison et délivrés miraculeusement (12, 11 et 16, 26), tous deux ont guéri des malades (5, 15 et 19, 11-12), relevé des paralytiques (3, 6-8 ; 9, 34 et 14, 9), ressuscité des morts (9, 36-43 et 20, 7-12).

Ces variantes s'attachent aussi à la personne de Pierre, ajoutant des détails qui expliquent son action.

Un rôle de premier plan

Ainsi, au « concile de Jérusalem » Pierre est dit se lever dans l'Esprit Saint (15, 7 ; cf. 4, 8 ; 15, 28), alors que Jacques s'en réfère à son seul avis (15, 19). On a soin de nous dire que les anciens étaient d'accord avec Pierre (15, 12). Le jour de Pentecôte, Pierre parle le premier (2, 14), au nom des Douze. Visiblement Pierre est mû par l'Esprit Saint : il est un témoin privilégié de ce Dieu qui agit avec énergie dans les communautés : « On les écouta ; puis tous, reconnaissant l'œuvre de Dieu, unanimes, s'adressèrent à Dieu » (4, 24). Rappel de ce qui s'est passé devant le Sanhédrin (qui n'a rien pu faire contre Pierre et Jean : 4, 14), et annonce de ce qui se prépare : l'emprisonnement de Pierre et sa délivrance miraculeuse. En 5, 29, Pierre seul et non les autres apôtres avec lui, proclame qu'il faut obéir à Dieu plutôt qu'aux hommes.

Cet esprit d'initiative de Pierre et son indépendance apparaissent aussi après le baptême de Corneille. Loin de retourner immédiatement à Jérusalem pour s'y justifier et garder ses distances à l'égard de cette communauté païenne, il prend tout son temps : « Pierre, au bout d'un temps assez long, décida donc de se mettre en route pour Jérusalem. Il s'adressa aux frères pour les affermir, puis il partit, faisant de fréquents discours à travers les campagnes et instruisant. Quand il arriva chez eux, il leur annonça la grâce accordée par Dieu. Mais les frères circoncis eurent des discussions avec lui » (11, 2).

Il ne faut pas exagérer l'importance de ces notes en faveur de Pierre ; d'autres en effet soulignent l'action de Paul. Il s'agit donc d'un ensemble qui par l'apport de précisions, de détails, révèle l'intérêt et la vénération que vouaient déjà les premières communautés chrétiennes aux deux grands apôtres.

Quoi qu'il en soit, le texte des Actes montre que Pierre joue un rôle de premier plan dans l'organisation des premières communautés chrétiennes. Son action est décisive le jour de la Pentecôte comme le jour du baptême de Corneille. Ses faits et gestes font la trame des premiers chapitres des Actes des Apôtres, qui sont pratiquement les « actes de Pierre », annonçant les « actes de Paul ». Les activités des deux apôtres sont complémentaires ; elles sont révélatrices de la vivacité et de la sérénité de l'Esprit.

Paul-Irénée Fransen

29
Pierre à Césarée Maritime

Le récit du chapitre 10 des Actes des Apôtres, répété sous forme légèrement abrégée au chapitre 11, v. 5-18, constitue dans ce livre l'apogée de la carrière de l'apôtre Pierre. Présenté aux chapitres 1 à 5 comme chef d'une Église locale, celui-ci joue aux chapitre 8 (v. 14-25) et 9 (v. 32-43) un rôle d'inspecteur des communautés de Samarie et de la plaine côtière de la Judée, pour devenir aux chapitres 10 et 11 un grand novateur en matière missionnaire. Mais, dès le début du chapitre 11, son sort devient difficile : contesté dans l'Église de Jérusalem (11, 1-4), il est emprisonné au chapitre 12 (v. 3 sq.) et obligé de fuir la capitale malgré sa libération miraculeuse, laissant la direction de l'Église à Jacques (12, 17) ; dès lors, il ne fait plus qu'une apparition fugitive dans la narration, au chapitre 15 (v. 7-11) et semble perdre toute importance pour la suite de l'histoire de l'Église et de la mission, au moins aux yeux de Luc.

Un tournant capital

Comme on le sait, le cadre chronologique et topographique dans lequel Luc a inséré, aussi bien dans son Évangile que dans le Livre des Actes, les petites unités de tradition qu'il avait recueillies relève plus de la construction théologique que de la reconstruction historique. Ici comme ailleurs, Luc cherche beaucoup plus à montrer comment Dieu a réalisé ses desseins qu'à écrire une biographie exacte de son héros principal — qui est Pierre. Si ce récit du chapitre 10 forme l'apogée de la carrière de l'apôtre, c'est parce que ici ce dernier est l'instrument privilégié que Dieu utilise pour ouvrir aux païens l'accès au salut, événement capital d'après Luc. La courbe qui suit dans le Livre des Actes l'activité de Pierre est montante aussi longtemps que Dieu le prépare à faire entrer les païens dans l'Église ; elle descend en pente rapide dès que Paul devient le principal outil de la Providence pour continuer cette œuvre. Autant dire que le récit de la conversion du centurion Corneille et de ses amis nous renseigne d'abord sur la pensée de Luc. Son ampleur exceptionnelle, que la comparaison avec une narration analogue, celle de la conversion de l'eunuque éthiopien (Ac 8, 26-39), fait bien ressortir, prouve qu'il est porteur d'un message capital et qu'il constitue l'une des clés de l'interprétation de l'ensemble de l'œuvre de Luc à Théophile. On peut résumer les idées que l'évangéliste-historien illustre ici de la façon suivante : sans aucune contribution humaine autre que l'obéissance aveugle aux instructions reçues de Dieu, ce dernier ouvre toutes grandes aux païens les portes du salut ; Pierre est l'instrument qu'il s'est choisi pour cette fin et cette élection constitue le couronnement de la carrière de ce grand apôtre ; d'abord choquée, l'Église de Jérusalem s'incline devant la décision prise par Dieu.

Ce tournant capital pris par l'histoire du salut prépare toute la suie du Livre des Actes, ainsi que la conclusion de l'œuvre (28, 28-30), caractérisée par le passage définitif du message du salut aux païens, les Juifs l'ayant rejeté. En mettant en valeur le rôle privilégié de Pierre dans ce grand virage du chapitre 10, Luc réalise en outre une triple opération conforme au dessein général des Actes des Apôtres : il écarte l'idée que l'évangélisation des païens aurait été une initiative plus ou moins contestable de Paul ; il souligne fortement la continuité existant entre le ministère de Pierre et celui de Paul ; il fait des critiques adressées par Jacques et son groupe à Paul (cf. Ga 2, 12 ; Ac 21, 18-25), non la défense d'une tradition ancienne, mais un fâcheux retour en arrière contraire à la volonté divine clairement exprimée. Bref, Pierre est ici présenté comme le chaînon intermédiaire qui relie Jésus à Paul.

Les ajouts de Luc

Satisfaisant du point de vue théologique, ce schéma l'est-il aussi pour l'historien ? Diverses questions se posent à cet égard. Luc a certainement fait une contribution rédactionnelle importante à la double narration des chapitre 10 et 11, 5-18 : répétition du récit ; procédé littéraire des deux visions symétriques (10, 3-6 et 10, 10-16 ; 11, 5-10 et 11, 13-14 ; cf. 9, 10-16 et 9, 11-12) ; discours missionnaire de Pierre très proche de ceux des chapitres 2 et 3 (10, 36-43) ; relation entre le don du Saint-Esprit et le baptême (10, 44-48 ; 11, 15-17) ; renvoi à la promesse du Saint-Esprit (Lc 3, 16 et Ac 1, 5) et au récit de la Pentecôte (Ac 2, 1 sq.), etc. Il est pourtant douteux qu'il ait créé lui-même le moindre épisode significatif, ce qui serait contraire à ses habitudes littéraires.

Reproduit-il alors une source ou une tradition unique, qu'il se contenterait de paraphraser deux fois de suite, au chapitre 10, puis au chapitre 11 ? Il semble plutôt que deux éléments mal intégrés au récit proviennent de traditions indépendantes : la vision de Pierre (10, 10-16 et 11, 5-10), qui fait double emploi avec les instructions que lui donne l'Esprit (10, 19-20 et 11, 12) et ne concerne pas exactement la même question que le reste de la narration, puisqu'il s'y agit d'aliments purs et impurs et non d'accès des païens au salut ; le discours de Pierre (10, 36-43), qui disparaît de la seconde narration (cf. 11, 15) et ne fait pas avancer le récit dans la première. La vision de Pierre apporte une réponse divine à la question de la communauté de table avec les chrétiens d'origine païenne, donc impurs, dans les Églises à majorité judéo-chrétienne (cf. Ga 2, 12). Le discours repose sur le « kérygme » rapportant sommairement la vie, la mort et la résurrection du Christ, comme c'est aussi le cas des autres discours missionnaires du Livre des Actes, tous insérés artificiellement par Luc dans des narrations venues d'autres traditions.

Une fois débarrassé de ces deux additions importantes, ainsi que de bon nombre de petites notations rédactionnelles dispersées çà et là, le récit principal apparaît dans son état premier. C'est l'histoire, bien apte à servir à l'édification des croyants, de l'exception faite par Dieu lui-même en faveur d'un païen pieux à la règle interdisant l'entrée des incirconcis dans l'Église. C'est la tradition d'une Église judéo-chrétienne à laquelle le problème de la communauté de table avec des frères d'origine païenne ne se pose pas encore sérieusement, en raison sans doute du très petit nombre de demandes de baptême faites par des incirconcis. On peut penser à l'Église de Jérusalem au moment où commençaient tout juste à apparaître en Palestine quelques petites communautés installées hors de la Ville sainte. Le rôle de Pierre dans ce récit primitif n'a pas le caractère décisif qu'il acquiert dans la narration du Livre des Actes. L'apôtre n'est guère qu'un catalyseur passif et un témoin.

L'existence de traditions narratives et kérygmatiques dont Pierre est le personnage principal n'a rien de surprenant. Elle est attestée par de nombreux passages des chapitres 1 à 15 des Actes des Apôtres. L'importance attribuée à Pierre par Luc ne provient donc pas simplement des choix rédactionnels faits par cet auteur. Elle est aussi le reflet de la place considérable que la tradition réservait à l'apôtre. À son tour, cette tradition n'avait pu se constituer que parce que Pierre était, ou avait été, tout ce qu'elle disait, chef d'Église, prédicateur inspiré, guérisseur, missionnaire.

Le centurion Corneille

Que nous apprennent donc, sur le Pierre de l'histoire, les trois éléments de tradition utilisés par Luc pour rédiger Actes 10, 1 à 11, 18 ? Pas grand-chose sur sa pensée théologique, car son discours de 10, 36-43 n'est guère qu'un écho du « kérygme » formé très tôt à Jérusalem et ne présente aucun caractère personnel. Tout au plus peut-on dire que le premier des apôtres a certainement apporté une contribution importante à l'élaboration de ces énoncés christologiques. Mais il est impossible de discerner ce qui aurait été son apport propre[1]. La chronologie de la carrière de Pierre n'est guère éclairée non plus par ces traditions isolées qui ne contiennent aucune référence à l'histoire générale. La mention de la cohorte

1. On a parfois tenté de déceler cet apport : cf. par exemple O. Cullmann, *Saint Pierre, disciple, apôtre, martyr*, Neuchâtel et Paris, Delocheux et Niestlé, 1952, p. 57-60. Le résultat est non seulement décevant, mais fragile.

« italique » (10, 1) comme l'unité où servait le centurion Corneille ne nous y aide pas, car la *cohors II Italica civium Romanorum,* dont il pourrait s'agir, n'a été stationnée à Césarée que de 69 à 157 de notre ère, à notre connaissance. Cela ne signifie pas nécessairement que Corneille est un personnage légendaire, comme on l'a parfois dit, car de nombreuses explications peuvent être envisagées pour expliquer la présence d'un tel personnage à Césarée, capitale de la Judée romaine, entre 30 et 60 de notre ère. Mais la mention de la cohorte « italique » ne nous apporte aucune indication chronologique. Jusqu'à nouvel ordre, il en est de même pour le nom du centurion, qu'aucune inscription ne nous fait connaître.

Le missionnaire du Saron ?

Pour la topographie de la carrière de Pierre, les traditions sous-jacentes aux chapitres 10 et 11 des Actes sont peut-être plus instructives, surtout si on les rapproche de celles de la fin du chapitre 9 et même de celle de 8, 14-25. En effet, tous les lieux que ces traditions mentionnent sont situés dans le centre ouest de la Palestine : « la [ou : "une"] ville de la Samarie », à savoir sans doute Sébaste, l'antique Samarie modernisée par Hérode le Grand (8, 5) ; « de nombreux villages des Samaritains » (8, 25) ; Lydda (9, 32) et le Saron (9, 35) ; Joppé (9, 36.38.42-43 ; 10, 5.8.23) ; Césarée (10, 1.24). Ce fait suggère que Pierre a eu à un moment donné des liens particuliers avec cette région, en particulier avec la partie centrale de la région côtière de la Palestine. On pourrait même se demander, en reprenant une ingénieuse hypothèse de Harnack, si la maison de Joppé où Simon Pierre reçut les envoyés de Corneille et leur accorda l'hospitalité (10, 23) n'était pas, vu sa situation au bord de la mer (10, 6), la demeure de l'apôtre, dont on se rappelle qu'il était pêcheur (Marc 1, 16 et parallèles, etc.) et qu'il lui est arrivé d'aller à la pêche après la résurrection de son Maître (Jean 21, 3 sq.). Si tel était le cas, ce serait Luc qui, en combinant le récit de la vision chez le tanneur Simon avec celui de la conversion de Corneille, aurait confondu les deux « maisons de Simon », car à ses yeux Pierre n'avait pu habiter que Jérusalem jusqu'au jour où, vers 43-44, Hérode Agrippa l'en avait chassé (12, 17). Faut-il alors penser qu'entre le temps où il dirigeait l'Église de Jérusalem et celui où on trouve sa trace à Antioche (Ga 2, 11 sq.), Pierre a été le « missionnaire du Saron », un peu comme l'helléniste Philippe a été celui de la population hellénophone de Césarée (8, 40 et 21, 8 sq.) ?

Quoi qu'il en soit, le Pierre que nous font connaître ces traditions jouit d'une autorité exceptionnelle dans la région, à la fois comme thaumaturge (9, 35.38.42) et comme messager de Dieu (10, 22.25.33.48). Ce personnage est l'un des témoins de la vie, de la mort et de la résurrection du Messie Jésus (10, 41-42). Il est en outre inspiré (10, 19-20) et visionnaire (10, 10-16). Bref, il ressemble beaucoup au Pierre décrit dans les traditions sous-jacentes aux chapitres 1 à 6 des Actes des Apôtres, à cela près qu'il n'a plus ici les traits d'un chef d'Église qu'on lui voit en 1, 15-26, en 5, 1-11 et en 8, 14-24.

Homme de la transition

Enfin, le récit de la vision chez le corroyeur nous révèle un Pierre à la fois hardi dans son comportement vis-à-vis des règles de pureté rituelle et quelque peu tourmenté par sa propre audace, c'est-à-dire exactement le même homme que celui auquel Paul s'est heurté à Antioche (Ga 2, 11-21). La hardiesse est évidente dans le fait que Pierre a accepté l'hospitalité d'un homme exerçant un métier générateur d'une grave impureté rituelle aux yeux des rabbins et que, pressé par la faim (10, 10), il s'apprête à manger un repas préparé par des mains souillées. Quant au tourment intérieur, il est souligné avec insistance par le récit : Pierre refuse par trois fois de manger des animaux impurs (10, 14-16) ; il reste perplexe quant au sens de la vision (10, 17.19), pourtant parfaitement évident dans le cadre où elle a eu lieu. Face à Jacques, qui campe sur les positions juives traditionnelles, et à Paul, qui se fait « tout à tous » et ne peut supporter l'idée d'une séparation entre chrétiens en raison de leur origine juive ou païenne, Pierre apparaît comme l'homme de la transition, mais aussi de l'hésitation.

N'est-il pas le frère très proche de beaucoup de chrétiens du XXe siècle, qui mesurent les insuffisances du traditionalisme dans le monde d'aujourd'hui, mais n'osent pas se lancer à corps perdu dans un mode de vie et de témoignage entièrement nouveau, malgré les appels que leur adressent certains audacieux ?

Étienne Trocmé

30
Corneille, le premier païen converti

Une lecture attentive du récit de la conversion de Corneille à Césarée révèle une construction très soignée de la part de Luc : le lecteur saisit par là l'importance que représente pour l'auteur du Livre des Actes la première conversion d'un païen au début du christianisme[1].

Le récit peut se découper facilement en scènes par le jeu des lieux et des personnes en présence.

— En Actes 10, 1-8, après la présentation du personnage de Corneille, païen « craignant-Dieu », c'est-à-dire proche du judaïsme mais non circoncis, le récit commence par une vision adressée au centurion lui demandant d'envoyer des hommes à Joppé (Jaffa) pour faire venir Pierre.

— En 10, 9-16, nous assistons à une vision parallèle adressée à Pierre où il lui est ordonné de tuer et de manger des animaux de toutes espèces. Devant le

1. Les commentateurs hésitent à propos de l'eunuque éthiopien d'Actes 8, 26-40 : s'agissait-il d'un prosélyte ou d'un « craignant-Dieu » ? Dans ce dernier cas, c'est lui qui serait le premier païen converti au christianisme dans le Livre des Actes. C'est l'hypothèse préférée par M. Quesnel, *Baptisés dans l'Esprit*, Paris, Le Cerf, 1985, p. 33, note 5 ; il voit dans le baptême de l'eunuque une préparation à l'événement central d'Actes 10-11, 18.

refus de Pierre, la voix lui donne le sens : « Ce que Dieu a rendu pur, ne va pas le déclarer immonde. »

— En 10, 17-23a, Pierre, toujours sous le coup de sa vision, rencontre, poussé par l'Esprit, les gens de Corneille qui racontent la vision de ce dernier.

— En 10, 23b-33, Pierre se met en route, rencontre Corneille. Pierre raconte sa vision et Corneille la sienne.

— En 10, 34-43, Pierre s'adresse aux païens pour leur annoncer Jésus-Christ. Il le fait sans citer l'Écriture puisqu'il s'adresse à des païens.

— En 10, 44-48, nous assistons à une « Pentecôte » surprise sur les païens. Pierre en conclut qu'il doit baptiser les païens :

« Pierre parlait encore quand l'Esprit Saint tomba sur tous ceux qui écoutaient la parole. Et tous les croyants circoncis qui étaient venus avec Pierre furent stupéfaits de voir que le don du Saint-Esprit avait été répandu aussi sur les païens. Ils les entendaient en effet parler en langues et magnifier Dieu. Alors Pierre déclara : "Peut-on refuser l'eau du baptême à ceux qui ont reçu l'Esprit Saint aussi bien que nous ?" Et il ordonna de les baptiser au nom de Jésus-Christ. Alors ils le prièrent de rester quelques jours avec eux. »

— En 11, 1-18, Pierre, de retour à Jérusalem, justifie son acte en racontant sa vision et ce qui s'est passé à Césarée. Ses auditeurs concluent : « Voilà que Dieu a donné aussi aux nations païennes la conversion qui mène à la vie. »

L'Esprit tomba sur eux comme il l'avait fait sur nous

À première lecture, il est très frappant de voir l'importance que prennent les visions dans ce récit : elles sont rappelées cinq fois. Dès lors, leur fonction est évidente : leur rappel permanent signifie que l'événement du baptême de Corneille et des siens n'est pas le fruit du hasard ni celui d'une initiative personnelle de Pierre, mais bien l'œuvre de l'Esprit qui conduit son Église. C'est Dieu qui incite Corneille à aller chercher Pierre ; Pierre rencontre Corneille après qu'a été levé l'obstacle de l'impureté qui sépare Juifs et païens. Pour l'avenir de l'Église, la conversion des païens est tellement lourde de conséquences qu'il est facile de saisir pourquoi Luc insiste tellement sur l'inspiration divine qui a conduit au baptême de Corneille : seul Dieu lui-même pouvait faire ouvrir l'Église au monde païen.

Jésus ressuscité a envoyé l'Esprit pour continuer son œuvre. C'est bien lui qui est à l'œuvre dans la conversion de Corneille. Le récit y fait référence en permanence : c'est lui qui pousse Pierre à suivre les envoyés de Corneille[1] ; Pierre, dans son discours, rappelle que Jésus a reçu l'onction de l'Esprit : l'Esprit vient sur les païens dans une nouvelle Pentecôte ; c'est la stupeur chez les croyants circoncis : sur les nations païennes, le don de l'Esprit est maintenant répandu ; Pierre baptise « ces gens qui ont reçu le baptême tout comme nous » ; enfin, à Jérusalem, Pierre dit que c'est l'Esprit qui lui a donné l'ordre d'aller à Césarée ; il raconte que l'Esprit Saint « tomba sur eux comme il l'avait fait sur nous au commencement » ; il rappelle que le Seigneur a dit : « Vous allez recevoir le baptême dans l'Esprit Saint. » S'il y a ainsi huit mentions de l'Esprit, c'est bien pour affirmer que ce qui s'accomplit chez les païens est son œuvre et non une initiative personnelle de Pierre.

1. Mais c'est un ange qui rencontre Corneille en 10, 3 : l'Esprit ne lui sera donné qu'en 10, 44.

Le problème de la communauté de table

Parmi les nombreux obstacles qui se dressaient contre l'entrée des païens dans l'Église, il y en avait un majeur qui nous est révélé par la vision de Pierre : le problème de la communauté de table. Rappelons que pour un Juif, un craignant-Dieu tel Corneille, même s'il acceptait le monothéisme, fréquentait la synagogue et observait le *shabbat*, demeurait pourtant un étranger puisqu'il n'était pas circoncis. Les Juifs encouraient donc à leur contact une impureté rituelle ; il était dès lors hors de question pour eux de se mélanger aux païens, fussent-ils « craignant-Dieu », et encore moins de partager la même table. Un Juif n'invitait jamais un étranger à sa table, même si celui-ci observait les mêmes lois alimentaires : la communauté de table était impossible. Pour les Juifs issus du mouvement baptiste, les problèmes de communauté de table étaient sans doute encore plus forts puisqu'ils ne mangeaient pas de viande ; pour eux, les impératifs alimentaires dominaient ceux de la circoncision : c'est à table, autour du maître, que se forgeait l'unité du groupe.

Pour les premiers chrétiens, l'ouverture aux païens ne faisait peut-être pas question en soi, vu la prédication et la pratique de Jésus vis-à-vis des étrangers. Le problème était de savoir comment et à quelles conditions pouvait se faire cette ouverture sans risquer de briser l'unité de la communauté. Le Nouveau Testament témoigne de la diversité des positions qui a régné dans les débuts du christianisme[1]. Un des problèmes majeurs était la communauté de table,

1. Voir à ce sujet R. E. Brown, *Antioche et Rome*, Paris, Le Cerf, 1988, p. 20-28.

comme en témoigne le récit de la conversion de Corneille. Ce récit nous donne la solution qui a finalement prévalu sous le patronage de Pierre : la présence de l'Esprit et l'eau du baptême seront désormais les seuls principes d'unité. « Fais venir Pierre », dit l'ange à Corneille. Pierre pouvait-il venir ? En tant que Juif, il ne pouvait que refuser les nourritures impures à la table des impurs ; en tant que baptiste d'origine, il refusait de tuer et de manger les animaux. Mais devant l'évidence de l'Esprit, pouvait-il faire obstacle ?

Une étape capitale dans le Livre des Actes

L'importance de ce récit dans le Livre des Actes se mesure d'abord par la dimension exceptionnelle de l'épisode : plus d'un chapitre. Si l'on y ajoute le récit du baptême de l'eunuque éthiopien qui le prépare, le récit de la vocation de Paul apôtre des païens, puis la fondation de l'Église d'Antioche qui le suit et où les Grecs sont évangélisés, nous concevons que nous sommes là à un des tournants essentiels de l'œuvre de Luc : la route de Rome est ouverte. L'assemblée de Jérusalem au chapitre 15 sera le point d'orgue à cette ouverture aux païens.

Le fait que ce soit Pierre, et non Paul dont on vient de raconter la conversion, qui soit amené à faire le pas décisif est significatif : l'ouverture aux païens n'est ni une déviance ni un fait marginal ; elle est le fait des premiers témoins du Ressuscité qui se laissent conduire par l'Esprit.

François Brossier

31
Pierre à Rome

Unanime, la tradition rapporte que Pierre est mort martyr à Rome, durant le principat de Néron. Mais dès qu'on cherche à préciser les circonstances de sa venue en la ville impériale, de son apostolat et de son martyre, on ne peut que récolter des hypothèses.

Le début des Actes des Apôtres est principalement consacré à Pierre, alors que la seconde partie, plus longue, concerne Paul. Le récit de la délivrance miraculeuse de Pierre à Jérusalem se termine de façon laconique : « Il s'en alla et se mit en route pour une autre destination » (Ac 12, 17). Se fondant sur la tradition tardive des vingt-cinq ans d'apostolat de Pierre à Rome, quelques auteurs en ont déduit qu'il était alors parti pour l'*Urbs*. Hypothèse bien peu vraisemblable, car nous le retrouvons à Jérusalem quelques années plus tard, pour l'assemblée apostolique qui devait reconnaître la liberté des païens convertis par rapport à la circoncision et à la Loi (Ac 15, 7 sq.). Il ne sera plus question de Pierre dans les Actes.

Le silence des Épîtres

D'après la lettre de Paul aux Galates, Pierre s'est rendu à Antioche. Acceptant dans un premier temps de partager les repas avec les païens convertis, il s'y refusa à l'arrivée de gens venus de l'entourage de Jacques (Ga 2, 12 sq.). On sait la suite, la violente protestation de Paul justement inquiet de voir la division s'établir dans l'Église est préoccupé de maintenir la justification par la foi. La lettre aux Galates ne précise pas ce que fit Pierre à la suite de cette discussion. Selon toute vraisemblance il demeura assez longuement sur place. L'Évangile de Matthieu, écrit plus tard à Antioche, ou au moins en Syrie, témoigne de l'importance exceptionnelle donnée par cette communauté à la figure de Pierre[1].

À Corinthe se formera un parti de Céphas (1 Co 1, 12) : comme Apollos, Pierre aurait-il visité la communauté après sa première évangélisation par Paul ? Denys de Corinthe l'affirme (d'après Eusèbe, *Histoire ecclésiastique* II, 25, 8), mais on pourrait supposer plus simplement que des chrétiens d'origine juive se réclamaient de Céphas par opposition aux chrétiens hellénistes qui leur semblaient prendre des positions trop aventureuses : « Tout m'est permis ! » selon le slogan discuté par Paul dans sa première lettre aux Corinthiens (6, 12).

L'en-tête de la Ire Lettre de Pierre énumère cinq provinces d'Asie Mineure. On ne saurait en déduire que Pierre ait fondé ou visité lui-même ces diverses contrées. Cette lettre circulaire apporte un réconfort à des chrétiens vivant isolés en monde païen et

1. Voir *Le monde de la Bible*, n° 28, mars-avril 1983, p. 44-48 : « L'Église d'Antioche » (par E. Cothenet).

ne témoigne pas d'une connaissance concrète de ses destinataires.

L'épître de Paul aux Romains ne fait jamais mention de Pierre. Étant donné que Paul prend tant de précautions pour s'adresser à une communauté qu'il n'a point fondée lui-même, il aurait dû mentionner Pierre si celui-ci exerçait son ministère dans la Ville. La datation de Romains est sûre : hiver 57/58. Par ailleurs, le récit des Actes sur la captivité de Paul à Rome (Ac 28), à situer en 61-63, ne fait aucune allusion à Pierre. Il faut en conclure que Pierre n'est arrivé en cette ville que peu avant la persécution de Néron (été 64).

La persécution sous Néron

Selon la thèse la plus commune aujourd'hui, Pierre aurait été martyrisé durant la persécution de Néron (automne 64). Tacite (*Annales* XV, 41) nous en a fourni le récit le plus poignant. Il atteste à la fois le grand nombre de chrétiens mis en accusation (*ingens multitudo*) et la férocité de la répression : dénoncés comme incendiaires, les fidèles sont condamnés à être brûlés vifs avec un grand raffinement de cruauté.

La plupart des témoignages anciens situent le martyre de Pierre à la fin du principat de Néron. C'est ainsi que saint Jérôme, en se référant à la *Chronique* d'Eusèbe, place l'événement en la troisième année de la 211e Olympiade, c'est-à-dire entre les calendes de juillet 67 et la fin de juin 68, quatorzième et dernière année du règne de Néron. Cette année-là, l'empereur mégalomane la passa presque entière en Grèce où il fit acclamer ses dons d'histrion. L'administration de Rome fut confiée à des triumvirs, Sabinus, Tigellinus et Helius Caesarianus (Dion Cassius 63, 12, 19), ce qui correspond bien à l'indication de Clément de Rome selon lequel Pierre comparut devant les gouverneurs (I *Clem*. V, 7).

Quant à la date du 29 juin, c'est évidemment une date liturgique. La plus ancienne mention s'en trouve dans le *Liber pontificalis* : « Le III des Kalendes de juillet, commémoraison de Pierre à Catacumbas, de Paul à la voie d'Ostie, sous le consulat de Tuscus et Bassus » (soit en 258). Selon toute vraisemblance, cette date correspond à la translation des reliques de saint Pierre, cachées aux Catacombes de la voie Appienne, où s'élèvera plus tard la basilique Saint-Sébastien. On y a trouvé une série d'inscriptions invoquant la protection des deux apôtres et faisant état du *refrigerium*, c'est-à-dire de repas de charité organisés à l'emplacement de la tombe des martyrs [1]. L'un de ces graffiti est daté de l'an 260. Après la paix constantinienne, les reliques furent ramenées près du cirque du Vatican, là même où, dès le IIe siècle, on avait élevé le « trophée » dont parle le prêtre Gaïus.

Données de la tradition sur le martyre de Pierre

Dans la Ire Lettre de Pierre, écrite de Rome (5, 13), l'apôtre se présente comme témoin (*martus*) des souffrances du Christ et participant de la gloire future (5, 1). Si, comme il est probable, cette épître a été écrite par un disciple une dizaine d'années après la mort de Pierre, ce passage nous fournit une attestation sur sa mort glorieuse, même si le terme *martus* n'avait pas encore son sens spécifique de martyr.

1. Voir A. Hamman, *Vie liturgique et vie sociale*, Paris, Desclée, 1968, p. 211.

Dans le quatrième Évangile, nous percevons un autre écho de la mort de Pierre. Après avoir demandé à Simon-Pierre s'il l'aimait, Jésus lui confie son troupeau, puis ajoute : « Lorsque tu seras devenu vieux, tu étendras les mains et c'est un autre qui nouera ta ceinture et qui te conduira là où tu ne voudrais pas aller » (Jn 21, 18). De cette annonce énigmatique l'évangéliste nous donne lui-même le sens : « Jésus parla ainsi pour indiquer de quelle mort Pierre devait glorifier Dieu [*sèmainôn poiô thanatô doxazei ton theon*]. » Cette tournure ne se trouve que deux autres fois, en rapport avec la crucifixion de Jésus (Jn 12, 33 ; 18, 32). Le martyre de Pierre est situé ainsi dans le sillage du Christ ; celui qui, dans un premier temps, n'était pas capable de suivre son Maître (Jn 13, 36-38) saura un jour aller jusqu'au bout de son amour.

Écrivant aux Corinthiens vers 95, Clément de Rome réunit dans un même souvenir les deux apôtres martyrs : « Pierre [...] par suite d'une jalousie injuste a supporté tant de souffrances [...] et [...] après avoir rendu ainsi témoignage s'en est allé au séjour de gloire qui lui était dû. Par suite de la jalousie et de la discorde, Paul a montré le prix réservé à la constance[1] » (5, 4-5). De quelle jalousie s'agit-il ? On devine des dissensions à l'intérieur d'une communauté où forts et faibles avaient de la peine à s'accueillir mutuellement (cf. Rm 14). L'histoire est là pour montrer qu'en toute période de persécution violente il y a des faibles qui, pour éviter une condamnation, ne reculent pas devant les dénonciations...

1. Trad. A. Jaubert (SC 167).

Des récits légendaires

Un autre écho du martyre de Pierre nous est fourni dans un apocryphe judéo-chrétien du début du IIe siècle, l'*Ascension d'Isaïe* (IV, 1-3). L'empereur persécuteur, dénoncé comme matricide (l'allusion à Néron est évidente), est considéré comme l'incarnation de l'Antéchrist.

C'est dans les *Actes de Pierre*, écrits vers la fin du IIe siècle[1], que l'on trouve les données les plus circonstanciées — et les plus romancées — sur le martyre de Pierre. Son séjour à Rome est marqué par de longues joutes oratoires avec Simon le magicien. Comme Simon s'élance dans les airs pour prouver qui il est, Pierre s'adresse au Christ pour provoquer la chute de l'imposteur (XXXII) : épisode bien souvent reproduit par les peintres. C'est aussi dans les Actes qu'on lit la scène du *Quo vadis*. À l'annonce de la persécution Pierre quitte Rome et rencontre le Seigneur. Il lui demande où il allait :

« Le Seigneur lui dit : "Je vais à Rome pour y être crucifié." Et Pierre lui dit : "Seigneur, allez-vous de nouveau être crucifié ?" Et il lui dit : "Oui, Pierre, je suis de nouveau crucifié." Et Pierre, rentrant en lui-même, après avoir vu le Seigneur remonter au Ciel, retourna à Rome, se réjouissant et glorifiant le Seigneur, de ce qu'il avait dit : "Je suis crucifié" ; cela devait [donc] arriver à Rome » (*Actes de Pierre* XXV).

1. Bibliographie récente sur les *Actes de Pierre*, dans les *Actes apocryphes des Apôtres. Christianisme et monde païen*, Genève, Labor et Fides, 1981, p. 299-301. Nous suivons la traduction de L. Vouaux (Paris, 1922).

Selon ces mêmes *Actes*, Pierre demanda à être crucifié la tête en bas, en développant une étrange argumentation où l'on reconnaît des relents de spéculations gnostiques. Parce que, par sa chute, Adam a tout mis sens dessus dessous, il faut par la conversion remettre les choses en place.

Les trophées de ceux qui ont fondé cette Église

Laissant de côté les données légendaires, nous retrouvons un terrain solide avec cette attestation de Gaïus qui, dans la controverse avec les montanistes, met en valeur les souvenirs qui fondent l'autorité de l'Église de Rome : « Pour moi, je peux montrer les trophées des apôtres. Si tu veux aller au Vatican ou sur la voie d'Ostie, tu trouveras les trophées de ceux qui ont fondé cette Église » (dans Eusèbe, *Histoire ecclésiastique* II, 25, 7)[1].

Édouard Cothenet

1. Voir *Le monde de la Bible*, nº 27, janvier-février 1983, p. 40-43 : « Les fouilles du Vatican » (par C. Munier).

32
Pierre dans la tradition johannique

Parmi les écrits de la tradition johannique, seul l'Évangile selon Jean a conservé expressément le souvenir de Pierre. Il y est question de Simon-Pierre plus que de tout autre disciple, voire même plus que du disciple anonyme ou du disciple que Jésus aimait. L'évangéliste, qui le nomme Simon-Pierre au début des péricopes, puis Pierre dans le corps de celles-ci, confère à sa figure et à son rôle maints traits déjà rencontrés chez les synoptiques, alors que la plupart des matériaux utilisés pour la rédaction du livre à la fin du Ier siècle ne sont pas en l'occurrence, les mêmes, et ont été transmis dans une communauté différente, marquée par le disciple que Jésus aimait, ainsi qu'on l'affirmait.

Afin de présenter la figure et le rôle de Pierre dans l'Évangile de Jean, il convient de faire le départ entre les passages où il apparaît seul, sans le disciple bien-aimé, les récits où il est en compagnie du disciple bien-aimé et le chapitre 21, qui est généralement considéré comme une addition tardive.

Il y a six récits, pour la plupart parallèles à des péricopes des Évangiles synoptiques, qui mettent en scène Pierre sans que soit mentionné explicitement le disciple bien-aimé.

Pierre sans le disciple bien-aimé

LA VOCATION DE PIERRE. Jean 1, 40-42 rapporte la vocation de Pierre qui n'est pas le premier disciple rencontré et appelé comme dans la tradition synoptique (cf. Mc 1, 16-20). Selon Jean, André qui, accompagné d'un autre disciple, avait déjà suivi Jésus, va chercher son frère Pierre, lui annonce qu'ils ont trouvé le Messie et l'amène à Jésus. À son arrivée, Pierre s'entend dire : « Tu es Simon, le fils de Jean ; tu seras appelé Céphas — ce qui veut dire Pierre. » Ce changement de nom évoque la nouvelle destinée de Pierre et rappelle la promesse qui lui a été faite en Matthieu 16, 17-18. Ainsi, dès sa première rencontre avec Jésus, Pierre est reconnu et présenté à partir de ce que sera sa vocation particulière.

LA CONFESSION DE FOI. Jean 6, 67-69 qui relate la confession de foi de Pierre, présente le parallèle johannique à la tradition synoptique (cf. Mc 8, 27-30). Après le discours sur le pain de Vie, l'évangéliste mentionne que beaucoup de disciples, ne croyant plus en Jésus, se retiraient et cessaient de faire route avec lui. C'est alors que Jésus s'adresse aux Douze : « Et vous, n'avez-vous pas l'intention de partir ? » Pierre de lui répondre : « ... et nous, nous avons cru et nous avons connu que tu es le Saint de Dieu. » La réaction de Jésus à cette confession est plus neutre que chez les synoptiques où Pierre est loué (Mt 16, 17) puis qualifié de Satan (Mc 8, 33). Si en Jean 6, 67-69 la figure de Pierre a un certain relief, du fait qu'il parle au nom des Douze, il ne reçoit pourtant aucune préséance.

LE LAVEMENT DES PIEDS. Jean 13, 6-11, la scène du lavement des pieds, n'a pas de parallèle synoptique. Pierre qui n'a pas compris le sens du geste de Jésus résiste quand celui-ci s'approche pour lui laver les pieds : « Toi, Seigneur, me laver les pieds ! » Alors Jésus insiste en lui expliquant qu'il doit en être ainsi. Aussi Pierre s'exclame : « Alors, Seigneur, non pas seulement les pieds, mais aussi les mains et la tête ! » Ce récit révèle, comme dans les synoptiques, un Pierre impulsif, qui ne saisit pas de suite la portée des paroles de Jésus.

L'ANNONCE DU RENIEMENT. Jean 13, 36-38, l'annonce du reniement de Pierre a un sens similaire au récit synoptique (cf. Mc 14, 2.7-31 ; Mt 26, 31-35 ; Lc 22, 31-34). Après que Jésus a annoncé son départ, Pierre lui demande où il va. Jésus lui rappelle qu'il ne peut pour le moment le suivre. Pierre lui réplique : « Je me dessaisirai de ma vie pour toi ! » Tout en rappelant discrètement l'incompréhension de Pierre, cette scène révèle sa générosité impulsive.

L'OREILLE TRANCHÉE. Jean 18, 10-11 apporte une précision au récit de l'arrestation de Jésus, que les Évangiles synoptiques ne mentionnent pas. En Marc 14, 47, il est rapporté que quelqu'un frappa le serviteur du grand prêtre et lui arracha l'oreille ; cependant on ne nomme pas la personne. En Jean 18, 10-11, il est rappelé que c'était Pierre. Ce passage met davantage en évidence son caractère impétueux.

LES RENIEMENTS. Jean 18, 25-27 relate le deuxième et le troisième reniement de Pierre. Il réalise ainsi la prédiction de Jésus au sujet d'un moment de sa passion. À la différence de Marc 14, 66-72, le récit johannique décrit une défaillance du disciple sans insister sur ses traits de caractère : en effet, en Jean, Pierre ne jure ni ne se repent comme dans la péricope parallèle de Marc.

Selon ces textes, l'image de Pierre ne diffère pas notablement de celle qui est rencontrée dans les synoptiques. Il se pourrait même qu'elle soit un peu plus pâle, ainsi que le laisse présumer Jean 18, 25-27.

Simon-Pierre et le disciple bien-aimé

Trois épisodes de l'Évangile mettent en scène Pierre et le disciple bien-aimé. C'est une particularité de Jean. Il est malaisé de préciser qui est ce disciple qui joue un rôle important dans l'Évangile et aux côtés de Pierre, mais l'on peut supposer en guise d'hypothèse que ce disciple était pour le groupe johannique un personnage réel, compagnon de Jésus, dont le rôle fut magnifié pour servir de modèle aux croyants.

LE RÉCIT DE LA CÈNE. Le disciple que Jésus aimait apparaît dans le récit de la Cène (Jn 13, 21-26). Dans ce texte parallèle à celui des synoptiques, le rédacteur relate un détail inconnu de ceux-ci. Après que Jésus a annoncé qu'il serait trahi, Pierre fait signe au disciple bien-aimé qui se trouve auprès de Jésus de lui demander qui pourrait être le traître. Jésus lui donne la réponse permettant de l'identifier, alors que dans les synoptiques il s'adresse à tous. Dans ce récit, Pierre reste le représentant et le porte-parole des disciples, mais il a besoin de la médiation du disciple bien-aimé qui avait plus de place dans le cœur et l'affection du Maître.

LE PREMIER RENIEMENT. La relation du premier reniement de Pierre en 18, 15-18, qui met en scène le disciple anonyme, présente quelques particularités par rapport au début des récits synoptiques parallèles. L'autre disciple, connu du grand prêtre, accompagne Jésus à l'intérieur du palais. Pierre reste à la porte. C'est lorsque l'autre disciple le fait entrer qu'il est interpellé par une servante et renie Jésus, alors que dans les synoptiques, il est seul à suivre Jésus. Ainsi Jean garde le souvenir du leader des Douze accompagnant Jésus jusqu'au lieu de son procès, mais le reniant ; cependant il lui oppose la figure de cet autre disciple aux côtés de Jésus : il sera le seul avec Marie au pied de la Croix, comme vrai disciple et comme celui qui a été fidèle jusqu'au bout.

LA VISITE AU TOMBEAU. Après avoir évoqué la visite des femmes au tombeau le matin de Pâques, Jean, comme Luc 24, 12, fait le récit d'une visite de Pierre au tombeau. En Luc, Pierre est seul à courir au tombeau, à voir les bandelettes et à s'étonner de ce qui est arrivé. Au contraire, en Jean, c'est côte à côte avec le disciple bien-aimé que Pierre court à la tombe (Jn 20, 1-10). L'autre disciple arrive le premier, mais il attend Pierre et le laisse entrer dans le tombeau où il voit les bandelettes et le suaire à l'écart. Puis il entre, il voit et il croit. L'anecdote inclinerait à faire penser que, pour la communauté johannique, le disciple bien-aimé identifié dans ce récit à l'autre disciple serait le premier qui soit parvenu à la foi en la Résurrection ; mais Pierre resterait le premier à avoir vu.

De ces trois récits où l'on met en scène le disciple bien-aimé aux côtés de Pierre, on pourrait conclure que la communauté johannique a accordé un intérêt particulier au disciple bien-aimé. Cependant, elle l'a fait rivaliser avec Pierre, dont elle ne pouvait cacher le rôle et qui était vraisemblablement le personnage le plus fameux aux yeux de la grande Église.

Pierre en Jean 21

En Jean 21, Pierre est mis en scène dans le récit de l'apparition au bord du lac et lorsqu'il se voit confirmer dans sa tâche pastorale par Jésus.

LA PÊCHE MIRACULEUSE. En Jean 21, 1-14, dans une péricope qui combine probablement un récit de pêche sur le lac et un récit d'apparition, Pierre apparaît de nouveau aux côtés du disciple bien-aimé. Comme dans le récit lucanien parallèle (Lc 5, 1-11), où il joue le rôle principal et où il est présenté comme la seule figure marquante à côté de Jésus, en Jean 21, 1-14 il occupe un rôle central: c'est lui qui prend l'initiative de la pêche; il se jette à l'eau pour aller au-devant de Jésus et il tire le filet à terre. Cependant, la figure de Pierre qui s'affaire contraste avec celle de l'autre disciple qui est le premier à comprendre, à croire et à s'exclamer après la pêche miraculeuse « C'est le Seigneur! » Cela est en pleine harmonie avec le récit de la visite au tombeau où l'autre disciple, et non Pierre, découvre de suite la signification de l'événement. En outre, l'impulsivité de Pierre sautant de la barque rappelle celle décrite en Jean 18, 10-11 où il se précipite au secours de Jésus.

LA MISSION PASTORALE. Enfin en Jean 21, 15-19, Jésus confirme Pierre dans sa tâche pastorale. C'est ainsi qu'il avait été présenté, mais de façon moins précise, au début de l'Évangile dans le récit de sa vocation (Jn 1, 40-42). En Jean 21, 15 sq. après avoir répondu affirmativement aux trois questions de Jésus, Pierre se voit confier l'ordre de faire paître le troupeau, image pastorale que l'on peut rapprocher de celle du berger en Jean 10. Après le triple reniement, cette scène est considérée comme une réhabilitation de Pierre. La note d'autorité attribuée à Pierre est claire dans ce passage ; elle est aussi liée à celle des devoirs du pasteur à l'égard du troupeau. Le berger aura à donner sa vie pour le troupeau ; aussi la suite du récit évoque-t-elle le martyre de Pierre, à qui Jésus rappelle qu'il doit le suivre tandis qu'il laisse présumer une autre fin pour l'autre disciple qui témoignera conformément à la vérité.

Ainsi, en Jean 21, Pierre, l'impétueux qui prend l'initiative lors de la pêche au bord du lac, se voit confier la charge du troupeau tandis que l'autre disciple qui comprend de suite le sens de la pêche, est celui qui est appelé à témoigner.

L'Évangile selon Jean a gardé le souvenir d'un Pierre impulsif et impétueux comme le laissent apparaître les Évangiles synoptiques. D'emblée, dès sa vocation, il lui est confié un rôle prépondérant qui lui sera confirmé en Jean 21 et qu'il conserve tout au long du livre. Mais, contrairement aux synoptiques, à ce rôle est opposé le rôle du disciple bien-aimé accompagnant Jésus jusqu'à sa mort et le premier à croire en sa résurrection. L'Évangile selon Jean est son témoignage, destiné à une communauté qui lui a accordé un intérêt particulier ; il représentait pour elle la source à laquelle elle se référait pour parler de Jésus.

Claude Coulot

33

Le concile de Jérusalem

Suivant le Livre des Actes, le retour de Paul et de Barnabé à Antioche est suivi d'une grave discussion : la circoncision est-elle nécessaire au salut ? Dans ce cas, la pratique des deux missionnaires serait fausse, ils s'opposent donc fermement à leurs critiques venus de Judée. On décide de porter la question à Jérusalem où se réunissent apôtres et anciens.

La querelle rebondit alors sous l'influence de pharisiens chrétiens (nommés pour la première fois dans les Actes). Il n'est plus parlé de salut, mais il faut tout de même que les frères observent toute la Loi, y compris donc la circoncision.

À cette double question répondent deux discours, celui de Pierre en fonction du salut, et celui de Jacques en fonction de la Loi.

Au plan rédactionnel, les deux questions sont introduites par les mêmes mots : « Certaines gens... », ce qui fait penser à l'amalgame de deux récits primitifs. La juxtaposition tend à faire négliger les nuances, dont nous allons voir qu'elles sont importantes. Mais l'écart entre les deux discours n'est pas moins significatif si on les lit attentivement.

Pierre répond en fonction du salut : ce n'est pas la Loi qui sauve, c'est la grâce du Seigneur Jésus. Telle est sa conclusion (Ac 15, 11). La preuve en est que l'Esprit a été donné à des incirconcis comme Corneille à Césarée (cf. Ac 10 et 11, 1-18). Or, s'il est vrai que la foi purifie le cœur (Ac 15, 9), à plus forte raison l'Esprit de Dieu qu'Ézéchiel avait déjà comparé à l'eau (Ez 36, 25-27). Le Seigneur a promis un baptême d'Esprit réalisé à la Pentecôte (Ac 1, 5 et 2). La circoncision, qui « assainit » seulement la chair (cf. Jn 7, 22-23), n'est donc pas nécessaire au salut.

Qu'est-ce donc qui est en jeu ? Rien de moins que le rôle du Christ dans le salut de Dieu.

On pourrait en effet comprendre que le Fils de David est soumis à la Loi comme ses ancêtres (cf. Dt 17, 14-20), qu'il l'enseigne et l'impose aux peuples (cf. Ps 101). Alors, elle s'impose d'autant plus à ses disciples qu'ils ont reçu la promesse d'une plus haute récompense auprès de leur Seigneur. Telle est sans doute l'interprétation des gens venus de Judée.

Mais Pierre, instruit par ses propres expériences, sait qu'en réalité le Christ réalise le vœu suprême de Moïse : « que tout le peuple soit prophète, que le Seigneur leur donne son Esprit » (Nb 11, 29, développé en Joël 3, 1-5 ; cf. Ac 2, 17-21). Assis à la droite de Dieu, Jésus a reçu l'Esprit pour le répandre (Ac 2, 33), et il l'a déjà répandu sur des étrangers.

Paul et Barnabé n'ont qu'à ajouter leur expérience à celle de Pierre, et l'Assemblée l'enregistre (Ac 15, 12 rappel de 13, 52).

La question rebondit sous l'influence de pharisiens chrétiens (Ac 15, 5). La Loi, pensent-ils, reste nécessaire pour bien vivre. Un pharisien ne se contente pas d'échapper à la Géhenne, il souhaite profondément faire mieux, au service du Seigneur qu'il aime. Dans le rabbinisme antique, on admettait que les étrangers seraient sauvés en obéissant à sept préceptes donnés, disait-on, à Noé et à ses fils ; on n'en était pas moins attaché à la circoncision, au rituel, aux préceptes et conseils de la Loi. Un pharisien qui croit à l'amour de Dieu, révélé en Jésus-Christ, n'a que plus de motifs de s'attacher à la Loi qui concrétise la réponse d'amour du peuple à son Dieu.

D'ailleurs, toute la vie juive est mise en jeu. Si un juif mange des aliments « impurs » à la table d'un païen, on dit « qu'il a du porc entre les dents » ! On s'éloigne de lui comme d'un pestiféré. Il cause les ruptures les plus graves dans sa famille et son cercle d'amitié. Considéré comme pécheur, indigne de confiance, il se disqualifie pour parler des choses de Dieu et, s'il est chrétien, pour rendre témoignage au Christ.

Même dans une grande ville gréco-romaine, aux mœurs peu rigoureuses, il suffira d'un rappel à l'ordre pour que Pierre et Barnabé reviennent à l'observance (Ga 2, 11-13).

Si un païen baptisé n'adopte pas la Loi, son âme sera sauvée sans doute. Mais aucune vie commune ne sera possible avec les Juifs ses frères en Jésus-Christ. Il sera même très difficile d'organiser un repas eucharistique alors que le sacrement du pain et du vin n'a pas encore été mis à part (cf. 1 Co 1, 21-22).

Et puis, peut-on se priver des services de la synagogue, de sa bibliothèque, de son bain rituel, de ses écoles, de son tribunal ?

Jacques répond à ces questions, toutes fort sérieuses. Il a été désigné comme remplaçant de Pierre à Jérusalem où nous le retrouverons plus tard (Ac 12, 17 et 21, 18). En parfait connaisseur de la Loi, il y trouve les soupapes de sûreté dont on avait besoin :

Quand Israël était libre et souverain, il pouvait recevoir des étrangers dans sa terre. La Loi ne leur était pas imposée tout entière mais seulement deux groupes d'interdits :

— Manger le sang ; c'est-à-dire la viande non saignée (Lv 17, 10-13) ;

— pratiquer les diverses formes d'immoralité sexuelle, résumées sous un seul mot (traduit par : « fornication », « impudicité », etc.) (Lv 18, 26).

Jacques en ajoute un troisième : se rapprocher de l'idolâtrie, qui ne vient pas des lois des étrangers mais de la Loi d'Israël (Ex 20, 4-6 ; Lv 19, 4). Au sens moral, l'idolâtrie souille (Os 9, 10 ; Sg 14, 12-31 ; Rm 1, 23-32), y revenir serait perdre le bénéfice de la foi qui a purifié le cœur (Ac 15, 9). Mais le terme grec évoque un sens physique-rituel, il s'agit d'aliments « contaminés » pour avoir été d'abord offerts aux idoles, comme il sera expliqué un peu plus loin (Ac 15, 29). La règle sera répétée à la fin du Ier siècle, dans l'Apocalypse (Ap 2, 14.20). Elle est connue dans le rabbinisme dès l'âge apostolique.

Pourvu qu'un chrétien, né dans le paganisme, tienne ces trois grands interdits, il pourra être reçu dans la compagnie de ses frères nés dans le judaïsme, comme autrefois les étrangers habitant en Israël.

Jacques conclut que ce n'est pas le rôle des chrétiens de prêcher la Loi de Moïse, d'autres s'en chargent (Ac 15, 21). Il ne considère donc pas le Christ comme le grand propagateur de la Loi, il est foncièrement d'accord avec Pierre. Mais, dans son exorde, il se réfère aux prophéties sur le rôle universel du messie davidique, au lieu de l'expérience de l'Esprit (Ac 15, 13-18).

Au total, son discours exprime un judéo-christianisme ouvert et ami de la paix, très compatible avec le pneumatisme de Pierre, mais un peu différent de lui. Ni Paul ni Barnabé ne sont associés immédiatement à ce discours.

Questions d'histoire : On s'attend à trouver dans les épîtres de Paul des références, au moins des allusions, à la double décision de Jérusalem. Pour le discours de Pierre, c'est très facile.

Mais il en est autrement pour celui de Jacques. Sans doute Paul parle-t-il de la « fornication » ou « impudicité » avec le même mot. Mais il n'y a rien quand Paul doit discuter sur les viandes immolées aux idoles (1 Co 8-10) ou sur les règles alimentaires en général (Rm 14).

Il n'y a rien non plus quand il raconte la fameuse querelle qui le mit aux prises avec Pierre et Barnabé, à Antioche en l'an 52, querelle que justement la Loi de Jacques aurait dû prévenir (Ga 2, 11-21).

Compte tenu des indices littéraires, on est donc amené à diviser le « concile de Jérusalem » en deux moments séparés par un certain temps.

Le premier se situe chronologiquement selon le Livre des Actes, donc vers 49 ou 50. Il est dominé par Pierre, il porte sur la question du salut donc sur la théologie du Christ et de l'Esprit.

Le second se situe après 52 et avant 58, pendant les cinq années de la grande mission apostolique de Paul en Asie Mineure, en Macédoine et Grèce, les années des grandes épîtres. Il est dominé par Jacques et traite de questions pratiques dans un esprit de légalisme intelligent et pacifique.

Quand Paul arrive à Jérusalem, à la fin du printemps 58, Jacques lui apprend les décisions de Jérusalem comme une nouveauté (Ac 21, 25).

Au plan rédactionnel, il y a donc une légère incohérence entre ce dernier récit et la rédaction du chapitre 15. L'habitude de Luc est d'écrire avec soin quand c'est lui qui rédige, mais de ne pas toucher sans nécessité à ses sources. Il me paraît probable qu'il a trouvé la synthèse du chapitre 15 déjà faite dans les archives d'une des Églises d'Orient, peut-être d'Antioche.

P. M. du Buit

34

Les chrétiens d'origine juive du Ier au IVe siècle

L'histoire est une, certes, mais force est de reconnaître que ses explications et ses interprétations sont multiples. Ce qui peut aisément se comprendre lorsqu'on réalise que les sources dont dispose l'historien sont déjà, elles-mêmes, des interprétations relevant de motivations idéologiques aussi diverses que variées. À la suite des travaux du XIXe et du XXe siècle, les reconstructions historiques ne devraient plus être nécessairement plurielles; elles le sont pourtant, surtout quand il s'agit du christianisme dans ses premiers développements.

Le christianisme, il est vrai, depuis qu'il a été déclaré universel par sa propre hiérarchie, n'a cessé de se débattre pour se construire — voire se reconstruire — des origines qui puissent être plus acceptables aux yeux de tous, surtout à partir du moment où il lui a été donné pour mission de s'imposer à tous, et cela par-delà les évidentes divergences culturelles et linguistiques. D'autant que les chercheurs en ce domaine, pour la plupart, ont voulu à tout prix assurer l'originalité du christianisme dès ses débuts. Ils ont considéré, en effet, pour des raisons en partie théologiques, qu'il existe une contradiction entre l'originalité du christianisme et son éventuelle dépendance des traditions du judaïsme, à cause notamment de leur perception fort négative à l'égard de ces dernières.

Le mouvement des disciples de Jésus au Ier siècle est à situer dans le cadre du judaïsme, au même titre que d'autres mouvements : par exemple, ceux des pharisiens ou des esséniens — peu de spécialistes du domaine contestent ce fait. En revanche, aucun accord ne se dégage parmi eux quant à l'époque où ce mouvement émerge du judaïsme pour se constituer en tant que religion, en tant que christianisme.

Les études récentes sur le judaïsme au Ier siècle de notre ère montrent de plus en plus que l'image que l'on s'en est fait tend à se lézarder de toutes parts. Il n'est plus possible, en effet, de situer l'émergence du mouvement des disciples de Jésus dans un judaïsme aussi monolithique qu'on l'avait pensé, opposant par exemple deux tendances : l'une particulariste et légaliste, d'où serait issu le rabbinisme ; l'autre universaliste et non légaliste, d'où serait issu le christianisme. La « revisitation », pour ne pas dire la « révision », du judaïsme de cette époque conduit de plus en plus à mettre au jour une diversité ainsi qu'un éclatement incroyable, et implique de réévaluer la société juive de la Palestine et de la Diaspora tant dans ses pratiques que dans ses croyances, et par conséquent dans ses attentes comme dans ses traditions[1].

Par chrétiens d'origine juive, il faut entendre ce que l'on appelle habituellement judéo-chrétiens. Afin d'éviter toute confusion, il ne paraît pas inutile de proposer une définition du mouvement dont il sera exclusivement question ici, à savoir le judéo-christianisme, qui est une formulation récente permettant de désigner, de façon pratique, l'ensemble des chré-

1. Cette réévaluation vaut également pour Jésus, qu'il convient dorénavant d'immerger à nouveau dans la société de son temps — ce que les recherches actuelles ne manquent d'ailleurs pas de faire.

tiens d'origine juive ayant reconnu la messianité de Jésus, ayant reconnu ou n'ayant pas reconnu la divinité du Christ, mais qui tous continuent à observer la Torah. Cette définition convient sans nul doute pour la période qui commence à partir de 135, notamment s'il s'agit des groupes nazôréen, ébionite et elkasaïte qui se développent de manière plus ou moins autonome lors de la rupture d'avec le judaïsme, dont les prémisses remontent aux années 90-100. Mais cette définition est-elle opératoire pour la période antérieure ? Autrement dit, peut-on l'utiliser pour définir de manière globale le mouvement des disciples de Jésus où coexistent, non sans heurts, certains qui sont d'origine juive et d'autres qui sont d'origine païenne ? Il est possible de l'affirmer, mais à condition de l'aménager quelque peu sur le plan de la terminologie et aussi de définir les divers courants composant le mouvement des disciples de Jésus à cette période. En effet, avant 135, on peut penser que tout le mouvement des disciples de Jésus a été judéo-chrétien, la composante païenne n'étant pas encore définitivement autonome, du moins pas au point où elle le sera par la suite. Il est préférable cependant de réserver l'expression « judéo-chrétien » aux seuls groupes de chrétiens d'origine juive, ceux qui ont subsisté de manière marginale après 135. Pour la période antérieure, à défaut du terme de chrétien, il semble que seul le terme de nazôréen soit à même de recouvrir les réalités du mouvement des disciples de Jésus en toutes ses composantes, à moins qu'il ne faille toutefois maintenir le premier pour rendre compte aussi de manière correcte du courant paulinien, voire du courant johannique.

Les sources sur le judéo-christianisme ancien sont, dans leur ensemble, relativement importantes. Elles se trouvent la plupart du temps dispersées dans des littératures dont l'accès est parfois difficile ou délicat. On distingue habituellement entre diverses sources d'ordre littéraire (directes et indirectes, c'est-à-dire provenant des littératures chrétiennes, juives, islamiques et autres) et non littéraire (c'est-à-dire archéologiques et épigraphiques). Le caractère judéo-chrétien de cette documentation n'est pas toujours assuré, et l'enquête doit souvent s'ouvrir par un procès d'attribution difficile et délicat.

Dans l'état actuel de la recherche, la question du judéo-christianisme ancien — qui relève des débuts du christianisme, à condition d'en fixer les limites chronologiques aux toutes premières années du IVe siècle, si ce n'est aux dernières années de ce même siècle — ne peut être abordée que prudemment et par touches successives. Le moment des grandes synthèses n'est pas encore arrivé, aussi est-il nécessaire d'approcher progressivement et rationnellement les divers aspects, parfois complexes, de cette question.

Le judéo-christianisme ancien est un champ de recherche terriblement *piégé* dont les limites varient suivant les définitions qu'on en donne. Nombre d'historiens et de théologiens — pour des raisons idéologiques au sujet desquelles il ne paraît pas utile de s'étendre ici — refusent, en effet, de reconnaître que les communautés judéo-chrétiennes de Syrie-Palestine ont survécu aux deux grandes révoltes juives contre Rome — celles de 70 et 135. Ces critiques considèrent qu'à la suite de ces importants conflits les communautés chrétiennes d'origine juive ont disparu dans la tourmente, estimant ainsi que le judéo-christianisme ancien n'est qu'une *invention* relevant plus du mythe que de l'histoire. Faut-il dire qu'il n'en est rien! Les communautés judéo-chrétiennes ont survécu bien longtemps — sous diverses formes, d'ailleurs aussi riches que variées — aux deux grandes catastrophes militaires et humaines qu'a essuyées la nation juive. Preuve en est l'abondante documentation les concernant, attestée dans l'hérésiologie chrétienne au moins jusqu'au début du ve siècle.

Il est largement admis maintenant que jusqu'à la fin du IIe siècle, voire après, il est impossible de parler d'un christianisme uniforme ou univoque, mais plutôt d'un christianisme multiforme ou plurivoque — la situation est du reste identique dans le judaïsme de la même époque.

Soutenir l'existence d'un judéo-christianisme implique forcément l'existence d'un pagano-christianisme. Est-ce à dire que le christianisme à ses débuts a été bipolaire ? Nullement, la situation historique du christianisme à ses débuts, telle que l'impose l'ensemble de la documentation, n'autorise pas à parler d'une Église ou de deux Églises, mais de communautés chrétiennes aussi multiples que diverses, tant dans leurs croyances doctrinales que dans leurs pratiques rituelles.

Afin de donner un cadre historique plus conforme à la diversité documentaire, il convient donc de parler des christianismes judéo-chrétiens comme des christianismes pagano-chrétiens, en précisant leurs contours dans le temps et dans l'espace.

Les communautés chrétiennes du Ier siècle et même, mais dans une moindre mesure, des IIe et IIIe siècles sont plus ou moins éloignées les unes des autres. Cet éloignement se mesure souvent en fonction de leur distance *culturelle* vis-à-vis du judaïsme et du paganisme — cette dernière expression étant utilisée ici afin de désigner l'ensemble des religions traditionnelles de l'Empire romain, à l'exception du judaïsme et du christianisme, il ne faut voir dans cet emploi aucune visée péjorative. Les unes sont plus ou moins proches du judaïsme, ce sont les communautés judéo-chrétiennes de langue et de culture araméophones, les autres sont plus ou moins proches du paganisme, ce sont les communautés pagano-chrétiennes de langue et de culture hellénophones — se présente aussi le cas des judéo-chrétiens de langue et de culture hellénophones et celui des pagano-chrétiens de langue et de culture araméophones. Dans ce tableau brossé à grands traits, il convient de ne pas oublier ce qu'on appelle, en milieu chrétien, les « judaïsants » — à savoir des chrétiens d'origine païenne *tentés* par certaines des croyances et pratiques juives. Il y a eu, en effet, d'abord dans le judaïsme, ensuite dans le christianisme, non seulement des prosélytes, mais aussi des sympathisants, des « théosébeis » — littéralement des « craignant-Dieu ». Ce qui donne pour ces communautés une mixité culturelle extraordinairement florissante que l'on ne retrouvera plus par la suite.

D'une manière générale, force est de constater que le christianisme dit de la « Grande Église » s'est formé au fur et à mesure de son *éloignement* à l'égard de ses éléments issus du judaïsme et de son *rapprochement* avec ses éléments issus du paganisme.

Face à la complexité du problème, il s'avère indispensable d'esquisser un état des communautés chrétiennes au Ier siècle et au début du IIe. Celui-ci, nécessairement schématique, permettra néanmoins de fixer certains points forts d'une histoire pour l'instant encore trop parcellaire. Auparavant, il convient de souligner quelque peu l'intérêt de la perspective proposée par certains savants, pour qui, avant 70, le christianisme est dans le judaïsme — autrement dit, les chrétiens (d'origine juive comme païenne) ne forment qu'une faction à l'intérieur du judaïsme. De ce fait, précisent ces mêmes critiques, le christianisme ne peut être qualifié ni de judéo-chrétien ni de pagano-chrétien, mais plutôt de « judéo-païen ». Cette dernière qualification est toutefois discutable, car elle présente l'inconvénient de brouiller les pistes : il est en effet difficile d'être à la fois juif et païen et d'être aussi dans le judaïsme, du moins au Ier siècle de notre ère. En revanche, il apparaît plus judicieux d'affirmer que le christianisme d'avant 70 n'est ni judéo-chrétien ni pagano-chrétien, car il est tout simplement juif, et cela tant pour les autorités religieuses juives que pour les autorités politiques romaines.

L'an 70 est une date clé aussi bien dans l'histoire du judaïsme ancien que dans celle du christianisme ancien : cette date marque, rappelons-le, la destruction du Temple de Jérusalem au cours du siège et de la prise de la ville par les légions romaines. En effet, avant 70, le christianisme se situe *tout entier* dans le judaïsme ; après 70, le christianisme va sortir progressivement du judaïsme. D'un point de vue historique, voire théologique, avant cette date fatidique, il est difficile de considérer le christianisme comme une religion à part entière — il n'est qu'une *dissidence*, parmi d'autres, au sein du judaïsme. Une telle perspective est évidemment exacte pour le judéo-christianisme, mais elle l'est aussi pour le pagano-christianisme. S'il en avait été autrement, comme on le suppose généralement, comment comprendre, par exemple, que ce n'est qu'avec la rédaction de l'Évangile selon Matthieu que s'ouvre, autour des années 80-90, un débat réel entre le christianisme — dans une de ses branches judéo-chrétiennes — et le pharisaïsme ?

Avant 70 — et dans une certaine mesure jusqu'aux environs de l'an 135 —, il est donc possible de considérer qu'il y a, parmi d'autres, des Juifs chrétiens, comme il y a des Juifs sadducéens, des Juifs pharisiens, des Juifs esséniens. Autour de ces Juifs chrétiens, comme d'ailleurs autour de la plupart des autres courants juifs, gravitent, on l'a déjà laissé entendre, des prosélytes et des sympathisants qui, eux, sont d'origine païenne. Autrement dit, les païens ralliés par Paul — à la croyance en la messianité de Jésus ne sont que des prosélytes et des sympathisants du judaïsme et non pas encore des chrétiens, dans le sens que prendra cette dénomination vers la fin du Ier siècle, du moins si l'on en croit les données de la tradition chrétienne comme païenne.

Entre 70 et 135, les Juifs chrétiens se voient marginalisés de l'intérieur et de l'extérieur. De l'intérieur, c'est-à-dire dans le judaïsme, ils se font progressivement marginaliser et exclure de la « Synagogue ». De l'extérieur, c'est-à-dire dans le christianisme, ils se font aussi marginaliser et exclure de l'« Église ». Cette double marginalisation et exclusion provoque l'éclatement des communautés chrétiennes d'origine juive en plusieurs groupes. Les uns demeurent en relation avec l'« Église », ce sont les nazôréens. Les autres restent plus attachés à la « Synagogue », ce sont les ébionites et les elkasaïtes.

Les nazôréens se veulent les descendants de la première communauté chrétienne de Jérusalem : ils se réclament de Jacques le Juste, connu aussi sous le titre de « frère du Seigneur » — l'un des premiers responsables de cette communauté.

Les ébionites et les elkasaïtes, qui se veulent eux aussi les descendants de cette première communauté chrétienne, sont issus d'un courant antipaulinien qui prend naissance bien avant la dernière destruction du Temple de Jérusalem mais qui ne se concrétise qu'après 70. Remarquons que certains des rituels pharisiens et esséniens se retrouvent de manière fort significative dans les rituels ébionites et elkasaïtes, notamment en ce qui concerne les rites d'eau. Les uns et les autres manifestent une relative (pour les premiers) ou une totale (pour les seconds) opposition au Temple et aux sacrifices de sang et de feu qui y ont lieu. Il n'est pas impossible, suivant une suggestion de B. Pixner, que ces deux groupes, plus sans doute celui des ébionites que celui des elkasaïtes, soient issus d'une scission d'avec le groupe nazôréen, qui aurait été provoquée au sein de la communauté de Jérusalem, après l'élection de Simon à la succession de Jacques, par un certain Théboutis — personnage qui serait alors à identifier avec Ébion, figure fondatrice du groupe ébionite.

Aux alentours de l'an 135 émergent ainsi déjà, si l'on peut dire, les éléments d'une « Grande Église », celle des chrétiens d'origine païenne, et d'une « Petite Église », celle des chrétiens d'origine juive. Si la « Grande Église » est loin d'être monolithique, comme elle aimera à le prétendre haut et fort, la « Petite Église » ne l'est pas plus. Certaines communautés chrétiennes d'origine juive sont proches de la « Grande Église », d'autres en sont fort éloignées — ce sont les unes et les autres qui constituent le judéo-christianisme. La distance entre les diverses communautés judéo-chrétiennes s'apprécie essentiellement d'un point de vue culturel : pour faire court, on peut dire que les communautés judéo-chrétiennes proches de la « Grande Église » sont celles qui vivent à proximité des communautés pagano-chrétiennes et en milieu païen (la communauté de Matthieu vers la fin du Ier siècle, par exemple) ; en revanche, les communautés judéo-chrétiennes éloignées de la « Grande Église » sont celles qui vivent à distance des communautés pagano-chrétiennes et en milieu juif (la communauté de Jacques vers le milieu du Ier siècle, par exemple).

Précisons d'autre part que la rupture légale entre le christianisme et le judaïsme est bien plus tardive : elle ne paraît pas, en effet, être antérieure au milieu du IIe, voire, dans une certaine mesure, au milieu du IIIe siècle ; du côté chrétien, elle semble avoir été sollicitée plutôt par ceux qui sont d'origine païenne que par ceux qui sont d'origine juive. C'est le signe que

— jusqu'à une période assez tardive —, pour les gens extérieurs au judaïsme et au christianisme, il n'y a pas nécessairement de différences fondamentales entre les membres de l'une et l'autre religion. L'apologétique chrétienne récrira l'histoire tout autrement, en présentant notamment ses fidèles comme des persécutés du pouvoir impérial — souvent sous la pression des juifs d'obédience rabbinique.

Dans le même esprit, mais avec des critères empruntés à la littérature néotestamentaire, jusqu'à la fin du Ier siècle, on parvient par conséquent à distinguer, tant bien que mal, plusieurs grands courants :

— celui des pétriniens (c'est-à-dire se rattachant à la mission de Pierre, l'« apôtre du Seigneur ») — originaire d'abord de Galilée et ensuite d'Antioche —, qui est à la fois de langue araméenne et de langue grecque (les expressions littéraires les plus anciennes de ce courant sont l'Évangile selon Marc et l'Évangile selon Matthieu ; selon certains critiques, la source Q proviendrait aussi de ce courant) ;

— celui des jacobiens (c'est-à-dire se rattachant à la mission de Jacques, le « frère du Seigneur ») — originaire de Jérusalem —, qui est uniquement de langue araméenne (les expressions littéraires les plus anciennes de ce courant semblent avoir disparu, en dehors peut-être de l'Épître de Jacques) ;

— celui des pauliniens (c'est-à-dire se rattachant à la mission de Paul) — originaire d'Antioche —, qui est uniquement de langue grecque (les expressions littéraires les plus anciennes de ce courant sont les œuvres de Paul et de Luc) ;

— celui des johanniques, enfin, de langue grecque mais sans doute aussi de langue araméenne, dont la figure marquante est celle du « disciple bien-aimé » et l'aire de développement l'Asie Mineure, non sans être passée auparavant par la Samarie (l'Évangile selon Jean représente aujourd'hui la production littéraire la plus importante de ce courant, auquel il convient de rattacher les Épîtres et l'Apocalypse de Jean).

La question de la terminologie est toujours délicate en histoire des religions : elle ne peut s'apprécier qu'au regard des contextes culturels situés avec précision tant dans le temps que dans l'espace. Il est maintenant à peu près certain qu'en Syrie-Palestine (du moins à Jérusalem et à Antioche), vers la fin du Ier siècle, les judéo-chrétiens de langue araméenne ont été désignés par le terme de *nazôréen* et les judéo-chrétiens de langue grecque par celui de *chrétien*. Dans les écrits incorporés dans ce qui deviendra le Nouveau Testament, si l'on trouve les uns et les autres sous les désignations génériques de *nazôréens* (selon l'araméen) et de *chrétiens* (selon le grec), on rencontre aussi cependant les premiers sous les noms d'*hébreux* pour les partisans de Jacques et d'*hellénistes* pour les partisans de Pierre — la différence essentielle entre les premiers et les seconds est fonction de leurs relations avec le courant paulinien : les pétriniens sont représentés, du moins par la tradition, comme plus proches des pauliniens que les jacobiens.

Au début du IIe siècle, peut-être même avant, les pétriniens et certains jacobiens constituent ce que l'on peut appeler dorénavant le judéo-christianisme nazôréen ; de fait, ils conservent ainsi le nom qu'ils ont sans doute eu avant et après 70. Certains jacobiens s'éloignent à la fois des pétriniens et des pauliniens, ce sont d'une part les ébionites et d'autre part les elkasaïtes — ces deux groupes se rejoignent dans leur antipaulinisme, mais constituent par là même deux mouvances chrétiennes distinctes que la « Grande Église » qualifie désormais de « sectes » ou « hérésies », afin de les discréditer.

Certains critiques considèrent que la communauté

de Jérusalem a d'abord été sous l'influence du courant pétrinien avant de passer sous l'influence du courant jacobien ; d'autres, estimant qu'il s'agit là d'une construction théologico-littéraire de Luc dans les Actes des Apôtres, sont opposés à cette perspective, faisant alors de Jacques, le frère du Seigneur, le fondateur de cette communauté — la question reste débattue.

Entre 70 et 135, on parvient à distinguer désormais, bon gré mal gré, plusieurs groupes parmi les chrétiens d'origine juive. En se fondant sur les caractéristiques établies ultérieurement par les Pères de l'Église, ils se répartissent en deux branches :

— une première, qui a été qualifiée d'« orthodoxe », à cause de ses croyances, et d'« hétérodoxe », à cause de ses pratiques, que l'on connaît sous le nom de nazôréens, en fait des pétriniens et des jacobiens pro-pauliniens — reconnaissant Jésus dans sa messianité et dans sa divinité ;

— une seconde, qui a été qualifiée d'« hétérodoxe », tant pour ses croyances que pour ses pratiques, que l'on identifie sous les noms d'ébionites et d'elkasaïtes, en fait des jacobiens antipauliniens — reconnaissant en Jésus un prophète ou un messie, ne l'identifiant jamais à Dieu, mais attendant généralement un nouveau et dernier révélateur de la prophétie (le « Vrai Prophète » ou « Prophète de Vérité »).

À partir de 135, les courants pétrinien et jacobien seront à l'origine de ce qui deviendra le judéo-christianisme, tandis que les courants paulinien et johannique seront à l'origine de ce qui deviendra le pagano-christianisme.

Le groupe nazôréen (de langue araméenne) a vraisemblablement disparu vers la fin du IVe ou le début du Ve siècle, peut-être en se fondant dans la « Grande Église ». Les groupes ébionite et elkasaïte (de langue araméenne) ont subsisté bien après la naissance de l'Islam — au moins jusqu'au VIIIe siècle, voire après.

Deux traditions sont importantes pour apprécier les développements du judéo-christianisme avant comme après 135. La première, c'est la mort de Jacques le Juste, lapidé à Jérusalem par des opposants à la branche chrétienne du judaïsme — dans les années 62-64. La seconde, c'est la migration à Pella de la communauté chrétienne de Jérusalem lors de la première révolte juive — dans les années 66-68. Deux remarques paraissent s'imposer à leur sujet : 1. la première tradition est attestée dans des documents aussi bien d'origine judéo-chrétienne que d'origine pagano-chrétienne ; 2. la seconde tradition n'est transmise apparemment que dans des documents d'origine pagano-chrétienne.

Le judéo-christianisme ancien, il en est de même d'ailleurs pour les développements récents du phénomène, dérange, il a toujours posé problème au judaïsme comme au christianisme en tant que religions instituées ou officielles. Les raisons sont multiples, elles peuvent être ramenées à la question générale de l'identité que tout groupe social ou religieux ne cesse de préciser et au refus du *mixte*, du droit à la différence à l'intérieur d'une communauté. Un exemple suffira à comprendre toute l'ambiguïté et le drame des communautés judéo-chrétiennes nazôréennes. À la fin du Ier siècle, les judéo-chrétiens sont exclus d'un judaïsme qui s'institutionnalise. Au cours du IVe siècle, ces mêmes judéo-chrétiens sont marginalisés à l'intérieur même du christianisme qui s'officialise. Les raisons de cette double exclusion ou marginalisation sont évidentes. Le judaïsme ne pouvait reconnaître comme siens des Juifs croyant à la messianité de Jésus et à la divinité du Christ. Quant au christianisme, dont les adeptes ne sont plus seulement d'origine juive mais aussi d'origine païenne, il ne pouvait admettre des fidèles qui pratiquent encore la Torah de Moïse — du fait même qu'il se proclame le *Verus Israel*. Le judéo-christianisme illustre les difficultés et les impossibilités de la « double appartenance », face à toute institution qui trace ses frontières. Témoins des origines juives du christianisme, les judéo-chrétiens ont été ainsi renvoyés en quelques siècles aux ténèbres de l'histoire ; ou pis encore, car ils ont été considérés comme hétérodoxes par ceux qui en sont issus, ces derniers se définissant dorénavant comme orthodoxes.

Il convient enfin et surtout d'être conscient que l'étude du judéo-christianisme ancien, du fait même de la diversité de ses sources, demande une approche pluridisciplinaire nécessitant le concours des spécialistes — en histoire et philologie comme en archéologie et épigraphie — des mondes sous domination romaine ou iranienne. D'autant que toute tentative de reconstitution historique est hasardeuse, périlleuse même, surtout s'il s'agit des origines du christianisme, au sujet desquelles on a déjà tant écrit et en même temps si peu, du moins si l'on se place sur le terrain de l'histoire, fondée sur une méthode critique dégagée de toute option confessionnelle.

En guise de conclusion, toute provisoire d'ailleurs, au risque de se répéter, on voudrait poser quelques jalons quant à l'histoire des chrétiens d'origine juive dans l'Antiquité.

1. Les disciples de Jésus de Nazareth ont été très tôt désignés par les termes « nazôréen » en milieu araméophone et « chrétien » en milieu hellénophone. Par la suite, c'est-à-dire aux alentours du tournant des Ier-IIe siècles, en Syrie-Palestine, la première désignation en viendra à viser les judéo-chrétiens de langue araméenne et la seconde les pagano-chré-

tiens de langue grecque. Au IVe siècle, la désignation de nazoréen s'applique alors aux chrétiens d'origine juive et la désignation de chrétien aux chrétiens d'origine païenne, quelles que soient la langue et la culture des uns et des autres.

2. Durant les ultimes décennies du Ier siècle, une scission s'est sans doute produite au sein de la communauté judéo-chrétienne nazôréenne, essentiellement à cause d'interprétations divergentes relatives à la nature — humaine, divine ou conjointement humaine et divine — de Jésus et aux circonstances de sa conception et de sa naissance. Ainsi apparaissent alors le groupe ébionite, d'une part, et le groupe elkasaïte, d'autre part. L'ébionisme est attesté à l'Ouest dans l'Empire romain, l'elkasaïsme à l'Est dans l'Empire iranien. Il n'est pas impossible de penser que les elkasaïtes représentent une fraction des ébionites, celle qui a été obligée, sous la pression des événements historiques du premier quart du IIe siècle (c'est-à-dire la révolte juive de 115-118, sous le règne de Trajan), de quitter l'Empire romain et de se réfugier dans l'Empire iranien.

3. Les nazôréens se sont trouvés confrontés à une double rupture. Au cours du IIe siècle, ces descendants des premiers disciples de Jésus de Nazareth ont eu à naviguer entre deux écueils : rester dans le judaïsme ou couper avec le judaïsme ; se couper de leurs frères juifs non chrétiens du point de vue des croyances ou se couper de leurs frères païens chrétiens du point de vue des pratiques.

En bref, il ne faut jamais oublier qu'aux côtés d'une *Ecclesia ex gentibus* (c'est-à-dire des communautés pagano-chrétiennes) a subsisté une *Ecclesia ex circumcisione* (c'est-à-dire des communautés judéo-chrétiennes). La rupture que l'on a tenté d'éviter lors de l'Assemblée de Jérusalem — rapportée en Actes 15 — s'est en fin de compte produite, mais bien plus tard, à une date indéterminée, fondamentalement pour des motifs culturels plus que doctrinaux.

Simon Mimouni

2

PAUL

35

Que sait-on de Paul aujourd'hui ?

Lorsque Paul adresse ses lettres aux chrétiens des différentes communautés, il rappelle toujours qu'il est fondé à leur parler avec autorité. Christ lui est apparu personnellement. Ce ravissement ou cette réquisition l'institue comme sujet et apôtre uniques. Mais il est bien difficile, paradoxalement, de percer l'histoire intime de l'homme qui parle de façon si personnelle et convaincue. Écrire aujourd'hui une « vie de saint Paul » est sans doute une prétention aussi illusoire qu'écrire une « vie de Jésus ». Comment écrire l'histoire d'un homme dont on ne connaît ni le nom complet, ni la date de naissance, ni les circonstances de la mort ? avouait un biographe de Paul. Pourtant, depuis une dizaine d'années, les ouvrages sur Paul et son activité missionnaire se sont multipliés et certains ont remis en question bon nombre de données considérées comme allant de soi.

Chronologie

6 av. J.-C. Naissance de Paul en Galilée.
Premières années du Ier siècle. Ses parents sont déportés à Tarse, en Cilicie.

Aux alentours de 15 apr. J.-C. Paul étudie à Jérusalem.
33 Conversion de Paul à Damas.
34 Séjour chez les Arabes nabatéens.
37 Revenu à Damas, Paul s'enfuit et échappe à l'ethnarque du roi Arétas (39).
37 Première visite à Jérusalem. Paul retourne en Syrie-Cilicie (Tarse), il revient à Antioche et instruit les nouveaux chrétiens.
41 Édit de Claude contre certains Juifs de Rome. Troubles à cause de « Chrestos ». Premier voyage missionnaire avec Jean-Marc, sous la responsabilité de Barnabé (Chypre, Anatolie).
Hiver 45-46 à Antioche. Deuxième mission, avec Silas, sans Barnabé. Paul est chef de mission, il repasse au centre de l'Anatolie.
Été 46 Route vers la Galatie du Nord (région de Pessinonte) puis, évangélisation de la Macédoine : Philippes, Thessalonique, Bérée, passage à Athènes. Séjour de fondation à Corinthe (dix-huit mois ?). Paul débarque à Césarée, descend à Antioche.
49-50 Réunion de Jérusalem avec Barnabé et Tite (« après quatorze ans » Ga 2, 1). Paul à Antioche. Incident avec Pierre (Ga 2, 11-14).
50 Paul s'installe à Éphèse qui devient le centre de son rayonnement missionnaire.
51-52 Proconsulat de Gallion à Corinthe. Paul comparaît devant lui lors d'un de ses passages à Corinthe.

L'on aimerait pouvoir se réjouir sans réserve de l'apport des nombreux savants travaux sur Paul... Mais, même si on peut y repérer certaines convergences, plusieurs questions demeurent sans solutions et les nombreuses hypothèses avancées ne se montrent pas toujours capables d'emporter la conviction. Pourquoi tant de problèmes ? Parce que, sur l'existence de Paul, nous possédons deux types de sources : ses treize lettres (dont sept sont admises comme authentiques par la presque totalité des commentateurs), et les Actes des Apôtres de Luc, dont la deuxième partie est presque tout entière un récit de la vie missionnaire de Paul jusqu'à son arrivée à Rome. Puisque les lettres pauliniennes n'ont rien d'un agenda, et que Luc, en revanche, déploie une narration qui semble enchaîner les étapes de la vie de Paul dans leur ordre chronologique, ses biographes ont, jusqu'à une date récente, considéré ce cadre comme le plus simple, quitte à le compléter par des informations glanées dans ses lettres. Mais on sait mieux aujourd'hui que Luc, aussi bien dans son premier que dans son deuxième livre, était d'abord un théologien du Fils de Dieu et de son Église, et que ses relations avec les faits « historiques » n'étaient pas aussi naïves qu'on le croyait.

En même temps, on rencontrait de plus en plus de difficultés à concilier certaines données des Actes avec les informations puisées dans les lettres, pourtant connues de Luc !

D'où la réaction, appelée « principe de Knox », du nom d'un exégète écrivant vers 1950, selon lequel les Actes des Apôtres ne peuvent être utilisés — et avec prudence — que pour compléter les données autobiographiques des lettres, mais jamais pour les corriger. En effet, un fait raconté par celui qui l'a vécu mérite toujours un meilleur accueil que telle information donnée par un tiers qui poursuit des buts théologiques ou apologétiques.

Mais ce principe radical s'avère difficile à mettre en pratique. Les lettres de Paul sont des écrits de circonstance : il parle peu de lui, sinon forcé par la polémique. Et puis il y a le problème de l'authenticité littéraire : certaines de ses lettres nous renseignent seulement sur le souvenir émouvant et efficace qu'il a laissé dans la mémoire des Églises. Enfin, dernier écueil : dans ses lettres, Paul ne cite aucun événement connu de l'histoire, sauf une fois, en 2 Corinthiens 11, 32, où il raconte ses démêlés à Damas avec l'ethnarque du roi Arétas (roi des Arabes nabatéens, mort en 39).

On ne peut donc pas établir une chronologie de la vie missionnaire de Paul sans prendre en compte, de façon critique certes, les repères chronologiques fournis par Luc, d'autant plus que sa documentation de base mérite qu'on prenne au sérieux sa réelle valeur pour l'histoire. Je tenterai donc ici modestement de distinguer les points qui paraissent faire l'objet d'un consensus de ceux sur lesquels on attend davantage de lumières pour se prononcer honnêtement.

Un Juif pharisien de Tarse ?

Dans ses lettres, Paul ne fait jamais allusion au lieu de sa naissance ou aux origines de sa famille. Seul Luc parle de Tarse. En 9, 11, à Damas, le Seigneur, s'adressant à Ananie nomme « Saul de Tarse » ; plus tard, « les frères le firent partir pour Tarse » (9, 31) d'où Barnabé ira le chercher pour le ramener à Antioche (11, 25). Lors de son arrestation à Jérusalem, Paul fait deux fois cette déclaration d'identité, d'abord à l'adresse du tribun romain : « Moi, je suis juif, de Tarse en Cilicie, citoyen d'une ville qui n'est pas sans renom... » (21, 39) puis devant la foule : « Je suis juif, né à Tarse en Cilicie » (22, 3). On ne voit pas pour quelle raison Luc aurait inventé de toutes pièces ce lieu d'origine ; mais est-ce à Tarse que Paul est né ? La question ne se posait guère jusqu'à ce qu'on commence à prendre au sérieux l'information donnée par saint Jérôme (qui la tiendrait d'Origène) : « Les parents de Paul étaient originaires de Gyscal, province de Judée, et lorsque toute la province fut dévastée par les armées romaines et les Juifs dispersés dans tout l'univers, ils furent transportés à Tarse, ville de Cilicie. Paul, tout jeune encore, suivit ses parents... » Jérôme redonne ailleurs une information semblable. Cette version des faits permet d'accorder une certaine confiance à quelques données jusque-là difficiles à expliquer. D'abord, à celle de la citoyenneté romaine dont Paul ne parle jamais lui-même, mais dont il se prévaut selon Luc. Ses parents auraient pu facilement l'acquérir à Tarse, puisque, selon Philon, « la plupart des Juifs de Rome étaient des affranchis ». Son nom romain Paulus (« petit », « peu ») était très proche de l'araméen grécisé Saulos. Ensuite, à sa revendication d'être « Hébreu, fils d'Hébreux » (Ph 3, 5 ; 2 Co 11, 22) : elle suppose, avec la Palestine, des relations plus étroites que celles d'un quelconque Juif de la Diaspora. Du coup, l'information de Luc selon laquelle Paul avait à Jérusalem un neveu, et peut-être une sœur, devient plus crédible (Ac 23, 16). Enfin, on comprend mieux que son appartenance à la branche pharisienne stricte du judaïsme soit soulignée aussi bien par lui que par Luc (Ph 3, 5 et aussi Ga 1, 14 ; Ac 22, 3 ; 23, 6 ; 26, 5). En effet, nous ne possédons pas de preuves certaines de l'existence, avant la ruine de Jérusalem, de groupes pharisiens hors des territoires peuplés en majorité de juifs (Judée, Galilée, Pérée). En revanche, si la famille de Paul a été déportée depuis une génération seulement (4 av. J.-C. et 6 après sont des dates possibles), il n'est pas étonnant que dans sa famille on n'ait pas oublié l'appartenance à la tribu de Benjamin (Ph 3, 5), alors que la plupart des Juifs des anciennes diasporas avaient perdu la mémoire de leurs racines tribales. Ses années studieuses à Jérusalem (Ac 22, 3) deviennent plus vraisemblables :

c'est là, à l'école de Gamaliel, qu'il aurait pu devenir un pharisien assez motivé pour persécuter l'Église.

Cependant, les historiens avouent leur perplexité sur la possibilité d'être à la fois juif de stricte obédience et citoyen d'une ville hellénistique comme Tarse. Si la citoyenneté romaine, elle, n'imposait pas d'obligations inconciliables avec la foi juive, le fait d'appartenir à part entière à une telle cité impliquait la reconnaissance d'institutions, y compris culturelles et religieuses, difficilement acceptables pour un pharisien strict. On peut considérer que Luc a vu là une simple manière de situer son héros au sommet de la hiérarchie sociale.

Paul a-t-il connu Jésus de Nazareth ?

Certains de ceux qui écrivent sur Jésus utilisent un texte pour prétendre que Paul aurait connu Jésus de Nazareth, mais aurait décidé consciemment de l'ignorer pour ne plus connaître que le Ressuscité. Voici ce texte : « Désormais, nous ne connaissons plus personne à la manière humaine. Si nous avons connu le Christ à la manière humaine, maintenant, nous ne le connaissons plus ainsi » (2 Co 5, 16, trad. TOB). Pour eux, « connaître le Christ d'une manière humaine », c'est « connaître le Jésus terrestre », comme on connaîtrait n'importe qui. Remarquons que Paul écrit ici deux fois, littéralement : « connaître selon la chair quelqu'un ». Or Paul a des habitudes littéraires : quand il parle de l'existence humaine d'un personnage, il écrit toujours : « un tel [Abraham, David, etc.] selon la chair ». S'il écrit ici « connaître selon la chair Christ », c'est que la locution adverbiale qualifie la connaissance et non le Christ. Or, pour lui, « connaître selon la chair », c'est le contraire de « connaître selon l'esprit », c'est-à-dire d'une connaissance à laquelle la sagesse des hommes ne conduit pas (1 Co 1-2). Paul ne dit donc pas qu'il a rencontré autrefois Jésus de Nazareth et que ce n'était pas important. Il dit seulement qu'il voit en tout homme une personne rachetée par le Christ, donc quelqu'un d'autre. Et qu'il en va de même pour le regard qu'il porte sur le Christ. L'historien ne peut donc pas savoir si la route de Jésus a croisé celle de Paul avant Damas. Ce n'est pas impossible, mais on n'en sait rien.

Comment dater la fondation des Églises en Europe ?

Les Églises de Philippes, Thessalonique et Corinthe avaient été fondées pendant les quatorze années qui ont séparé les deux premières montées de Paul à Jérusalem (Ga 2, 1). Luc, en transposant le deuxième voyage missionnaire après la réunion de Jérusalem, montre que Paul avait fondé ces Églises après un accord harmonieux réalisé à Jérusalem avec les « colonnes ». Ainsi, Paul n'est plus le franc-tireur dont lui-même donne l'image dans ses lettres, mais il a travaillé en plein accord avec les directives des apôtres. Adopter ce nouvel enchaînement des faits oblige à remettre en question quelques dates admises. Ainsi, la première lettre aux Thessaloniciens a sans doute été écrite plus tôt qu'on ne le supposait. Alors, la comparution de Paul à Corinthe devant le proconsul Gallion, fixée maintenant avec plus de probabilité en 51, n'a pas nécessairement eu lieu — si tant est qu'elle l'ait été vraiment — lors du séjour de fondation de l'Église de Corinthe. 1 et 2 Corinthiens en comptent au moins trois, mais, comme il l'a fait en d'autres occasions, Luc a regroupé ces différents séjours en un seul, et c'est lorsque le lecteur le croit terminé que le récit rebondit, avec la comparution de Paul devant le proconsul (18, 12-17). De même, il devient possible d'attribuer à l'édit de Claude contre les Juifs de Rome (Ac 18, 2 ; Suétone, *Vie de Claude* 25) la date de 41 qui a, aujourd'hui, la faveur des historiens, alors que les biographes rivés au schéma lucanien se ralliaient à celle de 49 pourtant fixée au ve siècle seulement, en fonction de la datation supposée de la fondation de l'Église de Corinthe : cercle vicieux parfait !

Sur quoi s'est-on mis d'accord à Jérusalem ?

« Ces personnalités (Jacques, Céphas et Jean) ne m'ont rien imposé de plus. Au contraire, ils virent que l'évangélisation des incirconcis m'avait été confiée, comme à Pierre celle des circoncis » (Ga 2, 6-7). S'agit-il d'un partage géographique de « territoires de mission » ? Ce n'est guère vraisemblable, puisque les communautés auxquelles s'adresse la Ire Lettre de Pierre coexistent, dans les mêmes provinces, avec des Églises pauliniennes. Est-ce un partage ethnique ? Non plus ! Des chrétiens d'origine juive sont relativement nombreux à Philippes et à Corinthe, et les Églises qui dépendent de Pierre comptent d'anciens païens (1 P 2, 18-3, 2). L'hypothèse la plus sage est celle d'un accord non dépourvu d'ambiguïté (cf. l'incident d'Antioche, Ga 2, 11 sq.) : il laissait Paul ne pas exiger la circoncision des païens, mais permettait aussi à Pierre et aux autres de laisser les chrétiens venus du judaïsme libres de garder leurs traditions, y compris la circoncision. Paul a interprété l'accord dans un sens maximaliste, mais nous savons aujourd'hui que l'incarnation de la foi dans les cultures est lente et qu'un décret ne suffit pas pour que tout fonctionne selon les principes, surtout en matière d'alimentation ! Pierre en était peut-être plus conscient.

Un troisième voyage missionnaire ?

Les biographes de Paul ont l'habitude de raconter un troisième voyage missionnaire, dont l'enchaînement avec la fin du deuxième est problématique : « Débarqué à Césarée, il monta saluer l'Église [Jérusalem] puis il descendit à Antioche ; après y avoir passé quelque temps, il repartit et parcourut successivement le territoire galate et la Phrygie en affermissant les disciples » (Ac 18, 22-23). Et le verset suivant nous amène en pleine Église d'Éphèse. Ces centaines de kilomètres franchis en quelques mots depuis le départ de Corinthe (18, 18) s'expliquent par le déplacement de la réunion de Jérusalem dont je viens de parler. En fait, c'est après la fondation des Églises de Macédoine et de Grèce que Paul, débarqué à Césarée, « descendit à Antioche » y prendre Barnabé avec lui, et en compagnie de Tite, « monter à Jérusalem ». Après la réunion racontée en Ga 2, 1-10 (et récrite par Luc en Ac 15), Paul est revenu à Antioche, et, après l'incident avec Pierre appuyé par le fidèle Barnabé, il est parti s'installer à Éphèse, mais son séjour fut coupé par des obligations : voyage à Corinthe où sa présence était nécessaire ; et surtout réalisation de sa promesse de venir en aide aux chrétiens de Jérusalem (Ga 1, 10).

Paul a-t-il fondé des Églises en Illyrie ?

On pourrait le penser en lisant Romains 15, 17 sq., où il fait le bilan de sa mission : « Ainsi, depuis Jérusalem jusqu'à l'Illyrie, j'ai pleinement assuré l'annonce de l'Évangile du Christ, mais je me suis fait un point d'honneur de n'annoncer l'Évangile que là où le nom du Christ n'avait pas encore été prononcé... » En deux mots, il balaie tout l'espace de sa vie apostolique passée. Mais les limites qu'il donne sont-elles à prendre au sens inclusif ou exclusif? La restriction qu'il ajoute au sujet des lieux qu'il a refusé d'évangéliser exclut toute revendication concernant Jérusalem : l'Église existait avant lui ! Il est donc logique de ne pas inclure l'Illyrie (Albanie actuelle), et de comprendre « depuis Jérusalem jusqu'à l'Illyrie » comme l'espace où il a exercé son activité, en excluant ces deux limites : il a, en effet, évangélisé avec succès les provinces limitrophes de Macédoine, d'une part, et de Syrie, d'autre part, sans parler de ses débuts chez les Arabes nabatéens en Transjordanie.

Quels furent ses derniers projets missionnaires ?

Paul les expose à la fin de Rm : « Depuis bien des années, j'ai un vif désir d'aller chez vous quand j'irai en Espagne et j'espère recevoir votre aide pour m'y rendre » (Rm 15, 20-24). À ce moment-là (hiver 55-56), quand il écrit aux Romains avant de porter à Jérusalem la collecte qui lui a causé tant de soucis, Paul n'est plus l'envoyé officiel d'une Église, comme il l'était autrefois de celle d'Antioche, avant la brouille de Galates 2, 11 sq. Il vient de dire que sa vocation ne l'envoie pas là où le Christ est déjà connu. L'Espagne correspond bien à ces critères : elle est cette « extrémité de la terre » à laquelle était envoyé le Serviteur de Yahvé auquel il se compare en Galates 1, 15 (« Je t'ai destiné à être la lumière des nations, afin que mon salut atteigne l'extrémité de la terre » Is 49, 6) ; et comme il n'y a pas là de Diaspora juive, son envoi aux « nations » trouverait donc une destination idéale ; elle est à quelques jours de bateau, depuis Ostie, le port de Rome ; il peut trouver à Rome des collaborateurs connaissant les régions occidentales de l'Empire et peut-être la langue de populations qui ne pratiquent pas le grec ; sans parler de cette aide financière que les Philippiens lui ont largement accordée quand il travaillait dans les provinces orientales. Pouvoir se présenter comme un représentant officiel de l'Église de Rome serait pour lui un atout certain, peut-être une condition absolue. C'est pourquoi, à cette Église où les Juifs sont nombreux, il écrit les trois chapitres les plus positifs de toute sa correspondance sur le rôle d'Israël dans l'histoire du salut (9-11). Paul a-t-il réalisé ce projet ? Chronologiquement, rien ne s'y oppose : avant la date probable de sa mort à Rome, il en aurait eu le temps, mais les choses ne se sont pas passées comme prévu : le voyage qu'il annonce aux chrétiens de Rome, il le fera comme inculpé, dans l'espoir que l'empereur l'acquittera de tout ce dont les Juifs de Jérusalem l'ont accusé. Il a donc pu être acquitté et se rendre en Espagne, mais, semble-t-il, sans grand succès. Il n'avait sans doute pas mesuré toute la difficulté de l'entreprise, auprès de populations fort différentes par la race, la culture et la langue. Quoi qu'il en soit, Clément de Rome, qui écrit une épître vers l'an 95, suggère qu'il l'a au moins tenté : « Paul [...] a atteint les bornes de l'Occident... » Pour quelqu'un qui habite Rome, les « bornes de l'Occident » ne peuvent être que la limite occidentale de l'Empire romain.

La collecte de Paul a-t-elle été acceptée ?

Paul n'a pas eu l'occasion d'en écrire quelque chose. On dit que Luc ne parle jamais de la collecte, et pour certains ce silence cache la rebuffade que Paul redoutait en Romains 15, 31 : ce refus aurait signifié, pour Jacques et ses fidèles, que la communion avec les Églises pauliniennes n'existait pas vraiment. Traiter cette injure par le silence serait bien dans la manière de Luc : il tait les conflits qui ne font pas honneur aux Églises. Mais il n'est pas certain que Luc ne dise rien de la collecte. Selon 24, 17, il en témoigne indirectement : « Je suis venu apporter des aumônes à ma nation », déclare Paul au gouverneur. Et en 21, 19, dans la phrase : « Il [Paul] leur racontait en détail tout ce que Dieu avait fait parmi les païens par son ministère », le mot « ministère » est celui par lequel Paul désigne la collecte, quand il en parle aux Romains (15, 31). Elle aurait eu, même pour Luc, des effets bénéfiques dans les Églises pauliniennes. Dans le cadre historique tendu de cette époque, les chrétiens de Jérusalem en avaient besoin, et n'auraient pas pu se permettre un tel refus.

Que sait-on de son martyre ?

Luc clôt le Livre des Actes avec l'arrestation de Paul à Jérusalem, les étapes de son procès devant les autorités provinciales, son voyage mouvementé vers Rome à l'instar d'un Jonas fidèle à sa mission, et son arrivée dans la capitale. Les commentateurs qui acceptent l'authenticité de 2 Timotée pensent bénéficier d'autres informations, et avancent des hypothèses sur l'issue heureuse de son procès, sa libération, la réalisation de son projet ibérique, un nouvel apostolat dans les provinces orientales et dans la mer Égée, avant une deuxième arrestation et la perspective du martyre. La sagesse recommande une plus grande modestie dans les certitudes et il est plus honnête d'avouer son ignorance. Le martyre de Paul nous est connu seulement par une tradition ecclésiale difficilement contestable parce que culte et textes sont convergents. L'historien Eusèbe de Césarée (313) rapporte le témoignage de Tertullien, écrivain chrétien romain, qui le situe dans le contexte de la persécution de Néron : « Lisez vos mémoires : vous y trouverez que, le premier, Néron a persécuté cette croyance, surtout au temps où, ayant soumis l'Orient entier, il se montra cruel envers tout le monde. Nous nous enorgueillissons de cette condamnation par un tel promoteur. » Et Eusèbe poursuit : « On raconte que, sous son règne, Paul eut la tête coupée à Rome même et que semblablement Pierre y fut crucifié, et ce récit est confirmé par le nom de Pierre et de Paul qui jusqu'à présent est donné aux cimetières de cette ville » (*Histoire ecclésiastique*, II, xxv, 5 ; S.C. 21, p. 92). On reconstruit cette portion d'histoire de la manière suivante : à la suite de l'incendie de Rome (juillet 64), les chrétiens, au témoignage de Tacite, furent accusés pour que Néron soit disculpé (printemps 65). Alors, se déroulèrent les scènes horribles décrites dans *Annales* XI. Il est vraisemblable que Pierre fut crucifié dans ce contexte. En revanche, la décapitation de Paul implique un procès régulier, qui se serait déroulé un peu plus tard, mais avant le suicide de Néron le 9 juin 68. On peut avancer la date de 67.

À propos des huit derniers chapitres des Actes des Apôtres

Ils racontent avec moult détails l'itinéraire de Paul depuis son arrestation au Temple jusqu'à Rome. Pour juger de leur valeur historique, il faut tenir compte de deux choses :

1. La critique littéraire fait apparaître que Luc s'est servi de sources beaucoup plus concises, à partir desquelles il a rédigé le récit d'une « aventure apostolique » riche en épisodes pleins de vie. Pourquoi ?

2. La réponse doit prendre en compte un phénomène déjà étudié par les historiens de Jésus : celui des écarts entre le temps des événements et le temps du récit. Dans les Évangiles, la dernière journée de Jésus occupe deux longs chapitres, alors que les quarante jours de la tentation de Jésus au désert tiennent en quatre lignes de Marc. Ainsi les historiens jouent-ils de ces écarts pour valoriser certains événements. Les longs chapitres consacrés aux circonstances de la venue de Paul à Rome, but final du programme fixé aux apôtres par le Ressuscité en Actes 1, 8, ne relèvent-ils pas du même procédé : car, dans son Évangile, ce qu'il appelle l'« enlèvement de Jésus » (9, 51) est raconté beaucoup plus longuement que le reste. De même, ne fallait-il pas une longue narration de la dernière étape de l'arrivée de l'Évangile en la capitale de l'Empire romain ? L'historien n'en retiendra donc pas tous les détails comme des faits réels, mais comme les éléments qui dessinent globalement le portrait d'un aventurier du Christ capable d'enthousiasmer des disciples trouvant là une parfaite et captivante illustration de ce que pouvait signifier suivre Jésus.

Michel Trimaille

36
Gamaliel

Parler de Gamaliel, si brièvement que ce soit, c'est évoquer le problème, combien discuté, de la formation rabbinique de Paul. Né dans la Diaspora juive de langue grecque, l'Apôtre a-t-il reçu tout ou partie de son éducation à Jérusalem et, dans l'affirmative, quelle marque a-t-elle laissée dans son esprit ? La controverse ne cesse de rebondir. Il est sage de ne pas poser le problème en forme de dilemme trop rigoureux : nous savons aujourd'hui qu'il n'y avait pas, entre le judaïsme palestinien et celui des Dispersés, cette opposition radicale qu'ont admise nombre de chercheurs. La Palestine n'était pas imperméable au rayonnement de l'hellénisme. À l'inverse, la Diaspora accueillait les influences venues de la terre ancestrale, auréolée de son prestige de Terre sainte. Il n'en existait pas moins entre les deux des différences incontestables de mentalité, voire de conceptions. On a souvent, en ce qui concerne Paul, essayé de doser avec précision l'apport respectif de ces deux milieux. Je ne puis, pour ma part, que soumettre ici au lecteur, à propos de Gamaliel, quelques prudentes réflexions.

Nous connaissons le personnage à la fois par la littérature rabbinique et par les Actes des Apôtres. On le distingue communément, en l'appelant Gamaliel l'Ancien, de son homonyme plus jeune, Gamaliel II, apparemment son petit-fils, qui vivait vers la fin du Ier siècle apr. J.-C. Les indications fournies par le Talmud ne permettent pas toujours de faire très clairement le partage entre ce qui se rapporte à l'un et ce qui concerne l'autre. Le premier était le petit-fils de l'illustre Hillel, principal chef de file, au sein du pharisaïsme, de l'école « large », généralement plus libérale et souple dans ses interprétations de la Loi, et aussi peut-être vis-à-vis de la culture grecque, que la tendance rigoriste représentée par Schammaï. Gamaliel, à en juger par les quelques adages ou principes dont le Talmud lui attribue la paternité, appartenait à la même école. La tradition juive le tient en grande estime. Il est un des rares docteurs qu'elle désigne sous le titre de rabban, plus honorifique que celui de rab ou rabbi. Une tradition chrétienne légendaire l'a fait se convertir au christianisme, sur la foi, bien évidemment, du rôle que lui prêtent les Actes des Apôtres.

Gamaliel intervient en faveur des Apôtres

Ceux-ci le mentionnent deux fois. Lorsque les Apôtres, coupables d'avoir enfreint l'interdiction qui leur avait été notifiée de prêcher l'Évangile, sont cités devant le Sanhédrin, Gamaliel, « docteur de la Loi respecté de tout le peuple » et membre de la haute assemblée, intervient en leur faveur. Son bref discours préconise à leur endroit une attitude de neutralité ou tout au moins d'expectative. Il faut, estime-t-il, les laisser faire ; le succès ou l'échec de leur prédication montrera s'ils sont ou non inspirés par Dieu (Ac 5, 34-39). « Vous les reconnaîtrez à leurs fruits », tel est le sens de cette intervention. Le Sanhédrin, nous dit-on, se rallie à cet avis, ce qui ne l'empêche pas, avant de relâcher les accusés, de les faire fouetter et de leur renouveler l'interdiction de parler au nom de Jésus. Cette curieuse contradiction souligne le caractère assez maladroitement apprêté du récit.

Le discours de Gamaliel est, bien entendu, fictif dans sa lettre et comporte certaines difficultés qui ne peuvent pas nous retenir ici. Du moins l'intervention de l'illustre docteur et la position tolérante qu'il adopte ne sont-elles pas en soi invraisemblables.

Formé par Gamaliel à une stricte observance

La seconde mention qu'en font les Actes tient en un bref verset. Paul, arrêté à Jérusalem, au terme de son dernier voyage, s'adresse au peuple et lui dit entre autres choses: «Né à Tarse en Cilicie, j'ai cependant été élevé dans cette ville-ci, et c'est aux pieds de Gamaliel que j'ai été formé à l'exacte observance de la Loi de nos pères» (22, 3). Il y a là comme un écho de la déclaration faite à plusieurs reprises par Paul lui-même dans ses lettres (Ph 3, 5; Ga 1, 13; Rm 11, 1), à cette différence près que tout en insistant sur ses quartiers de noblesse juive et pharisienne, sur son légalisme exemplaire, sur le zèle qu'il mettait avant sa conversion à persécuter les chrétiens, il ne mentionne pas Jérusalem dans ce contexte et ne nomme jamais aucun maître juif dont il aurait été le disciple. Ce silence sur des points aussi importants autorise à se demander si Luc, soucieux de souligner la continuité providentielle entre le judaïsme bien compris et le christianisme, a vraiment respecté ici la réalité des faits.

Un curieux silence de Paul

Il est curieux que Paul n'ait jamais cité son maître. Il n'avait pas à le faire, a-t-on dit parfois, parce que ce nom, si illustre fût-il en milieu juif, ne signifiait rien pour les destinataires pagano-chrétiens des Épîtres. Par ailleurs, l'affirmation de Paul : « J'étais personnellement inconnu des Églises de Judée » (Ga 1, 22), s'accorde mal avec l'idée d'un séjour prolongé, marqué de surcroît par une participation active à des mesures antichrétiennes, à Jérusalem avant sa conversion. Il n'y a pas de raison de mettre cette activité persécutrice de Paul en doute, puisque lui-même en fait mention. Mais il y a tout lieu d'admettre qu'elle s'est exercée dans la Diaspora. Dans les Actes eux-mêmes, Paul déclare avoir reçu de l'autorité religieuse jérusalémite des lettres pour « les frères » — entendons : les Juifs — de Damas, lui donnant mandat d'amener les chrétiens de la communauté locale « enchaînés à Jérusalem pour y être châtiés » (22, 5). Singulière procédure : ce détail est, lui aussi, très sujet à caution. Les lettres dont Paul dit avoir été chargé pourraient bien n'avoir eu pour objet que de mettre en garde la communauté juive de Damas, et peut-être aussi celles d'autres villes, contre la propagande chrétienne.

Cependant, le fait que l'activité antichrétienne de Paul se soit exercée ailleurs qu'à Jérusalem n'exclut pas nécessairement un séjour dans la Ville sainte. Celle-ci représentait un puissant pôle d'attraction, religieuse mais aussi intellectuelle, pour les Juifs de la Diaspora. Il n'était pas exceptionnel, pour des familles aisées, d'y envoyer leurs fils parfaire des études rabbiniques. Celle de Paul paraît avoir eu un niveau de vie suffisant pour le faire. Et par ailleurs

Paul possédait, au dire des Actes (21, 40), une connaissance de l'hébreu — ou plutôt, en l'occurrence, de l'araméen — suffisante pour pouvoir haranguer la foule en cette langue. C'est peut-être, sinon de façon tout à fait certaine, ce que souligne aussi l'expression « Hébreu, fils d'Hébreu », par laquelle Paul se qualifie (Ph 3, 5) et qui témoignerait de solides attaches familiales palestiniennes.

Un long séjour à Jérusalem

Mais en faisant dire à l'Apôtre qu'il a été « élevé » et « formé » à l'observance de la Loi à Jérusalem, l'auteur des Actes suggère un séjour très prolongé ; car les deux verbes grecs employés ici désignent l'un les rudiments de l'éducation enfantine reçue dans la famille, l'autre la formation intellectuelle acquise par un jeune homme au niveau que nous appellerions secondaire, voire universitaire. Or rien de ce que nous savons de Paul n'incite à penser que ses parents eux-mêmes aient quitté Tarse alors qu'il était encore presque au berceau.

Qu'il ait été formé aux méthodes de l'enseignement, de la dialectique et de l'exégèse rabbiniques apparaît à l'évidence dans ses lettres. Mais il y a toute raison de penser que ces méthodes étaient également connues et pratiquées dans la Diaspora. À l'inverse, une élite intellectuelle palestinienne pratiquait sans doute le grec concurremment avec les idiomes sémitiques. Au demeurant, la personnalité et la pensée de l'apôtre sont trop complexes pour s'accommoder d'une explication unilatérale. Juif ou Grec ? Sans aucun doute les deux à la fois, comme nombre de ses coreligionnaires : qu'on pense simplement à Philon d'Alexandrie. Pharisien ? À coup sûr. Mais pharisien de la Diaspora : il n'y a pas d'incompatibilité entre les deux termes. Un séjour, probablement assez bref, auprès de Gamaliel n'est ni impossible ni invraisemblable. L'auteur des Actes y a cru, et peut-être disposait-il sur ce point de renseignements sûrs. Mais Gamaliel — encore une fois, Paul ne le nomme nulle part — pourrait tout aussi bien n'être en réalité que la personnification et comme le symbole de cette école pharisienne qui, aux yeux de Luc, pratique à l'endroit de l'Église naissante, à la différence du sacerdoce sadducéen, une politique relativement bienveillante. Elle a, en tout état de cause, marqué l'apôtre d'une empreinte durable.

Marcel Simon

37

Paul, un rabbin ?

Ayant entrepris la traduction du Livre qui relate l'histoire de mon peuple, la littérature ancienne des Hébreux, mon travail s'est prolongé par la traduction du Nouveau Testament.

S'il est différentes manières de traduire, et même de bien traduire un texte, cette constatation est plus exacte encore pour le Nouveau Testament, qui marie, en une synthèse unique, deux univers, celui des Hébreux et celui des Grecs, en des pages auxquelles ils confèrent une exceptionnelle beauté. Mais si le texte du Nouveau Testament nous est conservé en grec, l'on doit dire que la pensée des évangélistes, comme celle des apôtres, a pour ultimes termes de références la Parole de Dieu, la Parole du Dieu de l'Ancien Testament, c'est-à-dire pour eux toute la Bible. C'est donc elle que l'on retrouve en analysant le texte grec, même si l'on doit préalablement passer par un filtre araméen ou par celui de la traduction des Septante.

À partir du texte grec, connaissant les techniques de traduction de l'hébreu en grec, et les résonances hébraïques de la *Koinè*, j'ai tenté à chaque mot, à chaque verset, de toucher le fond sémitique, pour ensuite revenir au grec qu'il était nécessaire de retrouver, enrichi d'une substance nouvelle, avant de passer au français.

Incontestablement, derrière les questions de sémantique, il y a les différences des structures de la pensée et de son expression chez les Hébreux et chez les Grecs : un même mot prononcé dans ces deux univers culturels peut avoir un sens radicalement différent. D'où parfois d'irréductibles divergences. Mais toute lecture du Nouveau Testament, y compris le corpus paulinien, souligne bien l'unité de l'univers spirituel et culturel des Hébreux, efface des frontières que les rivalités religieuses, aggravées par les grandes tragédies de l'histoire, avaient édifiées entre le monde juif et le monde chrétien.

Des techniques de l'exégèse rabbinique

Bien qu'il écrive en grec et qu'il soit citoyen romain, Shaoul de Tarse, Paul, l'Apôtre des Gentils, est juif, et sans doute le plus puissant génie juif de son temps. À la différence d'une importante fraction du judaïsme hellénisé, il n'a jamais rompu avec ses racines hébraïques, bibliques et talmudiques qu'il connaissait infiniment mieux qu'un autre grand Juif de son temps, Philon d'Alexandrie. La pensée de Paul ne peut se comprendre en ses sources qu'à la lumière des perspectives et des techniques de l'exégèse rabbinique. Je donnerai quelques exemples, que je choisis à dessein dans la façon dont Paul cite et commente l'Ancien Testament.

En Galates 3, 16, Paul lit le texte de la Genèse (13, 15 et 17, 8) en rabbin, jouant sur le sens singulier de ce texte :

> « Or les promesses ont été dites à Abraham et à sa semence.
> Il n'est pas dit : "À ses semences"
> comme s'il s'agissait de plusieurs, mais d'une seule :

"à ta semence,
qui est le messie". »

Quelques lignes auparavant, Paul cite un texte de la Genèse (18, 18; 12, 3), en le développant à la manière rabbinique :

« Et l'écrit prévoyant qu'Élohim
justifiera les goïm par l'adhésion
a d'avance annoncé à Abraham
"les goïm de la terre seront bénis en toi".
Ainsi ceux de l'adhésion sont bénis
avec Abraham, celui qui a adhéré. »

Dans Romains 9, 20-24, Paul part de même de l'épisode du potier de Jérémie pour en arriver à l'appel des goïm. Le plus souvent, Paul détecte, en lisant les épisodes de l'Ancien Testament, comme en filigrane, les événements majeurs du Nouveau. Il ne s'agit pas d'une argumentation par l'histoire, par la philologie, mais de la présentation d'un tout où chaque histoire particulière s'inscrit. Ainsi le personnage d'Abraham devient la figure de tous les croyants, et Adam et Ève l'image du couple humain et de l'amour de Dieu pour son peuple, du Christ pour son Église. Le peuple d'Israël est la figure du peuple chrétien :

« Or, tout cela leur est arrivé en type,
et a été écrit en avertissement pour nous
pour qui la fin des ères est arrivée »
(1 Co 10, 11).

Et que d'épisodes évoquant la personne du Christ : Adam, bien sûr : mais aussi Abraham, Moïse et la Loi, les Prophètes, le Psalmiste dans ce modèle parfait de lecture de l'Ascension de Jésus dans le contexte de la gloire de Dieu :

« Mais à chacun de nous il a été donné une dilection à la mesure du don du Messie.
Aussi il est dit : "Monté dans les hauteurs
il a conduit des captifs en captivité,
il a fait des dons aux hommes."
Le "Il est monté", qu'est-ce à dire,
sinon qu'il est aussi descendu jusqu'aux parties les plus basses de la terre ?
Celui qui est descendu est le même
qui monte plus haut que tous les ciels
afin de remplir le tout » (Ep 4, 7-10, citant Ps 68, 19).

Rappelons aussi l'évocation du voile de Moïse, dans la IIe aux Corinthiens (3, 13-4, 6 et Ex 34, 29-35), où le rayonnement de la face de Moïse exprime la fulgurance de l'illumination chrétienne.

Un dernier exemple, où la Loi et les Prophètes viennent fonder cette affirmation solennelle que les chrétiens sont le temple du Dieu vivant :

« Car nous sommes le temple d'Élohim, le vivant
comme Élohim l'a dit :
"J'habiterai parmi eux et je marcherai,
je serai à eux pour Élohim, ils seront à moi pour peuple."
C'est pourquoi : "Sortez du milieu d'eux, séparez-vous, harangue le YHWH, ne touchez rien d'immonde.
Je vous accueillerai, je serai pour vous un père
et vous serez pour moi des fils et des filles,
harangue le YHWH Sabaot". »
(2 Co 6, 16 ; Lv 26, 11-12 ; et Ez 37, 27).

La pratique de la Loi et l'adhésion à la foi

Arrêtons là ces exemples que l'on pourrait multiplier. Nous nous permettons de renvoyer notre lecteur à l'étude très fouillée de J. Bonsirven, *Exégèse rabbinique et exégèse paulinienne* (Paris, 1933).

On vient de le voir, Paul est un Juif formé aux disciplines des rabbins qui se présente lui-même comme un pharisien, fils de pharisien, fidèle jusqu'à la mort au Dieu et au peuple d'Israël. Malgré l'anti-légalisme qu'on lui prête trop systématiquement sans trop se soucier de la signification réelle de ses analyses sur la foi et la Loi, Paul est resté durant toute sa vie un Juif pratiquant. Il trouvait dans les communautés juives de la Diaspora un accueil généralement ouvert ; la chronologie de ses voyages est fixée en fonction des fêtes juives de Pâques et de Kippour. Les résistances du monde juif devaient être normales dans l'affrontement général de sectes de son temps : de nos jours encore un rabbin de quelque obédience qu'il soit, orthodoxe, conservateur, ou libéral, n'est jamais accueilli sans réserve ni sans risques dans la synagogue d'une tendance qui n'est pas la sienne.

Quel que soit l'« antilégalisme » de Paul, celui-ci devait paraître moins grave aux yeux des maîtres du pharisaïsme que l'allégorisme systématique de Philon par exemple. Et Paul, de toute manière, n'a jamais demandé aux Juifs de rompre avec la Loi. Il souhaitait surtout que la pratique de la Loi ne soit pas faite sans l'adhésion de la foi et de l'amour (2 Co 11, 24), et en droit ces commandements n'étaient pas obligatoires pour les païens convertis. Lui-même circoncit Timothée, le fils d'une Juive et d'un Gentil, fidèle en cela à la stricte définition de la loi des pharisiens. Au retour de ses missions dans la Diaspora, il entend prouver ostensiblement qu'il se conduit lui aussi en observateur fidèle de la loi et, publiquement, il célèbre au Temple de Jérusalem les rites de la purification.

Le rejet d'Israël pour saint Paul

Paul est plus profondément juif encore lorsqu'il fait de l'histoire, et de l'histoire de son peuple, le fondement de sa pensée théologique ; le rejet d'Israël dont il parle n'est pas la notion théologique qui fera jour dans la pensée chrétienne, au IIe, au IIIe et davantage encore au IVe siècle, après la conversion de Constantin, mais la dure réalité politique de la domination romaine dont tous les Juifs du monde souffraient cruellement et dont il finira par mourir lui aussi, non pas crucifié comme Jésus et Pierre, mais décapité parce qu'il avait, de naissance, le privilège d'être un citoyen romain. Décapité en tant que fils d'Israël et qui servait Jésus, un autre roi que César, un autre Dieu que les dieux de Rome, celui d'Abraham et de Jésus.

André Chouraqui

38
Paul et les Actes

Aujourd'hui, lorsque nous étudions un auteur récent, nous nous servons de deux sources : d'une part, son œuvre elle-même, d'autre part sa ou ses biographies. Pour étudier saint Paul, il nous paraît évident d'employer la même technique, c'est-à-dire d'utiliser à la fois ses lettres et la biographie écrite par Luc dans les Actes des Apôtres. Mais, dans une telle opération, ne projette-t-on pas un peu vite nos critères actuels sur des écrits d'une autre époque et d'une autre civilisation ? Peut-on, en particulier, lire les Actes comme un livre historique au sens actuel du mot ? Est-il si évident que l'auteur des Actes est le « cher médecin » de Colossiens 4, 14 ?

Il n'y a pas de réponses définitives à ces questions. Du moins, à la suite des chercheurs, il paraît indispensable de parcourir les éléments du dossier avant de s'aventurer sur les pas de saint Paul.

Le Livre des Actes a été écrit à la fin du Ier siècle, sans doute vers les années 80. Il s'est écoulé une quarantaine d'années depuis la rédaction des Épîtres attribuées avec certitude à Paul. Les conditions concrètes de vie des communautés chrétiennes, la théologie, l'organisation des Églises, les rapports avec le judaïsme ont beaucoup changé. Les païens sont définitivement admis dans l'Église et la prédication libre de Paul à Rome à la fin des Actes n'évoque guère les difficultés rapportées par Paul dans les Épîtres aux Galate et aux Romains. Il y a bien cohérence entre Actes et Paul ; le livre de Luc est impensable sans Paul, mais « ce qui apparaît, lorsque nous comparons les Actes des Apôtres aux épîtres de Paul, ressemble à un fleuve qui a déposé bien des choses en s'écoulant et qui en a assimilé autant d'autres, qui proviennent de nouvelles sources et de nouveaux affluents[1] ».

Par exemple, si Luc insiste bien, comme Paul, sur la liberté des païens par rapport à la Loi mosaïque, sa volonté de prêcher l'unité de l'Église l'amène à passer sous silence ou à atténuer les difficultés entre les responsables de l'Église. Ainsi, « le thème unitaire s'est exercé au point de rejudaïser presque la figure de Paul[2] ».

Un historien antique

L'introduction du troisième Évangile (Lc 1, 1-4) a souvent induit en erreur les lecteurs contemporains en faisant prendre son auteur pour un historien au sens moderne du terme. Or Luc — du moins celui que nous désignons sous ce nom depuis la fin du IIe siècle — est un homme de son temps : donc un historien à la manière antique, c'est-à-dire ne séparant pas la transmission des événements de leur interprétation, n'hésitant pas à faire œuvre créatrice pour mieux dégager le fil conducteur des faits.

1. G. Bornkamm, *Paul, apôtre de Jésus-Christ*, Paris, Labor et Fides, 1971, p. 17.

2. C. Perrot, *Introduction à la Bible*, t. III, vol. 2, Pais, Desclée, 1976, p. 294.

« En aucun cas, la seule exactitude des faits historiques ne lui sert de norme[1]. »

L'exemple des discours est très éclairant. Ils sont très nombreux dans les Actes (les exégètes en comptent habituellement vingt-quatre). Pour nous, qui sommes habitués aux magnétophones, nous les lisons sans problème comme s'ils avaient été prononcés tels quels. À y regarder de plus près, on peut constater : que ces discours sont trop brefs pour avoir été prononcés ainsi, que pourtant ils ne sont pas des résumés, que Pierre prêche comme Paul, enfin que la langue de ces discours est typiquement lucanienne[2]. Ces discours ne sont donc pas des procès-verbaux de paroles réellement prononcées, mais ils sont le fruit d'un travail littéraire de Luc ponctuant ainsi les moments essentiels de son récit. Ce faisant, Luc a seulement suivi la manière de faire des historiens antiques tels Tacite ou Flavius Josèphe[3].

Le titre d'« apôtre »

Paul revendique à part entière le titre d'apôtre. Or, dans les Actes, Luc semble réserver ce titre aux Douze qui, non seulement ont vu le Ressuscité mais aussi ont accompagné Jésus durant son ministère (ce qui n'est pas le cas de Paul). De même, Luc ne range pas l'apparition de Damas parmi les apparitions pascales qu'il limite au temps intermédiaire sacré précédant l'Ascension et la Pentecôte. Paul, au contraire, se place dans la liste des témoins de Pâques (1 Co 15, 1-8). Il ne s'agit pas à proprement

1. G. Bornkamm, *op. cit.*, p. 18.
2. G. Lohfink, *La conversion de saint Paul*, Paris, Le Cerf, 1967, p. 60-74.
3. G. Lohfink, *op. cit.*, p. 61.

parler de divergences fondamentales, mais plutôt d'une différence de « système de référence[1] » : différence manifestant que Luc n'est pas le simple témoin-biographe-neutre que l'on présente souvent.

On pourra cependant nuancer cette réflexion en reconnaissant que Actes 14, 4-14 désigne Paul et Barnabé comme étant des apôtres ; ou encore que le mot « apôtres » est toujours utilisé au pluriel dans les Actes, comme une unité de référence qui reste collégiale (Pierre non plus n'est pas appelé « apôtre »[2]).

La vocation

Autre différence d'accent permettant de poser au moins la question de la relation directe entre Paul et l'auteur du Livre des Actes : la présentation de la vocation. En Galates 1, 11-12, Paul affirme nettement qu'il n'a pas reçu sa vocation en son Évangile d'un homme mais de Jésus-Christ. Luc s'attache plutôt à légitimer l'œuvre de Paul en montrant ses liens aux apôtres sitôt après Damas (Ac 9, 27-28) de même qu'il a mis en relief le rôle d'Ananias en Actes 9, 10-19 et 22, 12-16. Si Luc et Paul poursuivent bien le même but (reconnaître que le ministère de Paul est voulu par Dieu), les moyens pour le dire diffèrent tellement qu'ils mettent en doute les liens directs entre ces deux hommes.

Les récits en « nous »

Dans plusieurs passages des Actes, le récit passe subitement de la troisième personne à la première

1. *Ibid.*, p. 124.
2. C. Perrot, *op. cit.*, p. 294.

personne du pluriel (16, 10-17; 20, 5-15; 21, 1-18; 27, 1-28, 16). On a vu là la preuve irréfutable que le livre est écrit par un compagnon de Paul. Mais des parallèles chez les historiens antiques, où se trouve l'utilisation de la première personne au cœur d'un récit, invitent à la prudence. Il paraît hautement probable qu'un « journal de voyage » a été utilisé ici mais il est bien difficile d'en dire plus[1].

Pas d'allusion aux lettres

L'habitude d'insérer dans la trame des Actes les lettres de Paul a fait oublier que, dans l'œuvre de Luc, il n'y a aucune allusion aux lettres de l'apôtre. Comment un familier de Paul aurait-il pu les ignorer ?

Les voyages de Paul

Les Actes des Apôtres se lisent comme une épopée passionnante sur les voyages missionnaires de Paul.

Le premier voyage est raconté par Luc dans Actes 13-14. Partis d'Antioche, Paul et Barnabé se rendent d'abord à Chypre, puis gagnent l'Asie Mineure en abordant la Pamphylie par le port d'Attalia. Ils passent par la grande ville de Pergé, qu'ils évangéliseront au retour, puis ils s'enfoncent à l'intérieur des terres jusqu'à Antioche de Pisidie où Luc situe le premier grand discours missionnaire de Paul dans la synagogue de la ville. Devant le refus de la majorité des Juifs d'accueillir le message de l'Évangile, Paul se tourne vers les païens. Chassés d'Antioche par les Juifs, Paul et Barnabé se rendent à Iconium, à Lystres et à Derbé. Revenus sur

1. *Ibid.*, p. 282.

leurs pas, ils rembarquent à Attalia pour rentrer à Antioche.

Le deuxième voyage (Ac 15, Ac 36.18, 22) commence par une visite aux communautés précédemment fondées : Derbé, Lystres (où Paul rencontre Timothée) et Iconium. Poursuivant sa route à travers l'Asie Mineure, Paul traverse la Galatie, la Phrygie et la Mysie jusqu'au port de Troas. De là, il prend le bateau pour la Macédoine. Du port de Néapolis, il gagne la ville de Philippes. Paul restera très attaché à la communauté qu'il y a fondée. Il gagne ensuite Thessalonique puis, après un passage éclair à Bérée et à Athènes, il se rend à Corinthe où il s'installe pour un long séjour. Sur le chemin du retour, il fait escale à Éphèse où existe déjà une communauté chrétienne. Il débarque à Césarée puis regagne Antioche « après être monté saluer l'Église ». Est-ce celle de Césarée, située sur une colline, ou celle de Jérusalem ?

Le troisième voyage (Ac 18, 23.21, 6) n'est plus à proprement parler un voyage missionnaire mais plutôt une visite aux Églises que Paul a fondées pour affermir leur foi. Paul passe à nouveau par la Galatie et la Phrygie avant de séjourner longuement à Éphèse, comme il l'avait promis lors de son premier passage (Ac 18, 21). Obligé de quitter la ville à la suite de la révolte des orfèvres, il repasse en Macédoine, puis à Corinthe. Revenu sur ses pas par la Macédoine, Paul décide de regagner Jérusalem par bateau. Il fait escale à Troas, puis à Milet où Luc situe le discours d'adieu aux anciens d'Éphèse. Le voyage se termine à Jérusalem où l'apôtre sera arrêté avant d'être conduit à Rome.

Le difficile travail de l'historien

Le récit traditionnel que nous effectuons habituellement d'après les Actes pose, en effet, des problèmes à l'historien. D'une part, parce que l'harmonisation de ces données avec celles des lettres de Paul est loin d'être évidente, d'autre part, pace que les éléments chronologiques des Actes semblent peu conciliables avec la durée des déplacements et des séjours de Paul. Par exemple, d'après les Actes, le deuxième voyage aurait duré dix-huit mois. R. Jewet a pu montrer que la durée est plus certainement de quatre ans.

Il n'est pas difficile de comprendre ces distorsions. Luc a cherché à montrer le rôle de Paul dans la proclamation de l'Évangile jusqu'à la capitale du monde païen. Son œuvre comprend beaucoup de notations historiques et géographiques de valeur, mais celles-ci sont secondaires par rapport à son projet théologique. Car il s'agit avant tout d'un ouvrage théologique, écrit bien après les événements afin d'en révéler le caractère exemplaire pour la vie de l'Église.

Question de méthode

Opposer fondamentalement Luc et Paul serait une erreur. Il y a réellement une continuité entre les deux à travers les divergences de perspectives. Mais, pour un travail de type historique, il semble nécessaire de bien distinguer l'œuvre de Luc et les lettres de Paul et de ne pas trop vite compléter les informations de l'un par celles de l'autre comme s'il y avait identité de genre littéraire, d'époque et de perspective.

En conclusion, « il semble donc plus prudent de s'appuyer d'abord sur la présentation des faits selon Paul, et non pas sur le tableau synthétique de Luc où sont ramassés des éléments de dates diverses et de milieux différents [1] ».

François Brossier

1. *Ibid.*, p. 291.

39

Dans quel monde Paul a-t-il voyagé ?

On ne saurait comprendre Paul, Juif et citoyen de l'Empire romain, sans prendre la mesure du monde bigarré, mais pacifié et unifié, dans lequel il vit, voyage et prêche. Un monde neuf en gestation, en plein bouillonnement intellectuel, commercial et religieux, après des décennies de guerre et de misère.

Depuis la victoire d'Octave à Actium (septembre 31 av. J.-C.), la Méditerranée orientale connaît enfin la paix. Pendant plus d'un demi-siècle, de 88 av. J.-C. (début de la guerre mithridatique) à l'été 30 av. J.-C. (conquête de l'Égypte par Octave), elle a connu successivement les invasions étrangères (pontique, arménienne, parthe), la piraterie et le brigandage généralisés, et enfin la guerre civile romaine qui, non seulement a ravagé les campagnes, mais a surtout laissé les finances publiques et privées exsangues. Des cités avaient été obligées de donner en gage leurs édifices publics, de louer les temples, de vendre leur citoyenneté ! Certes, il a subsisté des foyers d'agitation, dans le centre de l'Asie Mineure (Pisidie et Lycaonie) jusqu'à la fin du Ier siècle av. J.-C., en Cilicie Trachée (une révolte en 36 apr. J.-C., et une en 52 apr. J.-C.), et surtout en Judée où les troubles semblent endémiques depuis la disparition de Hérode le Grand (4 av. J.-C.). Mais, en dehors de ces quelques secteurs marginaux, hommes et marchandises voyagent à nouveau en sécurité, sur terre comme sur mer, sauf lorsqu'ils tombent par hasard sur des bandits de grand chemin ou subissent l'épreuve de tempêtes redoutables, comme Paul en fit l'expérience.

Un monde unifié et bigarré

Après le suicide de Cléopâtre en août 30 et l'annexion du royaume lagide par Rome, pour la première fois de son histoire, l'ensemble de la Méditerranée se trouve sous la domination d'un même pouvoir. D'un point de vue institutionnel, ce n'est pas tout à fait exact car Rome n'administre pas directement tout son empire, et il subsiste même, juridiquement, des États indépendants comme Rhodes (annexée seulement en 44 apr. J.-C.). Paul, par sa naissance et ses voyages, a pu constater l'étonnante diversité des modes d'administration mis en place par les Romains. Ainsi, la partie de la Cilicie où il est né, celle que l'on nomme Pédias, « Plane », constitue la partie nord de la vaste province de Syrie qui s'étend jusqu'au sud de la Phénicie et à Damas, et qui, par intermittence, englobe aussi la Judée au sens strict (de 6 à 41 apr. J.-C., puis de 44 à 70), confiée à un préfet puis à un procurateur qui dépend du gouverneur de Syrie. Mais se trouvent aussi dans la province quelques cités de Transjordanie (Gérasa, Gadara) qui sont isolées géographiquement. La situation est plus simple à Chypre et en Asie Mineure, comme en Grèce, où toutes les possessions romaines sont réparties entre des provinces (Asie, Achaïe, Macédoine, Bithynie-Pont, Galatie, Cappadoce). Situation parfois récente, comme en Galatie et Lycaonie (25 av. J.-C.) ou en Cappadoce (17 apr. J.-C.), parfois plus anciennes (Macédoine depuis 148, Asie depuis 129).

En revanche, de nombreux territoires, bien que soumis, ont été laissés entre les mains de princes-clients, qui peuvent être les rejetons de vieilles familles princières indigènes (en Commagène, en Nabatène, dans le Pont), ou des créatures de Rome (en Judée ou dans l'intérieur du Liban). Dans tous les cas, Rome n'hésite pas à les déplacer d'une principauté à l'autre, comme on ferait d'un gouverneur. Le maintien de ces États — qui prive Rome d'une partie des ressources qu'elle pourrait en retirer — tient en général au caractère spécifique du territoire à administrer, qu'il soit désertique comme la Nabatène ou très montagneux comme la Cilicie Trachée, ou qu'il abrite des populations peu assimilables : Juifs de Judée, Arabes du Liban (Ituréens), de Transjordanie (Nabatéens) et d'Émésène, faiblement hellénisés et peu prêts à entrer dans un empire dont le lien le plus ferme reste l'hellénisme. Cela constitue une véritable mosaïque administrative qui, au temps de Paul, n'est pas encore en voie de réduction. Il subsiste des princes-clients dans la montagne à l'ouest de Tarse, dans l'intérieur du Liban (Arca, Abila de Lysanias, Chalcis), dans les montagnes de Syrie centrale et autour d'Émèse, en Galilée et dans la plus grande partie de la Transjordanie (princes hérodiens en Galilée et Syrie du Sud, rois de Nabatène sur leur frontière sud en Transjordanie).

Une mosaïque de cités

Le monde de Paul est un monde largement urbanisé ; comme on le constate à la lecture de ses voyages, où il va de ville en ville. C'est que le Proche-Orient hellénisé a connu, durant l'époque hellénistique, la diffusion d'un modèle traditionnel d'organisation des Grecs, la *polis*, la cité. Le phénomène, longtemps limité aux régions les plus occidentales de l'Asie Mineure, ainsi qu'à la Syrie côtière et du Nord, continue à progresser au début de l'Empire, notamment sous l'autorité des princes-clients (Césarée Maritime fondée par Hérode en 20 av. J.-C.). Naturellement la plupart sont peuplées non de colons venus de Grèce ou de Macédoine (ce ne fut guère le cas qu'au début, jusque vers 250 av. J.-C.) mais d'indigènes hellénisés, que rien ne distingue des Grecs de souche. Car, ce qui fait le Grec, c'est la culture et l'éducation, non la naissance. En revanche, Rome n'a pas essayé de diffuser en Orient son propre modèle urbain. Il n'existe que quelques colonies, fondées pour installer des vétérans : Corinthe (depuis 44 av. J.-C.), Antioche de Pisidie, Iconium, Bérytus, pour citer quelques colonies visitées par Paul, mais les quelques autres que l'on pourrait mentionner, notamment en Pisidie, sont de médiocre importance.

Ce qui importe, c'est que partout Rome considère la ville, *polis* à la grecque ou *colonia* à la romaine, comme un élément clé de son administration. Ces communautés structurées administrent largement la vie quotidienne des habitants, s'occupant aussi bien des problèmes de sécurité des routes, de voirie urbaine, d'approvisionnement que de prélever l'impôt dû à Rome. Cependant, si le modèle civique reste prépondérant, il ne s'impose pas partout. En effet, d'autres structures indigènes persistent, notamment des peuples organisés en villages (nombreux en Phrygie, Lydie orientale, Pisidie), et des principautés sacerdotales autour d'un sanctuaire indigène (comme celui de la Grande Mère-Cybèle à Pessinonte ou celui de Zeus à Olba en Cilicie près de Tarse). Toutefois, progressivement nombre de ces communautés obtiennent le statut de cité, qui les réduit au modèle commun. Le mouvement s'amorce au temps de Paul mais se développe surtout un peu plus tard, après 70 apr. J.-C.

Statuts individuels et liberté civique

En même temps que se juxtaposent provinces et États-clients, coexistent pour les populations des statuts individuels variés. Dans les États-clients, les habitants sont simplement sujets du souverain local, sans distinction. Mais presque partout, le prince-client lui-même est citoyen romain : roi pour ses sujets, il est simple citoyen à Rome. Dans les provinces, en revanche, la situation est plus complexe. En effet, il existe partout, notamment dans les villes, un petit noyau de citoyens romains, expatriés ou indigènes. Car, dès la création de chaque province, des Romains d'Italie sont venus s'installer, généralement pour faire des affaires : ils sont nombreux en Asie Mineure et en Grèce, beaucoup moins en Égypte et en Syrie. De plus, quelques rares indigènes ont reçu ce privilège qui les distingue de la masse de leurs compatriotes sans les dispenser des charges fiscales qui pèsent sur eux dans leurs cités. Certains sont des indigènes engagés dans l'armée romaine, qui ont reçu la citoyenneté lors de leur engagement dans la légion ou lors de leur démobilisation d'une unité auxiliaire. D'autres ont reçu cette faveur d'un gouverneur ou de l'empereur, pour services rendus à Rome. La famille de Paul fait partie du tout petit nombre de celles qui peuvent se prévaloir de la citoyenneté romaine avant l'époque de Claude (41-54), règne qui marque un net accroissement du nombre des citoyens d'origine indigène, en Orient comme en Occident. Mais au total, les citoyens romains, de souche ou récemment promus, ne constituent qu'une infime minorité.

Les autres provinciaux sont, en vertu du droit romain, des pérégrins, hommes libres mais non citoyens. Cette définition juridique masque des réalités plus complexes. Car, à défaut d'être citoyens romains, de nombreux pérégrins peuvent se prévaloir d'une citoyenneté de cité grecque : situation quasi générale dans le monde égéen, très fréquente en Cilicie, à Chypre, en Syrie du Nord, en Phénicie, mais rare en Égypte où il n'existe que trois cités, Alexandrie, Ptolémaïs et Naucratis. Chaque individu ne manque pas d'indiquer son ethnie à la suite de son nom, élément d'identification et manière de souligner son statut « grec ». Les citoyens romains d'origine indigène, comme Paul, se prévalent volontiers de cette citoyenneté locale, qui s'ajoute à leur qualité de citoyen de Rome.

Mais une partie des populations des provinces échappe à ce système. D'abord parce que la cité grecque ne s'est pas diffusée partout : il reste de vastes régions hors du monde des cités, notamment là où Rome a laissé des princes-clients. Ensuite parce que, même dans les cités, il existe des populations qui ne jouissent pas des droits civiques : dépendants ruraux, résidents exclus pour des raisons inconnues : à Tarse même, à la fin du Ier siècle, les travailleurs du lin réclament la pleine citoyenneté qui leur est refusée alors qu'ils sont de même origine que les citoyens.

Ces statuts individuels différenciés ainsi que le maintien des structures traditionnelles (cités, tribus, sanctuaires, principautés) aboutissent à la juxtaposition d'une multiplicité de droits locaux car Rome n'essaie pas d'imposer son propre droit. Certes, les citoyens romains peuvent réclamer, où qu'ils se trouvent, l'application des procédures et des règles du droit romain (ce dont Paul ne se prive pas). Mais les autres habitants relèvent chacun du droit de leur propre communauté. Ce respect de leur droit apparaît aux cités et aux peuples comme le symbole même de leur liberté. Il en va de même du maintien des institutions traditionnelles (magistrats, conseils) ou du droit de battre monnaie : si le denier romain a cours partout, il est largement concurrencé dans le monde de Paul par les émissions de drachmes et de tétradrachmes de nombreuses cités grecques qui trouvent là l'occasion de populariser leurs symboles et leurs légendes.

Diversité et cohésion

Le monde de Paul, à l'image de l'ensemble de l'Empire romain, est à la fois un, double et multiple. Un, parce qu'il est tout entier dans la dépendance politique de Rome. Mais double, en matière culturelle et linguistique, puisque le grec jouit du statut de langue officielle à égalité avec le latin en Orient : depuis Claude, il existe à Rome une chancellerie grecque à côté de la chancellerie latine. Seule l'armée continue, où que ce soit, à n'écrire qu'en latin. Seconde langue officielle, le grec se trouve aussi être la grande langue de communication pour les populations qui vivent entre le détroit de Messine et l'Euphrate.

Car la diversité des langues ferait de la Méditerranée orientale une véritable tour de Babel. L'araméen constitue la principale langue de communication des populations indigènes de Syrie, avec des variantes dialectales du Nord au Sud. Mais on parle aussi le phénicien en Phénicie (bien que la tradition écrite s'en perde), et même l'hébreu en Judée, qui semble encore largement compris par la population cultivée. Sur les marges de la Syrie, des dialectes arabes sont parlés aussi bien par les Nabatéens que par divers peuples nomades. Dans l'intérieur de l'Anatolie, Paul a entendu parler lycaonien, galate, pisidien, carien, lycien, phrygien, thrace, etc., toutes langues dont l'usage s'amenuise, faute qu'elles s'écrivent, mais qui restent parlées par une partie de la population jusqu'au IVe siècle apr. J.-C.

Au sein de cette diversité, il existe des éléments de cohésion, en dehors même de l'appartenance à un même empire. Partout, le système grec de valeurs tend à s'imposer, à partir des cités fondées dans toutes les provinces. L'esprit de compétition, que les Grecs nomment *agôn*, se manifeste naturellement dans les concours gymniques ou artistiques qu'organisent nombre de cités, mais il s'exprime aussi bien dans la course aux honneurs que disputent les riches citoyens pour mériter le titre de bienfaiteurs de leur cité. Paul, comme les rabbis pharisiens, emprunte souvent ses images au vocabulaire des décrets honorifiques pour des vainqueurs ou des bienfaiteurs, sachant bien qu'il sera compris de ses auditeurs.

En passant d'une cité à l'autre, de Césarée à Salamine de Chypre, de Lystra à Corinthe, d'Antioche à Colosses, Paul devait aussi retrouver les mêmes monuments du paysage urbain : mêmes édifices publics et de loisirs, même type de décor peint et sculpté, temples construits sur le même modèle, mêmes inscriptions en l'honneur des magistrats et des bienfaiteurs. Une certaine uniformisation se dessine, même s'il subsiste des variantes locales, notamment dans l'agencement des sanctuaires, qui obéissent à des exigences cultuelles étrangères à l'hellénisme. On retrouve ce mélange d'uniformité et de diversité en matière religieuse. Ainsi, le culte impérial constitue un lien entre tous les habitants de l'Empire. La création du culte impérial, à l'initiative des Grecs d'Asie et de Bithynie en 29 av. J.-C., n'est pas une réelle innovation car les peuples de Méditerranée orientale sont habitués depuis Alexandre et ses successeurs à vénérer leur souverain comme un dieu. Mais l'organisation d'un culte provincial officiel constitue une occasion pour les notables des cités de manifester leur loyalisme envers Rome. Cependant, il existe bien des différences : le culte existe depuis Auguste en Asie, en Bithynie et en Syrie, mais il est créé seulement sous Néron en Achaïe et resta toujours ignoré en Égypte. Quant aux Juifs, ils se contentent d'offrir à Yahwéh des sacrifices pour le salut de l'empereur.

Par ailleurs, tous les peuples, toutes les cités ont conservé leurs dieux ancestraux, qui garantissent en quelque sorte la cohésion de la communauté. On a souvent voulu réduire ces cultes à de simples manifestations d'identité civique, et l'on a parlé d'un déclin des cultes traditionnels. C'est méconnaître leur fonction : aussi longtemps que survit l'idée même de cité, ils persistent et prospèrent, comme en témoignent de nombreux textes. Mais il est vrai que le culte impérial et les cultes civiques ne répondent sans doute pas à tous les besoins spirituels des populations. Dès l'époque hellénistique, se sont développés des cultes, grecs ou étrangers, qui établissent entre le dieu et ses fidèles des liens plus personnels. Ces cultes, parfois accompagnés de mystères, offrent aux fidèles sinon l'espérance d'un salut, du moins une certaine connaissance de l'Au-delà. Le secret que se doivent de garder jalousement les initiés nous prive d'une connaissance précise des « mystères », mais le développement incontestable de ces cultes témoigne d'un renouvellement spirituel, où l'individu se montre plus sensible aux exigences morales. Ce renouveau touche tout le monde hellénisé, et toutes les couches de la population. Ainsi s'explique aussi bien le succès des cultes à mystères, que l'attrait du judaïsme sur les femmes ou la diffusion du stoïcisme.

C'est dans ce monde bigarré, pacifié et unifié, que Paul vit, voyage et prêche. Il a vu se transformer les villes que le retour de la prospérité invite à s'embellir, il a bénéficié des routes nouvelles que Rome construit pour sa sécurité dans l'intérieur de l'Asie Mineure, il a profité du renouveau des échanges qui fait se multiplier les bateaux sur les mers, il a senti partout le bouillonnement de la vie après des décennies de guerre et de misère. Un monde dont les Actes des Apôtres donne une description largement confirmée par les témoignages archéologiques, les inscriptions et par les auteurs contemporains.

Maurice Sartre

40
Paul sur le chemin de Damas

Le retournement de Paul est d'autant plus frappant qu'il était non seulement un Juif fervent, mais aussi un opposant actif à la nouvelle religion. Il reconnaît dans ses lettres avoir été persécuteur de ceux qui vont devenir ses frères : « Vous avez entendu parler de mon comportement naguère dans le judaïsme, avec quelle frénésie je persécutais l'Église de Dieu et je cherchais à la détruire » (Ga 1, 13).

Paul, le persécuteur des premiers chrétiens

Sans doute Paul n'est-il pas allé jusqu'au meurtre, du moins il ne s'en accuse jamais. Cependant, le terme « persécuter » dit bien qu'il ne se contentait pas de simples menaces verbales. De même, lorsqu'il utilise le terme de « zèle » à ce sujet (Ph 3, 6), il fait allusion à ces nombreux cas où, dans l'Ancien Testament, des Israélites, par haine du mal et amour de Dieu, ont assailli des transgresseurs de la Loi (cf. 1 M 2, 24-26).

Pour quels motifs Paul a-t-il persécuté les chrétiens ? Bien des hypothèses ont été avancées. On a pu suggérer qu'il les pourchassait parce qu'il se sentait lui-même mal à l'aise dans sa foi juive; mais rien, dans ses lettres, ne va dans ce sens. On a aussi pensé qu'il les persécutait parce qu'ils s'opposaient à la Loi de Moïse. Mais cette opposition se manifestera surtout plus tard, lorsque le christianisme aura gagné les païens; ce n'était pas le cas dans la première communauté de Jérusalem, que Paul accusera plus tard d'« intégrisme ».

Il est plus vraisemblable que Paul ne visait que le groupe des hellénistes à Jérusalem, ces Juifs de culture et de langue grecques dont certains étaient devenus chrétiens dès les origines. Leur leader, Étienne, ne prêchait-il pas contre le Temple et la Loi (Ac 6, 11. 13. 14)? Les Actes des Apôtres signalent en effet que le martyre d'Étienne eut lieu en présence de Paul et qu'il s'ensuivit une persécution des hellénistes (Ac 8, 1-3). Mais on peut soupçonner que Luc a quelque peu brodé sur les faits en fonction de son projet littéraire qui consistait à accuser le contraste entre ce qui précède et ce qui suit le chemin de Damas. Ainsi l'initiative d'une opération de police à Damas contre les chrétiens que Luc attribue à Paul est-elle à manier avec précaution. En effet, la juridiction du grand prêtre et du Sanhédrin était limitée à la province de Judée. On peut admettre en revanche sans difficulté que Paul a « contribué pour sa part à traduire des judéo-chrétiens hellénistes devant des tribunaux rabbiniques et à leur faire administrer les châtiments réglementaires dans le cadre des synagogues ».

« *Il m'est aussi apparu à moi, l'avorton* »

Nous aimerions sans doute recueillir de la plume de Paul un témoignage très détaillé de son expérience. Or, s'il confirme bien cet événement capital pour sa vie, il n'y fait que de brèves allusions : « Mais quand celui qui m'a mis à part dès le sein maternel et appelé par sa grâce, daigna révéler en moi son Fils pour que je l'annonce parmi les païens... » (Ga 1, 15-16a). Paul ajoute qu'après être parti pour l'Arabie il est revenu à Damas, confirmant ainsi la localisation lucanienne devenue traditionnelle.

S'il évoque cette expérience, c'est pour établir qu'il a reçu sa mission de Dieu et qu'il est bien apôtre à part entière. C'est le sens de l'autre allusion à sa conversion, qu'il ajoute à sa liste des apparitions pascales : « En tout dernier lieu, il m'est aussi apparu, à moi l'avorton » (1 Co 15, 8). Il en va de même lorsqu'il questionne : « Ne suis-je pas apôtre ? Est-ce que je n'ai pas vu Jésus, notre Seigneur ? » (1 Co 9, 1). Sans doute Paul n'a-t-il pas vécu avec Jésus comme les Douze, mais il revendique la même expérience pascale que ces derniers.

Il est clair que l'expérience de Damas a marqué un tournant capital dans la vie de Paul et que là se situe l'origine de sa foi chrétienne. Est-ce à dire que, dès ce moment, il eut pleine conscience de sa vocation d'apôtre des païens ? La théologie qu'il exprimera dans ses lettres était-elle déjà pleinement consciente ? Paul n'en dit rien. Il n'est pas interdit de penser qu'il n'a eu la pleine conscience de ce qui était en germe dans l'expérience de Damas qu'après un temps de mûrissement.

Traditionnellement, on parle de la « conversion » de Paul sur le chemin de Damas. En toute rigueur, le terme est impropre : Paul ne se l'applique pas, car, pour lui, il n'y a pas eu changement de religion. Sa foi en Christ ne s'oppose pas à la foi d'Israël. Jésus est le Messie d'Israël et les promesses faites à Abraham ne sont pas caduques ; elles sont seulement étendues désormais aux païens (conformément à Gn 12, 3), et c'est ce qui le conduira à aller porter cette Bonne Nouvelle jusqu'à Rome, et peut-être jusqu'en Espagne (Rm 15, 24-28).

Une expérience racontée par trois fois dans les actes

Écrits vraisemblablement vers les années 80-90, les Actes des Apôtres ne sont pas une source historique directe et immédiate sur les activités de Paul. Celui-ci est mort depuis une vingtaine d'années. Le regard que Luc porte sur la primitive Église et les missions pauliniennes n'est pas celui d'un reporter. Luc possède suffisamment de recul pour embrasser d'un seul coup d'œil cette époque fondatrice et les conséquences qui en découlent pour l'Église dans laquelle il vit. Ce qui a été réalisé par Paul, Luc le voit déjà en germe dans sa vocation sur le chemin de Damas. Pour lui, la mission de Paul serait incompréhensible sans cette rencontre avec le Ressuscité. C'est pourquoi il donne une telle importance à l'événement qu'il raconte trois fois.

Certains objecteront que Luc ne fait que rapporter les confidences de Paul. Mais ce dernier a montré, dans ses lettres, qu'il était tout à fait avare de détails. Par ailleurs, les récits des Actes ne reflètent pas trois traditions, mais appartiennent tous les trois au style littéraire de Luc. Les deuxième et troisième récits sont incorporés à des discours de Paul mais ils sont bien de facture lucanienne et sont très proches, pour l'essentiel, du premier récit d'Actes 9. D'ailleurs, au sujet du rôle d'Ananie, le deuxième récit est incompréhensible si l'on n'a pas lu d'abord le premier ; ce qui veut dire que les discours s'adressent aux lecteurs qui ont déjà lu le premier récit.

Le génie littéraire pour traduire l'indicible

Voyons donc comment Luc a mis son génie littéraire au service de la présentation d'un événement aux conséquences capitales pour l'Église. Notons qu'il avait reçu de la tradition, et des Épîtres elles-mêmes, les informations essentielles concernant les persécutions menées par Paul, sa révélation pascale, le lien qu'il faisait entre la révélation du Fils et sa mission auprès des païens et enfin la localisation de la « conversion » à Damas ; il avait sans doute aussi reçu les traditions de la communauté de Damas concernant Ananie.

Pour décrire ce qui est de l'ordre de l'expérience indicible, Luc a utilisé les schémas classiques de récits d'apparition avec dialogues tels qu'on les trouve dans l'Ancien Testament (Gn 46, 2 ; 31, 11-13) ou dans la littérature juive (*Joseph et Aséneth* 14, 1-7). La structure en est simple : appel du personnage divin — réponse de l'homme — autoprésentation du personnage divin — envoi en mission. Le dialogue avec l'Apparition est reproduit pratiquement mot à mot dans les trois récits des Actes. Il n'est donc pas question d'y voir la transcription pure et simple des souvenirs de Paul. Nous retrouvons cette même structure pour l'apparition à Ananie en Actes 9, 10.

Dans la lignée des grands prophètes

Il est tout à fait significatif d'observer que le discours d'envoi en mission par Jésus, dans le troisième récit d'Actes (26, 16-18), est une constellation d'allusions aux vocations de prophètes. « Tiens-toi sur tes pieds » est la reproduction mot à mot de la version grecque d'Ézéchiel 2, 1, c'est-à-dire l'appel d'Ézéchiel. Le verset « T'ayant arraché au peuple comme aux nations païennes vers lesquelles je t'envoie » évoque la vocation de Jérémie (Jr 1, 5-8). « Pour ouvrir leurs yeux afin qu'ils se détournent des ténèbres vers la lumière » fait nettement allusion à celle du Serviteur en Isaïe (42, 6-7. 16 ; 49, 6). Ce constat permet de saisir la visée théologique de Luc lorsqu'il rapporte l'événement de Damas : la mission de Paul auprès des nations païennes accomplit l'Ancien Testament ; non seulement Paul n'est pas infidèle à la foi de ses pères, mais il se situe dans la ligne des grands prophètes de l'Ancien Testament.

Le récit des voyages de Paul dans la deuxième partie des Actes montrera comment le persécuteur des chrétiens est devenu apôtre des païens, fidèle serviteur de Dieu qui veut que tous les hommes soient sauvés.

François Brossier

41

Paul à Damas

Il est impossible d'évoquer Damas dans la Bible sans tenir compte des liens que la ville entretient avec Paul, l'apôtre des nations. L'expression « chemin de Damas », qui désigne sa vocation, est devenue le symbole de tout bouleversement.

Damas est nommée dans deux passages de l'œuvre de saint Paul. Le premier se trouve au début de l'Épître aux Galates, lorsque l'Apôtre rapporte son zèle pour détruire l'Église, la révélation du Fils de Dieu dont il a été bénéficiaire et les débuts de son apostolat. Aussitôt après sa vocation, écrit-il, « sans recourir à aucun conseil humain ni monter à Jérusalem auprès de ceux qui étaient apôtres avant moi, je suis parti pour l'Arabie, puis je suis revenu à Damas. Ensuite, trois ans après, je suis monté à Jérusalem... » (Ga 1, 13-19). Le second passage se trouve dans les derniers chapitres de la IIe Épître aux Corinthiens, dans l'énumération de difficultés par lesquelles Paul est passé pour le service de l'Évangile : « À Damas l'ethnarque du roi Arétas faisait garder la ville pour m'arrêter. Mais par une fenêtre on me fit descendre dans une corbeille le long de la muraille et j'échappai à ses mains » (2 Co 11, 32-33).

À ces deux mentions explicites de Damas il faut ajouter les passages dans lesquels il évoque sa vocation à mots plus ou moins couverts (1 Co 15, 1-11), et deux rappels de son passé de persécuteur (Ph 3, 4-7 et 1 Tm 1, 12-14), même si l'authenticité paulinienne de la dernière référence reste discutée.

C'est dans les Actes des Apôtres que le nom de Damas figure le plus. La vocation de Paul y est racontée à trois reprises, immédiatement suivie de ses premiers pas dans la ville syrienne (Ac 9, 1-25; 22, 3-16; 26, 12-20). C'est à partir de ces récits que l'imagerie s'est constituée: le mandat que Paul reçut de Jérusalem pour procéder à l'arrestation de chrétiens, sa chute, la voix qui lui parle, sa cécité pendant trois jours, son séjour dans la maison de Jude sur les bords de la rue Droite, son baptême par Ananie, sa descente peu glorieuse le long de la muraille (ce dernier détail appartenant également au témoignage direct de Paul [2 Co 11, 33]).

Pour le service de l'Évangile

À Damas même, des vestiges archéologiques rappellent ces différents événements: le tracé de la rue Droite est connu, une église (plus tard remplacée par une mosquée) fut construite sur l'emplacement probable de la maison de Jude, une église Sainte-Ananie existe encore dont les origines remontent à l'époque byzantine, près du rempart oriental de la ville antique.

Historiquement parlant, toutes ces sources n'ont pas la même valeur. Les textes rédigés par Paul lui-même sont certainement les plus fiables, encore qu'il faille tenir compte de l'objectif qu'il poursuit lorsqu'il fait le récit de ses débuts dans le christianisme. Dans l'Épître aux Galates, par exemple, il veut montrer qu'il tient son Évangile du Christ en personne, sans qu'aucune médiation humaine soit intervenue. C'est la raison pour laquelle il rappelle qu'il ne monta à Jérusalem que trois ans après sa vocation, et qu'il ne rencontra pas les autres apôtres avant cette date. De Damas, il partit pour l'Arabie puis revint à Damas. Malgré la tonalité apologétique du passage, on ne peut cependant guère mettre en doute l'itinéraire qu'il décrit ; ses adversaires eussent tôt fait de le prendre en défaut s'il avait trop arrangé les choses à son avantage.

Le baptême à Damas

Les Actes des Apôtres, au contraire, sont beaucoup plus sujets à caution. Saint Luc tient à montrer l'unité profonde de l'Église des origines face au judaïsme présenté comme persécuteur, et rédige en conséquence. Aussi écrit-il que Paul se dirigeant vers Damas est porteur de lettres émanant des autorités sacerdotales de Jérusalem. Le baptême du futur apôtre des païens est structuré comme celui que recevront, un peu plus tard, Corneille et sa maison, les premiers païens à rejoindre l'Église, le don du Saint-Esprit précédant le geste d'eau (comparer Ac 9, 17-19 et Ac 10, 44-48). Et l'opposition que Paul rencontre à Damas est, selon les Actes, le fait des Juifs, alors que Paul lui-même l'attribue explicitement aux émissaires d'Arétas, roi des Nabatéens (2 Co 11, 32). Les données fiables que l'on peut tirer des Actes des Apôtres sont finalement celles qui n'ont pas de conséquences théologiques pour l'auteur du livre : la rue Droite, la maison de Jude, le baptême de Paul par Ananie, un personnage secondaire de l'Église du Ier siècle, et la fuite par le rempart où le témoignage de Paul et celui des Actes se rejoignent. Quant aux constructions qui ont laissé des vestiges archéologiques, toutes plus tardives que la rédaction des Actes des Apôtres, elles remontent au plus tôt aux temps où l'histoire de Paul se confond plus ou moins avec sa légende. On le voit, bien des précautions sont à prendre pour préciser le fil des événements.

Une communauté chrétienne existait à Damas avant que Paul n'y vînt lui-même. Sans doute étaitelle composée de Juifs parlant grec, des hellénistes, ayant reçu l'annonce évangélique par des disciples originaires de Galilée ou par des proches d'Étienne. Dans cette dernière hypothèse, on comprend parfaitement que Paul se soit farouchement opposé à ces chrétiens plus critiques vis-à-vis de la Loi que ceux de Jérusalem, et qu'il se soit dirigé vers Damas dans le but de leur nuire.

Le retournement qu'il connut en route modifia ses projets et le transforma en l'apôtre que l'on sait. Arrivé dans la ville, il séjourna dans la maison de Jude. Son propre témoignage laisse entendre qu'il fut baptisé peu de temps après sa vocation (1 Co 12, 13; Rm 6, 3-4), et rien ne s'oppose à ce que cela ait eu lieu des mains d'Ananie.

Ce premier séjour à Damas fut sans doute de courte durée, comme il l'écrit lui-même. Sitôt devenu disciple, il partit pour l'Arabie (Ga 1, 17), la région au sud de Damas, puisque la province romaine d'Arabie n'existait pas encore. Il n'y a aucune raison de penser que Paul s'y rendit pour faire une sorte de retraite au désert. Plus vraisemblablement le fougueux disciple gagna-t-il au contraire un lieu habité, peut-être la région de Pétra, pour témoigner de sa foi toute nouvelle; on y parlait une forme méridionale de l'araméen, ce qui rend la chose possible au plan linguistique.

Une fuite peu glorieuse

Lorsqu'il revint à Damas, en effet, c'est avec les fonctionnaires d'Arétas, roi de Nabatène jusqu'en l'an 39 de notre ère, qu'il eut maille à partir. Non que Damas fût sous la domination des Nabatéens, mais on peut penser qu'il rencontra une opposition dans ladite Arabie, qu'il rentra à Damas dans l'espoir de se retrouver en terrain neutre, et que l'opposition du pouvoir nabatéen se poursuivit dans la ville syrienne par l'entremise de celui que Paul appelle « l'ethnarque du roi Arétas » et qui devait être une sorte de consul (2 Co 11, 32). Historiquement, ce type d'opposition est plus vraisemblable que celle des Juifs de Damas dont parlent les Actes des Apôtres selon un schème littéraire qui leur est cher (Ac 9, 23-24).

En tout cas, c'est en fuyard que Paul quitta la ville : par le rempart, dans une corbeille suspendue à une corde, comme une vulgaire marchandise (Ac 9, 25 et 2 Co 11, 33). On était en l'an 38 ou 39. Les Damascènes d'aujourd'hui montrent avec orgueil l'endroit traditionnel de cette fuite qui, à l'époque, n'eut rien de glorieux. « S'il faut s'enorgueillir, c'est dans ma faiblesse que je m'enorgueillirai », écrit justement l'Apôtre avant d'évoquer l'événement (2 Co 11, 30) : c'est là une réflexion très adaptée au séjour mouvementé qu'il fit à Damas !

Michel Quesnel

42
L'Église d'Antioche

La métropole d'Antioche comptait l'une des communautés juives les plus importantes de l'Empire : 50 000 âmes, pense-t-on, soit le dixième environ de la population. Grâce à Flavius Josèphe, nous disposons de renseignements précis : les successeurs d'Antiochos Épiphane restituèrent aux Juifs de leur capitale les objets votifs de bronze qui provenaient du Temple de Jérusalem, pour qu'ils en ornent leur grande synagogue. En cette période où le judaïsme gagnait tant de prosélytes, la communauté d'Antioche attira de nombreux Grecs (*Guerre des Juifs* VII, 45). L'un de ces prosélytes d'Antioche, Nicolas, fera partie du groupe des sept diacres (Ac 6, 5).

La situation de la communauté juive

Selon Flavius Josèphe, les Juifs d'Antioche bénéficiaient du droit de cité, à l'égal des Antiochiens. Pareille assertion demande à être nuancée : comme à Alexandrie, les Juifs formaient au sein de la cité une communauté relativement autonome (*politeuma*), ayant des propres chefs et jouissant d'une législation propre pour la vie cultuelle et familiale. Leurs droits étaient inscrits sur des tables de bronze.

Les Juifs n'étaient pourtant pas des citoyens d'Antioche à part entière[1]. La prospérité de la communauté juive attirait bien des jalousies. L'histoire a conservé pour le Ier siècle de notre ère le souvenir de plusieurs pogroms. L'un survint vers les années 39-40, quand Caligula voulut faire installer sa statue dans l'enceinte du temple de Jérusalem. L'émeute la plus terrible éclata au début de la Guerre juive, en 67 : un Juif renégat, Antiochos, accusa son père, archonte de la communauté, d'avoir voulu incendier la ville avec quelques complices. Sur-le-champ les incendiaires présumés furent brûlés vifs au théâtre (*Guerre* VII, 48). Lorsque, après la prise de Jérusalem, Titus passa par Antioche, les Grecs réclamèrent avec insistance l'expulsion des Juifs. Le vainqueur leur fit cette réponse ingénieuse : « La patrie des Juifs, où l'on aurait dû les reléguer, est détruite, et aucun lieu ne saurait plus les recevoir » (*Guerre* VII, 109).

Ces quelques faits illustrent l'étroitesse des liens qui unissaient la communauté juive d'Antioche à la mère patrie. Tout événement qui concernait la Palestine avait son retentissement à Antioche ; si les Juifs de Palestine devenaient suspects à l'Empire, la situation de leurs coreligionnaires ne pouvait qu'en souffrir à Antioche, comme ailleurs.

Fondation de la communauté chrétienne

La ville d'Antioche tient une place importante dans les Actes des Apôtres. On le comprend d'autant mieux que selon une tradition conservée par Eusèbe de Césarée (*Histoire ecclésiastique* III, IV, 6), Luc

1. A. Paul, *Le monde des Juifs à l'heure de Jésus. Histoires politiques* (Petite Bibliothèque des Sciences bibliques), Paris, Desclée, 1981, p. 133-135.

était un médecin, originaire d'Antioche. En ce sens on remarquera que le texte occidental des Actes fait débuter les « morceaux-nous » au chapitre 11, consacré à la fondation de la communauté d'Antioche : « Alors que nous étions réunis, l'un de ces prophètes, appelé Agabus, parla pour faire savoir... » (Ac 11, 28). La communauté d'Antioche fut fondée à la suite de la persécution des Hellénistes de Jérusalem, consécutive au martyre d'Étienne (Ac 11, 19). Parmi les missionnaires, on distingue deux groupes : les uns ne s'adressaient qu'aux Juifs, d'autres évangélisèrent *aussi* les Grecs (Ac 11, 20). Cette remarque est importante, car on constatera à Antioche une tension constante entre judéo-chrétiens et pagano-chrétiens. La conversion de nombreux Grecs constitua un événement ; la communauté de Jérusalem envoya un homme de confiance pour voir ce qui se passait, Barnabé. Lévite originaire de Chypre, il s'était distingué par sa générosité (Ac 4, 36 sq.) et avait reconnu la sincérité de la conversion de Paul (Ac 9, 27). Pour nous il apparaît comme le type de ces prophètes de la communauté primitive qui, après les apôtres, contribuèrent à poser les fondements de l'Église (1 Co 12, 28). Homme de l'Esprit, Barnabé approuva la mission parmi les Grecs ; bientôt débordé, il s'en vint à Tarse pour demander à Saul de lui prêter son concours. Remarquons que dans toute cette partie des Actes (jusqu'à 13, 13) Barnabé tient le premier rôle, et Paul celui d'auxiliaire.

L'apparition du terme de *Christianos* (Ac 11, 26) manifeste l'importance de la communauté chrétienne. Il est douteux que les fidèles se soient donné eux-mêmes ce nom. Dérivé de Christos, avec une terminaison qui signifie « partisan de », le terme montre qu'aux yeux des gens du dehors les disciples du Christ formaient une troisième race, assimilable ni aux Juifs ni aux Grecs.

L'organisation de la communauté

Luc nous a conservé la liste des prophètes[1] et didascales de la communauté: «Barnabé, Syméon appelé Niger et Lucius de Cyrène, Manaen compagnon d'enfance d'Hérode le Tétrarque, et Saul» (Ac 13, 1). L'origine très variée de ces dirigeants convient bien au caractère cosmopolite d'une cité comme Antioche. Comme nous l'avons noté, Barnabé figure en tête et Paul apparaît comme le dernier en date.

La vie liturgique est évoquée à deux reprises. Durant une assemblée, un prophète venu de Jérusalem, Agabus, annonce la famine qui frappera la Palestine. Chacun décide de participer à la collecte, qui sera portée par Barnabé et Saul (Ac 11, 27-30). Sans traiter ici des problèmes de chronologie, notons que, malgré la prédominance de l'élément grec, la communauté d'Antioche est en relations avec l'Église mère et participe à ses besoins.

Antioche apparaît surtout comme la base missionnaire par excellence: «Un jour qu'ils célébraient le culte du Seigneur et qu'ils jeûnaient, l'Esprit Saint dit: "Réservez-moi donc Barnabé et Saul pour l'œuvre à laquelle je les ai appelés". Alors, après avoir jeûné, prié et leur avoir imposé les mains, ils leur donnèrent congé» (Ac 13, 2-3). Texte très révélateur du climat de ferveur dans lequel se déroule la vie liturgique. Le jeûne creuse le désir et manifeste l'intensité de la prière. Au cours de la veillée un prophète

1. Sur les prophètes chrétiens, voir notre article «Prophétisme dans le Nouveau Testament», *DBS*, t. 8, col. 1280-1285 (les prophètes des Actes). Voir aussi A. Lemaire, «Les ministères aux origines de l'Église» (*Lectio Divina*, n° 68), Paris, Le Cerf, 1971.

intervient à l'improviste pour empêcher la communauté de vivre repliée sur elle-même et lui faire découvrir l'immensité du champ à évangéliser. Le choix porte sur les deux responsables les plus actifs, Barnabé et Saul. L'imposition des mains manifeste que toute la communauté se veut solidaire de la mission. Nous devinons, concrètement, qu'elle munira les missionnaires du *viatique* nécessaire pour les frais de voyage. Il en sera de même pour les autres missions. À son retour, Paul ne manque jamais d'inviter les fidèles à rendre grâces pour l'œuvre du Seigneur (Ac 14, 26 sq.).

L'apport doctrinal d'Antioche

Les tenants de l'histoire comparée des religions (*Religions-geschichtliche Schule*) ont accordé une grande importance à Antioche dans le processus d'hellénisation du christianisme. Selon une thèse célèbre de W. Bousset, c'est pour la première fois à Antioche que les fidèles auraient acclamé un culte analogue à celui des souverains dans le monde hellénistique. Par influence des cultes mystères, les rites primitifs du baptême et de la fraction du pain auraient pris un sens nouveau, celui d'unir au Seigneur mort et ressuscité.

Ces thèses, auxquelles R. Bultmann a fait une large place dans sa *Théologie du Nouveau Testament*, ne tiennent pas compte du fait que c'est à Jérusalem même que s'est produite la première traduction du message chrétien en grec. Le rôle des Hellénistes, avec Étienne, est primordial en la matière. La plus ancienne invocation au Christ, *Marana tha* (« Seigneur, viens »), provient de la communauté de Jérusalem et Paul s'y réfère comme à un mot de passe, à la fin de la Ire aux Corinthiens (16, 22).

Le rôle doctrinal d'Antioche n'en est pas moins considérable. Parmi les sujets à l'ordre du jour exégétique, figure la détection du vocabulaire et des formules «pré-pauliniennes», c'est-à-dire des formules dont Paul fait usage dans ses lettres et qui sont antérieures à sa propre élaboration doctrinale. Ainsi en 1 Corinthiens 15, Paul cite comme objet de tradition le kérygme apostolique (v. 3-5). La formulation de type sémitique permet de remonter à un original araméen, et donc à une tradition d'origine hiérosolymitaine: ainsi se comprend l'importance donnée à Jacques. En revanche, le récit de la Cène (1 Co 11, 23-25) manifeste des tournures plus grecques que le récit très sémitisant de Marc (14, 22-25)[1]. Il est donc vraisemblable que Paul se réfère à la liturgie d'Antioche; lui-même l'a transmise aux Églises qu'il fonda en Asie Mineure comme en Grèce. En retour, la communauté d'Antioche bénéficia de l'enseignement théologique de l'apôtre. Comme nous le verrons, Ignace, évêque d'Antioche, s'inspire de la doctrine de Paul dans ses propres lettres.

Le débat d'Antioche (Ga 2, 11-14)

La conversion en masse de païens posa à l'Église naissante un redoutable problème: devaient-ils être soumis à la circoncision pour être rattachés à l'alliance d'Abraham présentée comme perpétuelle (Gn 17)[2]? Aucune parole de Jésus n'éclairait la question. Soulevant à Antioche une controverse brûlante, le débat fut porté à l'Église mère de Jérusalem. Nous

1. J. Jeremias, «La dernière Cène. Les Paroles de Jésus» (trad. franç. *Lectio Divina*, n° 75), Paris, Le Cerf, 1972, p. 112-118; 219-223.
2. Pour une justification des positions prises ici, voir mon commentaire dans *Cahiers Évangile*, n° 34, 1980, Le Cerf.

disposons de deux présentations du sujet, l'une polémique, celle de Paul (Ga 2, 1-10), l'autre irénique, celle de Luc en Ac 15. Selon toute vraisemblance, l'assemblée de Jérusalem trancha seulement le problème de la circoncision : en proclamant la liberté de l'Évangile, elle assura l'indépendance du christianisme par rapport au judaïsme et ouvrit son avenir.

Les questions pratiques n'étaient pas réglées pour autant dans les communautés mixtes comme celle d'Antioche, d'autant plus qu'en ces années où montait la fièvre nationaliste en Palestine, la question religieuse était inséparable de la question politique. Pour certains judéo-chrétiens, toute défection par rapport à la Loi signifiait une trahison envers Israël.

Écrivant les Actes bien après l'événement, et alors que le débat a perdu de sa virulence, Luc réunit dans le même chapitre 15 deux décisions : l'une, d'ordre doctrinal, proclame que les païens convertis ne sont pas tenus à la circoncision ; l'autre, d'ordre pratique, impose quelques règles de pureté pour faciliter la commensalité de tous les croyants, quelle que soit leur origine (Ac 15, 19-21 et 28-29).

Dans le feu du combat pour la liberté de l'Évangile, Paul rapporte son altercation avec Pierre à Antioche : alors qu'au début celui-ci ne craignait pas de prendre ses repas avec les païens convertis, il s'était retiré sous la pression du parti de Jacques. D'où la protestation indignée de Paul (Ga 2, 11-14). Tel est l'incident d'Antioche, qui depuis l'Antiquité chrétienne, alimente les controverses exégétiques[1].

Le récit lui-même de la controverse se limite strictement aux versets 11-14. À partir du verset 15, Paul élargit le débat et expose à propos du conflit la thèse qu'il développe dans l'Épître aux Galates et

1. R. Kieffer, « Foi et justification à Antioche », Interprétation d'un conflit (*Lectio divina*, n° 111), Le Cerf, 1982.

plus au large dans l'Épître aux Romains : « Nous sommes justifiés par la foi au Christ et non par les œuvres de la Loi. »

Le verset 11 est le seul passage du Nouveau Testament qui atteste la venue de Pierre à Antioche. Des documents postérieurs laissent entendre qu'il y fit un séjour prolongé ; la tradition pétrinienne sera bien ancrée à Antioche, comme le montre l'Évangile selon Matthieu. Bien qu'il soit spécialement chargé de l'apostolat auprès des circoncis (Ga 2, 7), Pierre dans sa visite « pastorale » prend contact avec tous les chrétiens d'Antioche. Les repas dont il est question avec les pagano-chrétiens comportaient selon toute vraisemblance la célébration eucharistique. Le retrait de Pierre, sous l'influence des milieux intégristes qui se réclamaient de Jacques, mettait en cause l'unité ecclésiale. Comme Paul le dira aux Corinthiens, c'est la participation à l'unique pain qui fait que nous constituons ensemble l'unique Corps du Christ (1 Co 10, 17).

En se dérobant, Pierre n'avait pas voulu soulever de problèmes théologiques, mais il avait agi par opportunisme, pour ne pas braquer les milieux judaïsants, très susceptibles en matière de pureté alimentaire ! En d'autres circonstances, Paul savait lui aussi se comporter en Juif avec les Juifs (1 Co 9, 20). Mais ici la dérobade de Pierre était trop lourde de conséquence ; elle entraînait la scission de la communauté. Même Barnabé, dont Paul rappellera plus tard la générosité apostolique (1 Co 9, 6), se laissa entraîner. C'est alors que l'Apôtre des Nations jugea nécessaire de mettre publiquement les choses au point :

« *Quand je vis qu'ils ne marchaient pas droit selon la vérité de l'Évangile, je dis à Céphas devant tout le monde : Si toi qui es Juif, tu vis à la manière des païens et non à la juive, comment peux-tu contraindre les païens à se comporter en Juifs ?* » (Ga 2, 14).

On voit ainsi que Paul reproche à Pierre l'inconséquence avec sa propre conduite et son manque de fermeté devant les pressions de son entourage. Pour illustrer le fait, évoquons la manière dont Pierre avait accepté l'invitation de Corneille à Césarée, malgré les scrupules de son passé juif (Ac 10, 28). Il avait dû par la suite se justifier devant la communauté de Jérusalem en invoquant l'intervention de l'Esprit Saint (Ac 11, 12 et 17). Que n'avait-il été aussi ferme à Antioche !

Nous aimerions savoir comment la dispute se termina. Paul n'en dit rien, aussi certains exégètes pensent qu'il a échoué et que la communauté resta divisée. Cette interprétation me semble invraisemblable : étant donné le caractère polémique de son épître aux Galates, où il doit réfuter pied à pied les allégations des judaïsants, Paul n'aurait pas eu avantage à rappeler un incident qui s'était mal terminé pour la thèse de la liberté chrétienne. Nous constatons par ailleurs que Paul continuera à faire d'Antioche sa base de départ (Ac 18, 22). Si la coupure avait été définitive entre judéo-chrétiens et pagano-chrétiens, Paul serait-il revenu à Jérusalem au terme de son troisième voyage, avec le produit de la collecte œcuménique ? Certes les relations de Paul avec l'Église mère étaient tendues (voir Rm 15, 25-33), mais la volonté de communion l'emportait sur les griefs mutuels.

L'Évangile d'Antioche: Matthieu

Beaucoup d'auteurs[1] s'accordent à reconnaître que l'Évangile de Matthieu a été rédigé en Syrie (mentionnée en Mt 4, 24) après la rupture définitive entre judaïsme et christianisme, concrétisée par l'introduction de la malédiction contre les Minïm dans la prière de la synagogue *(Shemoné Esré)*. De bonnes raisons permettent de préciser l'hypothèse et de placer le berceau de l'Évangile à Antioche. On a souvent parlé de l'école de Matthieu: à condition de ne pas donner au terme une rigidité excessive, il est certain que la rédaction du premier Évangile est le fruit d'un intense labeur doctrinal. Si l'évangéliste rappelle les maîtres du temps à l'humilité (Mt 23, 8-11), il fit de l'enseignement et de la compréhension des qualités indispensables pour la vie chrétienne. La bonne terre représente ceux qui entendent la Parole et *comprennent* (13, 23 : donnée propre à Mt). Instruits des secrets du Royaume, les apôtres sont semblables à ce maître de maison qui sait tirer de son trésor du neuf et du vieux (Mt 13, 52). Pareille activité d'enseignement a pour cadre normal une ville.

Ce qui favorise la candidature d'Antioche, c'est que l'évangile de Matthieu montre à la fois une grande proximité avec les traditions judéo-chrétiennes et un sens décidé pour la mission universelle. Seul à évoquer la limitation de la mission de Jésus « auprès des brebis perdues de la maison d'Israël » (10, 5 sq.; 15, 24), il est aussi l'Évangile qui se clôt par l'ordre de mission le plus général: « Allez

1. J. Zumstein, « Antioche sur l'Oronte et l'Évangile selon Matthieu », in *Studien zum Neuen Testament und seiner Umwelt*, 5, Linz, 1980, p. 122-138.

donc: de toutes les nations faites des disciples...» (28, 19).

Ajoutons l'importance donnée à la figure de Pierre[1]. La tradition a retenu surtout le lien entre le second Évangile et le chef des apôtres: Marc n'était-il pas l'interprète de Pierre ? Alors que Marc ne tait aucune défaillance de l'apôtre, Matthieu les estompe quelque peu (sauf en 16, 23), et surtout il a seul conservé plusieurs épisodes qui manifestent que Pierre est l'interprète qualifié de la tradition. C'est lui qui apprend la conduite à tenir au sujet du didrachme du temple (17, 24-26) et reçoit la règle du pardon sans limite (18, 21 sq.). Institué comme Roc (*Képhas*), il est le fondement de l'Église par sa foi au Christ, Fils du Dieu vivant et le porte-clé responsable de l'entrée dans le Royaume (16, 17-19). Avec tous ces souvenirs sur Pierre, Antioche est la communauté où l'Évangile de Matthieu a le plus de chances d'avoir été composé.

La « *Didachè* »

On s'est demandé si la *Didachè* ne pourrait pas aussi provenir d'Antioche. Les affinités entre la Didachè et Matthieu sont indéniables; ainsi le texte du *Pater* dans la Didachè (VIII, 2) correspond à la recension longue de Matthieu et non à la recension courte de Luc (cinq demandes). Pour l'administration du baptême, la Didachè (VIII, 3) prescrit la même formule trinitaire que Matthieu. Pourtant la situation concrète qu'envisagent les chapitres 11 à 15 correspond à de petites communautés qui sont

1. R. E. Brown, K. P. Donfried et J. Reumann, «Saint Pierre dans le Nouveau Testament» (Trad. franç. *Lectio Divina*, nº 79), Le Cerf, 1974, p. 95-134.

souvent dépourvues de ministres stables. Il faut pourvoir au choix de responsables, épiscopes et diacres (15, 1). Cette situation intermédiaire entre l'itinérance des premiers prédicateurs et l'organisation stable du ministère, dont témoigne Ignace d'Antioche, convient bien aux petites communautés grecques de Syrie occidentale, à la fin du Ier siècle[1].

Ignace d'Antioche, le mystique de l'unité

Les rares données biographiques que nous ayons sur Ignace d'Antioche sont tirées des sept lettres que, sur la route du martyre vers 110, il adressa aux Églises qu'il allait traverser[2]. Condamné à mort comme chrétien, il devait être livré aux bêtes, à Rome, pour la plus grande joie de la populace qui réclamait toujours plus de condamnés: *Panem et circenses*! En dépit des doutes qui se manifestent périodiquement sur leur authenticité[3], les sept lettres écrites pendant sa captivité constituent le joyau de la littérature chrétienne du début du IIe siècle. D'un riche contenu doctrinal, elles manifestent l'influence de la tradition paulinienne et de la tradition johannique. On y trouve l'écho direct des controverses doctrinales d'alors et la manifestation d'un attachement brûlant à la personne du Christ.

Après avoir évoqué les problèmes d'alors, nous montrerons brièvement comment Ignace est le témoin

1. W. Rordorf, et A. Tuilier, «La doctrine des douze Apôtres» (*Didachè*), *Sources chrétiennes*, n° 248, Paris, Le Cerf 1978, p. 97-99.

2. Nous utilisons la traduction de P. Th. Camelot dans *Sources chrétiennes*, n° 10 (3e éd. revue, 1958). Autre traduction facilement accessible: Fr. Queyré, *Les Pères apostoliques. Écrits de la primitive Église*, Seuil, coll. «Sagesse», 1980.

3. Voir C. Kannengiesser, «"L'Affaire" Ignace d'Antioche», dans *RSB* 67 (1979), p. 599-609, et *RSR* 69 (1981), p. 449 sq.

par excellence de l'unité et quelle place tient chez lui la spiritualité du martyre[1].

En plusieurs de ses lettres, Ignace dénonce la tentation d'un retour au judaïsme: «Ne vous laissez pas séduire par les doctrines étrangères ni par ces vieilles fables qui sont sans utilité. Car si maintenant encore nous vivons selon la loi, nous avouons que nous n'avons pas reçu la grâce» (*Magn.* VIII, 1). C'est l'écho direct de la proclamation de Paul à Antioche (Ga 2, 14 sq.). Le groupe des judaïsants était encore vigoureux dans maintes communautés: contre l'observance du sabbat, Ignace prescrit d'observer le jour du Seigneur, jour «où notre vie s'est levée par lui (le Christ) et par sa mort» (*Magn.* IX, 1). La controverse oppose lecture à lecture de l'Écriture (*Phil.* VI); pour Ignace le critère n'est autre que la personne vivante de Jésus-Christ. «Pour moi, mes archives, c'est Jésus-Christ; mes archives inviolables, c'est sa croix, et sa mort, et sa résurrection, et la foi qui vient de lui» (*Phil.* VIII, 2).

Par respect pour la personne du Christ qui ne saurait être atteinte par les bassesses de la condition humaine, certains docteurs soutenaient que le Christ ne s'était incarné qu'en apparence; d'où leur nom de docètes (du grec *dokein*, sembler). Contre eux, Ignace élève les protestations les plus véhémentes, ponctuant chacun des articles de foi d'un *vraiment* accentué: «Soyez donc sourds quand on vous parle d'autre chose que de Jésus-Christ, de la race de David, fils de Marie, qui est *véritablement* né, qui a mangé et qui a bu, qui a été *véritablement* persécuté sous Ponce Pilate, qui a été *véritablement* crucifié et est mort, aux regards du ciel, de la terre

1. Voir l'article «Ignace d'Antioche», par P.-Th. Camelot, dans *Dictionnaire de spiritualité*, t. VII (1970), col. 1250-1266.

et des enfers, qui est aussi véritablement *ressuscité d'entre les morts* » (*Tral.* IX, 1).

Comme Paul dans son Épître aux Éphésiens, Ignace reprend sans cesse le thème de l'unité : « Le seul Jésus-Christ est sorti du Père un » (*Magn.* VII, 2). Une formule difficile en sa concision évoque les enseignements de Jean sur la présence du Père dans le Christ et la remontée du Christ vers le Père (*Magn.* VII, 2). Centré sur la personne du Christ, l'enseignement d'Ignace est peu explicite sur l'Esprit Saint. Celui-ci apparaît avant tout comme l'inspirateur de l'évêque (*Phil.* VII, 2). Dans la vie des fidèles, un rôle d'affermissement lui est reconnu (salutation aux Philippiens).

Pour Ignace, l'Église *catholique* doit être le signe visible de ce mystère d'unité. « Une seule prière, une seule supplication, un seul esprit, une seule espérance dans la charité, dans la joie irréprochable ; cela, c'est Jésus-Christ, à qui rien n'est préférable. Tous, accourez pour vous réunir comme en un seul temple de Dieu, comme autour d'un seul autel, autour du seul Jésus-Christ, qui est sorti du Père un, et qui était en lui l'unique, et qui est allé vers lui » (*Magn.* VII).

Luttant contre le fractionnement des communautés, Ignace prêche incessamment l'unité autour de l'évêque, entouré de son presbyterium. Alors que, pendant un temps, les communautés étaient dirigées de façon collégiale, Ignace atteste ainsi l'émergence de l'épiscope au sein du collège des presbytes. Il ne doit y avoir qu'une seule célébration eucharistique présidée par l'évêque ou son délégué : « Ayez soin de ne participer qu'à une seule eucharistie ; car il n'y a qu'une seule chair, Notre Seigneur Jésus-Christ, et un seul calice pour nous unir en son sang, un seul autel, comme un seul évêque avec le presbyterium et les diacres mes compagnons de service »

(*Phil.* IV). Le rôle des diacres n'apparaît pas très défini : ce qui est clair, c'est qu'ils sont rattachés directement à l'évêque (*Magn.* II).

La mystique du martyre

Condamné aux bêtes, Ignace fait un dur apprentissage : ses gardiens se conduisent comme des léopards (*Rom.* V, 1) ! Dans cette souffrance constante, Ignace n'en aspire que plus ardemment à la consommation du sacrifice. Écrivant aux Romains, il leur interdit d'intervenir en sa faveur pour le soustraire à la dent des bêtes (*Rom.* IV). Certains termes peuvent faire croire à une dévaluation de la vie présente et à un mépris pour la matière. Aussi quelques commentateurs ont-ils pensé à une infiltration d'idée gnostiques : « Mon désir terrestre a été crucifié, et n'y a plus en moi de feu pour aimer la matière mais en moi une eau vive qui murmure et qui au-dedans de moi : "Viens vers le Père" » (*Rom.* VII, 2).

Les allusions évidentes à la doctrine quatrième Évangile (voir Jn 4, 10 ; 7, 38 ; 14.) montrent bien qu'Ignace ne se place pas sur le terrain théorique d'une doctrine sur l'esprit et la matière, mais sur le plan éminemment personnel de la rencontre avec Jésus-Christ. Il s'agit pour Ignace de devenir « un pur pain du Christ », d'être pleinement disciple du Christ en le rejoignant par-delà la mort (*Rom.* IV, 2-3). L'élément le plus remarquable, c'est le lien entre authenticité de la célébration eucharistique et réalisme de l'union du Christ. On peut dire qu'Ignace a vécu si intensément le mystère du pain et de la coupe eucharistiés qu'il veut rejoindre le Christ en participant à son sacrifice. Remède d'immortalité (*Eph.* XX, 2), l'Eucharistie ne dévalue pas la vie présente mais permet que, dans notre vie quotidienne, nous rejoignions par le Christ, et dans une commune célébration, le Dieu unique manifesté par son Fils Jésus-Christ (*Magn.* VIII, 2).

N'est-il pas frappant de constater que quelques-uns des thèmes essentiels du débat d'Antioche se trouvent développés et actualisés par Ignace ? C'est l'attestation que la leçon de Paul a porté ses fruits. La gloire d'Ignace consiste à avoir associé dans un enseignement marqué au coin de son expérience les traditions venues de Paul et celles de Jean. En ajoutant l'Évangile de Matthieu qui connut une si large diffusion dans l'Église ancienne, nous constatons ainsi qu'Antioche fut l'un des creusets où s'est forgée la règle de foi catholique.

Édouard Cothenet

43
Paul et Barnabé, apôtres de Chypre

Chypre attire naturellement l'attention des historiens du christianisme car les Actes des Apôtres en font un des relais les plus anciens de l'évangélisation. C'est une des premières Églises grecques, antérieure à celle d'Antioche, et c'est là que Paul se révéla comme missionnaire.

La première communauté chrétienne s'enracine dans une diaspora juive, qui remontait au IIe siècle av. J.-C. et qui maintint toujours des rapports étroits avec Jérusalem ; jusqu'au Ve siècle, Chypre reçut ainsi des hommes et subit des influences venus de Palestine.

Dans la Jérusalem de la Pentecôte, les Juifs de Chypre, en visite dans la ville, se sont rangés dans la fraction helléniste des premiers chrétiens, celle d'Étienne, celle qui était d'expression grecque et la plus détachée des pratiques du Temple. Après la mort d'Étienne, les Chypriotes regagnèrent leur île, d'où une partie (exclue des synagogues ?) passa à Antioche et y apporta l'Évangile. L'Église de Chypre était donc l'Église mère de celle d'Antioche.

Chypre était, selon le géographe grec Strabon, « un immense pont entre la Cilicie et la Syrie », une situation qui fait comprendre le rôle et l'action de Barnabé. Ce Lévite de Chypre est décrit dans les

Actes des Apôtres comme un propriétaire foncier; sa situation est représentative car on avait concédé aux immigrés un droit de propriété sur les terres à défricher. Barnabé voyageait entre Chypre, Jérusalem, Antioche de Syrie et Tarse en Cilicie, d'où il fit venir Saul. Ces axes de circulation sont bien attestés par les déplacements d'athlètes et de marchands.

C'est à partir d'Antioche et à l'initiative de l'Église fille que Barnabé et Saul, accompagnés de Marc, firent leur premier voyage dans l'île, sans doute en 44. Ils prirent pour objectifs successifs les deux villes principales: Salamine, le centre ancien de la culture et des affaires, et Paphos, la ville nouvelle, qui ajoutait désormais, à la réputation internationale de son sanctuaire, les fonctions d'une capitale administrative romaine et le siège des instances fédérales chypriotes.

À Paphos, Paul est mis en scène de façon conventionnelle et stéréotypée. À l'aube de sa mission, l'apôtre doit prouver sa légitimité par ses charismes. Il le fait en réduisant à l'impuissance un magicien juif, un «sage» (*elym* en sémitique), du nom de Bar Jésus. Cet affrontement, qui a valeur d'investiture, repose cependant sur un fond de réalités locales puisque Chypre était réputée terre de magie chez les Romains contemporains de Pline.

Barnabé, martyr de Chypre

Mais surtout l'étape chypriote fournit à Paul un tremplin vers le monde romain. D'après les Actes, il convertit le proconsul Sergius Paulus, dont la petite-fille compta peut-être parmi les chrétiens de Rome. Saul adopta son surnom — «le Faible» —, un emblème. Mais surtout, la famille avait de multiples contacts avec Antioche de Pisidie, une colonie romaine du plateau anatolien, qui fut la seconde étape de Paul. Il est évident que les recommandations du proconsul avaient joué.

Au total, les Actes renseignent moins sur la christianisation de l'île que sur le relais qu'a constitué l'étape de Paphos, par les réseaux de relations internationales existant sur place. Pour tenter d'apprécier la pénétration de la religion nouvelle, il faut en revenir à Barnabé, considéré localement comme le fondateur, bien qu'il ne compte pas parmi les grands apôtres missionnaires de la première histoire chrétienne.

On dispose d'un court récit de voyage, attribué à saint Marc, son compagnon, à caractère hagiographique et composé très tardivement, vers 485, quand il fallut légitimer l'importance religieuse de Salamine, promue capitale provinciale. L'auteur remplit le vide des Actes, après la séparation d'avec Paul, en utilisant un milieu géographique qu'il connaît bien, ce qui autorise l'historien à en déduire quelques indications sur les réactions à l'évangélisation — dans la longue durée, évidemment. La mission chrétienne est décrite comme un parcours systématique de l'île, sans lien de continuité avec le premier voyage, sinon à travers Bar Jésus, figure emblématique de l'hostilité juive. Il porte la responsabilité de l'arrestation et de l'exécution de Barnabé à Salamine, sous le règne de Néron, en synchronisme avec la première persécution romaine. Mais les Romains de Chypre sont absous et un proche de Néron s'est même interposé ; la tradition semble assez solide car des familles d'affranchis impériaux sont connues dans la cité, sous ce règne.

L'impression générale qui ressort de ce périple, c'est la difficulté du christianisme à pénétrer les villes. Bien entendu, cet échec des apôtres est imputé aux Juifs. Au-delà, cependant, chrétiens et païens se séparent sur la pratique des fêtes et des spectacles, considérée comme de l'« idolomanie ». La résistance des cultes locaux se lit aussi en creux : Barnabé a déplacé son objectif de Paphos-la-Neuve, la capitale romaine, à la Vieille-Ville, le plus ancien et le plus célèbre sanctuaire d'Aphrodite ; ses seules conversions sont, symboliquement, celles d'esclaves sacrés, une catégorie caractéristique des temples chypriotes. Cette résistance religieuse est confirmée par des auteurs païens et chrétiens, qui attestent de la vitalité de l'Aphrodite de Chypre jusqu'à la fin du IVe siècle. Les apôtres s'implantent donc dans des villages et même dans des habitats troglodytes, comme celui des « Jébuséens », nom crypté biblique qui désigne peut-être des Samaritains. Des mosaïques du IIIe siècle témoignent d'ailleurs de l'importance de la grotte dans l'imaginaire chypriote, qui établissait peut-être un lien avec le Labyrinthe du Minotaure. D'autres figures de saints fondateurs perpétuent cette tradition d'un christianisme marginal, retiré du monde : celle de l'ermite Hilarion à Paphos, celle du berger Spyridon à Trimithos. La christianisation précoce du district minier de Chypre — autour de Tamassos, présentée comme la première Église — peut s'expliquer par un événement historique : la déportation, sous Dioclétien, de mineurs chrétiens dans les mines de cuivre chypriotes. Celle de Trimithos, le troisième siège apostolique au IVe siècle, est plus obscure : c'était une ville nouvelle de l'intérieur, un carrefour, sans doute un poste militaire.

Le conflit d'autorité avec Antioche

L'Église de Chypre émerge dans l'histoire au IVe siècle, avec seulement trois sièges épiscopaux alors que l'île compte quinze cités. La christianisation des villes date donc seulement de la paix de l'Église sous Constantin (313). Dès lors s'engage un conflit d'autorité avec le patriarcat d'Antioche, qui aboutit à la déclaration d'autocéphalie en 488. Elle produit à la fin du IVe siècle un remarquable évêque venu de Palestine, Épiphane de Salamine, le bâtisseur de la ville épiscopale, le polémiste ardent contre l'arianisme et un historien qui demeure une de nos meilleures sources sur les sectes juives.

Pendant l'Empire romain, le premier christianisme chypriote s'est fondé exclusivement sur la figure et l'action de Barnabé. Il faut attendre l'époque byzantine pour que s'expriment des liens avec Rome, à travers la légende du fondateur de l'Église de Soloi, Auxibios, converti à Rome par saint Marc. Sa légende rétablit une filiation paulinienne en récupérant des personnages liés à Paul dans les Actes des Apôtres, Tychicos et Epaphras, que Paul aurait établis évêques à Paphos.

Marie-Françoise Baslez

Les données du texte « occidental »

Les bibles que nous avons aujourd'hui entre les mains nous donnent la traduction du Livre des Actes d'après les versions grecques des grands onciaux du IVe-Ve siècle, tels que le *Sinaiticus*, l'*Alexandrinus* et le *Vaticanus*. Mais peu de lecteurs des Actes savent qu'il en existe une version plus longue dite « occidentale », transmise entre autres par le *Codex de Bèze* (Ve siècle). Il se pourrait[1] qu'il s'agisse d'une deuxième édition augmentée, due au même auteur que celui de la première édition. Or, dans la version longue de la finale des Actes, nous trouvons ceci : « Mais comme les Juifs disaient le contraire *et allaient jusqu'à hurler "Supprimez notre ennemi"*, je fus contraint d'en appeler à César, nullement comme si j'avais à porter quelque accusation contre ma nation, *mais afin que d'une mort je rachète ma vie* » (Ac 28, 19)[2]. Cette précision du texte dit « occidental » semble bien évoquer la mort de Paul, et l'auteur des Actes prend soin de présenter celle-ci comme rejoignant la mort du Christ : Paul achève sa route à la suite du Christ, en donnant sa vie. L'argument du silence des Actes concernant la mort de Paul est donc loin d'être évident.

La perspective du Livre des Actes

Les différentes hypothèses concernant la fin du Livre des Actes sont de valeur inégale, mais ce qui

1. E. Delebecque, « Les deux Actes des Apôtres », *Études bibliques*, nouv. série, n° 6, Gabalda, Paris, 1986.
2. *Ibid.*, p. 156.

fait la plupart du temps leur fragilité, c'est qu'elles oublient de situer cette finale par rapport à la perspective de l'ensemble du Livre des Actes. Or celle-ci est nette : Luc nous fait cheminer de Jérusalem à Rome, en passant par Antioche, l'Asie Mineure et la Grèce. C'était bien le plan annoncé dès le chapitre 1, verset 8. Quand Paul atteint Rome, le terme de la route annoncée par Luc se trouve atteint ; l'ouvrage est clos. Ce voyage jusqu'à la capitale de l'Empire romain se trouve être en même temps la projection géographique du passage de l'Évangile, des Juifs aux païens. Tout le livre des Actes a montré l'aveuglement d'une grande partie du peuple juif et, en contraste, l'accueil des païens pour l'Évangile.

La finale de l'ouvrage résume et conclut ce qui a été décrit en particulier dans l'action missionnaire de Paul. Celui-ci réunit à Rome les notables juifs pour leur expliquer pourquoi il a été amené à faire appel à l'empereur : à cause de l'opposition des Juifs. Il cherche à les convaincre « en leur parlant de Jésus à partir de la Loi et des Prophètes » (Ac 28, 23). La citation que Luc met sur les lèvres de Paul (Is 6, 9-10) permet de comprendre, au terme des Actes, que l'aveuglement du peuple juif et le passage aux nations païennes est conforme aux Écritures. Dès lors, Luc peut nous laisser devant Paul qui « recevait *tous* ceux qui venaient le trouver, proclamant le Règne de Dieu et enseignant ce qui concerne le Seigneur Jésus-Christ avec une entière assurance et sans entraves » ; ce qu'avait annoncé Pierre dans le discours de la Pentecôte (Ac 2, 39) s'est réalisé : « Tous ceux qui sont au loin » reçoivent désormais l'annonce de l'Évangile. Le but que Luc s'était fixé est atteint ; l'ouvrage est terminé.

La fin de Paul à Rome d'après la tradition

Nous venons de tenter de percevoir pourquoi Luc ne parle pas de la mort de Paul. Pour en savoir plus, il nous faut quitter la Bible et interroger la tradition chrétienne. Celle-ci manque de précisions.

Le plus ancien texte chrétien qui parle de la mort de Paul est l'épître de Clément de Rome (fin du Ier siècle) : « Après avoir enseigné la justice au monde entier jusqu'aux bornes du couchant, il a rendu son témoignage devant les autorités et c'est ainsi qu'il a quitté ce monde pour gagner le lieu saint, demeurant pour nous un modèle de patience[1]. » Ce texte pose en fait deux problèmes. D'une part, quels sont ces « autorités » devant lesquelles Paul a rendu témoignage ? S'agit-il des représentants de Néron, laissés à Rome pendant que l'empereur voyageait en Grèce ? Ou bien s'agit-il d'une formule stéréotypée faisant allusion à Matthieu 10, 18 et parallèles : « Vous serez traduits devant les gouverneurs et des rois, à cause de moi » ? D'autre part, Paul est-il allé, entre deux temps de captivité, en Espagne ? En effet, pour un Romain, parler des « bornes du couchant », c'est désigner l'Espagne. Dans l'Épître aux Romains (15, 24-28), Paul se proposait d'aller en Espagne. Clément de Rome fait-il seulement allusion à ce projet de Paul ou bien a-t-il eu connaissance d'un voyage effectif en Espagne ? Finalement, le texte de Clément est beaucoup trop succinct pour donner des renseignements précis sur la fin de Paul.

1. Clément de Rome, *Épître aux Corinthiens* 5, 7, trad. Sr Suzanne-Dominique, o.p., *Les écrits des Pères apostoliques*, t. I, Paris, Le Cerf, 1979.

Nous le disions, un éventuel voyage en Espagne supposerait deux temps de captivité entre lesquels Paul aurait été libre. C'est ce que les traditions ultérieures affirmeront : après un temps de liberté, Paul aurait connu un deuxième type de captivité dans une prison commune, au milieu des prisonniers de droit commun. Une tradition du ve siècle dit même qu'il s'agissait de la prison *Tullianum*, dite « prison Mamertine ». Certains croient lire en 2 Timothée 1, 17 et 4, 13-21 des allusions à cette deuxième captivité ; mais ce serait supposer que la deuxième lettre à Timothée est authentiquement de Paul, ce qui est loin d'être admis par la majorité des exégètes car les structures ecclésiales sous-jacentes à cette lettre sont très postérieures à l'époque de Paul. Toujours d'après cette tradition du ve siècle, Paul aurait été condamné à la peine capitale et exécuté. Cette exécution, conformément à ce qui était prévu pour les citoyens romains, comportait une flagellation avant la décapitation.

En quelle année Paul a-t-il été décapité ? D'après Eusèbe de Césarée (*Chronique* II, olympiade, 211), la mort de Paul est survenue entre juillet 67 et juin 68. Jérôme cite la même date. Parmi les auteurs modernes, ceux qui jugent les épîtres pastorales postérieures à la mort de Paul estiment que la date la plus probable serait 64, c'est-à-dire au lendemain de l'incendie de Rome.

Une tradition constante, attestée dès le IIe siècle, situe le martyre de Paul *ad Aquas Salvias*, à un peu plus de 30 milles de Rome, sur la route d'Ardea. Paul aurait été enterré là où se dresse aujourd'hui la basilique de Saint-Paul-hors-les-Murs.

Beaucoup regretteront sans doute le manque de précisions concernant la fin de Paul. Nous avons tenté d'expliquer le silence des Actes des Apôtres. Il n'en reste pas moins une donnée incontestable et essentielle : Paul est mort martyr à Rome, entre les années 64-68, après avoir conduit l'Évangile jusqu'au cœur du monde païen.

François Brossier

45
Paul, fondateur du christianisme ?

Quand le grand exégète anglais C. H. Dodd écrivit en 1970 un ouvrage sur Jésus, il trouva tout naturel de l'intituler *Le fondateur du christianisme,* sans le moindre sous-titre. Ses nombreux lecteurs n'eurent aucune peine à comprendre, avant même d'avoir ouvert le livre, que le personnage ainsi désigné était Jésus. Aux yeux de la majorité de nos contemporains, la religion chrétienne a été fondée par le prophète de Nazareth, comme le bouddhisme l'a été par le Bouddha, et l'Islam par Mahomet. D'ailleurs, la tradition chrétienne apporte un appui massif à cette idée, en attribuant à Jésus la désignation des Douze Apôtres et l'institution des sacrements, éléments essentiels de la vie de l'Église primitive, sans même parler de la célèbre parole citée en Matthieu 16, 18 : « Tu es Pierre et sur cette pierre je bâtirai mon Église. »

Le véritable fondateur du christianisme ?

On s'étonne donc un peu de voir certains historiens soutenir que le véritable fondateur du christianisme n'est pas Jésus, mais l'apôtre Paul. Il y a des protestants libéraux parmi ces audacieux. À leurs yeux, le message moral ou la religion de Jésus, dans sa merveilleuse simplicité, constitue le noyau d'une religion de l'Esprit que le christianisme des Églises a longtemps étouffé, mais qui va renaître. Le christianisme s'est chargé d'un fardeau inutile en se théologisant sous l'influence de Paul, dont on peut dire qu'il est le véritable fondateur de cette religion compliquée et sombre qu'on nous prêche depuis deux mille ans.

On trouve aussi des auteurs juifs parmi ceux qui voient en Paul le fondateur du christianisme. Jésus, longtemps combattu avec vivacité par les représentants du judaïsme, est considéré par ces novateurs comme un authentique prophète juif, dont le message s'inscrit à merveille dans le cadre de la religion de ses pères. Si le christianisme a rompu plus tard avec le judaïsme, c'est parce que Paul l'aurait hellénisé et privé de ses racines juives. Le Tarsiote est donc le véritable père de cette religion nouvelle, en laquelle Jésus n'aurait pas pu se reconnaître.

Enfin, certains adversaires du christianisme épousent volontiers la thèse selon laquelle Paul serait le vrai fondateur du christianisme. Pour les uns, Paul a relancé un « dieu Jésus » un peu oublié, dont le Jésus soi-disant historique n'est qu'un avatar mystique; pour d'autres, Paul a transformé en religion opium du peuple le mouvement révolutionnaire lancé par Jésus; pour d'autres encore, le mythique Jésus a été trahi par un Paul juriste et complexé, qu'il faut tenir pour responsable de vingt siècles d'obscurantisme ecclésial. Il y a, on le voit, beaucoup de naïveté, de parti pris et d'arbitraire dans ces thèses. On pourrait être tenté d'écarter ces constructions excessives ou malveillantes sans y prêter beaucoup d'attention. Ce serait pourtant une erreur car, derrière ces diverses théories, il y a des données peu contestables auxquelles leurs auteurs se réfèrent tous d'une manière plus ou moins explicite.

Une écrasante personnalité

Tout d'abord, comment ne pas tenir compte de l'écrasante personnalité de Paul ? Plus cultivé qu'à peu près tous les chrétiens de son temps, il combine une solide formation rabbinique avec une incontestable culture grecque, ce qui lui permet d'exprimer en termes hellénistiques des idées empruntées à la Bible et au milieu sémitique de la Palestine, par exemple lorsqu'il fait dans les Épîtres aux Romains et aux Galates la théorie de la justification. Ses épîtres sont des documents exceptionnels, qui attestent à la fois une volonté impérieuse, un mysticisme impressionnant, un génie synthétique remarquable et un talent littéraire plus qu'honorable. Son œuvre missionnaire a sans doute été une des plus vastes de la première génération chrétienne et lui a valu une grande autorité personnelle partout où sa prédication a retenti. Malgré certains déboires (vers 50-60 de notre ère), les Églises chrétiennes d'Anatolie, de Macédoine et de Grèce lui devaient pour la plupart l'existence et acceptaient sa tutelle. Cela représentait une part importante des pays touchés à cette date par l'Évangile.

De plus, Paul diffère de Jésus sur beaucoup de points. Une comparaison entre les Évangiles synoptiques, où se reflète la prédication du Maître, et les lettres de Paul aux Églises est à cet égard si éloquente qu'elle se passe de tout commentaire : ce sont deux univers radicalement différents qui se font face, malgré la communauté de langue. Paul apparaît beaucoup moins comme le disciple et le continuateur de Jésus que comme un admirateur lointain dont le dynamisme s'exprime d'une façon presque complètement indépendante.

Enfin, Paul est devenu le saint patron de l'Église des générations ultérieures, comme le montrent l'importance de la collection de ses épîtres, authentiques et apocryphes, au sein du Nouveau Testament, ainsi que la place démesurée qu'il occupe dans la seconde moitié du Livre des Actes. On lui attribuait donc, vers l'an 100 de notre ère, un rôle décisif dans l'histoire de l'Église des origines. C'était aussi l'opinion des chrétiens judaïsants du IIe siècle, telle qu'elle apparaît dans les écrits du Pseudo-Clément. Mais ces minoritaires encore tout proches du judaïsme interprétaient le rôle de Paul d'une façon entièrement négative. Selon eux, ce faux apôtre aurait conduit l'Église majoritaire à l'apostasie la plus désastreuse. Il était le fondateur de la fausse Église, tandis que Jacques était celui de la communauté fidèle à la volonté divine.

Ainsi, une personnalité et une œuvre exceptionnelles, une originalité considérable par rapport à Jésus, l'attribution d'un rôle décisif par les générations suivantes, voilà bien des données qui apportent quelque consistance aux théories qui font de Paul le véritable fondateur du christianisme. Suivrons-nous donc les historiens qui soutiennent cette thèse ?

La réponse à cette question sera un « non » résolu. Fondateur de nombreuses Églises locales, très grand homme à beaucoup d'égards, Paul ne peut pas être considéré comme fondateur du christianisme ni même comme celui d'un pagano-christianisme d'où seraient sorties presque toutes les Églises ultérieures. Bien qu'on le nomme « apôtre des Gentils », le Tarsiote n'a nullement pris l'initiative de prêcher l'Évangile aux non-Juifs. Les chapitres 8 à 15 du Livre des Actes, même si on les soumet à une critique rigoureuse, prouvent que d'autres y avaient songé avant lui et avaient ainsi obtenu des résultats spectaculaires : les Hellénistes, l'apôtre Pierre, les chrétiens d'Antioche, etc. Paul a continué cet effort en direction des païens avec un grand dynamisme, mais n'a jamais eu le monopole de l'entreprise (cf. par exemple Ac 18, 24-28).

Important mais non fondateur

Dira-t-on que son rôle de fondateur n'est pas missionnaire, mais théologique ? Sans sous-estimer l'immense portée de la pensée paulinienne, on doit dire que l'apôtre n'est pas le créateur des idées centrales de la doctrine chrétienne. Sa doctrine de Dieu vient tout droit de l'Ancien Testament et du judaïsme. La christologie qui définit la personne du Christ remonte pour une large part à la primitive Église de Jérusalem (cf. les discours de Pierre en Actes 2 à 4), et le titre de « Seigneur » (*Kyrios*) si fréquent sous la plume de Paul, a une origine palestino-syrienne. La doctrine du Saint-Esprit, que Paul a beaucoup développée, n'est pourtant pas sa création, puisqu'elle a de profondes racines bibliques et qu'elle est préfigurée, non seulement à Qumrân, mais aussi chez les chrétiens palestiniens de la première génération (Mc 3, 28-30 et par ; Ac 2, 1-13 ; 8, 29-39 ; 15, 28). Quant à la doctrine du salut, exposée par Paul avec tant de vigueur dans ses Épîtres aux Romains et aux Galates, elle véhicule bien des notions venues du judaïsme palestinien (la mort du Christ interprétée comme un sacrifice, Rm 3, 25 ; ou encore comme un acquittement judiciaire, Rm 3, 21-24 ; etc.). Bref, Paul est ici un génial interprète, non le créateur qui aurait donné au christianisme son système doctrinal propre.

On peut encore mettre l'accent sur l'activité de

Paul comme créateur et organisateur d'Églises. Mais l'apostolat n'est aucunement sa création (cf. par exemple 1 Co 9), presbytes et diacres ont des racines palestiniennes, les quelques ministères d'Églises auxquels il fait allusion çà et là ne correspondent pas à une organisation cohérente et originale des communautés. Pour le culte et les sacrements, l'apôtre est tiraillé entre des traditions palestiniennes et des tendances enthousiastes qu'il n'approuve guère (cf. 1 Co 11 et 14) : il ne créée pas, il travaille à des compromis difficiles.

Si Paul n'apparaît pas comme le véritable fondateur du christianisme ni en sa qualité de missionnaire, ni par son apport théologique, ni en tant que créateur d'institutions nouvelles et stables, peut-on arguer de la place qu'il occupe dans le Nouveau Testament pour voir en lui l'homme clé de la première génération chrétienne, dont les autres apôtres et évangélistes ne seraient que les pâles précurseurs ou les épigones ? L'homme qui a écrit la moitié des livres du Nouveau Testament et dont les lettres écrasent par leur volume et par leur contenu le reste de la littérature épistolaire du Ier siècle chrétien, l'individu auquel la moitié du Livre des Actes est consacré, comment lui contester le tout premier rôle dans la fondation de la nouvelle religion ? La raison d'être sceptique est simple. Les épîtres assurément authentiques de Paul ne représentent que la moitié de la collection placée sous son nom, moins d'un cinquième de l'ensemble du Nouveau Testament, tandis que la place privilégiée occupée par le Tarsiote en Actes répond à des motifs apologétiques beaucoup plus qu'à une réalité historique. En d'autres termes, certains chrétiens du dernier quart du Ier siècle ont délibérément grossi le personnage afin d'orienter les Églises de leur temps dans la direction qu'ils considéraient comme conforme à la pensée de leur grand homme. Si l'on tient compte de ce fait, on peut admettre plus facilement que Paul, personnage très important de la première génération chrétienne, n'a pas dominé celle-ci au point qu'on puisse voir en lui le vrai fondateur du christianisme.

À y réfléchir, cette conclusion a quelque chose de paradoxal. En effet, quel autre grand personnage du Ier siècle peut-il prétendre aux yeux de l'historien au titre de « fondateur du christianisme » ? Ce titre implique beaucoup plus qu'une chiquenaude initiale ; il suppose une activité assez longue et assez originale pour faire surgir une nouvelle religion organisée, avec sa théologie, ses institutions, son culte et son clergé. Ainsi, Mahomet est le fondateur de l'Islam auquel il a donné l'essentiel de ce qui l'a caractérisé jusqu'à ce jour. Ni l'apôtre Pierre, ni aucun autre des Douze, ni Jacques, frère du Seigneur, ne peuvent prétendre à ce titre si on le refuse à Paul, car celui-ci, comme il le dit lui-même sans fausse honte, a « travaillé plus qu'eux tous » (1 Co 15, 10).

Mais Jésus lui-même peut-il vraiment prétendre à la dignité de « fondateur du christianisme » au même titre qu'à celui de Fils de Dieu ou de Christ ? C'est douteux, si l'on entend par là le créateur d'une *religion nouvelle*. Car Jésus prêche le Royaume de Dieu aux Juifs et à eux seuls (cf. MC 7, 24-30 ; par) ; il ne crée pas de son vivant d'institution nouvelle à l'exception du groupe des Douze et, s'il parle de « son Église » (Mt 16, 18) c'est au futur. Bref, le Maître agit en réformateur du judaïsme, non en fondateur d'une religion indépendante. D'ailleurs, son ministère fut tragiquement abrégé, ce qui lui interdit d'organiser efficacement quelque communauté religieuse que ce soit.

Une création collective

Par conséquent, si Paul n'est pas le fondateur du christianisme, le christianisme n'a pas de fondateur. La religion qui a fait du Christ Jésus le centre de sa foi est une création collective, dont l'origine est sans doute beaucoup plus difficile à saisir que si elle était le résultat de l'action d'un individu. Resterait à savoir si l'on peut quand même localiser, dater et comprendre la naissance de cette société religieuse organisée dont l'histoire a une telle importance pour le destin de l'humanité.

On soutiendra ici la thèse que la religion chrétienne ne s'est vraiment constituée qu'au moment où la secte juive qui voyait en Jésus le Messie a été expulsée du judaïsme par les réformateurs pharisiens qui avaient pris en main la destinée religieuse d'Israël après la ruine du Temple de Jérusalem en 70. Cette expulsion s'est opérée progressivement, à un rythme variable suivant les régions et selon des modalités mal connues. Mais on peut dire que, commencée vers 75, elle était achevée avant la fin du Ier siècle.

La glorification de Paul

Le christianisme s'est passablement débattu contre le rejet qu'on lui imposait. La littérature chrétienne de cette époque en porte la marque (attaques contre les pharisiens, surtout chez Matthieu ; Jean 9, 22-23 ; 16, 14, etc.). L'une des formes prises par cette résistance littéraire a été le rassemblement des épîtres de Paul, quelque peu tombées dans l'oubli depuis une génération. On trouvait en Paul un précurseur de l'indépendance du christianisme envers le judaïsme. Lui qui avait été considéré de son vivant comme un dangereux extrémiste nuisant aux bonnes relations de la secte chrétienne avec la masse des juifs, on le comprenait maintenant comme le théoricien prophétique d'une rupture inévitable. En somme, on voyait désormais en lui, au moins dans les milieux où on relisait ses lettres, le « véritable fondateur du christianisme ».

Ce renversement surprenant a aussi entraîné la rédaction de l'œuvre de Luc et en particulier du Livre des Actes, où Paul joue le rôle privilégié que nous avons dit. Faute de pouvoir présenter Paul comme le disciple immédiat du Christ, Luc s'est efforcé de montrer qu'il était le seul continuateur légitime de l'œuvre des Douze, fondateurs des Églises palestiniennes. Ces dernières ayant été presque totalement anéanties durant la guerre juive de 66-70, le « véritable fondateur du christianisme parmi les païens », seul appelé à vivre et à grandir, c'est l'évangéliste Paul, dont le personnage prend à la fin des Actes une dimension presque cosmique (Ac 28, 17-31) : porte-parole de Dieu, Paul rejette définitivement les juifs et apporte le salut en Jésus-Christ à tout le reste de l'humanité.

Face à cette extraordinaire glorification de Paul, on comprend mieux la hargne dont les chrétiens judaïsants du IIe siècle ont accablé la mémoire de Paul de Tarse, promoteur à leurs yeux d'une véritable apostasie collective consistant à rejeter la loi mosaïque sous prétexte de rupture avec la Synagogue. La glorification de Paul n'a, par ailleurs, pas été entièrement avalisée par la grande Église au IIe siècle. Les épîtres catholiques sont venues faire contrepoids à la collection des épîtres pauliniennes et pseudo-pauliniennes ; l'accent a été mis sur l'autorité des Douze Apôtres (Symbole des Apôtres, par exemple), ce qui noyait la personne de Paul au sein du groupe. Bref, la tradition ecclésiastique prenait peu à peu tournure et attribuait de plus en plus à Jésus la fondation du christianisme, tandis que Paul, devenu le héros de l'hérétique Marcion, rentrait dans le rang aux yeux des théologiens orthodoxes.

Le destin exceptionnel de l'Apôtre des Gentils n'a donc pas été aussi décisif pour le christianisme qu'on le soutient parfois. Mais Paul a gardé après sa mort la faculté de susciter la passion et a ainsi fait figure à diverses reprises, à travers les siècles, de « véritable fondateur du christianisme ». C'est l'indice d'une vitalité posthume qui se manifeste seulement chez ceux qui ont intensément vécu au service d'une grande cause.

Étienne Trocmé

46
Paul et Jésus, une même religion ?

Paul serait-il le véritable fondateur du christianisme ? La question est provocante, mais elle n'est pas stupide, elle n'est même pas nouvelle. Bien des historiens des origines chrétiennes l'ont posée depuis un siècle et demi, et elle continue de l'être par des auteurs contemporains.

Comme tous les mots en « isme » le terme « christianisme » suggère un système, voire une idéologie dont Paul serait le père, plus que Jésus. Au témoignage des Évangiles, on s'entend en effet pour reconnaître chez ce dernier une pensée dénuée de toute ambition systématique, ce qui n'est pas du tout le cas pour Paul dont beaucoup considèrent qu'il est le plus grand théologien du Ier siècle. Est-ce dire que Jésus n'était pas théologien ? Indépendamment de toute question chronologique, l'écart qui sépare Jésus de Paul est considérable. Beaucoup de choses opposent les deux hommes. Si Paul se réfère constamment à celui qu'il considère comme son Seigneur, il le fait en des termes qui ne permettent pas de reconnaître spontanément le prophète itinérant de Galilée tel que le présentent les Évangiles. Cela conduit à se demander dans quelle mesure il se rattache à la tradition dont Jésus est la source et si l'on peut superposer la religion des deux hommes. Effectivement, la filiation qui va de l'un à l'autre, si elle existe, passe par des détours tortueux. Il convient de préciser dans quelle mesure Paul reprend la tradition émanant de Jésus, et de reconstituer, pour autant que cela soit possible, l'itinéraire qui conduisit l'apôtre à reformuler le message de celui qui, selon ses dires, lui a confié sa mission.

Quelle image paulinienne de Jésus ?

Les différences entre la personne de Jésus mise en scène par les Évangiles et le Fils de Dieu auquel Paul se réfère dans ses lettres sautent aux yeux. De nombreux historiens et théologiens du XIXe siècle, appartenant au courant du protestantisme libéral, les ont abondamment soulignées : la personne de Jésus selon Paul est tellement céleste qu'elle n'est plus guère humaine. Alfred Loisy, symbole de la pensée moderniste dans le catholicisme français, écrivait en 1914 : « Le Jésus auquel Paul s'est converti n'est pas le prédicateur du Règne de Dieu. » Avec des présupposés différents mais des conclusions assez semblables sur le rapport entre Jésus et la première génération chrétienne, Rudolf Bultmann dressait, dans son *Jésus* paru en 1926, une opposition fameuse entre le Christ de la foi, autrement dit le Ressuscité devenu objet de la prédication de l'Église primitive, et le Jésus de l'histoire, prophète et prédicateur itinérant du Règne de Dieu, dont la vie terrestre est à situer tout entière dans la sphère du judaïsme. Il est rare que Paul désigne Jésus par son nom seul. Le plus souvent il utilise pour le nommer une titulature complexe : « Jésus-Christ » ou « le Seigneur Jésus-Christ ». Le nom même disparaît souvent sous sa plume, et fait place aux seuls titres « Christ » et « Seigneur », qui suffisent pour indiquer la référence à Jésus dans le discours. Car c'est bien de discours qu'il s'agit chez Paul, un discours dont Jésus est le centre, mais construit sur des concepts philosophiques et théologiques empruntés au monde grec, étrangers à la prédication historique de Jésus et le plus souvent absents des textes évangéliques. Il a par ailleurs été depuis longtemps remarqué que les allusions faites par Paul à la vie terrestre de Jésus sont fort peu nombreuses. Seul le récit de la Cène (1 Co 11, 23-25) et le rappel de quelques commandements remontant au Seigneur (par exemple 1 Co 7, 10-11 ; 9, 14) peuvent être mis en parallèle avec des événements ou paroles évangéliques antérieurs à la Passion. Le reste est très général. On peut savoir par Paul que Jésus est « né d'une femme et assujetti à la Loi » (Ga 4, 4), « issu selon la chair de la lignée de David » (Rm 1, 3), et que cela se termina par sa mort sur la croix. Mais aucune allusion aux miracles, aux paraboles ou à tant d'autres épisodes de la vie de Jésus ne se trouve dans les épîtres pauliniennes.

C'est sous la plume de Paul qu'ont fait leur apparition dans la pensée chrétienne de nombreux concepts entrés ensuite dans le vocabulaire théologique de l'Église : rédemption, justification, conscience, liberté ; ces mots abondent dans les épîtres pauliniennes alors qu'on les chercherait en vain dans les Évangiles. C'est à partir d'eux ou d'autres mots semblables que s'est formulé le dogme chrétien. Ils sont devenus les pierres d'un discours cohérent qui s'élabora progressivement au cours des premiers siècles et que les premiers conciles consacrèrent, au cours de débats souvent houleux. Or l'idée même de structurer la foi par le dogme est étrangère au judaïsme qui ne possède ni corps de doctrine ni magistère, et Jésus ne semble pas en avoir eu le projet. De nombreux maîtres juifs estiment que l'élaboration d'un dogme est une trahison de la démarche biblique.

Leur enseignement, fait de rappels de l'intervention de Dieu dans l'histoire, de *aggada* (récit d'exemples édifiants) et de *halakha* (réflexion sur la manière d'observer les commandements), relève d'une tout autre démarche. On comprend que Paul, père de la théologie dogmatique chrétienne, soit particulièrement mal vu dans le judaïsme, alors que Jésus est souvent considéré de façon nettement plus bienveillante. Il est en outre un point sur lequel Paul prend de grandes distances par rapport au judaïsme en même temps que par rapport à Jésus, et qui rend sa situation particulièrement critique aux yeux des Juifs, à savoir l'observance des commandements de la Torah. Paul déclare qu'elle n'a plus de raison d'être. Jésus, certes, avait critiqué l'interprétation formaliste de la Loi faite par certains maîtres de son temps, mais il ne s'y était pas soustrait. Paul, au contraire, est sur ce point très radical.

Du maître au disciple

Les différences que l'on vient de relever peuvent s'expliquer de plusieurs façons. La première explication est tout simplement chronologique. La mission terrestre de Jésus se déroula dans les années 27-30 de notre ère. La lettre de Paul la plus ancienne, qui est en même temps l'écrit le plus ancien de tout le Nouveau Testament, est généralement datée de l'année 50. Quant aux Évangiles, le premier rédigé dans sa forme canonique est sans doute celui de Marc, que la majorité des biblistes date des environs de l'an 70. Vingt ans séparent la vie de Jésus de l'écriture des lettres de Paul, et il faut encore attendre vingt autres années pour parvenir à la rédaction d'un évangile connu. Paul est le premier témoin des traditions remontant à Jésus. Mais celles-ci ne sont connaissables en forme de récit que par des écrits qui leur sont postérieurs. Cette situation d'imbrication dans le temps implique que des originalités de pensée que le lecteur serait tenté d'attribuer à Paul peuvent être dues à d'autres. Paul n'est peut-être pas l'inventeur des termes «justification» et «rédemption» que l'on trouve pour la première fois dans un texte dont il est le signataire. Lui-même peut les avoir repris à des traditions antérieures, inconnaissables parce que n'ayant pas laissé de traces écrites. Il faut en effet se garder de confondre les paroles attribuées à Jésus dans les Évangiles avec ses *ipsissima verba*. Le faire serait oublier que les évangélistes sont, tout comme Paul, théologiens, et qu'ils donnent de Jésus un portrait conditionné par leur propre projet pédagogique, historique et théologique.

Une autre explication des différences relevées entre les épîtres de Paul et les Évangiles vient du fait que ce sont des œuvres appartenant à des genres littéraires différents. Les Évangiles sont de la théologie en récit, tandis que Paul écrit de la théologie en forme de discours épistolaire. Là où Paul parle de «rédemption» Marc et Matthieu écrivent: «Le Fils de l'homme est venu donner sa vie en rançon pour la multitude» (Mc 10, 45; Mt 20, 28). Les termes sont différents mais l'idée théologique est la même. À chaque forme littéraire correspond un type de vocabulaire. Comparer la pensée de Paul à celle de Jésus en se contentant de faire des rapprochements mot à mot serait donc une mauvaise méthode pour une double raison. La première serait qu'un tel procédé confondrait abusivement les formulations évangéliques avec celles de Jésus lui-même. La seconde consisterait à ne pas tenir compte d'une différence formelle entre les deux types d'œuvre littéraire.

À lire Paul de près, on se rend compte qu'il met en valeur un bon nombre de traditions remontant à Jésus dont les évangélistes tiennent également compte. On a déjà mentionné la dernière Cène ainsi que les logia sur le divorce et le salaire des missionnaires. On peut ajouter les paroles sur le second avènement, le pur et l'impur, l'utilisation du terme *Abba* pour s'adresser à Dieu, plusieurs enseignements éthiques et sur le Royaume, les critiques adressées aux chefs religieux de Jérusalem, les propos sur le plus grand commandement, l'accueil des petits et des pauvres, le pardon aux pécheurs...

Un itinéraire original

Jésus n'avait pas, ou à peu près pas quitté le pays juif. Paul, au contraire, fut martyrisé à Rome après avoir sillonné terres et mers. La façon de vivre conditionne la pensée, il est donc normal que les deux hommes n'aient pas dit les mêmes choses, et ce d'autant plus que l'un est écrivain, l'autre non. S'agit-il cependant d'une différence essentielle et même, comme on a pu le prétendre, d'une infidélité ?

L'originalité de la pensée paulinienne par rapport à celle de Jésus peut être ressaisie à partir de l'itinéraire de l'apôtre, depuis ses origines jusqu'à sa mort. Il comporte de nombreuses ruptures, des seuils, pourrait-on dire pour reprendre un terme à la mode. Si l'on n'en tient pas compte, on risque de ne comprendre ni la relation entre Paul et Jésus, ni la pensée de Paul lui-même.

Tandis que Jésus était galiléen, province juive ouverte aux influences extérieures mais faisant partie du territoire juif, Paul est un Juif de la Diaspora, né à Tarse en Cilicie. Qu'il ait fait ou non des études à Jérusalem — la question est débattue —, le grec était sa langue maternelle, et la Bible à laquelle s'est alimentée sa foi d'enfant puis d'adolescent est la

Septante. L'homme est à la frontière de deux cultures, la juive et la grecque. Peut-être avait-il lu Philon, le célèbre philosophe alexandrin ; il est certain, en tout cas, qu'il avait une formation intellectuelle de bon niveau. Sans doute vint-il plusieurs fois à Jérusalem en pèlerinage pendant son enfance, mais il y a toutes les chances qu'il n'y ait jamais rencontré Jésus qui lui-même, d'ailleurs, n'y séjournait qu'épisodiquement. Sa première relation à Jésus, il l'avoue dans ses lettres, fut d'abord d'en persécuter les disciples (Ga 1, 13.23). Il est impossible de connaître la raison de cette persécution avec certitude, mais les quelques lignes autobiographiques de l'Épître aux Galates permettent de supposer que les libertés prises par la jeune Église à l'égard de la Loi juive dont Paul se voulait un zélateur rigoureux n'y étaient pas pour rien (Ga 1, 14).

Le grand tournant de sa vie, c'est le chemin de Damas. Là il vit Jésus Seigneur (1 Co 9, 1) et, situation tout à fait exceptionnelle, il fait de cette vision la dernière manifestation du Ressuscité (1 Co 15, 8). Dernier de la liste des bénéficiaires des apparitions, il se désigne comme l'*ektrôma*, terme grec mal rendu par le mot français « avorton » et qui signifie plus précisément un « enfant né viable d'une mère morte en couches ». Il est donc bien le dernier, longtemps après tous les autres, et après lui il n'y en aura plus : la matrice est comme brisée. C'est une situation d'exception, il en a conscience. Qu'il ait au départ rencontré de la méfiance de la part des autres apôtres, rien de plus normal.

Devenu disciple de Jésus, il fait alors partie de ceux que Luc, dans les Actes des Apôtres, appelle les « hellénistes » c'est-à-dire les disciples juifs de langue grecque, pour les distinguer des « hébreux » disciples juifs de langue sémitique (Ac 6, 1). Cela le prédispose à devenir témoin de la Résurrection en dehors de

Palestine. Après son baptême à Damas par Ananie (Ac 9, 18), il fit ses premiers essais de prédicateur de la Résurrection en Arabie Pétrée où il resta trois ans (Ga 1, 17-18), puis, après une courte visite à Jérusalem où il rencontra certains apôtres (Ga 1, 18-19), il repartit spontanément vers le nord en direction de sa terre natale, s'établissant principalement à Antioche et à Tarse.

Dans la diffusion de l'Évangile, Antioche est un pivot de première importance. C'est là, au dire de Luc, historiquement fiable sur ce point, que les missionnaires osèrent s'adresser pour la première fois à des Grecs (des non-Juifs), au point qu'il fallut inventer un nom pour désigner ce groupe religieux d'un genre nouveau : les *christianoi*, ou « chrétiens » (Ac 11, 26). Dans une liste archaïque de cinq « prophètes et didascales » attachés à l'Église d'Antioche retranscrite par les Actes des Apôtres, Barnabé est nommé en premier, Paul en dernier (Ac 13, 1). Il n'est encore qu'un responsable de second rang, mais sa perspective se confond avec celle de l'Église d'Antioche dans son ensemble : la Bonne Nouvelle de la Résurrection de Jésus est tellement importante pour l'ensemble du monde habité qu'elle vaut la peine d'être prêchée à des Grecs. Cela ne peut que créer des difficultés de cohabitation entre chrétiens et juifs, observants de la Torah depuis toujours, et chrétiens d'origine païenne, mais mieux vaut les affronter que de limiter sa prédication aux seuls juifs. Arrivé à ce point de l'évolution de Paul, on se rend compte qu'une distance considérable a été franchie par rapport à la façon de faire de Jésus qui n'avait rencontré des Grecs et des Romains que de façon occasionnelle, à l'intérieur du pays juif. Elle a été franchie, non par un homme, mais par un groupe, dont Paul fait partie, et dont il n'est pas le chef de file. L'évolution qui s'est faite depuis la Pentecôte et, à plus forte raison, depuis Jésus, est considérable. Ne pas l'accepter, c'eût été limiter la diffusion de l'Évangile au monde juif, cadre qu'une partie importante des missionnaires considérait comme beaucoup trop restreint, eu égard à ce qu'il représentait dans le dessein universel de Dieu.

La logique missionnaire

La logique missionnaire mise en place à Antioche impliquait qu'on ne se limitât pas à la capitale de la province romaine de Syrie. Il fallait élargir la diffusion dans l'ensemble du monde connu d'alors, le monde méditerranéen. Mandatés par Antioche, Barnabé et Paul partirent pour Chypre, patrie de Barnabé, la Pamphilie et la Cilicie. C'était, rien de plus normal, Barnabé le chef de mission. Au début du premier voyage missionnaire de Paul, Barnabé est toujours nommé en premier (Ac 13, 2.4). Une nouvelle question allait cependant se poser, qui fut à l'origine d'une nouvelle rupture. Prêcher l'Évangile aux Grecs, tous les Antiochiens semblaient d'accord. Mais comment les faire vivre une fois convertis ? Fallait-il les intégrer dans l'Église juive, ce qui impliquait de leur faire observer la Torah avec ses règles alimentaires et la circoncision ? Jamais un Grec n'accepterait cela de bon cœur. Ou pouvait-on admettre que la foi en Jésus était la seule exigence nécessaire au salut et que les chrétiens d'origine païenne n'avaient pas à être soumis à la Loi ? Débattue à Antioche et à Jérusalem, cette question était si vive qu'un véritable accord ne fut pas trouvé, malgré le récit accommodant que Luc fait de l'assemblée de Jérusalem (Ac 15, 1-35). À Antioche, Paul se heurta à des gens de l'entourage de Jacques, partisan d'imposer les commandements de la Torah à tout le monde

(Ga 2, 12), il entra en conflit ouvert avec Pierre, qui avait apparemment du mal à se situer entre deux positions extrêmes (Ga 2, 11-14). Lui-même était partisan d'aller jusqu'au bout de la logique missionnaire qu'il avait perçue les premiers temps de son séjour à Antioche : gagner des païens au Christ impliquait de ne rien leur imposer des commandements de la Torah ; que les juifs chrétiens continuent de les observer si, en conscience, ils étaient incapables de faire autrement (Rm 14) ; mais la loi ne leur était d'aucune utilité dans l'ordre du salut.

Telle est la position à laquelle Paul aboutit, qu'il exprima avec netteté dans l'Épître aux Romains après en avoir jeté les fondements dans l'Épître aux Galates. Ce faisant, il fit véritablement œuvre originale et se retrouva assez isolé dans l'Église, suivi seulement par quelques disciples qu'il avait lui-même formés. Il avait laissé loin derrière lui l'Église d'Antioche. Ainsi, lorsqu'il vint à Antioche pour la dernière fois (Ac 18, 23), on comprend qu'il ne put y faire qu'un bref séjour (Ac 18, 23). L'Église locale préférait en effet ne pas offrir trop longtemps l'hospitalité à ce personnage encombrant qui semait la zizanie là où il passait. Elle ne le mandatait plus. Il en partit rapidement pour son troisième voyage missionnaire, sans doute au soulagement de beaucoup.

Vers une prédication universelle

Pour différentes raisons, dont la moindre n'est pas la prise de Jérusalem par les Romains en 70 et l'affaiblissement du christianisme juif qui s'ensuivit, l'histoire donna raison à Paul. Ce ne fut pas sans difficultés ni ruptures. Le plus grand dommage qui en résulta, c'est que le christianisme perdit pour une part ses racines juives. Mais il prit une dimension universelle que ni le conservatisme de Jacques ni la position plus modérée de Pierre n'auraient pu lui assurer.

Ainsi s'expliquent en grande partie les différences entre Paul et Jésus, surtout si l'on parle du Paul dernière manière, l'auteur des grandes épîtres. De toute façon, ils n'avaient pas tout à fait la même religion. La religion de Jésus était sans conteste le judaïsme. Celle de Paul évolua : juif d'origine, juif il resta. Mais l'itinéraire qui fut le sien se confond avec les passes que franchit la branche chrétienne du judaïsme pour se constituer progressivement en une religion nouvelle bientôt appelée christianisme. Et les derniers païens qu'il gagna à Jésus ont été dispensés de pratiquer la Loi juive, tout en considérant l'Ancien Testament comme fondement de leur foi.

Dire si une telle évolution est une trahison du message de Jésus ou si, au contraire, elle est le chemin de la véritable fidélité ne relève pas de la compétence de l'historien. Il existe des fidélités à l'esprit qui prennent leurs distances par rapport à la lettre : « La lettre tue, mais l'esprit vivifie. » Paul l'écrivait aux Corinthiens (2 Co 3, 6). Il y a dans ce verset une clé majeure de compréhension et de sa personne, et de sa pensée.

Michel Quesnel

Troisième partie

L'EXPANSION DU CHRISTIANISME

1

ROME

47

L'historien face au christianisme : quelques réflexions

Les historiens sont victimes du cloisonnement de leur discipline. L'histoire est construite à partir de domaines de spécialités, et les spécialistes sortent peu de leur propre champ d'étude. Surtout lorsque leur documentation ne les y invite pas. L'historien de l'Empire romain est confronté au très petit nombre de sources non chrétiennes qui parlent du christianisme. Il accorde donc à celui-ci une place en conséquence. De leur côté, les spécialistes de l'histoire du christianisme utilisent un corpus différent, pour l'essentiel les écrits canoniques. Ils ont bâti une discipline autonome qui donne une grande importance aux origines et à l'histoire interne du mouvement. La difficulté est de raccorder ces deux champs historiques.

Les Actes des Apôtres sont, pour l'histoire de l'Empire romain, un témoignage sur la vie des cités et la fermentation sociale et religieuse. En tant que tel, ils peuvent être utilisés sans aucune dimension chrétienne. L'historien du christianisme va en revanche lire les Actes pour leur contenu sur la prédication.

En conséquence, le spécialiste de l'Empire romain peut dire très peu de chose sur les premières années du christianisme :

— L'influence de ce dernier paraît quasi nulle au

Ier siècle, et que son développement ne semble pas avoir entraîné des changements perceptibles dans l'Orient méditerranéen au siècle suivant. Au IIIe siècle, en revanche, les chrétiens sont suffisamment nombreux pour peser sur l'évolution de la société. Mais l'historien ne peut pas déceler, dans les sources dont il dispose (en dehors de la littérature chrétienne, qui apparaît nécessairement un peu suspecte) des traces chrétiennes sur la société.

— Les vestiges archéologiques et les textes sont rares et dispersés. Ainsi, en 112-113, Pline le Jeune, gouverneur de Bithynie, écrit à l'empereur Trajan pour lui demander comment traiter les chrétiens qui refusent de sacrifier aux dieux de l'Empire. Là, il semble que les chrétiens soient nombreux dans tous les milieux. Trajan, avec prudence, lui conseille de s'en tenir à une condamnation des perturbateurs. Or, sur le plan archéologique, ces chrétiens n'ont laissé aucune trace, alors que leur influence est sans doute la cause des dénonciations dont ils sont victimes. Il faut attendre la fin du IIe siècle pour trouver, en Phrygie, les premiers vestiges archéologiques, des stèles funéraires, et le IIIe siècle pour qu'ils soient plus nombreux.

Pourtant, le christianisme a fini par s'imposer dans l'Empire.

Le problème pour l'historien est de bien respecter la chronologie. Le christianisme a mis à bas une certaine forme de l'Empire pour lui en substituer une autre, mais plus tard, au IVe siècle. Cela a pris du temps, et il est légitime de croire que la société impériale a été travaillée par le christianisme. Il n'en reste pas moins qu'il est presque impossible de savoir comment. Les auteurs païens ne font pas allusion aux chrétiens, ou confondent juifs et chrétiens. Ils tiennent sur ces communautés des propos extravagants et montrent peu de curiosité pour des marginaux qui, en fait, ne les intéressent pas.

Si l'Empire procédait à des recensements, le dénombrement ne tenait pas compte de la religion. Le recensement de Tibère, dont il est question dans les Évangiles, dénombrait les sujets uniquement pour des raisons fiscales. Compter les gens par « religion » n'aurait pas eu de sens, puisqu'il n'existe que des cultes ouverts à tous. Ce n'est qu'après la révolte de 66/70 qu'on procède à un dénombrement des seuls Juifs, pour leur imposer un impôt particulier.

Au Ier siècle, les juifs sont beaucoup mieux connus que les chrétiens. Nous sommes tout à fait capables d'identifier les communautés juives — alors qu'il est impossible de le faire pour les chrétiens (en dehors des listes tirées des écrits canoniques) — et le bilan archéologique des villes où l'on trouve des traces de présence juive est abondant.

La diffusion du christianisme dans l'Empire n'a sans doute pas été un mouvement continu. L'une des hérésies du IIe siècle, le montanisme, dénonce les évêques qui ne sont pas assez sévères envers les chrétiens qui naviguent entre le christianisme et les habitudes « païennes », passant de l'un à l'autre. Cela dit, les historiens généralistes devraient davantage prêter attention à la présence des chrétiens dans l'Empire, car, longtemps, ceux-ci ne semblent pas exister et, d'un seul coup, l'Empire est chrétien. De leur côté, les historiens du christianisme pourraient prendre davantage en compte l'environnement dans lequel s'est formée la pensée chrétienne. La crainte de majorer le phénomène chrétien a sans doute amené les historiens à le minorer quelque peu. À nous d'interroger les documents en notre possession pour tenter d'en cerner toujours mieux la réalité.

Maurice Sartre

48
Les communautés juives de Rome

Les communautés juives de Rome ne présentaient pas exactement les mêmes structures que celles d'Antioche ou d'Alexandrie : il semble qu'elles n'aient pas connu une instance de centralisation.

Les anciennes inscriptions juives découvertes à Rome permettent de repérer onze synagogues[1], ou communautés juives. Elles ne sont pas toutes anciennes. Durant les premières siècles de notre ère, cinq méritent d'être signalées : 1. « La synagogue des Hébreux », peut-être appelée ainsi parce que les lectures faites au matin du sabbat étaient en hébreu, et non pas en grec comme c'est généralement le cas dans la Diaspora ; une autre « synagogue des Hébreux » est connue à Corinthe. Sans doute s'agissait-il en l'occurrence de pérégrins juifs arrivés depuis peu à Rome. 2. « La synagogue des Vernaculi », c'est-à-dire des esclaves et affranchis, un peu à la manière de la synagogue judéo-helléniste dite des Affranchis, à Jérusalem (Actes 6, 9). 3. « La synagogue des Augustins », en l'honneur de César Auguste très favorable

1. Dans la Diaspora les bâtiments servant de lieu de réunion au jour du sabbat s'appelaient « proseuques » ou maisons de prière, et non point « synagogues » comme en Palestine et en Syrie, à Antioche par exemple. À Rome, dans un grec latinisé, on usait du mot *proseucha*.

aux Juifs de Rome, comme Jules César auparavant. 4. « La synagogue des Agrippiens », du nom d'Agrippa, le gendre d'Auguste. 5. Enfin, « la synagogue de Volumnus », peut-être un ami d'Hérode, légat de Syrie en l'an 8.

De telles assemblées ou synagogues n'avaient à l'époque rien d'étonnant, alors que partout se répandaient des associations de toutes sortes, artisanales ou religieuses, appelées en latin *Collegia* et en grec, parmi d'autres mots, *thiases*. Flavius Josèphe rapporte ainsi le décret de César en faveur des Juifs : « Lorsque Caius César, notre général en chef, a interdit par ordonnance la formation de thiases à Rome, les Juifs sont les seuls qu'il n'ait pas empêché de réunir de l'argent ou de faire des repas en commun... » (*Antiquités judaïques* XIV, 215). Aux yeux du Romain, la synagogue est dont assimilée à un thiase.

L'organisation des assemblées juives

L'organisation intérieure de ces communautés juives de Rome n'apparaît pas des plus claires. On devine des similitudes, en même temps qu'une certaine différence structurelle, avec la Palestine ou le reste de la Diaspora. En Israël, les villes et bourgades sont administrées par sept « juges », dits aussi « archontes » ou *parnashim* ayant, entre autres, la haute main sur tout le service de l'entraide : l'écuelle du pauvre et le panier de la veuve (cf. Josèphe, *Antiquités* IV, 214. 287 ; *Guerre* II, 568-571). Actes 6, 1-7 rapportent aussi l'élection de sept membres et, lors de cette restructuration ecclésiale, les « Hébreux » sont distingués des « hellénistes » judéo-chrétiens de Jérusalem. En plus des Archontes ou des « Premiers des Juifs » (Ac 17, 4) gouvernant réellement la cité, ainsi que des archisynagogues accompagnés du serviteur de la synagogue (Lc 4, 20), signalons aussi les anciens, ou presbytes, membres du conseil qui ne semblent pas jouer un rôle très important. Dans toute la Diaspora, on retrouve ces diverses appellations, avec partout la mention des archontes — un titre que les communautés chrétiennes n'ont d'ailleurs jamais accepté.

À Alexandrie, et sans doute aussi à Antioche sur l'Oronte, toutes les assemblées de la ville trouvaient leur unité dans le cadre du *politeuma* juif, c'est-à-dire une sorte d'organisation communale avec archontes élus et presbytes. À Alexandrie, au Ier siècle de notre ère du moins, un *gerousia* ou *boulè*, c'est-à-dire un conseil de la communauté, dirigeait l'ensemble. La *Tsephta Sukka* 4, 6 mentionne ce conseil avec ses soixante et onze membres. De tels conseils pouvaient dépêcher des délégués à l'extérieur, telle la délégation conduite par Philon d'Alexandrie à Rome à l'époque de Caligula. Le conseil pouvait aussi réunir une assemblée ponctuelle des Juifs du *politeuma*, assemblée appelée alors *ecclèsia*.

Pas de liens entre les synagogues romaines

À Rome, il n'en était apparemment pas de même. Les diverses synagogues-assemblées paraissent autonomes, sans lien entre elles, sans conseil ou organisation d'ensemble pour tous les Juifs de la ville. Dans ce contexte éclaté il est possible qu'une mesure atteignant les Juifs, et donc les judéo-chrétiens, de telles ou telles synagogues n'intéressent pas pour autant l'ensemble disséminé des Juifs de la Ville. Sans doute cela a-t-il été le cas lors du décret d'expulsion de l'empereur Claude, atteignant non point la totalité des Juifs romains, mais plutôt la branche judéo-chrétienne, avec Priscille et Aquila entre autres.

On remarquera aussi, d'après le témoignage des inscriptions, qu'il n'y a apparemment pas de presbytes ou anciens à Rome, pas plus qu'à Antioche d'ailleurs. Il est vrai que ces anciens ne jouaient guère un rôle actif dans les communautés. Chez les chrétiens de Rome, on ne les voit mentionnés qu'à partir de Clément de Rome et dans 1 Pierre 5, 1.5, c'est-à-dire à une époque tardive.

La jalousie d'autres minorités

Les synagogues ou assemblées juives de Rome, à l'instar des assemblées du même type dans le reste de la Diaspora, devaient sans doute exciter quelque convoitise de la part des autres minorités ethniques et des multiples thiases religieux de l'époque. Ces thiases, largement acceptés ou tolérés selon le cas, sans pour autant avoir d'existence légale à proprement parler, n'avaient pas la solidité ni surtout les privilèges des synagogues juives. Ces privilèges étaient alors considérables. Les Juifs de Rome pouvaient se réunir au matin du sabbat et lors de ces repas communs où chacun participait sans doute en argent ou en nature. Ils pouvaient même réunir de l'argent pour l'envoyer à Jérusalem, prenant part ainsi à l'impôt pour le Temple et ses sacrifices, une coutume largement suivie par les gens de la Diaspora, alors même que la Loi de Moïse ne les obligeait pas directement. Les Juifs respectaient en outre le repos du sabbat, ce qui suscitait souvent l'ironie à leur propos. À moins de ne se porter volontaires, ils n'étaient point tenus par le service des armes : le repos du sabbat et, plus encore, l'honneur divin dû aux enseignes impériaux ne le leur permettaient guère. Ces divers privilèges accordés coutumièrement aux Juifs constituaient un véritable statut d'exception.

On comprend mieux alors les difficultés rencontrées par les Juifs, les rancunes et la haine allant parfois jusqu'à l'émeute antijuive, à Alexandrie par exemple, comme on comprend aussi le drame provoqué par la scission progressive entre Juifs toujours attachés à la seule Loi de Moïse et ces judéo-chrétiens promoteurs d'une foi nouvelle. La reconnaissance d'une synagogue chrétienne, avec ses repas communautaires ou soupers du Seigneur, ne pouvait manquer de susciter l'opposition.

Charles Perrot

49

La Diaspora juive de Rome

Au Ier siècle de notre ère, les Juifs sont partout répandus dans le Bassin méditerranéen sous domination romaine, et jusque dans l'Empire parthe en Mésopotamie. Mais la Diaspora juive de Rome n'occupe pas les hautes sphères de la société et ne constitue pas une élite intellectuelle comme c'est le cas à Alexandrie.

Dès le milieu du Ier siècle av. J.-C., l'auteur des *Oracles sibyllins* déclarait au peuple d'Israël : « Toute contrée sera pleine de toi, ainsi que toute la mer, et chacun aura en horreur tes usages » (*Or. sib.* III, 271). Dc même Strabon, l'historien et le géographe d'Auguste, écrit qu'au temps de Sylla déjà (vers 85 av. J.-C.), « cc peuple a fait sa place dans chaque cité, et il n'est pas facile de trouver un lieu du monde habité qui ne l'ait pas reçu et qui n'ait point senti son pouvoir » (d'après Josèphe, *Antiquités* XIV, 115). On relèvera la pointe hostile qui perce dans ces textes. Vers la fin du Ier siècle, l'historien juif Flavius Josèphe remarque de son côté : « Il n'est pas de peuple au monde qui ne possède quelques éléments de notre race » (*Guerre* II, 398). C'est dire la conviction des Juifs de ce temps d'avoir déjà atteint les limites du monde, alors que dans le monde méditerranéen ils ne représentaient guère que dix pour cent ou un peu moins de la population d'alors — ce qui est déjà considérable !

Sept millions de Juifs dans l'Empire romain ?

Plusieurs spécialistes modernes évaluent la population juive de ce temps à environ six ou sept millions. Barhébraeus, un chroniqueur syriaque du XIIIe siècle, parle même d'un recensement de tous les Juifs sous l'empereur Claude (41 à 54), qui donnerait le chiffre de 6 944 000 Juifs dans l'Empire romain seulement. On ne sait où ce fouilleur de bibliothèques a pu trouver un tel renseignement. L'Égypte avait à elle seule un million de Juifs, selon Philon, Alexandrie étant la plus grande ville juive du monde. Or, au Ier siècle, Rome ne devait sans doute guère dépasser quelques dizaines de milliers ; certains parlent de 30 000 Juifs. Les communautés romaines paraissent plutôt numériquement pauvres. Un tel nombre devait évidemment varier selon les circonstances, l'afflux des esclaves et les expulsions diverses.

La première mention connue d'une communauté juive à Rome fait suite à l'intervention, en l'an 139 av. J.-C., de Cornelius Hispanus, un *praetor peregrinus* (magistrat chargé des étrangers) qui s'élève contre la propagande juive, rites et pratiques susceptibles « d'infecter la morale romaine par le culte de Jupiter Sabazius » (assimilé ici à Yahvé Sabbaoth !). Une expulsion s'ensuivra…

En 59 av. J.-C., Cicéron, qui dénigre aussi leur « superstition barbare », évoque en ces termes le grand nombre des Juifs présents au procès du préfet Flaccus : « Tu sais quelle grosse foule ils sont, combien ils font corps ensemble, quelle influence ils ont dans les réunions » (*Pro Flacco* 28). Il est vrai que la prise de Jérusalem par Pompée avait provoqué un large afflux de prisonniers juifs à Rome. Il en sera de même, en plus fort encore, après la ruine de Jérusalem en l'an 70 de notre ère: pour 300 deniers on avait à Rome un esclave circoncis (Pétrone, *Satiricon* 68). Mais, au début du Ier siècle, leur nombre ne devait guère être considérable. Philon écrit à leur propos: «Le vaste quartier de Rome, au-delà du Tibre [...] était occupé et habité par des Juifs. La plupart étaient des affranchis romains. Amenés en Italie comme prisonniers de guerre, ils avaient été ensuite affranchis par leur maître, sans avoir été contraints d'altérer aucune de leurs traditions» (*Legatio ad Caium* 155). Ce qui ne les empêchait pas d'être attachés à leur ville comme à l'Empire. Josèphe rapporte d'ailleurs qu'après la mort d'Hérode le Grand, en 4 av. J.-C., près de 8 000 Juifs romains, avec l'appui de notables venus de Jérusalem, demandèrent à César Auguste de régenter directement la Palestine en lieu et place des descendants d'Hérode. L'attachement des Juifs romains à la politique impériale est d'autant plus sérieux que leur situation économique et politique demeurait fragile.

Leur bagage se réduit
à une botte de foin!

Comme le déclare Philon, les Juifs habitent surtout le quartier du Transtévère, le quatorzième et dernier quartier de la Ville suivant la division opérée par Auguste, de l'autre côté de l'*emporium* (le port). Les rues y sont étroites et tortueuses, avec des taudis à étages, loin des belles maisons romaines juchées sur les collines. Tout près se trouve la catacombe de Monteverde, la plus ancienne des catacombes juives découvertes à Rome. Ces tombes, d'allure plutôt pauvre, sont souvent sans *cubicula* (chambres funéraires), sans décoration ni peinture ou presque : quelques objets du culte, tels la *menorah* (chandelier), le *shofar* (la corne), l'*ethrog* (citron) et le *loulab* (la branche) permettent seulement de les désigner comme juives. Comme en témoignent les inscriptions de cette catacombe du moins, les Juifs de Rome parlaient largement grec et aussi latin. D'autres quartiers encore ont été fréquentés par les Juifs, ainsi celui de Subure (entre le Viminal et l'Esquilin, un quartier malfamé), ou encore la zone comprise entre le cirque Maxime et la porte Capène. Juvénal parle de ces lieux « qui sont loués aux Juifs dont le bagage se réduit à une botte de foin » (*Satiricon* 3, 11-14).

Avant l'an 70, à Rome, on trouve des Juifs dans toutes les couches de la société ou presque, mais surtout parmi les esclaves, les affranchis, les pérégrins et les gens de la plèbe. Philon évoque les anciens prisonniers et esclaves juifs, maintenant affranchis. Flavius Josèphe mentionne aussi des esclaves impériaux d'origine juive (*Antiquités* XVII, 134). Sur le Palatin, qui était la résidence impériale, plusieurs lampes juives ont été découvertes. Le statut économique et social de tels esclaves dépassait largement, il est vrai, celui de bien des citoyens d'origine modeste.

Rachetés souvent par leurs coreligionnaires et affranchis, comme le dit Philon, les Juifs n'en demeuraient pas moins en étroite dépendance, sous la tutelle ou plutôt dans la « clientèle » de leurs anciens maîtres. On peut se demander toutefois s'il y avait toujours affranchissement formel en la circonstance et si bien des Juifs n'étaient pas d'emblée relégués parmi les pérégrins. Ces étrangers domiciliés, petits artisans, boutiquiers ou ouvriers du port, n'avaient aucun droit, sinon celui d'être facilement expulsés en cas d'agitation. Ce qui devait d'ailleurs arriver en

49 sous Claude, entraînant le départ de Rome de Prisca et Aquila (Rm 16, 3 et Ac 18, 2).

Des citoyens de second rang

D'autres Juifs, fils d'affranchis, étaient reconnus comme citoyens par le biais d'un affranchissement formel. Ces gens de la plèbe, classés parmi les *humiliores*, étaient néanmoins protégés de l'expulsion, mais non pas d'une conscription forcée. En l'an 19 de notre ère, Tibère expulsa des Juifs pérégrins et enrégimenta de force quatre mille Juifs « affranchis » pour aller combattre les brigands en Sardaigne. Dans les *Annales* 2, 85, 5, Tacite ajoute à leur propos que si le climat de cette île devait tuer les Juifs en question, ce ne serait pas là une affaire ! Les anciennes inscriptions juives de Rome mentionnent rarement une telle citoyenneté, tant la différence reste grande avec celle des citoyens dits *honestiores*, les gens des classes aisées relevant de l'ordre équestre ou *a fortiori* de l'ordre sénatorial. Ces Juifs anciens affranchis restaient pauvres. Leur statut de citoyen devait pourtant faciliter la réunion de ces *collegia tenuiorum*, c'est-à-dire de ces associations artisanales et religieuses qui faisaient fureur à l'époque, avec repas commun y compris. Josèphe mentionne ces soupers communautaires juifs dits *syndeipna*, et l'on a par ailleurs retrouvé à Rome des coupes avec l'inscription « coupe de bénédiction » dont on usait pour clore ces repas. Les chrétiens reprendront la coutume, en la valorisant il va sans dire (1 Co 10, 16 ; 11, 20 sur le souper du Seigneur).

On ne connaît pas de Juifs romains parmi les hautes classes, seulement des « sympathisantes », telle Poppée, la femme de Néron, tuée par ce dernier en l'an 65 (Josèphe, *Antiquités* XX, 193-195). Sans doute n'était-elle pas la seule, car plusieurs femmes prosélytes sont mentionnées dans les inscriptions, et non point tellement des hommes. Ne voit-on pas Ovide s'amuser déjà de ces dames qui aiment se réunir le jour du sabbat (*Ars amatoria* I, 76) ? Dans le milieu dirigeant encore, mentionnons la présence à Rome des fils d'Hérode le Grand et surtout d'Agrippa Ier, l'ami de Caligula et de Claude. Mais ces gens n'avaient guère de rapport avec la population juive de la ville.

Pauvreté culturelle et religieuse

Les Juifs de Rome étaient financièrement et culturellement pauvres. Le fait se constate jusque dans leurs inscriptions funéraires, souvent pleines de fautes d'orthographe. On les voit pratiquer tous les petits métiers : colporteurs ou vendeurs d'allumettes échangées contre des verres cassés ; mendiants et conteurs populaires, telle cette femme qui vend des songes et apprend à ses enfants à quêter au bon endroit ; charlatans ou escrocs, tels ces quatre Juifs qui soutirèrent de l'argent à la femme d'un sénateur, Fulvie, attachée pourtant à la cause juive. Ce dernier scandale fit gros bruit à l'époque, comme en témoignent Josèphe (*Antiquités* XVIII, 81-84), Suétone, Tacite et Dion Cassius. On trouve encore des maîtres d'écoles juifs (une profession mal rétribuée !), des acteurs, un poète, tel ce Ménophilos accusé par Martial de lui avoir volé ses vers... Sans parler des ouvriers juifs travaillant au port tout proche ou de ces fabriquants de tente à la manière d'Aquila et de Paul (Ac 18, 2) ; sans doute aussi quelques marchands vendant par exemple de ces poissons séchés *kasher* (purs) dont on a retrouvé les amphores à Pompéi.

La pauvreté culturelle et religieuse des Juifs de

Rome n'apparaît pas moins grande. Les plus anciennes inscriptions semblent muettes sur un sujet aussi essentiel que la résurrection des morts et il faut attendre le second siècle de notre ère pour lire la belle inscription dite de Regina où le motif est fortement souligné. Un point en particulier mérite réflexion. On possède de nombreux écrits juifs dits apocryphes ou intertestamentaires. Or aucun de ces textes ne peut se réclamer avec certitude d'une origine romaine, alors que les textes égyptiens, écrits à Alexandrie surtout, abondent au contraire. Les Juifs de Rome ne semblent pas très cultivés.

Un tel judaïsme populaire ne manqua cependant pas d'attirer l'hostilité des autres couches de la population, y compris le mépris des intellectuels du temps fort sévères envers les Juifs, à Rome particulièrement. Sénèque se moque facilement du sabbat, bon pour les fainéants et de même Pétrone et d'autres auteurs latins, tels Perse, Quintilien, Martial et Juvénal. Sur ce point, les Juifs romains n'avaient sans doute guère à envier ceux d'Alexandrie, à l'époque impériale du moins, alors que les Juifs d'Asie Mineure et de Syrie jouissaient plutôt d'une certaine paix avec leur entourage. À l'exception de Caligula surtout, les Juifs de Rome n'en étaient pas moins protégés par le pouvoir impérial, ce qui leur permettait de survivre malgré l'hostilité ambiante.

Charles Perrot

50
À Rome, des cultes venus d'Orient

Vers la fin du Ier siècle de notre ère, Mithra, le dieu iranien, est solidement implanté dans plusieurs quartiers de Rome, le Ba'al de Dolichè (sud-est de la Turquie actuelle) a un sanctuaire sur l'Aventin, le dieu de Baalbek a ses adorateurs au flanc du Janicule. Bientôt, le soleil d'Émèse — un bétyle, comme la pierre noire de Cybèle — aura au Palatin un temple avoisinant le palais des Césars et son grand prêtre, l'empereur en personne, l'invoquera en dansant autour des autels, suivant la liturgie syrienne.

Un siècle plus tôt déjà, au temps de Néron (54-68), Sénèque le philosophe, qui avait été le précepteur du prince avant d'en devenir le premier ministre, déplorait l'impact des dévotions à Isis l'Égyptienne et Cybèle la Phrygienne sur l'esprit inquiet de ses contemporains : « Quand un individu agitant son sistre ment par ordre ; quand un imposteur a l'art de se trancher les muscles et d'une main légère ensanglante ses épaules ; quand une femme hurle dans la rue en rampant sur les genoux ; quand un vieillard vêtu de lin, brandissant un laurier et une lampe en plein jour, proclame que quelqu'un des dieux est irrité, vous accourez en foule, vous écoutez et, entretenant à l'envi votre mutuel ébahissement, vous affirmez que c'est un envoyé des dieux » (*De vita beata*, 26, 8).

Comment expliquer qu'un peuple aussi farouchement attaché à ses traditions que le *populus romanus* ait agréé tant de déités étrangères ?

C'est d'abord une des conséquences de la conquête qui a réuni dans un même empire les nations de trois continents. Cet espace pluriethnique et pluriculturel a favorisé les échanges, les contacts et les syncrétismes, surtout dans les grands centres urbains, à commencer par Rome même dont Tite-Live écrit (*Histoire de Rome* 39, 3, 6) que, déjà au lendemain de la deuxième guerre punique, « une foule d'étrangers encombrait la ville ». L'*Urbs* va rapidement se muer en cité cosmopolite, à l'image du monde qu'elle domine. Sa vocation intégratrice, qui fera de ses sujets des citoyens romains, s'est appliquée aux dieux comme aux hommes.

Le maximum d'appuis divins

Mais, avant même l'expansion méditerranéenne de Rome, son réalisme religieux avait ouvert la voie à un élargissement de son panthéon traditionnel. Le ritualisme n'y exclut jamais l'opportunisme, ni l'observance stricte des pratiques un sens pratique à toute épreuve. Attentifs à rester en paix avec les dieux (*pax deorum*), les Romains notent dans les « prodiges » les moindres signes de mécontentement ou de mise en garde. On consulte alors les « Livres Sibyllins », collection d'oracles achetés jadis par Tarquin l'Ancien à une sorcière et qu'une commission d'experts est chargée d'interpréter. Le problème se pose à plus forte raison, quand l'État est en proie à une crise grave, quand une épidémie sévit interminablement, sans que les formules consacrées, les prières ou les sacrifices d'usage aient les effets escomptés. On trouve donc ou l'on feint de trouver dans les oracles l'idée de recourir à d'autres dieux que ceux de la cité. C'est ainsi qu'Apollon, Asclépios, la Grande Mère phrygienne ont fait leur entrée dans Rome. Une autre procédure propice à l'adoption des cultes étrangers est l'*euocatio*, qui consiste à capter le potentiel d'une déité protégeant le peuple ennemi. Ce fut le cas de la Junon-Uni de Véies honorée comme « Reine » sur l'Aventin ou de la « Vierge Céleste » que Scipion Émilien « évoqua » de Carthage en 146 av. J.-C. Il s'agit certes de déesses qui n'ont pas répondu aux vœux de leurs fidèles. Mais peut-être les avaient-ils mécontentées : si leur abstention a favorisé Rome, il faut leur en marquer quelque reconnaissance et, de toute façon, un Romain se dit qu'on ne sait jamais... Mieux vaut se concilier un maximum d'appuis divins !

Cette démarche s'impose chez lui au plan individuel comme à celui de la piété publique. Bien évidemment, lorsque les liens du citoyen avec la cité tendent à s'affaiblir, la religion personnelle des Romains et des Romaines de toute condition sera d'autant plus accueillante à l'exotisme cultuel. L'emprise des dévotions d'origine orientale ne pouvait que se renforcer à la faveur d'un pareil processus. Dans l'espace en quelque sorte supranational de l'Empire romain, la mobilité des dieux allait de pair avec celle des hommes.

Un dieu venu de Perse

À cet égard, le mithriacisme avait l'atout majeur des religions qui peuvent se diffuser et multiplier leurs communautés ou leur « relais » sans rien perdre de leur force attractive. Mithra, le dieu perse, avait aussi l'avantage de sacraliser certaines valeurs authentiquement romaines, comme celles de la *fides*, ou parole donnée, et de la discipline militaire. Cicéron écrivait déjà qu'aucune société ne peut survivre sans une *fides* fondée sur la piété envers les dieux (*De natura deorum* I, 4).

Dieu indo-iranien dont le nom signifie « contrat », Mithra est avant tout un dieu des soldats et de l'amitié virile — qui exclut les femmes. Il garantit en effet les engagements scellés par serment, qui lient les individus d'homme à homme, et non pas en vertu d'une légalité abstraite. À ce titre, il est invoqué en 1380 av. J.-C., dans un traité conclu entre les rois des Hittites et de Mitanni (Hourrites d'origine aryenne), comme témoin et garant de la parole donnée. Dans un hymne qui lui est consacré, on le glorifie comme dieu de l'aurore qui protège les troupeaux et la création d'Ahoura Mazda, comme gardien du droit qui assure la victoire et la prospérité. On retrouvera certains de ces traits dans le dieu acclimaté en Occident. Mais plusieurs maillons nous manquent de la chaîne qui relie le Mithra iranien à celui des mystères gréco-romains.

Le dieu des mystères n'émerge en contact avec le monde romain qu'en 67 avant notre ère. Les pirates ciliciens tenaient alors les côtes et la mer en Méditerranée orientale. Ils étaient encadrés par des officiers « perdus » de l'armée de Mithridate Eupator, qui poursuivaient ainsi la lutte contre Rome, un peu comme des « partisans ». Le nom même du roi de Pont (qui signifie « donné par Mithra ») montre que, dans ces royaumes d'Asie Mineure qui se réclamaient d'une ascendance achéménide, le dieu conservait un prestige dynastique. Or Plutarque nous apprend que les pirates procédaient à certains sacrifices particuliers en célébrant des mystères comme ceux de Mithra « qu'ils ont les premiers fait connaître et qui continuent aujourd'hui d'être pratiqués », précise l'historien grec. Il n'est pas surprenant qu'un dieu du serment ait inspiré des groupes clandestins de résistance militaire à l'impérialisme romain. Le cadre d'un culte initiatique était approprié à l'organisation d'une armée indigène hostile à l'occupant. Le paradoxe, c'est que ce culte attirera des légionnaires chargés de maintenir l'ordre romain !

Durant les deux siècles suivants, cette religion de pirates gagnera des adeptes parmi les officiers et les hauts fonctionnaires, tout autant que parmi les esclaves et les affranchis impériaux, les artisans, les commerçants, mais surtout en milieu urbain, dans les ports, au long des grands axes militaires et économiques, sur les frontières rhénane et danubienne. L'empereur Commode se fera initier à ses mystères, et en 307 Dioclétien, Galère et Licinius invoqueront le patronage de Mithra comme *fautor imperii sui* (« Protecteur de leur règne »). Néanmoins, le mithriacisme restera toujours en marge des cultes officiels et, après la conversion de Constantin au christianisme, le dieu persique ne gardera des fidèles qu'à Rome, dans l'aristocratie sénatoriale.

Une liturgie du repas partagé

C'est une religion de petits groupes, à en juger par les lieux de culte qui sont parfois très étroits. Il s'agit de cryptes ou de nefs aménagées et décorées en façon de grottes (*spelaea*), à l'imitation de celle où Mithra avait traîné et sacrifié un taureau. Souvent, ces *Mithraea* sont installés en marge de la ville, contre une paroi rocheuse (comme à Bourg-Saint-Andéol), près d'une source ou d'un cours d'eau. Leur capacité d'accueil ne dépasse pas trente ou quarante fidèles en général, quelquefois une quinzaine ou une vingtaine tout au plus. Cette capacité se mesure aisément en fonction des banquettes en maçonnerie (*podia*) sur lesquelles on s'allongeait pour partager le pain et les viandes sacrifiées, l'eau et le vin consacrés. Car le *Mithraeum* n'a rien d'un temple à proprement parler : c'est une salle à manger. On s'y réunit pour participer au repas qui suit un sacrifice. Les fresques de Santa Prisca sur l'Aventin nous montrent la procession des victimes, la présentation du pain et du vin, sous la présidence de Mithra et du soleil (dont le « père » de la communauté et son adjoint revêtaient peut-être les attributs). Le repas sacrificiel était précédé d'une instruction. En effet, certains des reliefs cultuels qui étaient exposés dans le « chœur » de la crypte sont bifaces, et l'examen matériel de ces monuments prouve qu'on les faisait pivoter suivant les temps forts de la cérémonie. L'une des faces représente le mythe de Mithra jusqu'au sacrifice du taureau ; l'autre le repas du dieu avec le soleil sur la dépouille de la victime. Autrement dit, les deux faces correspondent aux deux phases de la liturgie : commentaire de la geste sacrée (sur la base d'un *hiéros logos*, formulaire sacré, que nous ignorons) et banquet postsacrificiel. L'imagerie peinte ou sculptée des *Mithraea* évoque la vie mythique de Mithra, dont l'explication occupait la première partie du service liturgique : le dieu capture et sacrifie un taureau détenteur de la force vitale de la lune, que les puissances des ténèbres risquent de vicier, et assure ainsi le salut de l'humanité ; de la blessure et de la queue de l'animal immolé s'épanouissent aussitôt des épis.

Mithra, « rival du Christ » ?

C'est le titre d'une communication perspicace que Marcel Simon a présentée au deuxième Congrès international d'études mithriaques (Téhéran, 1975), pour contester l'affirmation célèbre d'Ernest Renan : « Si le christianisme eût été arrêté dans sa croissance par quelque maladie mortelle, le monde eût été mithriaste. »

En excluant les femmes, le mithriacisme s'aliénait plus de la moitié du genre humain. Une religion plus ou moins élitiste de petits groupes marginalisés, qui se recrutaient souvent parmi les migrants (militaires, fonctionnaires, marchands) ou les déracinés, n'avait guère de chances de s'imposer dans la société antique. Mais, comme le christianisme, elle avait cet atout majeur de proposer la même théologie, la même liturgie, la même imagerie sur les bords de l'Euphrate que sur la frontière de Bretagne ou celle du Rhin. En intégrant certains aspects de la mythologie, de la philosophie et de l'astrologie grecques, elle répondait aux aspirations mystiques ou « bio-cosmiques » d'un monde qui se cherchait.

Il faut croire que le mithriacisme avait un impact dans l'opinion, puisque les chrétiens se sont acharnés contre lui et contre ses lieux de culte. Avec Tertullien (qui va pourtant jusqu'à donner les mithriastes en exemple à ses coreligionnaires !), les Pères de l'Église s'accordent à dénoncer ce culte des antres ténébreux qui imite frauduleusement celui du Christ. Justin s'indigne que les mithriastes osent consacrer le pain et l'eau. Comme deux siècles plus tard Firmicus Maternus, il condamne dans la représentation du dieu pétrogène (« né de la pierre ») une contrefaçon diabolique de la « pierre d'angle » prophétisée par Daniel et Isaïe !

La destruction violente et délibérée des *Mithraea*, où les reliefs cultuels ont été retrouvés pulvérisés à coups de hache ou de marteau, la décapitation systématique des idoles, les traces d'incendie — pour ne rien dire du squelette enchaîné retrouvé à Sarrebourg — témoignent d'une agressivité singulière. La législation des empereurs chrétiens contre les sacrifices sanglants et nocturnes renforçait le discrédit d'un culte fondé sur l'immolation et la manducation des chairs consacrées aux « démons ». En Mithra, ce dieu médiateur et sauveur, honoré particulièrement le dimanche, en tant que *Sol Invictus* (« Soleil invaincu »), et par un repas de communion, les chrétiens ont donc bien reconnu ou, du moins, suspecté un « rival du Christ ».

Robert Turcan

51

Les catacombes juives de Rome

Six catacombes juives ont été identifiées à Rome : deux sur la via Nomentana (villa Torlonia), une sur la via Appia (Vigna Randanini), un grand complexe sur les pentes de Monteverde, sur la via Portuense, qui fut le premier découvert, et enfin deux hypogées de dimensions modestes sur la via Labicana et sur la via Appia (Vigna Cimarra).

Le destin de ces catacombes juives est singulier : seule celle de la Vigna Randanini peut être aujourd'hui visitée, mais uniquement par des spécialistes et avec un permis. Les deux catacombes de la villa Torlonia (laquelle, ironie du sort, fut la résidence officielle de Mussolini !) étaient encore accessibles il y a quelques années mais l'accès du cimetière a été muré pour éviter que le monument fût endommagé. On ne peut pratiquement plus rien voir de ces catacombes, presque toutes creusées dans des bancs de tuf de mauvaise qualité.

La première découverte dans le tuf de Monteverde

La première exploration de la grande catacombe de la via Portuense fut effectuée le 14 décembre 1602 par Antonio Bosio, un personnage quasi mythique de l'archéologie chrétienne. Cette exploration se fit au prix de mille difficultés et dangers dus à l'instabilité des galeries, dont beaucoup étaient obstruées par des éboulements. Les recherches se poursuivirent mais il faudra attendre l'année 1915, alors que des dégâts irréparables s'étaient déjà produits, pour en avoir une idée d'ensemble. Et, le 14 octobre 1929, un éboulement détruisit ce qu'il en restait. Paradoxalement, la raison de ces désastres fut la bonne qualité des veines du tuf de Monteverde qui se trouvait à un niveau inférieur à celui des catacombes : on l'utilisait pour la construction et les vides creusés par les carrières furent à l'origine des effondrements.

Vigna Randanini : une catacombe complexe

L'emplacement de cette catacombe fut mieux choisi, et ses galeries sont encore en grande partie accessibles. Sa découverte remonte à 1859. Dans cette même région, sur la via Appia, se trouvent les catacombes chrétiennes de Prétextat, de saint Sébastien et de saint Callixte, et en surface de nombreux *columbaria*, des édifices garnis de niches qui abritaient les urnes funéraires. Devant la catacombe s'élevait un édifice comportant un pavement mosaïqué. Les sépultures qui s'y trouvaient se présentaient sous la forme d'*arcosolia** [1] pratiqués dans les murs en modifiant les structures précédentes. Celles-ci furent interprétées comme les restes d'une synagogue, mais une telle hypothèse est totalement en contradiction avec le concept juif d'impureté liée à

1. Les termes suivis d'un astérisque sont définis dans le lexique en annexe à cet article.

la mort et tout ce que nous connaissons par ailleurs des synagogues de la Diaspora. Il est possible en revanche que la communauté juive ait utilisé à des fins funéraires un bâtiment païen.

Entrons ensemble dans la catacombe. L'accès actuel nous conduit dans une petite salle au centre de laquelle se trouve un puits. L'eau était en effet indispensable au déroulement du rituel funéraire. Cette pièce communiquait avec un petit espace d'où partait le réseau des galeries. Les différents types de sépultures sont ici regroupés par régions : dans la première partie, et dans une autre zone limitée, sont concentrés la plupart des *cubicula**, alors que les *kôchim** se situent dans une autre zone.

Dans la première galerie, plutôt large, se trouvent des *cubila* recouverts intérieurement d'un enduit blanc. Un seul d'entre eux, qui contient un *arcosolium*, présente une *menorah** peinte sur l'une des parois, et une division tripartite de la voûte. En poursuivant dans cette galerie, on en trouve deux autres transversales ; l'une d'elles, après un angle prononcé, nous conduit dans une autre région. Celle-ci présente une division de l'espace plutôt régulière, avec des galeries se croisant à angles droits. À la base de leurs parois se trouvent de nombreux *kôchim*. Un seul *cubiculum* appartient à cette zone ; il est précédé d'un vestibule dont le plafond et les parois étaient décorés de peintures.

Un nouveau raccord relie cette région à une autre, elle aussi régulière et possédant des *kôchim*. Nous sommes ici dans le secteur le plus problématique de la catacombe : les nouvelles galeries partent en fait d'un escalier avec palier qui conduit à la surface. La catacombe avait-elle deux accès ? Ou bien s'agit-il de deux catacombes différentes réunies à la suite d'une rencontre fortuite ? La réponse demeure incertaine.

Des scènes païennes qui posent question

Un autre des problèmes que l'on rencontre ici vient de la décoration d'un *cubiculum* double, c'est-à-dire précédé d'une petite salle. Ces peintures, de bonne qualité, reproduisent des sujets païens : outre des scènes bucoliques, Pégase, une Victoire ailée couronnant un jeune homme, Orphée au milieu des animaux, Tychè avec la corne d'abondance. Nous savons que, pour les Juifs, la représentation d'animaux et d'humains était interdite. Il est vrai que les Juifs de la Diaspora ne respectaient pas toujours cette interdiction. Parfois, pour les sarcophages, par exemple, cela pouvait être dû à l'absence d'ateliers spécifiques : ils devaient alors acheter des sarcophages déjà sculptés et se contenter d'y apporter quelques modifications. Ainsi en est-il d'un exemplaire, découvert sans doute dans notre catacombe, et qui fut « judaïsé » par l'ajout d'une *menorah*. Il s'agit d'un type très répandu où les quatre *putti*, symboles des saisons, portent un cadre circulaire où figurent les portraits des défunts (ce sont souvent des sarcophages doubles destinés à des couples). Ici, les portraits ont été éliminés et remplacés par la *menorah*.

Notre *cubiculum* double, en revanche, représente un cas unique, par comparaison avec les autres chambres funéraires des catacombes juives de Rome qui reproduisent jusqu'à l'obsession les objets liés au culte (*menorah, shofar, loulab** etc.). Tous ces symboles y sont absents. Mais si nous observons la façon dont sa galerie est reliée au reste de la catacombe juive, nous pouvons penser que ce *cubiculum* lui est totalement étranger et qu'elle l'a pour ainsi dire « rencontré » lors de son extension souterraine. On sait que cette région de la via Appia était occupée par de nombreuses nécropoles.

Villa Torlonia : de nouvelles découvertes

Le grand cimetière juif de la villa Torlonia fut découvert par hasard en 1918 à la suite des travaux entrepris pour consolider les écuries de la villa. En 1930 parut le livre qui en publiait la topographie et les peintures. En 1973 et 1974 de nouvelles recherches effectuées par le P. Umberto M. Fasola lui permirent d'arriver à des conclusions particulièrement intéressantes, accompagnées de la publication de plusieurs inscriptions. Les premiers éditeurs de la catacombe, dont les deux niveaux différents ne se superposent que très partiellement, avaient déjà pensé qu'il pouvait s'agir de deux cimetières séparés à l'origine. Cette hypothèse a pu être confirmée de façon définitive : le P. Fasola a démontré que la catacombe inférieure avait précédé l'autre dans le temps. Chacune avait son propre accès ; les techniques de creusement des galeries et leur développement sont tout à fait différents.

L'accès à la catacombe inférieure se faisait par un escalier qui possédait un palier, semblable à celui que nous avons rencontré dans la catacombe de la Vigna Randanini ; on est probablement en présence de l'*atrium* prescrit par la Mishna. La région à laquelle il donnait accès présente des parois dont la division a été programmée par des bandes de chaux blanche délimitant les espaces réguliers où devaient être creusés les *loculi* ; ceux-ci sont soigneusement fermés et enduits. Cette catacombe plus ancienne ne possède qu'un *cubiculum* et un nombre réduit d'*arcosolia*, coexistant avec un type particulier de *loculi* pour deux défunts, rigoureusement séparés, et dont le côté supérieur est légèrement incurvé; cette particularité fait qu'on les appelle *loculi à arcosolium*.

Un autre escalier donnait accès à la catacombe supérieure plus récente. Les *cubicula* y sont plus nombreux; on remarquera surtout l'un d'entre eux orné de peintures. Son ouverture sur la galerie est encadrée par deux petits piliers surmontés de chapiteaux sculptés dans le tuf. Le plafond, à fausse voûte d'arêtes, était décoré par une *menorah* entourée de lunettes et de cercles. L'*arcosolium* était richement orné: sur sa voûte, une *menorah* entourée de deux cercles et, dans deux demi-cercles, à gauche, le coquelicot et l'*ethrog*, à droite, le rouleau de la Torah*. L'Arche sacrée, flanquée du soleil et de la lune, décorait la lunette du fond, mais le creusement d'un *loculus* a presque totalement détruit cette belle peinture. Dans la même galerie, une autre sépulture à *arcosolium* double présente une décoration peinte remarquable. Le front, qui imite un sarcophage à strigiles et têtes de lion, porte, au centre, une *menorah*. La voûte présente deux panneaux avec des scènes bucoliques. Sur la paroi du fond, un *aron** contient les rouleaux de la Loi. Il est encadré par deux *menoroth* avec les lampes allumées. En haut, le soleil, la lune, une étoile; en bas, un fruit (grenade ou fruit du coquelicot), le vase d'huile, le *shofar*, l'*ethrog*, le couteau de la circoncision.

Cette promenade dans les catacombes juives de Rome ne doit pas nous faire oublier toutes les autres qui nous sont connues en Italie et ailleurs: à Venosa, dans l'antique Apulie, en Sicile, en Sardaigne et à Malte. Leur aspect change en fonction des situations géologiques locales, entraînant dans certains cas des développements tout à fait différents de ceux des cimetières romains.

Catacombes juives et catacombes chrétiennes

Comme les nécropoles païennes et les catacombes chrétiennes, les catacombes juives respectent le principe de se situer en dehors de l'habitat, et se sont développées sur les grands axes qui partaient de la ville.

Si certains cimetières hypogées ne peuvent être attribués de façon sûre aux chrétiens ou aux adeptes de sectes philosophico-religieuses, à cause de l'ambiguïté des motifs peints, les fresques et les graffiti des catacombes païennes ne laissent aucun doute. Comme on l'a vu, la dévotion a conduit à utiliser en abondance des symboles religieux clairs.

Il n'existe pas de différences structurales majeures entre les catacombes chrétiennes et juives. Dans ces dernières, les galeries sont en général plus larges (jusqu'à 2,20 m à Vigna Randanini). En ce qui concerne les types de sépultures, *loculi* et *arcosolia* sont communs ; seules les catacombes juives possèdent des *kôchim*, c'est un type d'inhumation plutôt répandu en Orient. Habituellement, dans les catacombes juives, les *loculi* étaient murés et recouverts de chaux, ce qui facilitait la pratique d'épitaphes peintes ou l'insertion d'une plaque de marbre portant l'inscription •3•. Dans les catacombes chrétiennes, la fermeture était plutôt réalisée avec des tuiles, ou des plaques de marbre encastrées et fixées avec de la chaux.

Mais on est surtout frappé, en observant ces différences, par le type de société qu'elles reflètent. La communauté juive apparaît fortement structurée : on note souvent une division prédéterminée des espaces funéraires. En outre, le nombre relativement faible de *cubicula* peints, c'est-à-dire de riches chambres funéraires, semble dénoter un caractère égalitaire, ou du moins l'absence de grands déséquilibres sociaux.

Bien des questions demeurent...

De quelles bases disposons-nous pour fixer une chronologie de ces cimetières souterrains fascinants ? Il convient tout d'abord d'établir une chronologie relative, à savoir le rapport « avant/après » qui caractérise les liens entre les différentes galeries et régions. Nos catacombes résultant d'extensions successives, on peut établir les étapes du creusement. Ainsi, par exemple, la galerie à laquelle donne accès l'escalier venant de la surface sera sûrement antérieure à celles de la périphérie.

Cependant, une fois établies ces lignes de développement, il faut tenter de fixer une chronologie absolue, comprendre à quelle époque ont eu lieu ces travaux. Les données dont nous disposons sont malheureusement limitées. Il faudrait des éléments sûrs en place, une inscription ou une peinture bien datées. Comme on le verra, le formulaire des épitaphes se répète sans originalité dans le temps, et les peintures, dans la majorité des cas, ne peuvent être datées avec précision. Parfois néanmoins, on peut trouver des tuiles ou des briques dont les estampilles sont datées. En l'état actuel, en se fondant aussi sur la documentation fournie par les catacombes chrétiennes, on peut dire que ces catacombes juives semblent naître durant le IIIe siècle, et qu'elles se développent au cours du IVe.

Mais surgit alors un autre problème : lesquelles, des catacombes juives et des catacombes chrétiennes, ont précédé les autres ? Cette vieille polémique a fait couler des flots d'encre. Alors que la communauté juive est attestée à Rome bien avant les débuts du christianisme, il est en effet surprenant que ses catacombes n'apparaissent qu'au IIIe siècle. Cette question doit nous inciter à réfléchir d'une façon plus générale sur le phénomène des catacombes.

Pour quelles raisons, à un moment donné, de grands cimetières souterrains naissent-ils autour de Rome ? Peut-être l'espace disponible à la surface était-il déjà totalement occupé ? L'expansion urbaine, ainsi que l'utilisation de zones traditionnellement funéraires à des fins agricoles, avaient-elles pu empêcher le développement ou même la survie des nécropoles ? Il faut aussi tenir compte du fait que le passage du rite de l'incinération à celui de l'inhumation avait créé le besoin de cimetières bien plus vastes, l'espace occupé par une urne étant au moins multiplié par cinq.

Les études dans ce domaine n'en sont qu'à leurs débuts. On ne peut exclure que juifs et chrétiens aient trouvé parallèlement la solution-catacombes à leurs problèmes d'espaces funéraires, mais il est trop tôt pour l'affirmer de façon certaine.

Une question demeure pour l'heure sans réponse : avant l'époque des catacombes, où se faisaient enterrer les Juifs ? Nous savons que leur rituel funéraire était strict et prévoyait obligatoirement l'inhumation. Parmi les différents interdits dictés par l'impureté du cadavre, figurait la promiscuité, contrairement aux chrétiens qui n'eurent aucun problème à se faire ensevelir dans les zones funéraires païennes. Malheureusement nous attendons encore la première découverte dans ce domaine.

Cinzia Vismaria

ANNEXE

Lexique

Arcosolium: sépulture surmontée d'un arc creusé dans la paroi d'une galerie ou d'un *cubiculum.*
Cubiculum: chambre funéraire qui s'ouvre en général le long d'une galerie de catacombe.
Ethrog: le fruit du cédrat, utilisé pour la liturgie de Soukkot.
Kôchim: tombe à four. Sépulture creusée dont le côté long est perpendiculaire à la galerie de la catacombe.
Loculus: tombe creusée dans le sens de la longueur dans la paroi d'une galerie ou d'un *cubiculum.*
Loulab: la branche de palmier, utilisée pour la liturgie de Soukkot.
Menorah: le chandelier à sept branches.
Proseuchè: l'édifice de la réunion pour la prière, synonyme de *synagogue,* qui indiquait à l'origine plutôt la communauté.
Région (d'une catacombe): l'ensemble des galeries creusées à un moment déterminé, souvent à partir d'un plan préétabli.
Shofar: la trompe, faite d'une corne de bélier, qui sert à l'occasion de certaines cérémonies, comme à Rosh Hashana.
Torah: la Loi sacrée, dont les rouleaux sont conservés dans une armoire (*aron*).

52
Les catacombes : mythes, mystères et... réalités

Dans une société qui semble souvent avoir oublié ses racines et ses traditions, le passé le plus lointain et ses manifestations concrètes, que l'archéologie a pour but de nous restituer, ont encore le don de fasciner. Les témoignages liés au « monde souterrain » sont parmi les plus recherchés. Malheureusement, dans le même temps, se développe le goût pour des thèses fantaisistes, forgées plus ou moins récemment pour exciter la curiosité du « grand public ».

Alors que les théories scientifiques évoluent et que les chercheurs ramènent à leurs justes proportions les messages que nous transmettent les monuments antiques, certains lieux communs demeurent répandus. Ne lit-on pas encore trop souvent que les catacombes furent essentiellement les refuges secrets des premiers chrétiens persécutés, alors que les témoignages archéologiques ont amené à rejeter ce poncif ?

Dès l'origine, et sûrement jusqu'à la dernière grande persécution contre les chrétiens (celle de Dioclétien, en 303), les catacombes furent uniquement des cimetières et personne n'y vécut ou ne s'y réfugia. On verra, pour chacune des catacombes brièvement présentées ici, que leurs premiers développements limités, durant le IIIe siècle, au vu et au su de tous, ne les destinaient certainement pas à une fonction de refuge. De manière schématique, on peut diviser en trois grandes périodes la vie des cimetières chrétiens de Rome, ces divisions étant bien sûr à nuancer pour chacune des soixante catacombes qui y ont été jusqu'ici découvertes.

L'origine des catacombes

Durant les deux premiers siècles de notre ère, les chrétiens sont enterrés de manière anonyme au sein des nécropoles païennes établies autour de Rome (ce qui fut le cas pour les deux plus célèbres d'entre eux, Pierre et Paul). Des cimetières proprement chrétiens n'apparaissent qu'à la fin du IIe siècle : ils se présentent alors comme de petits hypogées souterrains, prévus dans un premier temps pour recevoir seulement quelques dizaines de sépultures.

Ce nouveau mode funéraire touche également les païens pour de multiples raisons pratiques. Avec le passage progressif du rite de l'incinération à celui de l'inhumation, dans le courant du IIe siècle apr. J.-C., et alors que les abords des voies consulaires hors des murs de la ville ne présentent plus qu'un nombre très limité d'espaces disponibles, les besoins de la communauté urbaine en nouveaux lieux de sépulture augmentent considérablement. Dans les mausolées où cela était encore possible, on constate qu'une inhumation occupe la place qui correspondait auparavant à plusieurs urnes à incinération.

C'est alors qu'apparaissent les premières utilisations du sous-sol, sous les formes les plus variées et, au départ, de dimensions limitées. On connaît par exemple plusieurs cas de chambres funéraires (de un à trois étages superposés) creusées au-dessous de mausolées construits en élévation, occupant la même surface que ceux-ci. De petits escaliers d'accès, creusés à l'intérieur de leur rez-de-chaussée le long de l'une des parois, mènent au sous-sol. Durant cette période initiale, les hypogées devaient respecter les limites des propriétés que l'on possédait en surface.

À ce besoin nouveau d'espace, dû à la pratique de l'inhumation, s'ajoute au IIe siècle le surpeuplement des nécropoles en activité depuis les débuts de l'époque républicaine. La solution « souterraine » est alors dictée par la nécessité de ne pas trop s'éloigner de la ville. On constate aussi qu'à Rome, à cette époque, les propriétés suburbaines (*villae*) et les zones cultivées qui en dépendent, traditionnellement situées à une journée de marche du centre urbain, investissent aussi les limites de la ville dans des zones jusque-là occupées par des nécropoles.

Au cours du IIIe siècle, ces formes nouvelles de sépultures souterraines, particulièrement peu coûteuses pour le groupe social économiquement faible que constitue la communauté chrétienne primitive, se développent jusqu'à permettre de parler dans certains cas (comme à Calixte, Domitille ou Priscille, par exemple) de catacombes cette fois-ci spécifiquement chrétiennes. On doit aussi signaler l'existence de catacombes juives, alors que rien ne permet de parler de nécropoles païennes de ce genre qui dépassent les quelques dizaines de sépultures.

Extension des catacombes et culte des martyrs

La reconnaissance officielle du christianisme de la part de Constantin et la conversion des masses qui s'ensuit constituent un tournant pour le développement des catacombes chrétiennes. Le culte des martyrs commence à cette époque. Comment marquer mieux sa vénération qu'en se faisant ensevelir le plus près possible de leurs reliques saintes? Cette pratique entraîne dans plusieurs cas l'extension démesurée des réseaux de galeries souterraines, sur deux, trois, quatre ou même cinq niveaux (ou étages) superposés, comme pour le cimetière de Saint-Calixte. Alors que les catacombes du IIIe siècle contenaient quelques dizaines à quelques centaines de sépultures, celles des IVe et Ve siècles en contiennent quelques milliers, voire des dizaines de milliers !

Les différents secteurs de ces réseaux de galeries se diversifient désormais en fonction des classes sociales. Les privilégiés, ou les membres du clergé, possèdent des tombes richement décorées, souvent aérées et éclairées par des lucernaires communiquant avec la surface. Leurs chambres funéraires (les *cubicula*) contiennent soit des tombes creusées au-dessous d'un arc (les *arcosolia*), soit des sarcophages. Parmi ces inhumations privilégiées, il faut aussi compter celles qui se trouvent à proximité immédiate des tombes des martyrs, même si elles sont parfois anonymes.

Les tombes les plus pauvres, et de loin les plus nombreuses, sont en général en marge de réseaux où se trouvent les tombes les plus riches ; on y rencontre presque uniquement des *loculi*, le type de tombe le plus modeste : une simple cavité rectangulaire, creusée longitudinalement sur les parois des galeries. Ces *loculi* sont parfois fermés par des dalles de marbre, inscrites ou non, et plus fréquemment par des tuiles ou des fragments de tuiles, fixés par des joints de chaux.

À la fin du IVe siècle, le pape Damase (366-384) organise un culte officiel des martyrs, matérialisé par des aménagements liturgiques au-dessus de leurs tombes et par la création de sanctuaires souterrains plus ou moins vastes. Il réserve aussi à chacun de ces martyrs des inscriptions, en général métriques, aux caractères raffinés, gravées, et signées pour certaines, par son calligraphe, *Furius Dyonisius Philocalus*.

Abandon des catacombes et transfert des reliques

C'est à la fin du Ve siècle que commence l'abandon progressif de l'usage des catacombes. On l'explique par la chute démographique liée à la perte d'importance de Rome au sein de l'Empire, mais aussi par l'apparition de nouvelles modes. Dès la fin du IVe siècle apparaissent à nouveau, au-dessus des catacombes, des mausolées aux formes les plus variées. Les sépultures se concentrent à l'intérieur et autour de grandes basiliques (souterraines ou construites à la surface) situées au-dessus ou en liaison directe avec les tombes des martyrs. C'est probablement aussi à cette époque que des tombes éparses sont pratiquées au sein de quartiers ou de monuments publics abandonnés, à l'intérieur des murs. Ce phénomène caractérise également certaines églises urbaines, avant de devenir l'une des nouvelles règles funéraires, dès le milieu du VIe siècle.

Les catacombes romaines ne sont désormais plus fréquentées que pour leurs sanctuaires souterrains, que les papes entretiendront jusqu'au début du IXe siècle. À cette époque, les reliques commencent à être transférées à l'intérieur de la ville, pour les soustraire aux pillages, mais surtout à un commerce florissant. Ces transferts seront achevés vers le milieu du IXe siècle.

La redécouverte des catacombes

Seuls quelques-uns de ces sanctuaires et quelques galeries des catacombes qui en dépendaient continuèrent à être connus pendant le Moyen Âge. La redécouverte des catacombes n'eut lieu, sur des bases de recherche scientifique, qu'à la fin du XIVe siècle, avec le premier archéologue « paléochrétien » de l'histoire, Antonio Bosio. Ses successeurs, aux XVIIe et XVIIIe siècles, furent surtout intéressés par l'« invention » de reliques. Ils ouvrirent systématiquement les tombes de simples défunts qu'ils baptisèrent martyrs, dispersant ainsi un patrimoine historique et archéologique d'une valeur immense. Ce n'est qu'avec Giovan Battista De Rossi, au XIXe siècle, que l'archéologie chrétienne devint une vraie science et que les catacombes furent sérieusement étudiées.

En 1852, fut fondée la Commission pontificale d'archéologie sacrée, chargée de la conservation des catacombes, puis, en 1925, l'Institut pontifical d'archéologie chrétienne, qui consacre à l'étude de ces cimetières chrétiens primitifs une bonne partie des énergies de ses professeurs et de ses étudiants.

Philippe Pergola

53

La catacombe de la via Latina : entre Bible et mythologie

Quoi qu'on en ait longtemps cru, les catacombes datent au plus tôt des premières décennies du IIIe siècle, marquées par une véritable installation des Églises, qui ont alors accédé à une réelle visibilité dont ces cimetières constituent précisément le premier témoignage : c'est dire combien est faux le cliché tenace qui fait d'eux le symbole d'une Église primitive cachée et persécutée. Et comme les chrétiens avaient désormais « pignon sur rue », ils pouvaient se singulariser jusque dans le décor qu'ils choisissaient pour entourer la mort. Ainsi sont apparues les premières ébauches d'un art ou, mieux, d'un artisanat chrétien.

Une production artisanale stéréotypée reflète bien la mentalité commune d'une époque ; et, de fait, les peintres ont indéfiniment reproduit ce qu'André Grabar a justement défini comme des « images-signes ». Ces images, pourtant, n'occupent qu'une place réduite au sein des chambres funéraires où l'essentiel tient en un décor riant et fleuri, en général assez simple — sauf lorsque l'on imite dans le sous-sol les riches mausolées des cimetières de surface. Décor obligé de la mort pour les Anciens, il se retrouve également dans les tombes païennes et les catacombes juives ou chrétiennes.

La meilleure illustration de ce phénomène est fournie par le cimetière de la via Latina, du milieu du IVe siècle. Il a en effet accueilli des chrétiens et des païens, en des chambres distinctes que rien ne différencie, hormis certains panneaux figurés qui seuls permettent de deviner la religion de leurs destinataires. Pour les chrétiens, ils sont consacrés aux grandes figures de l'Ancienne Alliance et à la représentation du Christ guérisseur et sauveur. Pour les païens, ce sont des cycles mythologiques, tel celui d'Hercule, qui avait purgé la terre de ses monstres et franchi les portes des Enfers pour ramener Alceste à son mari. Cependant, le retour régulier de ces images, toujours au même endroit, exprime bien qu'elles livrent un identique message de salut : pour le mort placé sous leur protection, c'est la promesse d'un au-delà bienheureux.

Les adeptes de la nouvelle foi et les tenants de la religion traditionnelle pouvaient également se reconnaître dans d'autres images, moins connotées. Ainsi pour ces scènes de la vie culturelle qu'affectionnaient les riches commanditaires du cimetière : culture sacrée ou culture profane ? Comment savoir, et d'ailleurs, la question a-t-elle un sens ? Pour reprendre une formule liturgique du temps, en parfaite harmonie — comme il se doit — avec le décor qui entourait alors la mort, l'une et l'autre culture introduisait également à ce « lieu de rafraîchissement, de lumière et de paix » qui était promis aux défunts.

Jean Guyon

54
Les persécutions : le tribut de l'Église de Rome

L'Église de Rome n'a pas été épargnée par les persécutions dont les chrétiens furent périodiquement les victimes dans l'Empire romain jusqu'au règne de Constantin. Si de pieuses légendes, très tôt forgées et popularisées jusqu'à nos jours par le roman ou le cinéma, ont multiplié à l'excès le nombre des martyrs, il n'en reste pas moins que la communauté romaine — une des plus anciennes de l'Empire et la première attestée en Occident — a payé un tribut particulièrement lourd aux persécuteurs païens.

Revêtant un caractère purement local, les poursuites engagées jusqu'à la fin du IIe siècle contre les fidèles visent à Rome une Église qui ne peut pourtant guère inquiéter le pouvoir par ses effectifs ou par sa puissance : la communauté romaine, bien qu'elle ne cesse de croître, demeure, durant cette période, relativement peu nombreuse, comparée à celles de l'Orient ; d'autre part, l'Église de Rome, fondée par Pierre, puis dirigée par les successeurs de l'Apôtre, bénéficie certes d'un prestige spirituel incontesté auprès des autres Églises qui désirent être en communion avec elle ; mais son évêque n'exerce aucune autorité dogmatique ou disciplinaire sur les autres communautés, isolées au sein d'un monde encore très majoritairement païen.

En fait, les chrétiens qui « pérégrinent » dans la Ville éternelle attirent, par suite de cette implantation, l'attention des autorités païennes, évidemment soucieuses de maintenir l'ordre politique et moral dans la capitale, résidence de l'empereur en même temps que haut lieu du paganisme. Or en cette période où aucun édit général ne proscrit explicitement le christianisme — quoique celui-ci n'appartienne évidemment pas à la catégorie des religions licites —, les fidèles sont dénoncés aux autorités et arrêtés comme auteurs de crimes que leur attribue la rumeur populaire, ou à la suite de troubles dont, bien que victimes, ils sont considérés comme responsables. Sommés devant le tribunal de sacrifier aux dieux de l'Empire, ils n'ont le choix qu'entre le martyre et l'apostasie.

Les témoignages dont nous disposons illustrent ce processus. Sous le règne de Claude (41-54), durant lequel leur présence à Rome est attestée pour la première fois, des chrétiens, considérés comme des agitateurs indésirables, sont enveloppés dans une mesure d'exception visant les Juifs, dont nul alors dans l'opinion païenne ne les distingue encore ; mais certains d'entre eux échappent à cet ordre impérial, puisqu'ils peuvent accueillir l'apôtre Paul en 57/58, lors de sa première venue dans la Ville.

À la suite de l'incendie de Rome, la persécution par Néron

C'est en 64 que se déclenche à Rome la première persécution à l'instigation de Néron : celui-ci accuse les chrétiens de l'incendie de la Ville, probablement pour mettre un terme au bruit selon lequel il avait lui-même stipendié des incendiaires pour favoriser ses projets d'urbanisme. Par son ampleur et par le raffinement de cruauté avec lequel le martyre des fidèles fut organisé en grand spectacle, cette persécution horrifia les païens eux-mêmes, tel l'historien Tacite qui nous la relate. Parmi les nombreuses victimes — sinon en 64, du moins dans les années suivantes où se prolongent les poursuites — se trouvaient l'apôtre Pierre, depuis peu arrivé dans la Ville où il avait pris la tête de la communauté, puis l'apôtre Paul, revenu à Rome pour y trouver la mort.

Domitien frappe sa propre famille

Après un temps d'apaisement, la persécution se réveilla sous le règne de Domitien (81-96), considéré par l'historiographie chrétienne comme le second empereur persécuteur : plusieurs hauts personnages de la famille impériale ou de la cour, accusés officiellement d'athéisme, parce qu'ils reniaient par leur conversion les dieux de leurs ancêtres, furent exécutés, de même probablement que l'évêque Clément.

À l'époque des Antonins, bien que ces princes se soient explicitement refusés à poursuivre d'office les chrétiens, ces derniers continuèrent de connaître une situation précaire, toujours à la merci des dénonciateurs. Alors qu'Hadrien (117-138) gouvernait l'Empire, le septième évêque de Rome, Telesphore, subit un « glorieux martyre ». Sous le règne d'Antonin le Pieux (138-161), Hermas, dans son ouvrage connu sous le nom du *Pasteur*, et Justin, dans son *Apologie*, signalent les supplices endurés dans la capitale par des fidèles, sans cacher que d'autres, par faiblesse, renièrent le Christ. Justin lui-même fut arrêté et condamné du temps où régnait l'empereur philosophe Marc Aurèle (162-180). Alors que Commode (180-192) avait succédé à ce dernier, Calliste (ou

Calixte), futur évêque de Rome, fut relégué aux mines de Sardaigne avant de bénéficier d'une remise de peine, tandis que son contemporain, moins heureux, le philosophe chrétien Apollonios, déféré devant le Sénat, fut condamné à avoir la tête tranchée.

Au IIIe siècle, union sacrée autour de l'empereur

Avec le IIIe siècle, s'ouvre pour l'Église de Rome, comme pour l'ensemble de la chrétienté, une période nouvelle. Les menaces que les Barbares font peser sur toutes les frontières de l'Empire imposent à celui-ci la mobilisation de toutes ses forces, et Rome, dont la situation est trop excentrique, est déjà souvent délaissée comme résidence par les empereurs qui s'installent dans d'autres capitales plus proches des théâtres d'opération. L'ampleur des périls requiert également, aux yeux des autorités, une union sacrée dans le culte des divinités protectrices de l'Empire, et donc l'élimination de toutes les formes de dissidence religieuse : dès lors, des édits de portée générale ordonnent de poursuivre partout systématiquement les chrétiens. Dans ces conditions, la communauté romaine se trouve, chaque fois que la crise s'aggrave, exposée, au même titre que les autres, à la fureur des persécutions ; mais en dépit de l'éloignement du pouvoir impérial, elle demeure plus particulièrement visée par ces mesures de répression à cause de son importance nouvelle et de son rôle croissant : en effet, à la faveur des périodes d'accalmie, les conversions multiplient, dans tous les milieux de la société romaine, le nombre des fidèles du Christ ; d'autre part, l'Église de Rome, en la personne de son évêque, voit son prestige grandir auprès de toutes les autres Églises, au point que les autorités païennes elles-mêmes en prennent parfois conscience.

Les « chefs d'Églises » déportés ou martyrisés

Si l'interdiction par Septime Sévère (193-211) du prosélytisme juif et chrétien ne semble guère avoir eu d'effet à Rome, il n'en va pas de même de l'édit par lequel Maximin le Thrace (235-238) ordonna de poursuivre les « chefs d'Églises » : en vertu de cette décision, l'évêque de Rome Pontien (230-235) et l'illustre docteur Hippolyte furent envoyés aux mines de Sardaigne où les mauvais traitements provoquèrent bientôt leur mort. Durant son absence, Pontien avait été remplacé sur le siège romain par Anteros qui mourut avant lui, peut-être martyr lui-même.

Après une période d'apaisement sous le règne de Philippe l'Arabe (244-249) qui permit à Fabien, successeur d'Anteros, de ramener de Sardaigne le corps de saint Pontien, Dèce, porté au pouvoir en 249, dans une situation militaire catastrophique, entama une politique de répression systématique contre tous les dissidents : un édit obligea tous les habitants de l'Empire à faire, par un sacrifice, un acte d'adhésion au culte païen. En tête de ceux qui s'y refusèrent au prix de leur vie vient à Rome l'évêque Fabien, martyrisé le 20 janvier 250 avec plusieurs membres de son clergé et des laïcs de haut rang ; cependant, les apostasies furent nombreuses parmi les néophytes mal aguerris.

Trébonien Galle ralluma la persécution pour calmer l'opinion populaire qui rendait les chrétiens responsables de la terrible épidémie de peste ravageant alors l'Empire : en 253, l'évêque Corneille fut banni de Rome et mourut en exil ; son successeur,

Lucius, fut lui aussi éloigné de la Ville, mais put y être rappelé après la mort de l'empereur.

Ni laxisme ni sévérité extrême pour les renégats

Les souffrances héroïquement endurées renforçaient l'autorité morale du siège romain : lorsque se posa le problème de la réconciliation des fidèles ayant faibli durant la persécution (les *lapsi*), Corneille, unissant ses efforts à ceux de Cyprien de Carthage pour écarter le laxisme excessif aussi bien que la sévérité extrême, fit triompher une voie moyenne : les *lapsi* repentants pourraient être réconciliés après une pénitence mesurée à l'étendue de leur faute.

Après quelques années d'accalmie, l'empereur Valérien (253-259), dans une situation à nouveau extrêmement critique, en 257, interdit le culte chrétien, ordonna la mise à mort des clercs et des fidèles qui refusaient d'apostasier et la confiscation de leurs biens. La communauté romaine, dont les richesses réelles ou supposées tentaient le fisc impérial appauvri, fut l'une des plus éprouvées : en août 258, périrent, entre autres, le pape Sixte II et ses diacres, au nombre desquels Laurent, que sa Passion présente brûlé à petit feu sur un gril, pour avoir refusé de livrer les trésors de l'Église.

L'édit de Gallien instaure la « petite paix de l'Église »

La disparition de Valérien, fait prisonnier par les Perses en 259, amena, dans une situation dramatique, son fils et successeur Gallien (253-268) à changer de politique : il proclama par un édit — la première déclaration officielle en ce domaine — la tolérance à l'égard des chrétiens auxquels étaient restitués leurs lieux de culte et leurs cimetières : la mesure impliquait une reconnaissance de la propriété ecclésiastique mais ne faisait pas du christianisme une religion licite. La trêve ainsi accordée devait durer quarante ans, à peine rompue par quelques actes d'hostilité isolés. À sa faveur, le pouvoir impérial fut même conduit à reconnaître l'autorité spirituelle de l'évêque de Rome : saisi du conflit opposant en Orient deux évêques rivaux pour la possession de l'église épiscopale, l'empereur Aurélien, en 272, ordonna que celle-ci fût remise à celui des deux compétiteurs qui était en communion avec le siège de Rome. Cette « petite paix de l'Église » favorisa aussi un nouvel essor du mouvement des conversions à Rome.

La persécution sous Dioclétien

La mise en place par Dioclétien du système tétrarchique grâce auquel, depuis 293, deux Auguste et deux César se partageaient les tâches du gouvernement et de la défense de l'Empire, permit la restauration de ce dernier, mais déchaîna pour l'Église une grande tribulation. Le nouveau régime, d'essence totalitaire, qui fondait sa légitimité sur une théologie politique en rattachant les souverains à la race de Jupiter et d'Hercule, ne pouvait tolérer longtemps le christianisme, d'autant que se manifestèrent quelques actes d'insubordination parmi les soldats chrétiens. En 303 et 304, des édits ordonnèrent successivement la destruction des églises et des livres saints (ainsi disparut la bibliothèque de l'Église de Rome), l'emprisonnement des clercs puis celui des fidèles, et enfin la peine de mort pour tous les chrétiens refusant de sacrifier.

La persécution fit nombre d'apostats, notamment parmi les nouveaux convertis, mais aussi des milliers de victimes. Rome fut soumise à la cruelle répression que l'Auguste Maximien faisait régner dans les territoires relevant de son autorité ; selon les Passions qui ont conservé le nom des martyrs, c'est alors que furent mis à mort les saints Marc et Marcellin, ainsi que sainte Agnès, et peut-être également le pape Marcellin.

L'Église de Rome sort renforcée de ses épreuves

L'abdication de Maximien en 305 amena pour la Ville l'arrêt des persécutions, qui fut officiellement sanctionné en 311 par l'édit de tolérance de Galère, déclarant le christianisme religion licite. Rome qui, depuis 306, bénéficiait de la politique d'apaisement adoptée par l'usurpateur Maxence, trouva en Constantin, après sa victoire du pont Milvius (28 octobre 312), un prince tolérant et très favorablement disposé à l'égard du christianisme : l'Église romaine bénéficia amplement de ses faveurs et de ses largesses et le pape Miltiade fut chargé par l'empereur, en 313, d'arbitrer le conflit opposant, en Afrique, les catholiques et les rigoristes donatistes sur la question des *traditores*.

Si l'on excepte le bref intermède durant lequel Julien l'Apostat pratiqua une politique hostile à l'Église, le temps des persécutions était bien terminé. L'Église romaine sortait de l'épreuve auréolée du prestige de ses martyrs et de ses confesseurs ; près d'une dizaine de ses évêques avaient, par leur sacrifice, témoigné pour la foi qu'ils tenaient, dans une tradition ininterrompue, du fondateur, l'apôtre Pierre, contribuant ainsi à renforcer l'autorité de ce qui était désormais la papauté.

Luce Pietri

2

LE CHRISTIANISME
À ROME
ET DANS L'EMPIRE

55
Vers l'Empire chrétien

Le christianisme n'est officiellement toléré dans l'Empire romain qu'à partir du IVe siècle, soit trois cents ans après la mort de Jésus. Que sait-on de son développement dans la période qui précède ? Les documents que nous possédons ne permettent pas d'établir des statistiques, mais on peut dire qu'à la fin du IIIe siècle le christianisme est très inégalement implanté selon les régions. L'Orient (Asie Mineure, Égypte) est déjà largement christianisé, mais l'Occident l'est beaucoup moins. Le développement du christianisme s'accélère en fait à la suite d'une décision politique, l'édit de tolérance de Galère, en 311. Deux années plus tard, Constantin accorde aux chrétiens une pleine et entière liberté de culte, et leur restitue leurs biens confisqués.

Quel était le degré d'adhésion de Constantin au christianisme ? Il est impossible de pénétrer dans le secret des consciences. Il a été baptisé à la fin de sa vie, comme c'était alors l'habitude. En revanche, il est sûr qu'il a pratiqué une politique de faveur à l'égard des chrétiens et qu'il a commencé à s'en prendre à certaines pratiques du culte païen.

Cette tendance s'accentue tout au long du IVe siècle, si l'on excepte la brève parenthèse de Julien l'Apostat (361-363). Il faut toutefois attendre la fin du siècle pour que Théodose interdise, en 392, la célébration du culte païen. Celui-ci n'a pas disparu d'un coup. L'interdiction est sans cesse renouvelée au Ve siècle. Des décrets ordonnent de détruire des temples ; mais certains restent debout. En Asie Mineure, les rites païens continuent d'être pratiqués dans certaines villes. En Orient, à Byzance, c'est Justinien qui met l'ultime coup d'arrêt, en supprimant en 529 la liberté de conscience et en ordonnant que les païens se fassent baptiser. Les résistances, ici et là, sont très vives, et l'empereur doit envoyer dans certaines régions des missions de conversion, voire user de répression. La seule dissidence autorisée est alors le judaïsme ; et encore les Juifs sont-ils assez étroitement contrôlés. Il leur est conseillé de lire la Bible plutôt dans la traduction grecque des Septante. En 535, lorsque Justinien reconquiert l'Afrique du Nord contre les Vandales, il donne les synagogues aux chrétiens.

Avant qu'il ne devienne la religion officielle de l'Empire, les facteurs d'attrait du christianisme étaient nombreux. D'abord, l'attrait pour les religions orientales, dont bénéficie le christianisme lui-même, né en Orient. D'autres religions orientales ont d'ailleurs profité de son implantation. Le christianisme répond ensuite à un certain nombre de désirs des hommes de l'époque : le désir d'un Dieu personnel, d'un Dieu qui s'intéresse à l'homme ; le désir d'immortalité, également. Le prosélytisme est indéniable, mais les persécutions montrent que le groupe chrétien est souvent mal reçu, mal assimilé, que ses comportements sont jugés sectaires. La Grande Persécution de Dioclétien (303) n'est pas seulement une décision impériale. Elle reçoit aussi l'appui d'un certain nombre de philosophes, comme Porphyre (qui avait écrit contre les chrétiens). En outre, au moment des persécutions, les abandons de la foi chrétienne sont sans doute beaucoup plus nombreux que les martyres. L'expression selon laquelle « le sang des martyrs est la semence des chrétiens » est, pour une part, une formule apologétique. Le succès du christianisme tient enfin beaucoup à son organisation, à la « Grande Église ». La structure pyramidale de sa hiérarchie apparaît au IIIe siècle. L'Église s'insère dans le tissu social et prend en charge des activités caritatives, des hospices. À la même époque, les hérésies gnostiques sont beaucoup moins organisées, ce qui explique en partie leur échec.

En fait, l'Église a installé un pouvoir. Peter Brown a résumé cette évolution dans le titre d'un de ses livres, *Pouvoir et persuasion dans l'Antiquité tardive*. Le prédicateur a été peu à peu accompagné de la force publique. Toutefois, la substitution progressive de la culture chrétienne à la culture antique, la *paideia*, ne s'est pas faite sans opposition, en particulier de la part de l'aristocratie, qui a défendu longtemps la supériorité de la culture païenne, y compris en tentant d'interdire aux chrétiens d'exercer le métier d'enseignant. Il n'était pas question pour elle d'abandonner la religion de Platon pour celle du vulgaire. L'un des Pères de l'Église, Grégoire de Naziance, qui se considérait lui-même comme très cultivé (qui l'était, du reste), a eu des mots très durs contre Julien l'Apostat, qui avait voulu par son interdiction refuser aux chrétiens tout droit sur la culture. En Occident, ce n'est qu'après l'affaiblissement des modèles classiques, à partir du Ve siècle, que les évêques ont pris le relais et imposé une culture christianisée.

Le culte chrétien a-t-il été un élément d'attraction, pour les païens, vers la nouvelle religion ? On ne saurait le dire, puisque les païens n'avaient pas le droit de participer aux cérémonies chrétiennes. Il fallait être au moins catéchumène pour pouvoir y assister.

Néanmoins, une certaine séduction esthétique a pu jouer. Augustin évoque la beauté des chants. Le culte des martyrs semble aussi avoir été une grande force. Les fêtes célébrées auprès de leurs tombeaux permettent l'expression d'un enthousiasme populaire qui a parfois tendance à déborder, comme le montrent les prédications de Jean Chrysostome à Antioche.

Dans la progression du christianisme, il n'est pas sûr qu'il ait exigé une grande différence entre le milieu urbain et le milieu rural. Le niveau d'urbanisation était très inégal selon les régions. Les deux plus fortes résistances ont été celle de l'aristocratie, déjà évoquée, au nom de l'héritage culturel dont faisait partie le paganisme ; et celle des paysans, attachés à la religion naturelle. Le rôle moteur a de toute façon été joué par le pouvoir politique. En Occident, les royaumes qui succèdent à l'Empire, au Ve siècle, sont chrétiens. L'Église est une institution qui tient le coup. Le rôle des évêques est très important. Ils sont choisis en fonction de leur culture, de leur surface sociale — sur ce plan, la nomination de saint Martin, un moine sale et mal peigné, a fait quelques difficultés ! Un glissement s'opère entre l'ancienne aristocratie sénatoriale et une nouvelle aristocratie, au sein de laquelle les évêques tiennent une place importante. Cette évolution a été bien mise en évidence par les travaux de Peter Brown ou Karl Ferdinand Werner.

Un autre historien, Ramsay MacMullen, met l'accent sur le recours à la contrainte dans le processus de christianisation. La contrainte a été réelle, même si, dans cet immense Empire, la transmission des ordres prenait du temps et que certains fonctionnaires ne les appliquaient pas. À Gaza, un temple est encore debout à la fin du IVe siècle, tout simplement parce que le gouverneur romain ne veut pas le détruire. Les chrétiens eux-mêmes se sont posé la question de la contrainte. Doit-on obliger les gens à la conversion ? Augustin se le demande à propos des donatistes. On passe d'une attitude qui admet le dialogue, la liberté de choix, à la contrainte ; mais aussi parce que l'on craint que tous ces gens se perdent.

À partir de là, il n'est pas facile d'évaluer le degré d'adhésion à la foi nouvelle. Augustin se félicitait de voir beaucoup de nouveaux fidèles entrer dans l'Église, mais se demandait de quels chrétiens il s'agissait, faisant ainsi la part d'un certain conformisme.

À l'arrivée, il semble bien qu'au VIe siècle, la grande majorité de la population des anciennes provinces occidentales de l'Empire soit baptisée. Mais qu'entend-on par christianisation ? À quel niveau se situe-t-on ? Des survivances païennes n'ont jamais vraiment disparu. Ramsay MacMullen insiste sur la persistance de la superstition. Il a raison, mais à condition de bien différencier croyances et pratiques. Nous possédons peu de renseignements sur la pastorale, sur le contenu de la foi. Sans doute les chrétiens de l'époque recevaient-ils quelques idées sur l'histoire du salut et quelques conseils pour bien se conduire. Le risque de confusion avec les rites païens était dès lors très grand. Bon nombre des habitudes conservées étaient innocentes, même si les évêques luttaient contre elles. Parmi les fautes énumérées dans les Canons disciplinaires figuraient bien sûr celles touchant aux mœurs, mais aussi le recours aux voyants ou aux sorciers. D'autre part, certaines pratiques ont fait l'objet d'habiles récupérations, comme l'incubation, qui consistait à aller coucher près de la tombe des martyrs. Les fêtes chrétiennes se sont substituées aux fêtes païennes.

La christianisation a été un phénomène de longue durée, beaucoup plus progressif qu'on ne l'a cru parfois. La contrainte a été importante ; le rôle du pouvoir politique et des évêques déterminant. C'est à partir du moment où le pouvoir impose le christianisme que celui-ci s'impose. Et ce pouvoir favorise « un » christianisme : l'orthodoxie qui a l'appui de l'empereur.

La question qui se pose ensuite est de savoir comment on vit la vie chrétienne. Là, l'historien a beaucoup moins de certitudes.

Pierre Maraval

56
Une jeune Église en débats
1. La recherche d'une sagesse

Cœur de la vie culturelle du Bassin méditerranéen, Rome draine tous les mouvements spirituels qui se développent au début de l'ère et prétendent répondre aux questions essentielles de leurs contemporains sur le salut et la destinée. Très largement tolérant, le polythéisme romain montre peu de résistance aux cultes étranges venus d'Orient. Le christianisme n'est d'abord qu'une de ces religions orientales, qui, avec les brassages de populations et de cultures provoqués par les conquêtes, se diffusent dans tout l'Empire. Pourtant, il présente une originalité foncière que les penseurs chrétiens, ouvrant eux-mêmes des écoles de philosophie, vont s'employer à dégager.

Les religions à mystères, cultes initiatiques impliquant une ascèse, des purifications, des règles de vie, proposant un salut, répondent beaucoup mieux que la froide religion civique traditionnelle aux grandes questions existentielles.

Le culte de Cybèle, Grande Mère des dieux

La plus ancienne des religions à mystères est celle de la Grande Mère des dieux, Cybèle, introduite dans le panthéon romain dès la deuxième guerre punique, et romanisée; associée à la légende troyenne, elle célèbre à l'envi les origines phrygiennes de Rome. L'empereur Claude (41-54) introduit officiellement à Rome les fêtes printanières des *Hilaria* et l'empereur Antonin associe étroitement le couple de Cybèle et d'Attis à la rénovation assurée par la célébration des *Vicennalia* qui doivent procurer au Prince et à Rome une nouvelle période de prospérité.

Le peuple romain peut participer ainsi aux processions bruyantes et démonstratives qui parcourent les rues de la ville. Après des journées de deuil qui célèbrent la mort et les funérailles d'Attis, les *Hilaria* fêtent le 25 mars la résurrection du jeune dieu et le cycle des fêtes se clôture le 27 mars par une procession solennelle qui conduit la statue de Cybèle sur les bords de l'Almo, un ruisseau proche de Rome, où elle est baignée, puis la raccompagne dans son temple du Palatin.

Un culte venu d'Égypte: les mystères d'Isis

Les beaux appels à la pureté de la religion d'Isis, venue d'Égypte et plusieurs fois réprimée par les autorités romaines, attirent aussi de nombreux fidèles. Le temple d'*Isis Campensis*, construit sur le Champ de Mars, est devenu l'un des plus magnifiques de Rome. L'écrivain Apulée (vers 125-175) décrit en détail la grande fête du *Navigium Idisis* qui, le 5 mars, inaugure la reprise de la navigation en Méditerranée. Initié aux mystères d'Isis, Apulée nous fait connaître, dans son roman *Les Métamorphoses*, la préparation rigoureuse et ascétique, les rituels de purification et la vêture des douze robes de consécration, qui conduisent le fidèle à s'identifier au dieu

Osiris, compagnon de la déesse, et à mourir comme lui, pour renaître à une vie nouvelle :

« C'est qu'en effet les clés de l'enfer et la garantie du salut sont aux mains de la déesse. L'acte même de l'initiation figure une mort volontaire et un salut obtenu par grâce. Les mortels qui, parvenus au terme de l'existence, foulent le seuil où finit la lumière et à la condition que l'on puisse leur confier sans crainte les augustes secrets de la religion, la puissance de la déesse les attire à elle, les fait renaître en quelque sorte par l'effet de sa providence et leur ouvre, en leur rendant la vie, une carrière nouvelle » (*Métamorphoses* XI, 19).

Le culte de Mithra : une discipline militaire

Le mithraïcisme, d'origine iranienne, par sa discipline rigoureuse, ses redoutables épreuves initiatiques et ses hautes exigences morales, connaît un très grand succès dans les milieux militaires. Le grand sanctuaire, situé près de Santa Prisca, mais surtout le *Mithreum* que l'on peut encore visiter sous l'actuelle basilique Saint-Clément conservent la trace de ces communautés des disciples de Mithra qui rassemblaient de petits groupes de fidèles, soudés par des liens de fraternité, autour de repas liturgiques.

Le succès des écoles philosophiques

Les courants philosophiques, parfois réprimés par les autorités romaines, sont aussi les témoins de cette osmose entre l'hellénisme et les courants venus d'Orient ; ils continuent à se développer, en élaborant des arts de vivre, des styles de vie engageant toute l'existence et parfois de véritables doctrines mystiques.

Le stoïcisme — avec Sénèque, Épictète, puis l'empereur Marc Aurèle — développe une connaissance lucide et pessimiste des vices et des maladies de l'âme et élabore de véritables traités de direction spirituelle. Face à l'humanisme stoïcien, le pythagorisme, qui semble connaître un renouveau sous l'empereur Claude, apparaît beaucoup plus métaphysique. Il associe à une morale pratique et ascétique une conception précise de la destinée de l'âme après la mort et une arithmologie métaphysique comme méthode d'accès à la réalité non sensible. La basilique de la Porte Majeure fut peut-être un lieu de culte néopythagoricien.

Mais ce sont surtout les œuvres de Platon qui suscitent un regain d'intérêt. À la fois théologien, prêtre et philosophe, Plutarque (vers 46-vers 125), qui fait de longs séjours à Rome, enrichit l'héritage grec et romain de tous les apports du culte d'Isis. En reprenant les grands mythes de la destinée, il décrit une âme créée avant le corps et qui doit se séparer du corps et de l'intelligence qu'elle laisse dans le monde sublunaire pour monter à travers les sphères célestes et regagner sa vraie place.

L'identité chrétienne en travail

Parmi l'infinie variété de ces groupes religieux ou de ces courants philosophiques plus ou moins spirituels, les groupes juifs et chrétiens affichent une originalité foncière : ils professent un refus du polythéisme et un monothéisme biblique strict qui n'a pas d'équivalent dans la tradition païenne, et affirment l'alliance du Dieu de la Bible avec les hommes dans l'histoire. Si la *Lettre* de Clément de Rome et le

Pasteur d'Hermas témoignent encore d'un fort judéo-christianisme, les documents que nous connaissons sur la jeune Église au IIe siècle nous font entrer dans des débats graves où sont en jeu à la fois son identité, sa spécificité et sa capacité à répondre aux questions que lui adresse la société de son temps. Rome apparaît alors un extraordinaire creuset d'acculturation et, pour le christianisme naissant, un formidable foyer d'inculturation.

La seule philosophie sûre et profitable

Justin, l'un des acteurs de ce travail, en est pour nous le témoin privilégié. En acceptant de se confronter au monde intellectuel de son temps, il élargit l'horizon de sa communauté, renouvelle l'expression de sa foi et élabore une théologie qui commence à utiliser l'instrument conceptuel de la philosophie.

Né à Naplouse, en Samarie, au début du IIe siècle, dans une famille grecque et païenne, Justin raconte sa recherche tenace de la vérité. Après s'être mis successivement à l'école d'un stoïcien, d'un péripatéticien qui s'empresse de lui vendre sa philosophie à prix d'argent, puis d'un pythagoricien qui l'épouvante par la somme des sciences à connaître pour gagner le bonheur, seul le retient le platonicien. Et c'est en pleine ascèse platonicienne qu'il rencontre un vieillard qui lui fait découvrir les écrits des Prophètes :

« Mais un feu subitement s'alluma dans mon âme ; je fus pris d'amour pour les Prophètes et pour ces hommes amis du Christ. Je repassai en moi-même toutes ces paroles, je reconnus que c'était la seule philosophie sûre et profitable. Voilà comment et pourquoi je suis philosophe. Je voudrais que chacun ait les mêmes sentiments que moi, et ne s'écarte pas de la doctrine du Sauveur. Elle possède, en effet, une majesté redoutable qui la rend propre à effrayer ceux qui se détournent du droit chemin ; elle procure par contre le plus doux repos à ceux qui s'y attachent. Si tu as quelque souci de toi-même, si tu tiens à être sauvé, et si tu as confiance en Dieu, comme tu n'es pas étranger à ces choses, tu peux connaître le Christ de Dieu, devenir parfait et être heureux » (*Dialogue avec Tryphon* 8).

Et Justin devint tout simplement un philosophe chrétien, un ami de la Sagesse qu'il identifie à la personne du Christ ; il met dès lors tous ses talents au service d'un zèle missionnaire qui le pousse à annoncer le chemin de la vie heureuse. Comme beaucoup de prédicateurs et de théologiens de cette époque, il s'installe à Rome et ouvre une école de philosophie chrétienne. Il habite « au-dessus d'un certain Martin, près du bain de Timothée ». C'est là qu'il enseigne ses disciples, portant la barbe et le manteau des philosophes.

Dans le christianisme comme dans le judaïsme, le rôle reconnu à l'importance des lectures bibliques, aux « Livres », c'est-à-dire aux Écritures juives que les chrétiens lisent à la lumière de l'événement Jésus-Christ et qui, jusqu'au milieu du IIe siècle, sont leurs seuls livres saints, met en relief une dimension intellectuelle, qui pouvait rester très modeste mais aussi soutenir une véritable élaboration théologique. Et cela d'autant plus facilement que la langue liturgique de cette communauté demeure le grec, la langue de toutes ces populations venues d'Orient, mais aussi la langue des philosophes.

Aux prises à une société qui soupçonne et persécute les chrétiens, Justin accepte le débat, dispute avec les autres philosophes, n'hésite pas à accuser nommément des contradicteurs, qui prétendent pouvoir juger le christianisme sans rien en connaître, et propose aux empereurs d'organiser un débat public entre le philosophe cynique Crescens et lui pour faire reconnaître la vérité.

Tatien met son âme à l'école de Dieu

Tatien, originaire d'Assyrie, était comme son maître Justin un chercheur de vérité. Il se convertit sans doute à Rome vers les années 150, avant de suivre l'enseignement de Justin :

« Rentrant en moi-même je me demandais comment je pourrais découvrir la vérité. Pendant que je méditais, cherchant le bien, il m'arriva de rencontrer des écrits barbares, plus anciens que les doctrines des Grecs, d'inspiration trop manifestement divine pour être comparés à leurs erreurs ; et il m'arriva de croire en eux [...]. Mon âme se mit ainsi à l'école de Dieu. Je compris que vos doctrines mènent à la damnation, tandis que les autres délivrent de la servitude en ce monde, nous sauvent de nombreux maîtres et d'innombrables tyrans, nous donnent non pas ce que nous n'avions pas reçu, mais ce que nous avions été empêchés par l'erreur de conserver » (*Discours aux Grecs* 29).

Car la philosophie chrétienne n'est pas une philosophie parmi d'autres philosophies ; elle est la vraie philosophie ; et Tatien, comme Justin, polémique avec ceux qu'il considère comme de faux ascètes vendant le salut à prix d'argent dans les chaires professorales de l'État :

« Vos philosophes sont si loin de se soumettre à cette discipline qu'il en est qui reçoivent de l'Empereur six cents pièces d'or par an sans utilité ; pour ne pas même laisser pousser leur barbe gratuitement. Crescens par exemple, qui avait fait son nid dans la grande ville, surpassait tous les autres par sa pédérastie et était très adonné à l'avarice.

Lui donc, qui conseillait le mépris de la mort, craignait tellement la mort lui-même qu'il fit son possible pour nous y précipiter, Justin et moi, comme si elle était un mal, parce que Justin, qui prêchait la vérité, savait convaincre les philosophes de mauvaises mœurs et de tromperies» (*Discours aux Grecs* 19).

Et nous savons que Justin est effectivement conduit au martyre avec quelques-uns de ses compagnons vers les années 165. Les Actes du martyre, proches des minutes du procès, nous conservent le dialogue de Justin avec le préfet de la ville Iunius Rusticus, sans doute de tendance stoïcienne, et les confessions de foi des martyrs.

Après la mort de son maître, Tatien ouvre sa propre école. Il se présente comme un «philosophe barbare» riche de cette sagesse que les Grecs méprisent et qui se trouve dans la tradition biblique:

«Ces choses, ô Grecs, je les ai composées pour vous, moi, Tatien, philosophe barbare. Je suis né au pays des Assyriens; j'ai été formé d'abord dans vos doctrines, et ensuite dans celles que j'entreprends maintenant de proclamer. Aussi, sachant désormais qui est Dieu et quelle est son œuvre, je me présente moi-même à vous, prêt à être examiné sur mes doctrines et attaché de façon immuable à ce mode de vie qui est selon Dieu» (*Discours aux Grecs* 42).

Tatien paraît avoir été partisan d'une ascèse radicale en opposant l'homme nouveau, le Christ vierge, continent et pauvre, et, à sa suite, l'homme continent, au vieil homme, l'Adam déjà condamné. Si Irénée de Lyon, puis toute la tradition occidentale, qui voulut voir en lui le fondateur de la secte des Encratites, juge très sévèrement son rejet du mariage, sa condamnation de l'usage de la viande et l'usage de l'eau pour célébrer l'eucharistie, il représente toutefois une tendance très ascétique qui traverse le christianisme à cette époque et face à laquelle l'Église devra se situer.

Francine Culdaut

57

Une jeune Église en débats
2. À la croisée des chemins

Dès le milieu du IIe siècle, et tout au long du IIIe, la foi chrétienne, les écoles gnostiques, le puissant courant néoplatonicien et les religions à mystères vont se disputer la conquête des âmes romaines. Leurs relations s'établissent sur un fond de rivalité et de conflit, mais parfois aussi d'échanges et d'osmose. La communauté chrétienne est à la croisée des chemins : entre judaïsme et hellénisme elle doit construire son identité au sein de la culture où elle s'implante. Pour ceux qui venaient du paganisme l'héritage du judaïsme n'allait pas de soi. De là, certaines hérésies et une clarification progressive de l'orthodoxie sur le statut des Écritures juives.

Ce n'est pas un hasard si Justin emploie le terme *hairesis* pour désigner les tendances à l'intérieur du christianisme en se référant explicitement aux « écoles » de la philosophie grecque. Le terme *hairesis* servait déjà dans le judaïsme hellénisé à désigner les divers courants juifs. À partir de Justin, il va désigner, en christianisme, l'hérésie, c'est-à-dire pour la ligne d'orthodoxie, l'erreur.

Les « hérésies » et le statut de la Loi mosaïque

Cerdon, peut-être originaire de Syrie, arrive à Rome vers 138-142 et enseigne que le Dieu annoncé par la Loi et les Prophètes n'est pas le Père de Jésus-Christ : « Il vint dans l'Église et y fit publiquement pénitence ; mais il n'en persévéra pas moins dans l'hérésie, tantôt enseignant en secret, tantôt faisant à nouveau pénitence, tantôt enfin convaincu d'enseigner l'erreur et retranché de la communauté des frères » (Irénée, *Adversus Haereses* III, 4, 3).

Valentin, venant d'Alexandrie, s'installe à Rome vers 140 et fonde une école où il enseigne ses doctrines. Sa pensée est difficile à reconstituer ; mais certains textes des manuscrits de Nag Hammadi se rattachent manifestement au système valentinien. Penseur spéculatif et mystique, Valentin eut beaucoup d'adeptes. Ce passage conservé dans les écrits de Clément d'Alexandrie permet de comprendre la force de son message :

« Il y a un seul être bon, et sa liberté de parole, c'est sa manifestation par le fils, et c'est par lui seul que le cœur peut être purifié, quand tout esprit mauvais est expulsé du cœur. Car beaucoup d'esprits, qui y habitent, ne permettent pas de le purifier, et chacun d'eux y accomplit ses propres œuvres, en le souillant souvent par des convoitises indécentes. Et il me semble que le cœur supporte quelque chose de semblable à ce qui se passe dans une auberge ; celle-ci, en effet, est percée de part en part et creusée, souvent remplie de fumier, les hommes s'y conduisant sans vergogne et sans aucun ménagement pour le local, comme leur étant étranger. C'est ainsi qu'est traité le cœur, tant qu'il ne rencontre pas une intervention providentielle : il est impur et l'habitation de beaucoup de démons ; mais quand le seul Père qui est bon l'a visité, il est sanctifié, il resplendit de lumière, et celui qui possède un tel cœur est béatifié parce qu'il verra Dieu» (*Stromates* II, 20, 114).

Ptolémée : une relecture de l'Ancien Testament

La lettre qu'adresse Ptolémée, un disciple de Valentin, à Flora, une auditrice qui l'interroge sur la question, brûlante à l'époque, du statut de la Loi mosaïque, nous fait connaître les méthodes d'enseignement et d'exégèse de ces théologiens et découvrir la gravité des questions qui se posaient au christianisme d'alors :

« Que la Loi promulguée par Moïse, ma bonne sœur Flora, n'ait pas été comprise jusqu'à maintenant par beaucoup de gens, parce qu'on n'avait pas acquis une connaissance précise ni du législateur véritable, ni de ses commandements, cela vous sera bien clair, je pense, quand vous aurez appris les opinions contradictoires qui ont cours sur elles» (3, 1).

Et Ptolémée présente ces positions contradictoires : celle des juifs et des chrétiens de la ligne d'orthodoxie qui attribuent la Torah à Dieu le Père, et celle qui l'attribue à l'Adversaire, le diable corrupteur.

Ptolémée, qui a reçu la Gnose, la connaissance, le principe épistémologique qui seul garantit une interprétation authentique, peut interpréter correctement la Loi mosaïque. C'est dire, contrairement à ce qui est souvent affirmé, que le gnosticisme reconnaît l'Écriture juive, mais au prix d'une attitude critique et d'une lecture christologique qui conduit à mettre au jour des strates d'origine et de valeur différentes dans l'Ancien Testament. L'exégèse de Ptolémée fait une référence constante aux Paroles du Sauveur constituant la gnose salvatrice ; elle permet de distinguer ce qui est, selon les thèses de Ptolémée, de Dieu et ce qui a une origine humaine et elle s'ancre dans la structure fondamentale du mythe gnostique qui oppose le monde et son créateur, le Démiurge, au vrai Dieu, Père inconnu.

« Car, si Dieu le permet, vous recevrez plus tard des éclaircissements plus précis sur leur principe et leur naissance, quand vous aurez été jugée digne de connaître la tradition des apôtres, tradition que, nous aussi, nous avons reçue par voie de succession. En ce cas aussi, nous confirmerons nos conceptions par les paroles de notre Sauveur » (*Lettre à Flora* 7, 9).

Héracléon : l'Évangile de Jean lu par les gnostiques

Héracléon, lui aussi disciple de Valentin, est sans doute le premier à avoir réalisé un commentaire suivi de l'Évangile de Jean à partir de son horizon d'interprétation : le texte johannique commente et actualise le mythe gnostique. L'effort de pensée du gnosticisme consiste essentiellement à vouloir expliquer comment l'homme, le spirituel, qui possède en lui une parcelle divine, peut quitter le monde de la matière, du temps, du corps qui le fait souffrir et regagner le plérôme, la plénitude du Père inconnu. Le Dieu créateur, le Démiurge, est alors assimilé facilement au Dieu de la Genèse et de la Torah, un Dieu qui impose aux hommes une loi de servitude et de tyrannie, tandis que le Dieu transcendant, absolument séparé du monde, est le Dieu de bonté, Père de Jésus-Christ qui révèle aux disciples la Gnose, le message de l'Évangile.

Marcion : un christianisme sans racine juive ?

C'est à Rome aussi que Marcion, originaire du Pont, de la ville de Sinope, s'installe vers 135. Après avoir échoué dans ses efforts pour faire admettre sa doctrine par le clergé de Rome, il est exclu en 144 de la « Grande Église » et fonde sa propre Église, l'Église marcionite, qui va devenir rapidement la grande rivale. Pour l'historien allemand A. von Harnack, Marcion serait, à sa manière originale, un chrétien conséquent. Allant au bout de la nouveauté de l'annonce chrétienne, il fonde une religion nouvelle en refusant tout lien avec le judaïsme. Si les conceptions du gnostique Cerdon ont pu influencer son mépris de la chair, il n'y a pas de trace chez lui d'une interprétation du mythe gnostique.

Disciple de Paul, il oppose de façon radicale la grâce et la loi. Son dualisme est articulé à une conception de la Bible tout à fait spécifique. Le message de l'Évangile fait connaître un Dieu bon, patient et miséricordieux et un salut qui libère de ce monde en faisant accéder à une réalité tout autre. Et ce Dieu miséricordieux de l'Évangile ne peut être celui qui parle et agit dans les Écritures juives. Rejetant les méthodes d'exégèse allégorique et typologique, Marcion entreprend un véritable travail de critique textuelle, en purifiant les textes des falsifications qu'il impute aux judaïsants. Il élimine de l'Évangile de Luc et des Lettres de Paul, qui constituent le canon de ses Écritures, toute trace d'Ancien Testament.

Il s'agit de développer une figure chrétienne complètement coupée de sa racine juive. Le message de la nouveauté radicale de l'Évangile selon Marcion exerce une fascination sur des fidèles venus du paganisme, déroutés par les accents de la Bible juive.

Rhodon, asiatique de naissance, disciple à Rome de Tatien, s'opposera vigoureusement à l'Église marcionite. Il raconte une de ses controverses avec Apelle, disciple de Marcion, auteur d'un gros ouvrage, les *Syllogismes*, et d'une critique et réfutation de la Loi de Moïse.

La divinité du Christ niée par Théodote

Un peu plus tard, à la fin du IIe siècle, un chrétien de Byzance, Théodote, vivant de l'industrie du cuir, propage à Rome la doctrine selon laquelle le Christ ne serait qu'un homme et ne devint Dieu qu'après la résurrection. Natalios qui avait été confesseur lors de la persécution de 202-203, accepte, moyennant salaire, d'être l'évêque de l'Église fondée par Théodote. Mais il fait pénitence et se présente à l'évêque Zéphyrin qui le reçoit à nouveau dans la communion ecclésiale. Eusèbe rapporte les propos d'un écrivain sur ce groupe :

> « Abandonnant les Saintes Écritures de Dieu, ils fréquentent la géométrie, sous prétexte qu'ils sont de la terre, parlent de la terre et ignorent celui qui vient d'en haut. Euclide, en vérité, géométrise laborieusement chez quelques-uns d'entre eux. Aristote et Théophraste sont les objets de leur admiration ; Galien est même presque adoré par quelques-uns d'entre eux [...]. À cause de cela, ils portent sans crainte les mains sur les Saintes Écritures, en disant qu'ils les corrigent » (Eusèbe de Césarée, *Histoire ecclésiastique* V, 28, 14-15).

La réaction des penseurs chrétiens

Tous ces débats autour de l'Écriture témoignent du travail intense d'inculturation qui se produisit quand la pensée biblique et chrétienne pénétra des milieux intellectuels déjà porteurs d'une conception élaborée du divin. Le Dieu transcendantal, séparé du monde, qu'affirment ces courants, ressemble davantage à une pure entité grecque, le Dieu des philosophes, qu'au Dieu d'Abraham, d'Isaac et de Jacob, père de Jésus-Christ.

Justin réagit le premier avec vigueur contre ces hérésies naissantes :

> « Marcion du Pont, qui enseigne encore aujourd'hui, professe la croyance à un Dieu supérieur au Créateur. Tous les sectateurs de cette école, comme nous l'avons dit, sont appelés chrétiens, de la même manière que, malgré la différence des doctrines, le nom de philosophes est donné à tous ceux qui font profession de philosophie » (*Ire Apologie* 26).

Face aux tentatives de construire un christianisme coupé de ses racines juives, sans recours nécessaire à la Loi de Moïse, il s'agissait de situer la lecture chrétienne des Écritures juives, et de déterminer ce qui devait rester de normatif dans le rapport à la Torah, « comme Texte saint et comme observance ». Sortant de la matrice juive et faisant l'Annonce « aux Nations », le christianisme se devait d'assumer un héritage fondateur, tout en s'en détachant. Il lui fallait choisir entre une annonce radicale à tous les hommes et un élitisme spirituel. Et l'intensité des débats qui traversent la communauté romaine prouve que l'opération n'était pas simple. Irénée de Lyon, qui a séjourné à Rome, a été le témoin essentiel de la mise en place et de la reconnaissance d'un corpus d'Écritures articulant les Écritures apostoliques et la Torah. Il confesse ainsi le Dieu créateur du ciel et de la terre, qui a fait une alliance avec l'homme, une alliance qui atteint sa plénitude en Jésus-Christ.

La diversité des options et la liberté de toutes ces controverses disent l'intérêt et le dynamisme missionnaire qu'a suscités l'événement Jésus-Christ, mais révèlent aussi les risques pris, les dangers encourus et la créativité déployée pour trouver des solutions qui n'étaient pas toutes faites et qui, à l'époque, n'allaient pas de soi. Il s'agissait de gérer l'ancien : l'héritage des Écritures juives, et le nouveau : la situation missionnaire présente, en fidélité à Jésus-Christ.

La date de Pâque : différences et unité

Dans la communauté cosmopolite qu'était la chrétienté de Rome, la diversité de provenance des fidèles imposait une pluralité de coutumes liturgiques plus ou moins compatible avec son unité.

À l'évidence, des coutumes différentes sur le moment et la manière de célébrer le rituel pascal révèlent les accents particuliers, mais non opposés, de lignes théologiques différentes. Ainsi, en Asie Mineure, l'insistance est mise sur la Passion du Christ qui réassume en lui toute la Torah sans pour autant sous-estimer la Résurrection. La célébration de la Pâque n'est donc pas liée au dimanche, mais se célèbre le quatorzième jour de nisan, en liaison avec la Pâque juive.

À Rome, au contraire, la coutume est de célébrer la Pâque le dimanche suivant le 14 de Nisan, le jour de la résurrection du Seigneur. Mais l'autre pratique, dite quartodécimane, est tolérée. Toutefois, si l'on peut se fier au témoignage du Pseudo-Tertullien, cette pratique paraît avoir entraîné un prêtre, nommé Blastus, et ses fidèles à des observances judaïsantes, d'où une certaine méfiance des autorités de la communauté. En dépit de ces difficultés réelles, la solution de tels débats, trouvée par les Églises sœurs, est le respect de la pluralité des lignes théologiques et la construction de la communion dans le respect des différences. Mais les interventions de l'évêque Victor et la solution de la crise révèlent aussi le souci et la mission particulière qu'a la communauté romaine d'être une référence pour l'unité ecclésiale.

Hippolyte, penseur grec en terre de latinité

Hippolyte est, sans doute aucun, la grande figure intellectuelle de la communauté romaine au IIIe siècle. En 212, quand Origène visite la communauté de Rome, c'est un sermon d'Hippolyte qu'il entend dans une église de Rome. La statue conservée au musée du Vatican, élevée en son honneur, sans doute par des disciples ou des admirateurs, le présente en philosophe assis sur une chaire sur laquelle sont gravés un comput pascal et une liste de treize ouvrages.

Ses écrits sont nombreux, importants et leur influence fut grande ; mais leur attribution pose aux historiens de difficiles problèmes. C'est que le souvenir de leur auteur s'est très rapidement perdu. Au moment où la communauté romaine s'organise, lutte efficacement contre les divisions, où l'ébauche d'un catéchuménat atteste les progrès de la conversion et une intégration en terre de latinité, Hippolyte est le dernier auteur chrétien de langue grecque de

Rome. La latinisation rapide de l'Église romaine au IIIe siècle explique certainement qu'il ne connut ni traducteur ni historien. Prêtre romain, venu de Grèce ou d'Orient, Hippolyte est le premier auteur chrétien à commenter de façon suivie des livres entiers de l'Ancien Testament pour répondre à ce qui est devenu une véritable nécessité pour l'Église. Les tables pascales gravées sur la chaire de la statue d'Hippolyte et la rédaction d'une chronique pascale témoignent d'une préoccupation assez proche, par leur volonté d'établir une chronologie biblique et de dater, à partir de la Passion, par récurrence, les autres Pâques historiques, préfigurations de celle du Sauveur. C'est l'époque où le Livre, Ancien et Nouveau Testament, prend une place essentielle dans l'enseignement et la liturgie chrétienne. Hippolyte puise ses modèles dans le judaïsme, le judéo-christianisme et l'homilétique chrétienne du IIe siècle, en développant l'interprétation typologique déjà employée par Justin et ignore complètement l'allégorisme alexandrin.

Dans l'atmosphère des persécutions qui ont suivi l'édit de Septime Sévère (202), interdisant le prosélytisme juif et chrétien, il rédige son *Commentaire sur le Livre de Daniel*. Voici la façon dont il définit l'Église :

> « En effet, un simple lieu ne peut pas être appelé Église, ni une maison construite de pierre et de glaise. L'homme non plus, par lui-même, ne peut être appelé Église car une maison s'effondre et l'homme meurt. Qu'est-ce donc que l'Église ? L'ensemble des Saints vivant dans la vérité » (I, 18, 6-7).

Face à l'afflux de nouveaux convertis et aux questions difficiles que posent les apostasies en temps de persécutions, le pape Calixte adopte une attitude de bienveillance à l'égard des fidèles tombés dans la faute après le baptême et facilite l'union d'aristocrates chrétiens avec des conjoints qui partagent la même foi, mais sont de rang social inférieur, sans s'engager dans un mariage légal qui leur ferait perdre les avantages de leur naissance. Hippolyte, qui conçoit l'Église comme le rassemblement des justes, n'a pas la même intelligence de cette situation pastorale nouvelle.

« De la même façon, maintenant encore, celui qui a acquis la foi, mais n'observe pas les commandements, est dépouillé du Saint Esprit : exclu de l'Église, n'étant plus dans le Seigneur, mais devenu terre, il retourne à son vieil homme » (*Commentaire de Daniel* I, 18, 14).

Déporté en Sardaigne avec le pape Pontien, Hippolyte meurt en exil dans l'« île de la mort ».

Le penseur grec Plotin : un mystique païen

Tandis que l'Église romaine se latinise et, face aux écoles gnostiques, fait le choix de plus en plus clair d'une institutionnalisation liée à une reconnaissance du monde et de l'histoire, Plotin arrive à Rome dans l'été 244. Il va y enseigner, en grec, jusqu'à sa mort en 270, comment l'âme, par la méditation et l'ascèse, peut se détacher du sensible, regagner l'Un et recouvrer sa vie divine.

« Plus elle se hâte vers le haut, plus elle oublie les choses d'ici-bas, à moins que toute sa vie sur la terre soit telle qu'en s'en souvenant, elle n'ait à se souvenir que de choses excellentes. Car, ici-bas aussi, il est bon de se soustraire aux soucis des hommes [...]. Ainsi elle ne s'encombre pas de beaucoup de choses ; mais elle est légère, elle n'est qu'elle-même. Ici-bas aussi, si elle veut être "là-bas", tout en restant encore "ici", elle abandonne toutes les autres choses» (*Ennéades* IV, 3, 32, 13).

Né en Égypte, mais philosophe grec, Plotin est le porteur de toute l'ancienne sagesse et un témoin privilégié de la rencontre des traditions de l'Orient et de l'Occident. Nous savons, par son disciple Porphyre, qu'il s'engagea dans l'armée de l'empereur Gordien pour «tâcher de prendre une connaissance directe de la philosophie qui se pratique chez les Perses et de celle qui est en honneur chez les Indiens». En lui, la Raison grecque épouse les élans d'une vraie mystique.

Par l'exégèse des textes de Platon et ses prédications «d'après l'enseignement d'Ammonius», le maître alexandrin dont il fut le disciple et qui détermina toute sa vie, c'est une véritable formation spirituelle qu'il donne à ses disciples. Les *Ennéades*, ces cinquante-quatre traités philosophiques, sont tout simplement la transcription de ses cours publics par son disciple Porphyre. Comme Justin, comme Hippolyte, Plotin trouve au sein de son école des auditeurs et des critiques gnostiques. Il entre en débat ouvert avec eux et les réfute dans le neuvième traité de la IIe *Ennéade*: «Contre ceux qui disent que le Démiurge du monde est méchant et que le monde est mauvais». Plotin décrit l'ascension de l'âme qui, dépouillée de toute forme, parvient au Bien et devient le Bien «plein de douceur, de bienveillance et de délicatesse»: «Il est à la fois aimé, amour et amour de soi, car il n'est beau que par lui-même et en lui-même... En lui, son désir pour lui-même et son être ne font qu'un... Il est lui-même ce qu'il aime, il se produit en s'aimant» (*Ennéade* VI, 8, 15, 1-8 et 16, 14).

Et il n'est pas de peu d'intérêt de se souvenir que la lecture des écrits de Plotin, sans doute dans la traduction latine qu'en fit Marius Victorinus, mena Augustin en 386 à sa première extase, répandit en lui « les parfums de l'Arabie » et y alluma « un incroyable incendie » en lui faisant faire l'expérience de la Transcendance avant qu'il ne découvre dans la foi chrétienne « l'humilité qui a amené Dieu à naître d'une femme » et à mourir pour tous les hommes.

Une Église résolument latine

Hippolyte, l'écrivain chrétien méconnu, parce qu'il écrit en grec quand l'Église romaine passe irréversiblement à la langue latine, et Plotin, le grand mystique païen, dont l'œuvre traduite en latin exercera une influence déterminante sur la spiritualité occidentale, sont les témoins paradoxaux mais essentiels d'une Église romaine, ouverte aux courants de culture de son époque, qui, consciente de sa tâche missionnaire, devient résolument latine.

« Vois donc, ô homme ! Ce qui autrefois était scellé et inconnaissable est aujourd'hui annoncé sans ambages, sur les toits (Mt 10, 27 - Lc 12, 3). Le livre de la vie, ouvert désormais au grand jour, est déployé sur le bois, avec son titre en romain, en grec et en hébreu (Jn 19, 20), pour que les Romains, Hellènes et Hébreux y puisent la doctrine, pour que, dans l'attente des biens à venir, les hommes croient à ce qui a été écrit dans le livre de vie, à ce qui a été annoncé dans le monde entier » (Hippolyte, *Commentaire sur Daniel* IV, 60).

Francine Culdaut

58
Les chrétiens à Alexandrie : foyer de culture chrétienne

À Alexandrie confluent, sur un fond de paganisme égyptien, les grands courants religieux et spirituels du monde antique : philosophie religieuse d'inspiration « platonicienne », syncrétisme gréco-égyptien, gnoses populaires ou savantes.

L'influence de Philon

Dans ces courant divers, il nous faut retenir, d'une part, la tradition juive, dont Philon (vers 20 av. J.-C.-vers 50 apr. J.-C.) est le représentant le plus connu. Juif pieux, fidèle à la Loi, très versé dans l'Écriture, il interprète celle-ci comme la philosophie hellénistique allégorisait les mythes anciens et les récits homériques, et cela dans le cadre d'une philosophie platonicienne. Il réalise ainsi, avec plus ou moins de bonheur, la synthèse entre la tradition biblique et l'hellénisme. L'influence de Philon sur la pensée chrétienne fut considérable. On peut déjà en voir un signe dans l'Épître aux Hébreux. Clément d'Alexandrie et Origène, et en Occident saint Ambroise de Milan en seront fortement marqués.

Les courants gnostiques

D'autre part, les différents courants « gnostiques », issus de certains milieux judéo-chrétiens, mais remontant à des sources plus lointaines, (syriennes, iraniennes), trouvent en Égypte un terrain favorable où se rencontrent non seulement des superstitions populaires, mais des systèmes théologiques très construits, tels que celui de Valentin. L'essentiel de cette théologie paraît être un dualisme qui oppose le monde divin et le monde de la matière, œuvre d'un démiurge (certains diront un dieu mauvais) ; les âmes sont tombées dans la matière où elles sont enfermées, elles peuvent s'en libérer par la connaissance (*gnose*), qui leur permet de remonter vers le monde divin de la lumière (*plérôme*). Dans un vocabulaire chrétien, c'est la négation radicale du mystère du Salut, de l'Incarnation, de la Croix, de la Résurrection. C'est à cette « gnose au nom trompeur » (Irénée, cf. 1 Ti 6, 20) que vont s'affronter les maîtres de l'« école d'Alexandrie », qui chercheront à élaborer une « gnose » authentique et orthodoxe.

De Pantène à Clément

C'est avec hésitation que nous employons le terme « école d'Alexandrie ». Il est très ambigu et serait trompeur s'il faisait penser à une institution scolaire, voire universitaire, avec succession de maîtres et de disciples devenant maîtres à leur tour. Eusèbe nous a peut-être trompés sur ce point, en nous parlant, à propos de Pantène, du « didascalée des lettres sacrées » (*Histoire ecclésiastique* V, 10, 1). De ce Pantène, nous ne savons en effet pas grand-chose. Originaire de Sicile, il vint vers 180 s'établir à Alexandrie. Il n'est pas assuré qu'il y ouvrit une « école » au sens précis du mot ; on ne voit pas non plus qu'il ait laissé des écrits. Mais il semble qu'il ait attiré autour de lui des esprits désireux d'être initiés à la connaissance de l'Écriture et aussi à une vie spirituelle profonde. C'est ainsi que Clément parle de lui comme de son maître (*Stromates* I, 1, 11 ; cf. Eusèbe, *Histoire ecclésiastique* V, 40, 2. 4).

Clément nous est mieux connu. Né vers 150, peut-être à Athènes, converti au christianisme, il entreprend un long voyage à la recherche d'une formation chrétienne plus profonde et se fixe enfin à Alexandrie auprès de Pantène. Il aurait commencé à enseigner à son tour vers 190. Quand en 202 un édit de Septime Sévère interdit aux chrétiens tout prosélytisme et tout enseignement, il quitte Alexandrie pour se réfugier en Cappadoce auprès de son disciple Alexandre qui deviendra évêque de Jérusalem. Il serait mort avant 215.

On n'a pas à présenter ici en détail les ouvrages qui nous restent de lui, une *Exhortation aux Grecs* (*Protreptique*), pour les amener au christianisme ; les trois livres du *Pédagogue*, pour la formation morale du chrétien pour sa vie de tous les jours ; les sept livres des *Stromates* (« Tapisseries »), recueil composite de « Mélanges » sur les sujets les plus variés, qui visent à former le vrai « gnostique ». Sans qu'il faille chercher dans la suite de ces écrits l'exécution d'un programme prévu d'avance, on ne peut manquer d'y voir l'initiation progressive des âmes : les convertir du paganisme, les former aux mœurs chrétiennes, les instruire du dogme chrétien et les conduire à la perfection suprême, la vraie gnose.

Clément nous présente une physionomie intellectuelle et spirituelle très attachante. De l'ensemble assez disparate et parfois un peu décevant de son œuvre se dégagent quelques traits qu'il faut souligner ici. Et d'abord une large culture, ou plutôt peut-être une vaste érudition, « encyclopédique » (*enkuklios paideia*), où apparaît un véritable amour pour l'hellénisme et pour la philosophie. En cela Clément est en réaction contre l'anti-intellectualisme de certains milieux chrétiens de son temps et montre un optimisme foncier qui se manifeste aussi dans son éthique. La philosophie est chose bonne ; les Grecs ont reçu des étincelles du *logos* répandu dans le monde (cf. déjà saint Justin), et la philosophie était pour eux un don divin qui les préparait à l'Évangile, une pédagogie qui les conduisait au Christ ; elle sert maintenant au chrétien pour défendre, illustrer, approfondir sa foi.

Pour une gnose orthodoxe

D'autre part — et c'est cela sans doute qui nous intéresse le plus ici —, Clément veut, en face de la fausse gnose hérétique, édifier une gnose orthodoxe, former le vrai gnostique. Cette gnose, qui se veut une connaissance plus profonde du mystère (elle ne va pas sans un certain ésotérisme), est fondée sur la foi, dont Clément esquisse la théologie. Mais la foi, base nécessaire, n'est qu'une première étape, qu'il faut dépasser pour s'élever jusqu'à la gnose. Ainsi Clément professe un idéal de vie chrétienne supérieure, vie vertueuse en même temps que recherche intellectuelle, étude de l'Écriture interprétée spirituellement, prière incessante, sagesse qui est à la fois théologie, contemplation et mystique. Cette gnose est en effet contemplation (*theoria*), vision (*epopteia*). En tout cela on retrouve le vocabulaire des religions à mystères, des éléments d'une philosophie platonicienne, mais aussi, et il faut y insister, une inspiration proprement chrétienne, qui s'exprime par exemple dans la place faite à la charité, à l'amour du Christ, le Verbe, le Maître unique qui révèle le Père. Clément a-t-il connu une expérience « mystique », au sens moderne du terme ? Il en a eu certainement l'intuition et le désir. Malgré bien des incertitudes dans la pensée et des imprécisions dans le langage, on peut dire que le vrai gnostique, selon Clément d'Alexandrie, est un contemplatif chrétien. Ainsi le comprendra bien plus tard Fénelon, au temps de la querelle du « pur amour » !

L'œuvre immense d'Origène

On ne peut songer à donner ici plus qu'une esquisse de la biographie du grand Origène, ni énumérer tous les titres de son œuvre immense. Né à Alexandrie en 185, fils de martyr (son père est mis à mort durant la persécution de Septime Sévère en 202), disciple de Clément s'il faut en croire Eusèbe (VI, 45), il tient d'abord école de grammaire, puis est chargé par l'évêque Démétrius de l'instruction des catéchumènes ; la chose paraît assez nouvelle, et c'est alors seulement qu'on pourrait parler d'une école d'Alexandrie, qui est d'abord école catéchétique. Le succès de son enseignement amène le jeune didascale à confier à un disciple, Héraclas, la catéchèse baptismale, pour se réserver l'enseignement supérieur auquel il s'est préparé par l'étude assidue de l'Écriture et tout autant par l'étude de la philosophie. Il écoute l'enseignement du néo-platonicien Ammonius Saccas, dont Plotin sera aussi le disciple. L'« école » d'Origène est alors, dirions-nous, comme une école supérieure d'exégèse et de théologie, mais aussi de spiritualité, voire de mystique, et aussi, dans la conjoncture de l'époque, de préparation au martyre.

Le succès d'Origène, et sans doute ses imprudences, soulève contre lui des oppositions, qui aboutissent à sa condamnation et à sa déposition par deux conciles successifs d'Alexandrie (230-231). Il se réfugie à Césarée de Palestine, auprès de l'évêque Théoctiste qui l'avait précédemment ordonné prêtre. Il continue ses travaux d'exégèse et son activité de prédicateur. Lors de la persécution de Dèce (250), il est cruellement torturé ; il meurt des suites de ce supplice vers 254. On connaît les noms des successeurs d'Origène à la tête de l'école catéchétique ; ils devinrent les uns et les autres évêques d'Alexandrie : Héraclas, Denys « le Grand », Pierre, qui mourut martyr pendant la grande persécution (311).

Origène, interprète des mystères de l'Écriture

Ce n'est pas un hasard si le plus grand maître de l'exégèse chrétienne des premiers siècles fut originaire d'Alexandrie. Dans cette cité, mieux qu'ailleurs, Origène a pu à la fois s'initier aux méthodes de l'exégèse allégorique, pratiquée depuis au moins trois siècles par les Juifs alexandrins, et acquérir une sérieuse formation philologique, grammaticale et philosophique, sans laquelle l'interprétation des textes est vouée à la médiocrité. Telle qu'Origène l'a illustrée, l'exégèse allégorique est une véritable science qui recourt à des techniques précises et qui s'appuie sur une théorie de l'interprétation des textes bibliques.

Pour le théologien alexandrin, la Bible est tout entière inspirée par Dieu. Le moindre mot, le moindre récit figurant dans un texte répond à une intention divine, qu'il s'agisse d'une parole du Christ ou d'une généalogie. Ligne après ligne, l'interprète cherchera à découvrir le sens que Dieu a assigné au texte. Et ce sens devra être de bout en bout digne de Dieu, puisque c'est lui qui a inspiré l'Écriture.

Mais comment trouver partout un sens digne de Dieu ? Certains passages semblent s'y refuser. La description minutieuse de l'arche de Noé, par exemple, peut-elle se prêter à une interprétation digne de Dieu ? Et les textes juridiques, les récits de batailles, d'amours incestueux ou adultères ? Sans parler de tous les passages où Dieu est décrit à la manière d'un homme (se promenant dans le jardin d'Éden, se mettant en colère...)

C'est un fait, pour Origène, que certains textes, pris à la lettre, sont incapables de recevoir un sens digne de Dieu. Pour atteindre ce sens, il convient alors de remonter au-delà de la lettre pour tenter de cerner la réalité spirituelle que Dieu a cachée sous les mots. Le mot vient d'être lâché : Dieu *a caché* dans l'Écriture des enseignements spirituels. Cela est vrai non seulement des passages que nous venons d'évoquer, mais de la totalité de l'Écriture. Même si l'interprétation littérale parvient déjà à dégager un sens digne de Dieu, le texte cache toujours un autre sens, plus élevé, plus riche, plus conforme à son inspirateur. Il faut lever le voile des mots, creuser les puits pour atteindre la source, ouvrir les portes scellées.

« Tout ce qui est consigné dans l'Écriture, a écrit Origène, est le symbole de quelque mystère. » Celle-ci est remplie de figures et d'énigmes. L'exégète a beau implorer la grâce de Dieu et déployer les trésors de son intelligence, il ne percera jamais tous les mystères. De même que Dieu demeure insaisissable pour l'homme, de même l'Écriture recèle-t-elle des profondeurs qui échappent à notre investigation. Toutefois, l'interprète doit scruter ces mystères autant qu'il le peut et que Dieu le lui accorde.

La lecture de l'Écriture devient ainsi une perpétuelle ascension vers les réalités que Dieu a dissimulées sous les figures. Peu de théologiens ont compris aussi bien qu'Origène que l'exégèse était en même temps le plus accompli des arts et une science imparfaite. Elle porte sur les réalités les plus élevées sans pouvoir les dominer. Plus elle trouve, plus il lui reste à découvrir. « À mesure que nous avançons dans notre lecture, les mystères s'accumulent devant nous. »

Une synthèse théologique

Il ne saurait non plus être question d'exposer ici, en quelques lignes, la vaste synthèse théologique d'Origène, ses dimensions cosmiques, anthropologiques, ecclésiales, eschatologiques. Mais il faut souligner que, malgré les audaces, les imprécisions, même parfois ses erreurs, Origène entend rester « homme de l'Église », *vir ecclesiasticus* (*Homélie sur Luc* 16, 2), pénétré d'un tendre amour pour Jésus (*Sur l'Épître aux Romains* V, 10), fidèle à la règle de foi et à la tradition de l'Église. Homme de l'Église et homme de l'Écriture : il ne cesse d'exhorter ses auteurs à revenir chaque jour puiser l'eau vive aux puits de l'Écriture. La gnose à laquelle il veut conduire son lecteur ou son auditeur, c'est l'interprétation spirituelle de l'Écriture : entendons par là non pas une allégorie sans mesure, mais au-delà de la lettre, de l'histoire, à laquelle il tient, un sens plus profond, plus intérieur, qui est le Christ, le Christ total, annoncé et figuré sous des images et des types : le sens allégorique ou mystique de l'Écriture, c'est son sens théologique et spirituel. On se reportera par exemple aux travaux du P. H. de Lubac pour se convaincre que cette exégèse « spirituelle » est l'exégèse la plus traditionnelle (*Des principes*, I, préf. 8). Le Christ est le centre et la fin de toute l'Écriture.

Prolongeant et dépassant la pensée de Clément, Origène décrit avec précision les étapes de l'ascension spirituelle (*Homélie sur les Nombres* ; et dans un autre contexte *Comme sur le Cantique*) et les rapports entre l'action et la contemplation. Il veut conduire le chrétien jusqu'à la vraie gnose, connaissance qui est union et communion. La théologie est la connaissance aimante de Dieu. « La perfection de la science (gnose) c'est la science de la Trinité ; et quelle autre perfection y a-t-il, sinon de connaître le Père, le Fils et l'Esprit Saint ? » (*Homélie sur les Nombres* X, 3). Et telle confidence que nous entendons dans une *Homélie sur le Cantique* (I, 7) est bien l'écho d'une expérience spirituelle qu'on n'hésitera pas à appeler mystique. Par Évagre le Pontique et Grégoire de Nysse, l'influence d'Origène sur la spiritualité orientale s'est prolongée jusqu'à saint Maxime et au-delà, et même en Occident, par Cassien, jusqu'à saint Bernard : les homélies d'Origène sur le Cantique ont inspiré l'abbé de Clairvaux.

Un apport à la pensée chrétienne

On peut maintenant se demander, par manière de conclusion, quel a été l'apport à la culture et à la pensée chrétiennes de l'« école d'Alexandrie », entendons bien de cette tradition intellectuelle et spirituelle dont Origène est le représentant le plus éminent.

On dira d'abord que c'est un esprit largement ouvert à la pensée grecque, à la culture hellénique, et l'intention d'intégrer celle-ci dans une synthèse chrétienne. Dans quelle mesure cet effort a-t-il abouti, dans quelle mesure cet accueil à l'hellénisme n'a-t-il pas faussé la pureté de la foi chrétienne, ce n'est pas le lieu d'en discuter ici. Il suffira de remarquer que l'influence d'Origène se fait sentir chez les docteurs les plus orthodoxes, comme les Cappadociens, et que saint Jérôme a été bien injuste en faisant de lui le « père des ariens » !

D'autre part, cette théologie, si audacieuse qu'elle soit, est inséparable d'une aspiration profonde à la prière. Le grand origéniste que fut Évagre le Pontique, — disciple aussi de saint Basile et saint Grégoire de Nazianze, — l'a dit en une formule décisive : « Si tu es théologien, tu prieras vraiment, et si tu pries vraiment, tu es théologien » (*De la prière* 60). On l'a dit tout à l'heure, c'est peut-être dans le domaine de la vie spirituelle et mystique que l'école d'Alexandrie aura exercé l'influence la plus durable.

Peut-on dire que c'est là la vraie gnose ? Depuis le IIe siècle, le mot est chargé de résonances fâcheuses (ésotérisme, recours à des traditions secrètes, illuminisme...), et tout récemment le pape Paul VI, évoquant la figure de sainte Irénée de Lyon, parlait de « la menace de "gnoses" qui pourraient dissoudre la foi » et, « tout en gardant les paroles évangéliques les vider de leur substance, en fonction des idéologies ambiantes, avides de rationaliser le mystère » (« Aux évêques de la région apostolique du Centre-Est », 20 juin 1977). Cette réserve faite, on pourra dire que, pour nos alexandrins, la gnose est, à l'intérieur de la foi et de la tradition de l'Église, un effort de pénétration intellectuelle de la Révélation, surtout de l'Écriture (l'*intellectus fidei* de saint Augustin), et en même temps une aspiration à une connaissance qui soit union et communion dans l'amour. Une théologie qui soit une prière.

P. Th. Camelot, o.p.

59
Tertullien, un païen Père de l'Église

« On ne naît pas chrétien, on le devient ! », s'exclame Tertullien dans son *Témoignage de l'âme*. Né païen, comme saint Augustin, c'est à la manière d'un philosophe antique qu'il se retira de la vie publique pour mourir, sinon en païen, du moins en presque hérétique après s'être rallié aux idées montanistes. Entre-temps, il avait donné à l'Église naissante l'essentiel de son vocabulaire théologique et, mieux encore, une bonne partie de sa théologie la plus solide, sur le baptême, le sexe, la mort, la Trinité.

Autant le spectre de Tertullien hante l'histoire de l'Église et celle du dogme — au point que Harnack, l'exégète allemand de la fin du XIXe siècle, saluait en lui le « fondateur de la théologie occidentale » — autant sa vie demeure assez mal connue. Nous en sommes réduits à supposer que l'enfant a grandi sous l'empereur romain Antonin le Pieux (138-161) dans une famille de la meilleure société carthaginoise. Outre la lecture des classiques et tragiques grecs et des écrivains latins, Tertullien fera montre d'une insatiable curiosité pour tous les domaines de la philosophie (avec une nette prédilection, jamais démentie, pour les stoïciens, et notamment son cher « Sénèque souvent nôtre »), mais surtout pour le droit et les sciences. Le chef-d'œuvre littéraire et le modèle de plaidoirie qu'est l'*Apologétique* porte ainsi la marque d'études juridiques profanes poussées, qui, après une jeune vie de plaisirs et de péchés toute augustinienne, ont fait de lui le plus brillant des avocats des chrétiens face aux persécuteurs. Quand il rappelle, dans l'*Apologétique*, les ricanements que lui inspiraient les dogmes chrétiens, c'est pour mieux accuser son incuriosité d'antan, voire sa parfaite ignorance de la Bible et sa tentation de la dérision. Peut-être même Tertullien fut-il au nombre des badauds qui reluquèrent les martyrs de Scillium à l'agonie en juillet 180. Que le spectacle l'ait beaucoup ébranlé, on ne saurait le conclure de son témoignage, sinon par son insistance à répéter que la « constance du sage » chrétien ne pouvait que faire forte impression à un disciple de la *Stoa*.

Reste que la date à laquelle Tertullien a rompu avec le paganisme de ses parents nous est inconnue : le seul indice est que son premier « génie du christianisme », écrit en 197, autrement dit son *Apologétique*, témoigne déjà d'une parfaite maîtrise des procédures mises en œuvre dans les persécutions et d'une excellente connaissance de la théologie chrétienne. Si les références, parfois surprenantes, aux classiques grecs et latins abondent encore dans l'*Apologétique*, les citations textuelles ou approximatives de la Bible sont à peine moins nombreuses et iront en augmentant continûment dans ses ouvrages ultérieurs (au total, on a dénombré dans son œuvre plus de quinze mille citations et allusions bibliques).

Forger des mots nouveaux pour introduire les idées nouvelles

Ainsi, le même Tertullien, selon qui la « littérature sert pour toute la vie » et qui avait ses classiques sur le bout de la langue, est aussi l'auteur paradoxal de l'apostrophe fameuse : « Quoi de commun entre Athènes et Jérusalem ? l'Académie et l'Église ? » Comme Cicéron et Sénèque s'étaient employés à faire violence à la langue latine pour lui imposer les concepts de la philosophie grecque, Tertullien s'appliquera à faire entrer Jérusalem dans Athènes, l'Église dans l'Académie. À ce titre, son entreprise sera essentiellement une œuvre de traduction, c'est-à-dire de passage d'une culture à une autre. « "Conversion" de la langue et "conversion" de la culture sont indissociables », rappelle J.-C. Fredouille, l'un de ses meilleurs spécialistes modernes, et la première tâche du théologien sera, en conséquence, non pas de traduire les Écritures, rôle dévolu à saint Jérôme, Rufin et quelques autres, mais de traduire, précisément, la langue et la culture latines en langue et culture chrétiennes. Il songea en conséquence à mettre au point un enseignement spécifiquement chrétien tout en faisant un usage systématique des *exempla saecularia* malgré sa prétendue allergie à la culture païenne.

L'*Apologétique*, par exemple, développe deux thèmes permanents dans sa réflexion : le premier est celui de l'« ignorance » des païens, qu'il avait auparavant épinglée dans l'*Ad nationes*, un premier livre accusant leur ignorance crasse du christianisme et de ses sectateurs, un second montrant que leurs dieux sont des faux dieux, bref retournant contre eux, non sans sarcasmes, les leçons de l'évhémérisme. Le deuxième thème, Tertullien l'abordera plus longuement dans le *Témoignage de l'âme* où, se faisant pour les besoins de sa cause le chantre d'un genre de « religion naturelle », il plaide que la vérité du Christ est accessible à chacun dans le secret de son âme, pour peu qu'on sache l'entendre : il médite sur la sainteté et le « martyre », l'un de ses grands chevaux de bataille, pour montrer que les meilleurs des païens ont ouvert la voie au Christ et à ses saints.

Chaque fois qu'il plaide la cause de Jérusalem avec l'éloquence d'un Cicéron et la verve de Lucien de Samosate, Tertullien s'adresse en effet implicitement à des interlocuteurs païens et à leur problématique. Celle de Pline l'Ancien ou de Sénèque, par exemple, quand, le premier, il définit la foi des chrétiens par le fait que Dieu est mort mais vive néanmoins éternellement (*Adversus Marcionem*). Mais cette entreprise de « conversion » ne va pas sans audace ni innovation. Il ne s'agit pas uniquement de couler des concepts chrétiens dans des mots latins, mais aussi de forger des mots nouveaux, pour des idées nouvelles : ainsi du nom *sacramentum* qui, du « serment » des Latins, devient une traduction du grec *musterion*, partant acquiert *ipso facto* son sens spécifiquement chrétien.

Comme dit justement A. Leupin dans son remarquable *Fiction et incarnation*, « après le Nouveau Testament, Tertullien est le moment discursif où tout change : à la thèse cicéronienne de la nature rhétorique de la pensée et de la représentation, qui a nourri sa formation intellectuelle, il va opposer la construction d'une dogmatique entièrement neuve ». Le souci constant de Tertullien sera alors de marquer la coupure suivant une démarche connue sous le nom de « théorème de Kojève » : « Il n'y a jamais aucune synonymie entre une notion appartenant au système de pensée païen et une notion chrétienne. » Le corollaire est celui de l'homonymie généralisée, qui amène à multiplier les doubles sens et les glissements de sens, au risque de créer des contresens. Tertullien fut, comme Origène mais plus qu'aucun autre, un « théologien d'occasion », c'est-à-dire un homme attentif aux débats et aux problèmes de l'heure. Pour lui, il n'est de vérité que dans l'instant où elle emporte la conviction de « celui qui dans la nuit de ses sens a erré ». Ensuite, elle demande à être travaillée suivant le modèle des exercices spirituels païens : les œuvres philosophiques des Anciens étant moins des traités que des « exercices spirituels » que l'auteur pratiquait pour lui et ses auditeurs.

À en croire Jérôme, qui conserva toujours pour lui une tendresse certaine mais prudente, l'impénitent « grognon » aurait en effet vécu de vieux jours de reclus, rompant cette fois avec les montanistes. Il semble qu'il ait voulu souligner ce retrait par un ultime traité, *Le manteau*, où il marque une fois de plus sa singularité en délaissant la toge romaine pour le *pallium*, ce manteau grec très court qui était désormais réservé aux seuls philosophes et ascètes ; bravant les quolibets de la bonne société de Carthage, il avait adopté ce costume païen pour mieux marquer son appartenance à la « cité divine » et son impassibilité face aux troubles du monde. *Le manteau*, qui est en un sens un adieu au monde, se présente alors naturellement comme une « confession négative » et un renoncement à tout ce à quoi il avait employé ses énergies et ses talents : « Je ne suis ni juge, ni soldat, ni roi : je me suis retiré du peuple. »

Outre ces dénégations d'un homme soucieux de défendre sa réputation, ce testament moral et intellectuel est aussi, par certains côtés, un *ars moriendi* à la Sénèque doublé d'un « éloge de la paresse » : « Penser à moi est mon unique affaire : mon seul souci est de n'en pas avoir. On jouit d'une vie meilleure dans la retraite que sous le regard de la foule. Tu vas décrier cette vie de paresse : c'est pour la patrie, pour l'Empire, pour la chose publique qu'il faut vivre ! Mais cette maxime, c'était bon autrefois. Personne ne naît pour autrui ; car chacun doit mourir pour son compte. » Ces *ultima verba* répondent aux très cioranesques propos de jeunesse : « Rien ne nous importe en ce monde, si ce n'est d'en sortir au plus tôt » (*Apologétique,* 41, 5). Nonobstant ses tourments et ses prétendus virages et autres virevoltes, Tertullien aura fait preuve de cette constance en quoi Sénèque reconnaissait l'apanage du sage et qu'il admirait tant chez les martyrs. En un sens, le chrétien avait su rester païen.

Pierre-Emmanuel Dauzat

60
Orthodoxie et hérésies aux premiers siècles

Les rapports entre orthodoxie et hérésies aux premiers siècles de notre ère sont extrêmement complexes et ont suscité des débats passionnés. La question fondamentale est de déterminer quel est le phénomène premier : l'orthodoxie ou l'hérésie ?

En toute bonne logique, pour qu'il y ait erreur, il faut d'abord qu'il y ait une vérité ; pour qu'il y ait déviation, il faut une normalité... À raisonner de la sorte, il va de soi que l'orthodoxie doit précéder l'hérésie.

Jamais l'ombre n'existe avant le corps

Cette conception de la priorité de l'orthodoxie sur l'hérésie a été la thèse classique du christianisme, dont on trouve la première expression chez les Pères de l'Église du second siècle. La vérité doctrinale est première et ce n'est que par la suite qu'apparaissent les déformations de cette vérité, à savoir les hérésies. L'hérésie est donc une apparition postérieure à l'orthodoxie, un événement qui n'appartient pas à la période des origines, mais au cours de l'histoire de l'Église.

Irénée de Lyon écrit ce texte significatif : « C'est à

une époque fort tardive, à une époque où les temps de l'Église atteignaient déjà leur milieu, que tous ces gens-là se sont dressés dans leur apostasie» (*Adversus haereses* III, 4, 3). Et il ajoute au livre V: «Tous ces gens-là sont en effet de beaucoup postérieurs aux évêques auxquels les apôtres confièrent les Églises.» Tertullien fait écho à l'évêque de Lyon lorsqu'il écrit un peu plus tard: «Jamais l'ombre n'existe avant le corps, la copie avant l'original» (*Apologétique* 47, 14), ou encore: «Est-il possible que l'hérésie ait existé avant la vraie doctrine? Mais en toutes choses la vérité vient avant l'image: c'est après coup que l'image lui succède» (*De praescriptionibus*, 29, 4-5).

Si l'orthodoxie est première, on peut se demander pourquoi est apparue l'hérésie. La thèse générale des Pères consiste à dire que l'hérésie est une contamination de l'orthodoxie par la pensée philosophique grecque. Telle est la conception classique et primitive du rapport orthodoxie-hérésie. Moyennant quelques aménagements et une expression plus scientifique, elle est restée identique jusqu'à nos jours.

Antériorité de l'hérésie par rapport à l'orthodoxie

En 1934, W. Bauer publiait un ouvrage[1] qui remettait la solution traditionnelle et proposait une nouvelle problématique. Ses thèses eurent une influence considérable et donnèrent une impulsion nouvelle à la recherche. On peut les formuler schématiquement de la manière suivante: l'hérésie a été la manifesta-

1. Intitulé *Rechtglaubigkeit und Ketzerei im ältesten Christentum*, 2e éd., Tübingen, J.C.B. Mohr (Paul Siebeck), 1964.

tion première du christianisme, l'orthodoxie est un phénomène postérieur.

Bauer va donc affirmer que les premières manifestations du christianisme ont été hérétiques ou, en tout cas, plus proches de ce que l'on appellera par la suite hérésie que de l'orthodoxie. Pour démontrer sa thèse, il va étudier les origines du christianisme dans les grands centres chrétiens de l'Antiquité : Édesse, Alexandrie, l'Asie Mineure et Rome. Et il constate qu'à l'exception de Rome, ces centres relèvent d'un christianisme assez déviant et très éloigné de l'orthodoxie postérieure.

Pour Édesse, les sources que nous possédons (légende d'Abgar et Chronique...) manifestent que cette Église a été fortement marquée par des tendances particulières dues à Marcion, Bardesane, Mani. Ce n'est que postérieurement que l'orthodoxie, représentée par l'évêque Palut, réussit à s'installer avec peine dans la ville.

Les origines de la chrétienté d'Alexandrie sont obscures et sans doute teintées d'hérésie. C'est un fait que les grands gnostiques ont vécu en Égypte ou en sont originaires, comme en témoigne la Bibliothèque gnostique de Nag Hammadi. Les origines hérétiques du christianisme égyptien expliquent pourquoi les historiens ecclésiastiques ont inventé assez tardivement la légende de la fondation de l'Église d'Alexandrie par l'apôtre Marc. Cela permettait de faire remonter aux origines une orthodoxie apparue seulement dans la seconde moitié du IIe siècle.

Il en est de même pour les communautés d'Asie Mineure : le christianisme, très répandu dans cette région, est lui aussi teinté d'hérésie. Et ce n'est qu'au travers de luttes contre les docètes, les gnostiques et les judéo-chrétiens, que l'orthodoxie parvint à s'imposer, en particulier grâce à Ignace d'Antioche.

L'église romaine aurait imposé son orthodoxie

Rome fait exception, car c'est là que va s'élaborer le christianisme orthodoxe. Peu à peu, l'Église romaine va faire triompher son point de vue, c'est-à-dire l'orthodoxie, dans tout le Bassin méditerranéen. On en a pour preuve, parmi bien d'autres, la lettre écrite par l'église de Rome aux Corinthiens, lettre où Rome intervient dans les dissensions de Corinthe et cherche à faire prévaloir son point de vue contre les gnosticisants et hérétiques de tous bords. Et cette intervention en prépare d'autres... Ainsi Rome va-t-elle étendre son influence sur toute la chrétienté et assurer le triomphe de l'orthodoxie.

Une telle thèse, dont un résumé comme celui-ci ne peut rendre l'ampleur et les nuances, a transformé la vision ancienne des relations orthodoxie-hérésie. Il apparaît que les manifestations premières du christianisme ne sont pas orthodoxes, mais diverses, variées, et comportent des éléments que l'on peut appeler hérétiques. Parmi ces christianismes, l'un finit par l'emporter, celui de l'Église de Rome, et dès lors celui-ci fera figure de christianisme orthodoxe. Naturellement, cette thèse appelle bien des réserves et des mises au point, mais elle a l'avantage de proposer une vision d'ensemble des origines chrétiennes plus conforme à la réalité historique. En tout cas, on ne peut plus affirmer que l'orthodoxie est une donnée première.

L'orthodoxie, une formation progressive

À la suite de W. Bauer et d'un bon nombre d'historiens et d'exégètes, on a été amené à insister de plus en plus sur la multiplicité, la diversité du christianisme à ses origines. On va jusqu'à parler des « christianismes primitifs », ce qui va permettre de préciser la notion d'orthodoxie.

Au point de départ du christianisme, il y a l'événement fondateur, Jésus-Christ, qui est unique. Mais cet événement n'est pas compris de la même manière par tous ses témoins et leurs successeurs. Il reçoit des interprétations différentes selon les milieux, les hommes, les cultures. Loin de manifester une unité, le christianisme des premiers jours est multiple et varié, divers ; ces diversités allant souvent jusqu'à l'opposition et l'exclusion réciproque. Il suffit ici de penser au judéo-christianisme jérusalémite, aux hellénistes, au christianisme paulinien, johannique, hellénistique… Ainsi aux origines coexistent de nombreux courants qui ne sont pas hérétiques dans la mesure où cette notion n'est pas définie, mais qui ne sont pas davantage orthodoxes, et cela pour la même raison…

Au cours du IIe siècle, on voit peu à peu se dégager une doctrine dominante, une orthodoxie qui finira par s'imposer et s'opposera aux autres, qualifiées d'hérétiques. C'est pourquoi l'orthodoxie n'est pas une donnée première, c'est un processus. On verra cette orthodoxie se préciser au cours des grandes crises théologiques comme la crise trinitaire et christologique.

La tradition apostolique transmise par les évêques

Mais l'orthodoxie n'est pas, comme le pensait W. Bauer, la victoire d'une Église, celle de la capitale, sur les autres, elle s'inscrit dans un développement théologique cohérent et logique. Elle se définira peu à peu en adoptant des normes qui la situeront. La première d'entre elles est la référence aux apôtres : la véritable compréhension de l'événement fondateur est celle qu'en donnent ses témoins, les apôtres. L'apostolat restant un concept assez formel, on va le préciser en recourant à l'Écriture apostolique. Ainsi se forme, au second siècle, le canon du Nouveau Testament qui va servir de norme à l'orthodoxie. Tout groupe qui rejette tout ou partie des écritures — comme les judéo-chrétiens, les gnostiques, les marcionites... — se situe en dehors de l'orthodoxie.

Mais cette Écriture, il faut l'interpréter de manière correcte. Ce sera le rôle des évêques qui sont dans la succession des apôtres. Par leur magistère, ils donneront une lecture de l'Écriture conforme à la pensée des apôtres. Mais tous ceux qui ne peuvent se réclamer d'une succession apostolique réelle sont en dehors de l'orthodoxie et seront considérés comme hérétiques.

Le Symbole des Apôtres : un cadre normatif

Une autre norme va s'ajouter pour préciser l'orthodoxie : c'est le Symbole apostolique. Au moment de son baptême, le chrétien est tenu d'exprimer sa foi. Au départ, cette confession n'est pas élaborée, mais rapidement elle prend des formes spécifiques censées exprimer la foi des Apôtres. Il suffit de penser au Symbole des Apôtres, dont le titre dit assez la prétention. Il en sera de même pour le Symbole de Nicée-Constantinople, qui n'a d'autre but que de redire la foi des apôtres dans d'autres circonstances. Et par là, le symbole contribue à la formation de l'orthodoxie et à la définition de l'hérésie.

Ainsi, on assiste, au cours du IIe siècle, à la mise en place d'un système normatif, à l'élaboration d'une orthodoxie reposant sur l'apostolicité. Cette orthodoxie n'est pas une donnée première, pas plus qu'elle n'est le fruit de l'hérésie : elle se dégage progressivement d'un christianisme aux multiples facettes pour développer une doctrine cohérente. En même temps que se forme l'orthodoxie, apparaît l'hérésie comme le refus et l'opposition aux normes caractérisant la vraie doctrine.

L'orthodoxie apparaît comme un processus, un devenir. La question qui se pose est de savoir si ce processus est achevé avec la fin du IIe siècle, ou s'il perdure à travers les siècles : l'orthodoxie est une quête perpétuelle… N'est-elle pas toujours devant nous ?

André Benoit

61
Les milieux gnostiques créateurs d'Évangiles

Le terme d'Évangile recouvre chez les gnostiques des réalités diverses. Comme dans la prédication chrétienne, il circule sans doute très tôt pour désigner l'annonce de la Bonne Nouvelle, puis, dans la seconde moitié du IIe siècle, il sera employé pour désigner en outre le texte même des Évangiles. Mais à cette époque justement les Évangiles se multiplient dans les milieux gnostiques, alors que l'Église officielle n'en retient que quatre. La démarche s'avère profondément différente.

Il convient de souligner tout d'abord que les anthologies modernes ont tendance à regrouper sous la catégorie d'Évangiles gnostiques des textes qui visiblement relèvent de divers genres littéraires et émanent de milieux différents. Certains de ces textes portent le titre d'Évangile (ainsi, l'*Évangile de Vérité*), mais en quoi s'agit-il d'un Évangile ? D'autres, qui n'en portent pas le titre, correspondent à ce qu'on a appelé traditionnellement un Évangile apocryphe, soit un récit ou une légende mettant en scène des personnages évangéliques autour d'une révélation du Sauveur à ses disciples (ainsi, le *Livre de Thomas l'athlète*, les *Actes de Pierre* et des *Douze Apôtres*, le *Dialogue du Sauveur*).

Irénée de Lyon pourfend un « Évangile de Vérité »

Dès la fin du IIe siècle, les Évangiles gnostiques soulevaient l'indignation d'un grand évêque, Irénée de Lyon, qui luttait contre une forme de gnose chrétienne, celle des valentiniens : « Quant aux disciples de Valentin, se situant en dehors de toute crainte et publiant des écrits de leur propre fabrication, ils se vantent de posséder plus d'Évangiles qu'il n'en existe. Ils en sont venus en effet à ce degré d'audace d'intituler "Évangile de Vérité" un ouvrage composé par eux récemment et ne s'accordant en rien avec les Évangiles des apôtres. S'il diffère de ceux que nous ont transmis les apôtres, tous ceux qui le veulent peuvent se rendre compte » (*Contre les hérésies* III, 11, 8)[1].

Par ce court extrait, on voit qu'Irénée connaissait l'existence des Évangiles canoniques circulant dans l'Église, les « Évangiles des apôtres ». Il cherche par ailleurs à prouver qu'il n'y a que quatre Évangiles canoniques, alors que les chrétiens du IIe siècle ont connu une grande variété de traditions circulant sous le nom d'un apôtre prestigieux. C'est un trait de la lutte contre les hérésies de penser que les Évangiles des hérétiques ont été composés récemment. Selon Irénée, les hérésies propagées par les gnostiques sont « récentes » par opposition à la tradition ancienne des apôtres, transmise fidèlement dans l'Église depuis les origines.

Les découvertes de Nag Hammadi ont mis au jour un *Évangile de Vérité*, qu'on peut être tenté de rapprocher du texte valentinien incriminé par Irénée.

1. Éd. A. Rousseau, Paris, Le Cerf, 1984, p. 316

De fait, le livre s'ouvre par une référence à la prédication de l'Évangile : « L'Évangile de la Vérité est joie pour tous ceux qui ont reçu, du Père de la Vérité, le don de Le connaître par la puissance de la Parole... car le nom d'Évangile est la manifestation de l'espoir et une découverte pour ceux qui le cherchent » (p. 16, 31 sq.). Toutefois, le contenu de cet Évangile, de cette bonne nouvelle gnostique, n'a rien à voir avec une évocation de la vie du Seigneur, de ses discours ou de ses miracles. Il s'agit bien au contraire de ce que les gnostiques ont toujours affirmé : le salut passe par les paroles de Jésus directement transmises dans ces révélations écrites, ainsi que par les commentaires qui en sont donnés. Cela ne pouvait pas manquer de choquer Irénée.

L'« Évangile de l'achèvement » :
« une catastrophe achevée »

Peu après le milieu du IVe siècle, Épiphane, évêque de Salamine, rédige un immense traité où l'on retrouve la panoplie traditionnelle des invectives contre les hérésies. Il mentionne certains gnostiques qui « mettent en avant un écrit tarabiscoté et racoleur, tas de fariboles qu'ils ont affublé d'un nom prétendant que *c'est un Évangile de l'achèvement*. En réalité il ne s'agit pas d'une bonne nouvelle, d'un « Évangile », mais d'une catastrophe achevée... D'autres n'ont pas honte de citer un *Évangile d'Ève*. C'est au nom de celle-ci, supposée avoir trouvé « l'aliment de la connaissance » à partir d'une révélation que lui aurait transmise son interlocuteur, le serpent, qu'ils se figurent avoir été produits... » (*Panarion* 26, 2, 5 sq.)[1].

1. Trad. M. Tardieu, « Épiphane contre les gnostiques », *Tel Quel*, n° 88, mai 1981, p. 66.

Ces deux références à des Évangiles gnostiques soulignent encore que ces textes ne visent pas à expliquer la vie et l'œuvre de Jésus, mais bien plutôt à promouvoir une réflexion du croyant gnostique en vue de l'accomplissement, de l'« achèvement », du salut, qui se réalise par le biais de la révélation gnostique. L'*Évangile d'Ève* renvoie à une lecture peu orthodoxe du texte biblique. Le serpent sert d'initiateur à Ève, figure du croyant gnostique, qui, grâce à l'aliment qu'est l'initiation à la connaissance gnostique, sera engendré de manière nouvelle.

Communautés gnostiques, communautés chrétiennes

Ces quelques références anciennes illustrent le fonctionnement de ces groupes gnostiques. Le salut est proposé sous forme de connaissance ; accessible par le biais d'une révélation orale, parfois aussi transmise par écrit, cette révélation consiste principalement en paroles attribuées au Sauveur, ou en commentaires de ces paroles. Si on lit l'*Épître de Ptolémée à Flora*[1], on verra que la transmission de ces connaissances suit des règles bien précises : il s'agit d'une transmission stricte des traditions remontant au Sauveur (Épiphane, *Panarion* 31, 7, 9). Les groupes gnostiques fonctionnent donc avec des sortes de maîtres spirituels, entourés de disciples avides de progresser sur la voie de la connaissance. Au dire des Pères de l'Église et à la lecture des textes gnostiques eux-mêmes, on peut penser que ces groupes pouvaient être situés dans les marges des communautés chrétiennes, à l'intérieur d'elles, ou à l'exté-

1. Trad. Gilles Quispel, « Lettre à Flora », *Sources chrétiennes*, n° 24 *bis*, Paris, Le Cerf, 1966.

rieur. À part la caractéristique élitiste d'un accès au salut réservé à ceux qui utilisent leur intelligence et leur culture, il devait être parfois difficile de distinguer un gnostique d'un fidèle chrétien ordinaire.

De nombreux textes gnostiques soulignent l'existence d'une relation fraternelle très chaleureuse entre les membres du groupe d'adeptes. La relation directe avec un maître spirituel encourageait à gommer les différences sociales ; cela pouvait correspondre à ce que l'apôtre Paul disait des communautés chrétiennes où « il n'y a plus ni juif ni grec, ni esclave ni homme libre, ni homme ni femme » (Ga 3, 28). Mais cette relation directe au Sauveur ressuscité, à travers les paroles du maître spirituel, pouvait se passer d'une médiation de la hiérarchie ecclésiastique ; cela a engendré des conflits avec la hiérarchie ecclésiastique orthodoxe, soucieuse de faire respecter un minimum d'ordre dans les célébrations liturgiques. Mais il serait inexact de penser qu'on peut définir les gnostiques par un antiritualisme. L'accès à la connaissance passait aussi par une ritualisation précise, comme l'indiquent par exemple l'*Évangile selon Philippe* ou l'*Évangile des Égyptiens*. Suivant les groupes, on trouvait soit une sorte de rite d'initiation chrétienne, soit une critique des rites chrétiens, en particulier du baptême ou de la pénitence.

Une médecine de l'âme

Par ailleurs, les adeptes de groupes gnostiques étaient encouragés à mener un genre de vie ascétique. Des textes comme l'*Évangile selon Thomas*, le *Livre de Thomas l'athlète*, les *Enseignements de Sylvain* mériteraient de figurer dans les anthologies de textes spirituels. À la suite des positions des Pères de l'Église, on a trop souvent pris les gnostiques pour des intellectuels méprisant le monde et leur corps. L'*Évangile selon Thomas* est un bel exemple d'invitation à la découverte et à la maîtrise du corps. Des textes comme le *Traité tripartite*, l'*Apocryphe de Jean*, ou l'*Origine du monde* illustreraient encore d'autres facettes de ces milieux gnostiques, férus d'exégèse biblique, de théologie, d'astronomie, de cosmologie, de recettes médicales, ou simplement de psychologie.

La gnose est aussi finalement une médecine de l'âme, une découverte qui passe par la connaissance de soi-même. C'est peut-être tout ce qui fait son actualité encore aujourd'hui.

Jean-Daniel Dubois

62

Les origines de Jésus dans la littérature chrétienne apocryphe

Par rapport aux récits d'enfance de Jésus intégrés dans les Évangiles canoniques selon Matthieu et selon Luc, ceux qui sont conservés dans les textes apocryphes sont bien plus riches et variés. Les plus anciens de ces récits apocryphes sur la conception et la naissance de Jésus se trouvent dans le *Proté-vangile de Jacques*, l'*Ascension d'Isaïe* et l'*Apocalypse d'Adam*. D'autres récits sont aussi rapportés dans les *Odes de Salomon*, les *Actes de Pierre* et l'*Épître aux Apôtres*.

D'un point de vue historique, il convient de ne surtout pas considérer les récits canoniques comme supérieurs aux récits apocryphes. À l'époque de leur rédaction — vers la fin du Ier siècle et durant tout le IIe siècle — les uns et les autres avaient très certainement le même statut théologique. C'est pourquoi, même s'ils n'ont pas été retenus dans le Canon, les récits apocryphes doivent être considérés comme les témoins des représentations de la conception et de la naissance de Jésus qui avaient cours de leur temps. C'est, en effet, au sein d'une diversité doctrinale foisonnante — en partie gommée par la canonisation — que les récits apocryphes de l'enfance ont fleuri, soit pour s'opposer à certaines tendances marginales (qui deviendront hétérodoxes), soit pour défendre certaines tendances majoritaires (qui deviendront orthodoxes).

Le « Protévangile de Jacques »

Dans le *Protévangile de Jacques*, un texte du milieu du IIe siècle, deux récits sont rapportés : l'un concernant la conception (11), l'autre la naissance (17, 18 et 19, 1-2). Ils ne sont pas à considérer comme des interprétations des récits de l'Évangile selon Luc. Les uns et les autres répondent plutôt à certaines des problématiques doctrinales de leurs époques respectives. D'un point de vue doctrinal, les récits de la conception et de la naissance de Jésus du *Protévangile de Jacques* sont à placer dans le cadre des conflits autour du docétisme — c'est-à-dire s'opposant à certains chrétiens qui prenaient l'humanité de Jésus comme une virtualité et non pas comme une réalité. Pour la conception, par rapport au récit canonique, le récit apocryphe apporte un développement. Dans le premier, il n'est question que de conception, sans plus de précision. Dans le second, la conception est décrite comme le produit de la « Parole ». Cette dernière ne paraît pas être toutefois un indice suffisant pour considérer comme docétisant ce récit de la conception de Jésus. Il n'empêche que le motif de la conception par la Parole a donné lieu à des motifs proprement docétisants, comme par exemple la conception par l'oreille. D'une manière générale, les docètes se sont intéressés en priorité aux questions touchant à la naissance de Jésus et non pas à sa conception. L'important selon eux était que sa naissance soit sans tache — c'est-à-dire sans souillure —, allant jusqu'à rendre une telle naissance comme virtuelle et non pas réelle.

Pour la naissance, par rapport au récit canonique,

le récit apocryphe apporte aussi un très important développement. Dans le premier, il n'est question que de naissance, sans plus de précision également. Dans le second, la naissance est décrite avec des expressions bibliques utilisées par ailleurs lors de manifestations théophaniques. Ces dernières ne sont pourtant pas des indices permettant de considérer comme docétisant le récit de la naissance de Jésus du *Protévangile de Jacques*. Il est évident cependant que l'auteur de ce récit se débat entre la nécessité de montrer que la naissance de Jésus est à la fois réelle — non pas virtuelle — et merveilleuse. Il doit, en effet, montrer que Jésus est né comme tous les hommes mais qu'il est né aussi de façon merveilleuse — seule manière de témoigner son caractère divin.

Le *Protévangile de Jacques* — en 19, 3 ; 20 — fait intervenir une sage-femme, témoin du prodige de l'apparition de l'enfant qui surgit d'une nuée lumineuse enveloppant la grotte. Cette sage-femme raconte à une certaine Salomé qu'une vierge vient d'enfanter miraculeusement ; cette dernière veut vérifier le fait par sa main, qui est brûlée puis guérie.

Selon toute vraisemblance, le *Protévangile de Jacques* s'oppose à des chrétiens professant des tendances docétisantes. À cette fin, il emploie surtout des motifs bibliques — venant de l'Ancien Testament —, faisant une large part au merveilleux.

L'« Ascension d'Isaïe »

L'*Ascension d'Isaïe*, un texte de la fin du Ier siècle, contient un récit très original de la naissance de Jésus, dans lequel le prophète Isaïe, soulevé au septième ciel dans une vision, a pu voir non seulement le Messie préexistant, mais aussi sa future descente dans ce monde, sa crucifixion et son ascension à travers les sphères célestes.

L'apparition du Messie en ce monde est racontée avec une certaine ampleur, car elle a pour but d'illustrer comment cet être céleste peut se manifester sous une forme humaine tout en n'étant pas un homme en chair et en os. En fait, le Messie est censé simuler une vie humaine normale pour ne pas être reconnu par le Diable; cette simulation commence justement avec la grossesse de Marie.

L'idée de la conception virginale de Jésus par Marie est ici exploitée afin de prouver que le Messie n'a pas été engendré comme l'est tout être humain. C'est dans ce contexte que l'*Ascension d'Isaïe* 11, 2-5, fournit un récit parallèle à celui de Matthieu 1, 18-25. Marie, la fiancée de Joseph, se retrouve enceinte tout en étant vierge; Joseph veut renvoyer Marie mais, après une apparition angélique — l'ange est ici le Saint-Esprit lui-même, tandis que la conception n'est pas attribuée au Saint-Esprit —, il la garde sans s'approcher d'elle. Deux mois seulement après la conception a lieu la naissance de l'enfant, qui d'ailleurs n'en est pas une. Marie et Joseph sont seuls, à la maison, à Bethléem. Soudain, Marie voit un petit enfant, puis s'aperçoit que son sein est redevenu comme avant qu'elle conçoive. Immédiatement après, les yeux de Joseph s'ouvrent aussi, il voit l'enfant et loue le Seigneur, tandis qu'une voix leur ordonne de ne raconter cette vision à personne. On ne sait même pas si l'enfant est sorti ou non du ventre de Marie; ce qui importe, c'est que Marie et Joseph voient l'apparition, en ce monde, de celui qui passera pour être leur fils, mais dont ils sont les seuls à savoir qu'en réalité il est venu d'ailleurs. Tous les autres devront croire qu'il est un enfant comme les autres, mais ils seront pourtant frappés par les circonstances extraordinaires visibles à l'extérieur et qui les troubleront. Ce récit de la naissance de Jésus s'inspire d'une doctrine de la préexistence et de la descente cachée du Messie dans ce monde. Les nuances docètes sont abondantes, elles tendent à nier la réalité humaine de Jésus au profit de sa réalité divine.

Pour l'auteur de l'*Ascension d'Isaïe*, la conception et la naissance virginales sont une preuve que Jésus n'est en rien comme tous les autres êtres humains.

L'« Apocalypse d'Adam »

Dans l'*Apocalypse d'Adam* — un texte gnostique du début du IIe siècle, retrouvé en Égypte, à Nag Hammadi —, on trouve un relevé des diverses façons de décrire les origines de Jésus.

Ces représentations prennent la forme de quatorze notices sur les conceptions et naissances de Jésus : les treize premières — d'origine juive ou païenne —, sont considérées comme aberrantes par l'auteur (77, 26-82, 19) ; la dernière, correspondant à son opinion (82, 19-28), est censée se dispenser de témoignages prophétiques. Les adversaires visés dans les treize premières notices ne sont pas précisés, sauf de manière très impersonnelle. La quatorzième strophe est l'antithèse des treize précédentes. Selon elle, il ne peut en aucun cas y avoir de promiscuité entre l'humain et le divin. Autrement dit, Jésus « est issu d'un Air étranger » (82, 26) : il est un être divin et non pas un être humain, encore moins un être à la fois divin et humain ; il n'est qu'une émanation divine totalement étrangère au monde des humains.

Force est de relever, dans la littérature apocryphe, l'extrême efflorescence de la pensée chrétienne quant à l'origine de Jésus : était-il un être humain ou un être divin ? La multiplicité et la divergence des réponses apportées par ce relevé montrent combien ces questions devaient être débattues avant que l'orthodoxie ne vienne unifier ces traditions par la canonisation. La diversité des quatorze notices de l'*Apocalypse d'Adam* démontre, s'il le fallait encore, qu'on ne savait rien de précis sur les origines de Jésus. Une telle diversité dans la représentation de la conception et de la naissance de Jésus ne peut s'expliquer autrement ! Si l'on possédait des traditions historiques sur les origines de Jésus, on les aurait, sans nul doute, opposées à toutes ces explications. Les récits de Matthieu 1-2 et de Luc 1-2 ne devaient pas être reconnus comme authentiques par tous.

Simon Mimouni

63
Pèlerins des premiers siècles à Bethléem

Lorsque commence, au début du IVe siècle, le grand mouvement des pèlerinages vers la Palestine, Bethléem est au premier rang des sites visités. Dans sa *Démonstration évangélique*, écrite vers 312, Eusèbe de Césarée remarque que les pèlerins de Jérusalem se rendent aussi à Bethléem « pour en connaître les lieux » (relevons au passage ce désir de s'instruire, que l'on rencontre fréquemment chez des visiteurs du IVe siècle). Ce mouvement ne cessera pas durant les siècles qui suivent, Bethléem étant si proche de Jérusalem et dans sa mouvance. Mais ces pèlerins de Bethléem ne sont pas les premiers, puisque dans la première moitié du IIIe siècle, Origène lui-même était passé en ces lieux, où il avait vu la grotte et la crèche, et que, dans la première moitié du IIe siècle, au témoignage de Justin, y était montrée une grotte où l'on plaçait la Nativité du Christ. Il semble pourtant, si l'on en croit saint Jérôme, que pendant une certaine période, un bois sacré voué à Adonis se soit trouvé à proximité de la grotte et en ait écarté les visiteurs. Ce n'est en tout cas qu'à partir du IVe siècle, pour ce site comme pour les autres, que le flot des visiteurs prendra de l'importance.

L'impératrice Hélène

Parmi ces premiers visiteurs de Bethléem se détache Hélène, mère de Constantin, venue en Palestine en 327 (la date est discutée : ce pourrait être le printemps 325) visiter les Lieux saints. Les motivations du pèlerinage de l'*Augusta* sont multiples : à côté du motif officiel — l'action de grâces pour le triomphe de l'empereur « chrétien » —, on peut supposer un désir de réparation pour le drame domestique qui venait d'endeuiller la famille impériale (la femme et le fils de Constantin mis à mort sur son ordre) ; retenons du moins qu'Hélène avait aussi pour mission de superviser les travaux de construction entrepris dans les lieux saints sur l'ordre de son fils. Dans ce contexte, plusieurs historiens anciens lui attribuent l'initiative de la basilique de la Nativité de Bethléem. On ne doit sans doute pas majorer le rôle de l'impératrice, car la construction de la basilique de Bethléem n'est qu'un élément d'un plan apologétique d'ensemble visant à édifier de somptueuses églises sur les lieux de la Nativité, de la Passion et de la Résurrection (*Martyrium* et *Anastasis*), de l'Ascension (*Eléona*) — illustrant ainsi les trois affirmations du symbole : il est né, a souffert et est ressuscité, est monté aux cieux.

Pèlerins du IVe siècle

Le pèlerin de Bordeaux, en 333, rend compte de l'état d'avancement de ces constructions constantiniennes. Il est le premier à signaler à Bethléem la basilique de la Nativité. Il y mentionne aussi le tombeau de David (auquel il joint Jessé, Salomon et trois compagnons d'armes de David), un tombeau que signaleront, plusieurs siècles durant, les visiteurs de Bethléem.

Quant à Égérie, elle s'est rendue à Bethléem à plusieurs reprises durant son séjour en Orient de 381 à 384; malheureusement, un feuillet de son manuscrit a disparu qui relatait les cérémonies de l'Épiphanie à l'église du Champs-des-Bergers et à celle de la Nativité. Elle nous rapporte ailleurs un renseignement intéressant sur la célébration à Bethléem, le 18 mai, d'une fête en l'honneur des Saints Innocents. Il semble que, dès son époque, on ait montré dans une église du lieu les reliques de ces derniers.

Une crèche d'argent

Saint Jérôme, à peine quelques années plus tard, va s'installer à Bethléem avec Paula et Eustochium, ses chères dirigées, et il y restera jusqu'à sa mort en 420. Il évoque souvent dans ses écrits la grotte de la Nativité: écoutons-le décrire les sentiments de Paula visitant cette grotte: «Je l'écoutais me jurer qu'elle contemplait des yeux de la foi l'enfant enveloppé de langes et vagissant dans la crèche, les Mages adorant Dieu, l'étoile qui brillait au-dessus, la Vierge Mère, le père nourricier empressé, les bergers accourant de nuit pour voir ce qui était arrivé [...], les petits enfants massacrés, Hérode et sa colère. Joseph et Marie fuyant en Égypte. Mêlant les larmes à la joie, elle s'écriait: “Salut, Bethléem, maison du pain, où est né le pain qui est descendu du ciel”...» Ailleurs, il nous parle longuement de la crèche, déplorant que celle des origines, une crèche d'argile, ait été remplacée — ou plutôt, sans doute, recouverte — par une crèche d'argent: «Ah! s'il m'était seulement donné de voir cette crèche où reposa le seigneur ! Mais hélas ! par un sentiment de vénération pour le Christ, nous avons enlevé la crèche d'argile pour lui en substituer une d'argent. Combien plus précieuse pour moi celle qu'on a enlevée ! L'argent et l'or sont bons pour les gentils ; cette crèche d'argile valait mieux pour la foi chrétienne ! »

Jérôme connaît aussi à Bethléem le tombeau de David, et dans les environs le Champ des Bergers, où ceux-ci gardaient leurs troupeaux lorsqu'ils reçurent le message des anges. Situé près de la tour d'Ader, où le patriarche Jacob faisait aussi paître les siens, ce site inspire à Jérôme un de ces développements où l'exégèse typologique mélange sans sourciller plusieurs textes bibliques, non sans y glisser discrètement une allusion à la mythologie classique : « Alors que les bergers gardaient leurs brebis, ils trouvèrent l'Agneau de Dieu, à la toison pure et immaculée qui fut mouillée de la rosée céleste alors que toute la terre était desséchée, lui dont le sang a enlevé les péchés du monde et, répandu sur les montants des portes, a mis en fuite l'exterminateur de l'Égypte. » Tous ces textes de Jérôme traduisent son amour de ces lieux, dont témoigne aussi le choix de l'emplacement de son tombeau, à l'entrée de la grotte.

Moines et ermites

Au ve siècle, peu de pèlerins de Bethléem nous ont laissé leurs souvenirs. Euchérius (si on peut le dater de cette époque) a été frappé par la petitesse du village, entouré d'une enceinte peu élevée et dépourvue de tours. Il signale lui aussi la crèche et son resplendissant reliquaire d'or et d'argent. C'est alors l'époque où beaucoup de moines s'installent dans le désert de Judée tout proche. Non loin du village, sur une colline, Théodosios et ses compagnons s'établissent dans une grotte qu'ils tiennent pour celle où les mages ont fait étape en rentrant de Jérusalem dans leur pays. Un monastère est également fondé au Kathisma, entre Jérusalem et Bethléem, non loin du tombeau de Rachel, à un endroit où la Vierge Marie se serait assise lors de sa venue à Bethléem.

La basilique de Justinien...

Le VIe siècle est une époque importante pour les Lieux saints de Bethléem. La basilique de Constantin, détruite en 529 lors d'une révolte samaritaine, est reconstruite peu après sur l'ordre de Justinien, sur un plan légèrement différent du précédent mais de manière aussi somptueuse ; c'est la basilique que l'on peut voir aujourd'hui encore à Bethléem. Cette reconstruction s'accompagne de la mise en valeur du site : aussi, lorsque le pèlerin de Plaisance le visite dans les années 560-570, il déclare que c'est un endroit merveilleux. Laissons-lui la parole : « On y trouve la grotte où est né le Seigneur, dans laquelle il y a la crèche ornée d'or et d'argent ; des lumières y brûlent jour et nuit. L'ouverture de la grotte est très étroite. Saint Jérôme, prêtre, a creusé le rocher à l'entrée de la grotte et s'y est fait un tombeau où il a été déposé. » Hors la basilique de la Nativité, il a vu un autre sanctuaire, sur lequel son témoignage est de grande importance : « À un demimille de Bethléem, dans un faubourg, il y a deux tombeaux où reposent David et Salomon, on appelle l'endroit "À Saint David". Les enfants que Hérode a mis à mort ont leur tombeau dans cet endroit ; tous y reposent ensemble, on l'ouvre et on voit leurs ossements. » Enfin, sur la route en provenance de Jérusalem, notre pèlerin avait vu aussi le tombeau de Rachel et l'endroit où la Vierge s'était assise, avec une source qui était née à sa prière.

… épargnée grâce aux mages

Vers la même époque, dans sa Gaule lointaine. Grégoire de Tours recueillait maints récits des pèlerins d'Orient : c'est par lui que nous connaissons l'existence, dans la basilique de la Nativité, d'un puits dit « de la Vierge » et des vertus merveilleuses qu'on lui attribuait. Ceux qui regardaient dans ce puits, rapporte-t-il, dès lors qu'ils avaient le cœur pur, y pouvaient voir l'étoile qui apparut aux mages, circulant d'une paroi à l'autre. Quoi qu'il en soit de cette pieuse légende, notons que tous les visiteurs pouvaient du moins voir cette étoile sur une grande mosaïque pariétale de la basilique qui représentait l'Adoration des mages. Cette mosaïque sauva l'église de la destruction en 612 : lorsque les Perses, à cette date, envahirent la Palestine et pillèrent systématiquement ses sanctuaires, ils épargnèrent la seule basilique de la Nativité parce qu'ils y voyaient les mages représentés en habits perses.

L'évêque gaulois Arculfe

Achevons ce bref aperçu sur les pèlerins anciens par l'évêque gaulois Arculfe, venu de Gaule dans la seconde moitié du VIIe siècle, à une époque où les Arabes ont conquis la Palestine. Lui aussi a noté le caractère modeste de Bethléem et ses remparts sans tours ; il a vu la grotte, tout ornée de marbre, où le reliquaire de la crèche semble avoir disparu puisque c'est le fond de la grotte qu'on appelle alors la crèche ; il a vu un bassin où l'on aurait baigné l'Enfant Jésus, dans lequel les pèlerins se lavaient le visage ; il a vu aussi l'église avec le tombeau de David et une autre église avec celui de saint Jérôme (qu'on a donc déplacé), une autre église enfin au Champ des Bergers, où l'on montrait même les tombeaux de trois d'entre eux !

Avec le temps, comme on le voit, la légende de Bethléem s'est enrichie, comme elle continuera de le faire durant les siècles qui suivront. Car l'attrait de la petite cité ne faiblira pas, et nombreux seront ceux qui répondront à l'invitation de Jérôme de venir sur les lieux pour « entrer dans sa tente et adorer à l'endroit où se sont posés ses pieds ».

Pierre Maraval

64
Le triomphe du calendrier chrétien

Des chrétiens terrés dans les catacombes pendant que les débauches et les cruautés romaines se déchaînent au-dessus d'eux : on sait aujourd'hui à quel point cette image est fausse. Les premiers chrétiens vivaient pour la plupart intégrés à une société dont ils partageaient nombre de valeurs et de plaisirs. Certes, le décor et les fêtes, publiques et privées, des majestueuses villes romaines restaient foncièrement étrangers aux dévotions des adeptes du Christ. Mais en 312, le christianisme, par la volonté de Constantin, cesse d'être un culte marginal, toléré le plus souvent et parfois interdit, pour devenir religion protégée et de plus en plus étroitement associée au pouvoir.

Le temps chrétien a eu, dès l'origine, un rythme propre. Nous savons, par les Actes des Apôtres et par Paul, que les fidèles se réunissaient le lendemain du sabbat, en mémoire de la résurrection du Christ et de ses apparitions au matin et au soir de ce jour. L'homme de lettres latin Pline le Jeune, gouverneur de Bithynie (nord-ouest de l'Anatolie) de septembre 111 à janvier 113, dans une correspondance célèbre avec l'empereur Trajan au sujet des chrétiens, donne la première description synthétique de ces réunions :

« Ils ont l'habitude de se réunir à jour fixe, avant l'aube, de chanter un hymne au Christ comme à un dieu, par répons, et de s'engager par serment non pas à quelque forfait, mais à ne commettre ni vol, ni brigandage, ni adultère, à ne pas manquer à leur parole, à ne pas refuser de restituer un dépôt quand ils sont sommés de le faire. Cela fait, leur règle est de se séparer, puis de se réunir à nouveau pour prendre de la nourriture, banale et inoffensive. Ils ont du reste renoncé à ce dernier point après mon édit, par lequel, selon tes ordres, j'avais interdit les associations. »

La réunion du soir avait pour but de « rompre le pain », ce qui précédait la célébration eucharistique (« d'action de grâces »), suivie d'un repas en commun, où le pain, le vin et le poisson étaient les mets préférés car ils rappelaient non seulement la Cène, mais la multiplication des pains et les noces de Cana. Ce repas, l'agape (« amour », de Dieu pour les hommes et des hommes entre eux), disparut vers le IVe siècle ; la lettre de Pline montre que c'est au repas communautaire que les chrétiens pouvaient renoncer le plus facilement. Sans doute parce qu'il était le plus proche d'un banquet ordinaire (« païen »), qui s'ouvrait lui aussi, normalement, par des prières. Subsista la prise de nourriture symbolique, qui ne pouvait pas avoir de visée alimentaire et fut avancée à la célébration du matin. Cette « rupture du pain » fut la seule forme de sacrifice admise par les chrétiens, rejetant ainsi toute forme sanglante.

Sur ce dernier point, les chrétiens étaient en accord avec une tendance de fond toujours plus manifeste sous l'Empire, et ces réunions hebdomadaires n'avaient rien d'un gaillard banquet d'association. Au point que Ramsay MacMullen, historien de l'Antiquité tardive, n'hésite pas à opposer les fidèles des divinités guérisseuses gréco-romaines, à la mine réjouie, et la mine sombre, les coins de la bouche tirés, des figures byzantines... Contraste évocateur mais un peu artificiel : d'un côté, les Byzantins n'ignoraient pas la joie de vivre, même dans leur pratique religieuse (l'action de grâces eucharistique est par essence joyeuse), et d'autre part ces visages aux expressions sévères viennent tout droit de la culture païenne, de l'iconographie impériale romaine, à partir de Caracalla... Ce qui est en cause n'est pas une donnée intrinsèque au christianisme, mais son association étroite, grâce à Constantin, avec un pouvoir qui voulait avant tout se faire craindre.

Cette association, en amenant le christianisme à supplanter les anciens cultes dans la totalité de leur rôle, l'a obligé à organiser un cycle chrétien de l'année qui soit intègre, soit tolère, de multiples réjouissances locales, en s'éloignant toujours plus des références juives initiales. En effet, même chez ceux qui n'étaient pas des « judéo-chrétiens », le rythme de l'année restait fortement marqué par les fêtes juives, avant tout la Pâque, qui coïncidait avec la Passion et la Résurrection du Christ. Les interdictions des conciles (concile d'Elvira, début du IVe siècle), montrent que les rituels juifs restaient un modèle pour de nombreux chrétiens.

Les premières fêtes chrétiennes

Mais c'est à l'intérieur même du christianisme, au IVe siècle, qu'a été reproduit et transformé le cycle de la Pâque juive, avec ses sept semaines révolues (quarante-neuf jours) et une fête de clôture, Pentecôte, mot qui signifie « cinquantième » (jour) en grec. Ces solennités sont réinterprétées : Pâque, la fête du Passage (de l'ange au-dessus des maisons des Hébreux, cf. Ex 12, 13 : *Pessah*), paraît, dans la transcription *Pascha*, se rattacher au verbe grec *paschô*, «je souffre», et donc à la Passion du Christ. De plus, dès le concile de Nicée (325), les Pâques chrétiennes furent détachées de la date de la Pâque juive, le 14 nisan, pour être fixées au premier dimanche après la première pleine lune qui suit l'équinoxe de printemps. L'organisation complète du temps pascal se met en place au IVe siècle, avec la fête de l'Ascension (quarante jours après Pâques) et le carême, soit les quarante jours de jeûne qui précèdent Pâques; le jeûne étant l'une des pratiques religieuses favorites de l'Antiquité tardive, toutes croyances confondues. En dehors des réunions le lendemain du sabbat et de la célébration pascale, les premières fêtes chrétiennes étaient consacrées aux martyrs. Le culte des martyrs est issu du culte des morts pratiqué par à peu près toutes les religions du monde gréco-romain et en reproduit certains traits, notamment les banquets à proximité de la sépulture, voire dans une salle aménagée à cet effet. L'un des plus anciens martyrs dont le culte soit attesté est Polycarpe, évêque de Smyrne, exécuté le 23 février 167.

Le culte plus général des saints ne se développe pas avant la fin du IVe siècle; la translation et le partage des corps, ainsi que le culte des reliques, apparaissent pour nous à propos de saint Babylas à Antioche en 351, un siècle après son martyre le 24 janvier 251. C'est seulement alors que son corps est transporté dans une église construite tout exprès, à Daphné, faubourg résidentiel d'Antioche, qui abritait un célèbre sanctuaire d'Apollon. Apollon, le dieu pur, était allergique à la présence de cadavres à proximité de ses sanctuaires et l'installation de Babylas était un bon moyen de le chasser tout en préservant le caractère sacré de l'endroit. En même temps, tout au long du IVe siècle, se développent les pèlerinages, d'abord à Jérusalem au mont des Oliviers. Ce n'est pas une nouveauté : déjà, au IIIe siècle, Origène avait vu à Bethléem la grotte où naquit le Christ, et même la crèche où il fut langé. Mais la multiplication des lieux saints au cours du siècle « constitue une géographie sacrée » (Pierre Maraval) au maillage de plus en plus dense, bientôt ponctué d'édifices grandioses.

Constantin instaure le repos dominical

Le règne de Constantin a marqué un tournant décisif dans la création du temps chrétien, par l'instauration du rythme de la semaine et par la commémoration au 25 décembre de la naissance du Christ, autrement dit de l'incarnation de Dieu.

L'instauration de la semaine, ponctuée par le repos hebdomadaire, est une étape dans l'uniformisation de l'Empire tardif. En effet, les seuls jours fériés dans le monde gréco-romain étaient les jours de fêtes religieuses ; celles-ci étaient nombreuses et variées, selon les peuples, les cités, les familles. Quelques-unes étaient partout respectées : les calendes de janvier, l'anniversaire de l'empereur, celui de Rome (puis des deux Rome, celle du Tibre et celle du Bosphore).

La décision de Constantin en 321 prescrivant à tous le repos du dimanche marquait donc une innovation importante. Cependant, elle appelle le dimanche « jour du Soleil, fêté pour le culte qui lui est propre » et n'en fait donc pas un jour de repos spécifiquement chrétien. Pourtant nous sommes quatre ans avant le concile de Nicée (325), et vers l'époque où apparaît la fête de Noël. Le législateur retient le nom planétaire du dimanche, sans doute universellement compris. La semaine que nous connaissons n'est donc pas l'adaptation chrétienne d'un rythme de l'existence juive. Constantin n'a fait qu'utiliser un procédé de calcul du temps déjà populaire, et bien plus simple que les systèmes grec de décades ou latin de calcul par calendes, nones et ides, car il est entièrement détaché du rythme irrégulier des mois.

Les termes employés par la chancellerie impériale rappellent qu'à l'origine la semaine romaine est purement planétaire, les jours attribués chacun à l'une des sept planètes, comme encore aujourd'hui en anglais, l'une des rares langues à avoir gardé le système intact — tout en remplaçant en général les noms latins des planètes par leurs équivalents germaniques. Cependant, la quasi-totalité des semainiers chrétiens ont tôt substitué au jour de Saturne (anglais *Saturday*) qui ouvrait la semaine planétaire le « jour du sabbat » (*sambatu[m]* en latin tardif, d'où *Samstag*, samedi, *sabbato*...) qui, au contraire, la fermait puisque étymologiquement le sabbat est le septième jour, celui où le Seigneur s'est reposé après la Création. Le jour du Soleil (anglais *Sunday*) devint le jour du Seigneur (notre dimanche, qui vient de *die[m] dominica[m]*, comme l'italien *domenica* et l'espagnol *domingo*) ; le grec *kyriaki* a le même sens. Cependant, les semainiers orientaux (grec) n'accueillirent pas les noms des planètes et se contentèrent de numéroter les jours, du lundi, second jour de la semaine, jusqu'au jeudi, cinquième — chez les Grecs, le vendredi est le jour de la « préparation » (*paraskevi*) du dernier repas de sabbat du Christ ; les Russes adoptèrent le lundi comme premier jour, jusqu'au vendredi cinquième, le samedi étant le jour du sabbat et le dimanche, jour de la Résurrection. Enfin, si l'on jette un coup d'œil sur la semaine islamique, les jours y sont eux aussi numérotés, deux seulement, ou parfois trois, gardant un nom propre, le vendredi, jour de l'assemblée de la communauté des fidèles (*cuma* en turc) et le dimanche, jour de marché (*bâzâr*), parfois le samedi (*chanba* en persan).

Le temps de Noël

C'est aussi dans les années qui précèdent le concile de Nicée que la commémoration de la naissance du Christ est placée au 25 décembre. On l'avait d'abord fait coïncider avec la fête juive des Cabanes (Soukkôt), fête automnale, comme y incitait l'Évangile de Jean, disant « et le Verbe s'est fait chair, et il a campé parmi nous ». Le 25 décembre, lui, marquait depuis l'empereur Aurélien (270-275) l'« anniversaire du Soleil invincible ». Vers 336, la fête chrétienne de décembre est mentionnée en Occident, et elle se répand vers 380 en Orient, où elle a lieu le 6 janvier (Épiphanie) et non pas le 25 décembre. L'interprétation du Christ comme Soleil est tirée d'un passage du « petit prophète » Malachie : « ... et il se lèvera, pour vous qui craignez mon nom, un soleil de justice, et la guérison sur ses ailes » (Ml 3, 20) ; la conception du Christ vainqueur des ténèbres de la mort comme Soleil invincible, c'est-à-dire renaissant chaque matin de l'obscurité de la nuit, amenait les fidèles, à Saint-Pierre de Rome, à prier en direction de l'est, tournant le dos à l'abside de la basilique, ce qui leur valut les remontrances du pape Léon le Grand (440-461).

Parallèlement au temps pascal, le temps de Noël ainsi instauré complétait la christianisation de l'année. Les nouvelles fêtes pouvaient paraître dépouillées et même austères face à la variété, l'exubérance et la théâtralité des fêtes polythéistes, organisées par des corporations spécialisées. Nous connaissons celles-ci par les décrets du début du ve siècle qui suppriment leurs activités ou cherchent à en effacer les aspects religieux, dans le cas de corporations professionnelles organisant des réjouissances en l'honneur de la divinité protectrice de leur métier. C'est ainsi qu'il revenait à la corporation des *dendrophori*, marchands de merrain, de porter le pin sacré dans les cérémonies en l'honneur de la Mère des Dieux et d'Attis. Ces *dendrophori* étaient par ailleurs associés aux *fabri*, charpentiers, et aux *centonarii*, fabricants de bâches, pour former un corps de pompiers. Ces corporations organisaient des défilés, des banquets, des spectacles et leur nom indiquait parfois le rôle qu'elles tenaient : ainsi les *frediani*, ou *feretriani*, porteurs de brancards sur lesquels on faisait défiler les images divines ; les *sodales ballatores Cybelae*, « compagnons danseurs de Cybèle », les *cantabrarii* ou porte-bannières, les *nemesiaci* diseurs de bonne aventure, les *vitutiarii* ou récitants des louanges de la divinité. L'énumération fait revivre les couleurs, les mouvements et les bruits de processions analogues à celles qui ont encore lieu tout autour de la Méditerranée, dédiées à des saints et non plus à des dieux.

L'intégration d'éléments festifs païens

En face des participants de ces célébrations, les empereurs sont obligés de s'entourer de précautions et ils hésitent parfois, tel Honorius en Occident par ses décrets contradictoires de 408, 412-413 et 415, car la popularité de ces fêtes était grande et elles faisaient partie de la vie urbaine. Comme le disent deux décrets de 376 et 379, « nous avons permis que les arts du divertissement soient pratiqués, de peur qu'une trop forte limitation n'engendre la tristesse ».

Les goûts évoluent, du reste. C'est ainsi que les combats de gladiateurs s'éteignent au cours du IVe siècle en Orient, au début du Ve en Occident, tandis que subsistent les « chasses » spectaculaires de l'amphithéâtre, et les courses de chars qui feront l'objet d'un extraordinaire engouement à Byzance. La patronne de ces divertissements, la déesse Némésis, continue d'être honorée par ses fidèles en de savoureux banquets où l'on se régale d'oie rôtie et d'œufs : en effet, Némésis, transformée en oie dans l'espoir d'échapper aux assiduités de Zeus, lui avait succombé sous cette forme et, à la suite de cette union, avait pondu un (ou deux) œuf(s) d'où naquirent Castor et Pollux d'une part, Hélène et Clytemnestre de l'autre. Il y a certes bien loin de la vieille légende grecque à la mosaïque qui immortalise ces ripailles, à Trèves à la fin du IVe siècle. La survie de la déesse jusqu'à cette date tardive a été assurée, et son image modelée, par la vogue des courses de char et des spectacles de fauves. Puis, chez les lettrés byzantins, Némésis subsista seulement comme figure mythologique ornementale et il fallut trouver d'autres prétextes pour mettre au four une oie bien grasse.

Certains cultes firent l'objet d'une récupération de leurs traits les plus marquants : Isis à Catane, déesse de la navigation, a donné naissance à sainte Agathe, qui reprend une épithète de la déesse, Agathè (*daimôn*), la bonne divinité, et à saint Euplo, qui en évoque une autre, *euploia*, déesse de la bonne traversée. Saint Euplo a sa fête le 12 août, jour commémoratif de la naissance de la déesse, appelé « Allumage des lampes » du nom de l'une des pratiques païennes que les chrétiens adoptèrent le plus volontiers.

L'Assomption (ou Dormition) de la Vierge, le 15 août, dans l'ensemble du monde chrétien, vint à point pour faire négliger sa rivale du 12 !

Sainte Agathe, fêtée le 5 février alors qu'Isis l'était le 5 mars, a emprunté à sa devancière le grand manteau-voile protecteur, brandi dans les processions, et surtout les seaux en forme de seins féminins qui évoquaient Isis comme nourricière : mais Agathe étant vierge, les seins rappellent ici qu'un gouverneur romain les lui a fait cruellement couper lors de son martyre.

Il est arrivé aussi que les fêtes soient tout simplement maintenues, mais désacralisées ; ce fut le cas de Maïoumas, fête célébrée à l'origine, semble-t-il, dans le port de Gaza. Pourtant elle est condamnée à plusieurs reprises, au IVe siècle, moins par les chrétiens que par des païens « sérieux » comme l'empereur Julien ou le rhéteur Libanios, qui n'apprécient pas la sensualité de ses baignades et de ses banquets. Comme à propos des corporations évoquées plus haut, les empereurs chrétiens oscillèrent, envers Maïoumas, entre tolérance et interdiction, mais la tolérance l'emporta et les empereurs byzantins eux-mêmes, jusqu'au VIIIe siècle, ne dédaignèrent pas de « faire Maïoumas » pour célébrer quelque victoire.

Enfin, un élément du cycle festif de l'année fut intégré sans problème : les cérémonies du culte impérial. Une de leurs pratiques, l'« étimasie » ou adoration du trône vide sur lequel sont simplement posés, sur un coussin, les emblèmes impériaux, fut reprise telle quelle dans l'iconographie chrétienne. Et la description des fêtes de l'inauguration de Sainte-Sophie, à Noël 562, par un officier de la cour de Justinien, Paul le Silentiaire, montre que désormais tout ce qui avait fait la splendeur des anciennes cérémonies et n'était pas contraire à la morale de l'Antiquité tardive a été incorporé aux nouvelles liturgies : processions, chants, jeux de lumière...

Quels que fussent les moyens employés : superposition, substitution, absorption, un temps chrétien a ainsi peu à peu subjugué et unifié les rythmes dynamiques des multiples temps du polythéisme. Les derniers païens, contraints à se contenter de prières intérieures, à adorer furtivement les merveilles naturelles, privés des temples resplendissants qui faisaient leur fierté et des joyeux carnavals qui avaient si longtemps soudé leur solidarité, laissèrent les chrétiens s'emparer de la totalité du calendrier qui égrène, jusqu'à aujourd'hui, la litanie de saints, à vrai dire plus guère porteurs de fêtes.

Pierre Chuvin

65

L'art et la conversion de Rome

Sans l'art païen, il n'y aurait pas d'art paléochrétien tel que nous le connaissons. Bien loin de dépérir, la mythologie même survit dans la culture chrétienne du Bas-Empire, inspirant aussi bien les poètes que les mosaïstes, les orfèvres et les sculpteurs. Cette symbiose des imaginaires est une donnée trop méconnue de notre tradition occidentale.

L'art chrétien n'émerge pas tout armé d'une tradition autonome, à la faveur du vide qu'aurait laissé un art païen moribond et désormais stérile. La sculpture romaine n'a rien perdu de sa vigueur, elle connaît même un regain d'originalité à l'époque où apparaissent les premiers sarcophages chrétiens, qui participent et bénéficient de cette vitalité.

Pourtant, les Pères de l'Église contestaient volontiers l'art en tant que tel. Ils se réclamaient de l'Ancien Testament qui condamne radicalement l'iconographie : « N'allez pas vous fabriquer une imitation sculptée, toute image de mâle ou femelle de quelque bête qui soit sur terre, de quelque oiseau [...] de quelque reptile [...] de quelque poisson... », etc. (Dt 4, 16-18). « Maudit soit l'homme qui fera une œuvre sculptée ou de métal fondu » (Dt 27, 15). « Tu ne feras pas de statue ni aucune imitation de quoi que ce soit qui est dans le ciel [...] sur la terre [...] ou dans les eaux » (Ex 20, 4).

Au regard des chrétiens comme des juifs, l'iconographie était, certes, compromise par l'idolâtrie et (au même titre que le théâtre, pareillement damné) par la « Fable », cette chronique scandaleuse des dieux ou des héros. Tertullien impute au Diable l'engeance des sculpteurs. « Toute forme grande ou petite mérite le nom d'idole… On ne devrait jamais admettre les artistes dans la Maison de Dieu. » Il ne concède aux stucateurs que les éléments décoratifs, à l'exclusion de tout ce qui évoque une figure humaine ou animale. Pour Tatien, l'art grec relève de la folie et de l'infamie. Clément d'Alexandrie dénonce l'« habileté perverse » de ces artistes qui dévoient la sensibilité, excitent les passions malsaines et détournent l'homme du vrai Dieu ; l'art est un corrupteur « qui entraîne dans l'abîme ». Chez le grand Origène, l'argumentation est plus philosophique, sinon foncièrement platonicienne : les « hommes assis dans les ténèbres » (comme dans la fameuse caverne de la *République*) « arrêtent leur regard sur toutes les œuvres mauvaises des peintres, des modeleurs, des sculpteurs de statues », au lieu d'élever leur esprit vers le Créateur. De toute façon, on ne saurait représenter le Dieu invisible et incorporel, non plus que les idées du monde intelligible. « Les statues [...] qui plaisent à Dieu ne sont pas l'œuvre d'artisans vulgaires, mais du *Logos* divin qui les esquisse et les forme en nous. » Ce sont les vertus qui ressemblent au Premier-né de toute créature et ne souffrent aucune comparaison avec les chefs-d'œuvre de Phidias, de Polyclète, d'Apelle ou de Zeuxis. C'est l'imitation de Dieu même qui doit susciter en nous une « statue », puisque notre corps est le temple de Dieu. Ce disant, Origène est tout proche du néoplatonicien Plotin : tous deux avaient suivi l'enseignement du philosophe Ammonius Sakkas.

Art et vérité

Mais l'œuvre d'art pouvait aussi inspirer la réflexion en tant que « signe » (en latin, *signa* désigne les statues des dieux). Porphyre, un disciple de Plotin, s'interroge sur les formes et attributs des idoles. Le maître même nous réfère à des statues illustrant la souveraineté du dieu cosmique. Pour l'auteur des *Ennéades* (V, 8, 1), « les arts [...] remontent aux raisons d'où est issu l'objet matériel [...] Phidias fit son Zeus sans égard à aucun modèle sensible : il l'imagina tel qu'il serait s'il consentait à paraître à nos regards ». L'art a donc quelque chose de transcendantal. Il y a comme « un au-delà dans l'art » (Fr. Nietzsche), sinon un art de l'au-delà, qui dépasse le niveau sensible ou sensuel.

Dans ce débat, certains païens allaient jusqu'à dire, comme Philostrate : « Ne pas aimer la peinture, c'est mépriser la vérité [...] la sagesse des poètes », avec cette idée que le poète est devin du divin, *uates*. L'art participe d'une vérité plus profonde et durable que la réalité immédiate ou ordinaire. C'est ainsi qu'un vrai portrait — et sur ce point l'art chrétien ne déroge pas à la tradition romaine — exprime le « soi » fondamental et constant plutôt que le « moi » temporaire. Même une scène mythique ou biblique, un motif allégorique peuvent traduire une conviction qui outrepasse les contours formels de l'image. L'art n'est pas étranger à l'apologétique.

Une hérédité « hérétique » ?

La condamnation scripturaire était catégorique. Mais l'imaginaire est toujours plus fort que les doctrinaires. Les synagogues n'ont pas échappé à cette irrésistible pression, voire à l'iconographie païenne. Dans telle catacombe hébraïque de Rome, on peut voir le dauphin au trident, symbole de Neptune. Un sarcophage nous montre au-dessus d'une scène de foulage la *menorah* portée par des Victoires qu'encadrent les génies des Saisons : le triomphe sur la mort, le cycle des temps de l'année, le symbolisme du vin (boisson d'éternité) ont pu légitimer ce syncrétisme auquel les chrétiens n'ont pas été non plus réfractaires.

Au début du IVe siècle, le concile d'Elvire prohibait toute image peinte sur les parois des églises en un temps où, à Rome, un art chrétien avait déjà pris son essor. De fait, l'iconoclasme de principe demeurait minoritaire, même dans le haut clergé. Faute de fresques ou de reliefs, l'imagination se défoule en rêves ou visions, comme celles que nous décrivent le *Pasteur* d'Hermas ou les *Actes des martyrs*. Perpétue voit le Christ « sous l'aspect d'un berger de grande taille et trayant ses brebis ». Hermas voit entrer chez lui « un homme à l'air majestueux, en costume de pâtre, couvert d'une peau de chèvre blanche, une besace sur l'épaule et une houlette à la main ». Dès cette époque, sur les sarcophages illustrant le mythe d'Endymion que visite la Lune pendant son sommeil, les marbriers aiment à souligner le contexte bucolique de l'épisode. Bientôt, le Bon Pasteur va se multiplier sur les voûtes des hypogées et les premiers sarcophages chrétiens. Tertullien reproche à ses coreligionnaires de boire en des coupes où l'image peinte de ce Bon Pasteur « prostitue le sacrement du Christ [...], idole pour l'ivrognerie et refuge pour l'adultère » ! Pour un peu, on songerait au décor scabreux d'une vaisselle dionysiaque. Or il vise des catholiques, et l'évêque du lieu semble avoir donné son aval. Il n'était pas question de représenter Dieu.

Mais le Christ, « image du Dieu invisible » (Col 1, 15) ? À la fin du IIe siècle, Irénée s'en prenait aux carpocratiens : ils avaient des images peintes ou sculptées du Christ qui dérivaient prétendument d'un portrait que Pilate aurait fait exécuter de Jésus « au temps où il vivait avec les hommes » (*Adversus haereses* I, 25, 6) : c'est à eux que pensait Renan, disant que « l'art chrétien était né hérétique ». Les carpocratiens couronnaient leurs icônes de fleurs en leur associant les portraits de Platon, de Pythagore ou d'Aristote ; et l'empereur Sévère Alexandre honorera dans son laraire Abraham et Jésus en même temps qu'Orphée et Apollonius de Tyane. Au IIIe siècle, les fidélités religieuses étaient encore très loin d'une stricte dichotomie. Il n'y avait pas d'un côté les chrétiens orthodoxes et de l'autre les païens, mais d'énormes franges indécises occupées par les sectes. Irénée et Hippolyte ne les combattent si ardemment que parce qu'elles faisaient beaucoup d'adeptes. Or leurs exégèses du monde et de l'homme intégraient des mythes païens.

Les gnoses de l'époque trahissent un imaginaire trouble dont les élucubrations ont de quoi déconcerter. Mais c'est comme le miroir grossissant d'une fermentation d'esprits désaxés, qui ne touchait pas seulement la cérébralité des milieux intellectuels. Chronologiquement, le phénomène coïncide en sa maturité avec les premières manifestations d'un art « chrétien » qu'on a parfois du mal à dissocier d'un art « christiano-hérétique », comme disait l'archéologue italien C. Cecchelli. En un temps (vers 200) où le christianisme gagne de nouvelles couches de la population, les croyances ont tendance à se colorer aussi différemment que le répertoire ambiant. Les cultes à mystères répondaient aux mêmes interrogations que l'initiation chrétienne et les rituels pouvaient se ressembler au point que Justin et Tertullien y dénonçaient la fraude du Malin. Un certain esprit du temps faisait qu'un chrétien d'alors était plus proche, à certains égards, de ses contemporains païens qu'il ne le serait d'un chrétien d'aujourd'hui. Pour comprendre cette Antiquité-là, on ne doit pas « mettre d'un côté les boucs, et les brebis de l'autre » (d'après le philologue allemand U. von Wilamowitz, 1848-1931).

Osmose ou juxtaposition ?

À Rome, l'hypogée des *Aurelii* (vers 240) embarrasse et divise les commentateurs, car une grande part du décor échappe à toute comparaison ou surprend par sa disparité. Telle voûte porte un médaillon où un prêtre affranchit avec sa baguette une femme voilée (et donc lui remet ses péchés) en présence de l'homme qui l'a catéchisée, comme en témoigne le livre qu'il tient. Autour du médaillon, ces mêmes attributs de l'affranchissement et de l'instruction caractérisent quatre personnages qui alternent avec des paons faisant la roue. Mais par-delà ce deuxième cercle, des monstres marins ainsi que deux bacchants alanguis par l'ivresse relèvent de l'imagerie païenne. Dans une autre chambre, on voit le Bon Pasteur entouré de quatre paons et de masques dionysiaques, le Christ veillant sur son troupeau ou présidant au repas des apôtres, un mystérieux cavalier acclamé aux portes d'une ville et d'autres fresques qu'aucun parallèle n'autorise à élucider.

Mais un tableau s'identifie sans peine en fonction de l'iconographie païenne : Ulysse obtenant de Circé la métamorphose de ses compagnons en hommes. Ce mythe illustrait le cycle maléfique des métensomatoses condamnant l'âme à expier ses fautes dans des corps d'animaux. Le métier à tisser de Circé symbolisait le système fatal engeignant les âmes dans le tissu des tuniques charnelles. Or les carpocratiens annexaient cette doctrine à leur gnose. Mais des chrétiens comme Origène croyaient en la réincarnation, et nous ne connaissons pas toutes les variantes que la culture païenne touchée par l'Évangile a pu susciter dans le bouillonnement théosophique de cette Rome sévérienne !

Dans la catacombe de Saint-Sébastien, les motifs d'origine « profane » (Gorgones, paons, cigognes) voisinent également avec des sujets chrétiens ou avec des scènes qu'on n'a pas encore vraiment élucidées, comme celle du mausolée de Clodius Hermès où un pâtre-orateur fait penser au dieu du Verbe (*Logos*) dont le nom correspond au surnom du propriétaire. Tout aussi problématiques demeurent certains personnages de la catacombe fouillée en bordure de la voie Latine, notamment la fameuse « Cléopâtre » qu'on identifie maintenant avec la Terre (?), mais qui n'est pas une figure biblique. La chambre N de cette même catacombe glorifie Hercule au jardin des Hespérides, tuant l'hydre de Lerne ou ramenant Alceste des Enfers. Dans la chambre O se déchiffrent des sujets scripturaires à côté de motifs païens : allégorie de l'Abondance, Déméter, Amours et Psychés (comme dans la catacombe de Domitille). On a imputé ces disparates au gnosticisme (un certain Justin donnait du mythe héracléen une interprétation biblique), au syncrétisme ou au fait que plusieurs branches d'une même famille occupant la catacombe n'adhéraient pas au même culte. Dans la nécropole de Saint-Pierre, le mausolée « de l'Égyptien » a des peintures qui nous réfèrent aux déités nilotiques mais aussi deux sarcophages dionysiaques et une sépulture authentiquement chrétienne. Cette cohabitation des morts n'était pas sans effet sur l'imaginaire des vivants, qui ne pouvaient pas non plus se déprendre radicalement des hérédités mentales.

Plus significatifs encore sont des monuments qui n'ont servi qu'à un individu ou à un couple de défunts : les sarcophages. Parmi les plus anciens de la série chrétienne compte celui de La Gayolle (vers 230). Le Bon Pasteur et la défunte en Orante y encadrent, certes, une scène d'enseignement. Mais à droite trône un personnage barbu qui a le sceptre et le profil de Jupiter, tandis qu'à gauche un homme pêche à la ligne sous le buste du dieu Hélios. Sur telle cuve du musée Capitolin représentant le mythe de Prométhée, on discerne, à côté des Cyclopes qui forgent le foudre de Zeus, Adam et Ève face à l'arbre de la connaissance. Autre sarcophage approximativement contemporain (vers 270 ?) conservé à Ravenne mais originaire de Rome : le Bon Pasteur et l'Orante y postulent une inspiration chrétienne ; mais le berger de type bachique et un Amour dionysiaque en bateau appartiennent au répertoire païen. Plus tard, en plein IVe siècle, un sarcophage arlésien nous montre les époux se donnant la main en signe de foi, puis d'adieu, entre Castor et Pollux : or les petits côtés représentent saint Pierre et la multiplication des pains. Il est vrai que les Dioscures personnifient la concorde et qu'on les retrouve associés à la croix sur un plat chrétien de Marseille. Il arrive aussi qu'au front du couvercle fermant un sarcophage chrétien, des monstres marins évoquent l'Océan mythique des païens. Sur tel exemplaire de Belgrade, un *putto* est porté par un dauphin — tel Arion — à côté de Jonas. Ailleurs, deux Tritons tiennent le portrait (catacombe de Prétextat) ou l'épitaphe de la défunte (sarcophage des grottes Vaticanes datable des années 360). Amour et Psyché occupent la mandorle d'un exemplaire à strigiles (Genève) ou doublent en quelque sorte les époux, au-dessus d'un combat de coqs (Vatican). Sur une grande cuve du IVe siècle, trois Bons Pasteurs entourés d'Amours vendangeurs ont des socles ornés de masques dionysiaques ou du trépied d'Apollon qu'accostent deux Griffons. On connaît même un sarcophage qui, malgré la présence de Bacchus, a été récupéré pour abriter les restes d'une chrétienne.

Ainsi, encore après la Paix de l'Église, les iconographies païenne et chrétienne se mêlent ou se juxtaposent, s'enchevêtrent ou s'interpénètrent. En fait, cette osmose était favorisée par des parallélismes en même temps que par l'évolution de l'imagerie païenne qui tendait à devenir allégorique.

Anachronismes et analogies

Dans l'art romain, le mythe grec n'y a pas échappé. L'imaginaire chrétien non plus. Noé, Abraham, Moïse, Samson, Balaam et son ange sont costumés à la romaine. Le tombeau de Lazare ressemble aux temples-mausolées qu'on voyait près de l'*Vrbs*, l'autel d'Abraham à ceux que les païens chargeaient d'offrandes. Dans les ateliers de sarcophages, on ne pouvait sculpter une scène d'agape sans songer à tel banquet de chasse mythique, voire aux banquets bachiques. En représentant Jonas endormi dans l'attente de la résurrection, on n'oubliait pas le sommeil d'Endymion, sinon celui d'Ariane que Dionysos allait éveiller à une vie bienheureuse. En peignant l'ascension d'Élie dans son char de feu, on gardait en tête l'image d'Hélios (surtout à une époque où la religion du « Soleil invincible » était officialisée et diffusée par la propagande monétaire) ou de Mithra montant sur le quadrige de l'astre diurne.

À Rome, plusieurs *Mithraea* ont avoisiné des lieux de culte chrétiens ou ont été supplantés par des basiliques (Saint-Clément, Santa Prisca, San Stefano

Rotondo). Cette proximité était à la fois conflictuelle et interactive. Un fresquiste évoquant Moïse face à la pierre d'Horeb n'ignorait pas toujours le miracle de l'eau que Mithra fait sourdre du roc (catacombe de Saint-Calixte). Plus tard, David tuant un ours ou un lion aura le même profil que Mithra tauroctone. Isis allaitant Horus a précédé la Vierge à l'Enfant. La personnification de *Providentia* sur les monnaies de Pertinax (193) pourrait avoir inspiré l'image du prophète désignant un astre dans la catacombe de Priscille. Sur des gemmes ou des fonds de coupes, Adam et Ève devant l'arbre au serpent font penser à Jason et Médée face au hêtre de la Toison d'or gardé par un dragon.

« *Du vin nouveau dans les vieilles outres* »

Mais, à côté de ces analogies, certaines homologies consacrent la christianisation de types issus directement du répertoire « profane ». Au IIIe siècle de notre ère, le mythe gréco-romain virait, comme tout langage, à l'abstraction de l'idéogramme. À plus forte raison les motifs neutres pouvaient-ils être intégrés comme symboles à la « sémiotique » des chrétiens. Clément d'Alexandrie leur conseille d'adopter comme sceaux « une colombe ou un poisson, un navire [...] une lyre [...], une ancre [...] et, s'il s'agit d'un pêcheur, on se souviendra de l'apôtre et des petits enfants sauvés des eaux » (par le baptême). Il exclut naturellement les dieux, les armes mais aussi « une coupe, quand on veut observer la tempérance ». Cependant l'art chrétien a popularisé le cratère comme référence au sang du Christ ou à l'ivresse bienheureuse des élus, et sur un sarcophage précité de Genève, deux Bons Pasteurs tiennent chacun le canthare. De toute façon, les chrétiens lestaient ces « signes » d'un contenu nouveau : dans la catacombe de Priscille, la leçon de lecture a une tout autre finalité que dans la frise dionysiaque de la villa Item, quoique les deux scènes dérivent du même archétype.

Le Bon Pasteur procède d'un Hermès « criophore » (porteur de bélier), un dieu berger qui, en tant que médiateur entre Zeus et les hommes, mais aussi comme *Logos* ou *Logios* (dieu du « Verbe ») était tout indiqué comme allusion au Christ. L'Orante, autre figure ordinaire de cette iconographie, démarque le type même de la Piété sur les monnaies et dans la statuaire (« Livie » du Vatican). Le paon — oiseau de Junon, véhicule et symbole de l'apothéose pour les impératrices — passait pour avoir une chair incorruptible : chrétiens et païens y reconnaissaient une promesse d'immortalité. Quant au Phénix, cet oiseau solaire qui renaît de ses cendres, il apparaît sur les monnaies comme garant d'éternité, et les chrétiens l'ont adopté pour signifier la résurrection des morts. Il figure souvent nimbé comme Mithra, Hélios, les dieux palmyréniens, les empereurs ou Hercule (dans la catacombe de la voie Latine).

Lux mundi, image visible du Bien invisible (Platon), le Soleil s'est confondu avec le Christ sur une mosaïque de la nécropole vaticane, non loin de la « tombe » de Pierre. Autre figure célèbre de la théosophie grecque, Orphée, cet autre Bon Pasteur qui réconcilie les espèces par la vertu magique de son chant, a pour ainsi dire hanté l'esprit des chrétiens. Pour Clément d'Alexandrie, Jésus est un nouvel Orphée. On déchiffrait d'ailleurs dans certains vers « orphiques » l'intuition de l'unique et vrai Dieu. Les chrétiens se sont approprié telle quelle aussi l'imagerie païenne des Saisons. Les apologistes n'hésitaient pas à arguer de leur retour perpétuel pour justifier le dogme de la Résurrection, même si l'éternité transcendantale n'a rien à voir en fait avec l'éternité cyclique. On vérifie là qu'au IIIe siècle une même image impliquait des croyances hétérogènes.

On le constate aussi à l'endroit d'un sujet qui fut cher aux fidèles de Bacchus comme à ceux de l'Évangile : la récolte et le foulage du raisin. Les chrétiens ont même adopté la *lènos*, un sarcophage en forme de cuve à presser la vendange. Le défunt y était implicitement assimilé à Dionysos-Zagreus démembré par les Titans, comme les grappes le sont par les vignerons pour renaître sous l'aspect du vin, breuvage d'immortalité. Pour Clément d'Alexandrie, Jésus est la grappe foulée pour notre salut, et Cyprien voit dans le sang de la vigne le symbole du retour à l'unité. Sur la *lènos* de la via Salaria, des béliers comme celui que portait l'Hermès criophore occupent la place des lions qui, sur les exemplaires païens, dévorent une antilope ou un cervidé : bon spécimen de christianisation d'un schème païen.

La mythologie traditionnelle servait de truchement, au besoin, pour transcrire la foi nouvelle. Par exemple, on ne pouvait imaginer le ciel autrement que sous les traits d'un dieu enflant son voile au-dessus de la tête : c'est ainsi que *Caelus* figure sous le Christ en majesté sur le sarcophage de Junius Bassus, daté très exactement de 359.

« Exprimer par des moyens antiques son opposition à l'Antiquité, et sans pouvoir s'en affranchir : tel est le caractère tragique de cette pseudomorphose » (O. Spengler, philosophe allemand, 1880-1936). En fait, tandis que les Pères de l'Église empruntaient à la philosophie grecque les argumentations et l'expression même d'une théologie trinitaire, peintres et sculpteurs tiraient sans complexe de l'imaginaire polythéiste de quoi satisfaire une clientèle avide de voir ce qu'elle croyait, ce qu'on lui enseignait. En l'occurrence, ils surent « mettre du vin nouveau dans les vieilles outres » (Mc 2, 22). Souvent, les grandes mutations ne réussissent qu'à ce prix.

Robert Turcan

Appendices

LES COLLABORATEURS

MARIE-FRANÇOISE BASLEZ, professeur d'histoire ancienne à l'université Paris-XII.

ANDRÉ BENOIT (†), professeur à la faculté de théologie protestante de l'université de Strasbourg.

FRANÇOIS BROSSIER, professeur à l'Institut catholique de Paris.

PÈRE M. DU BUIT, ancien professeur de l'École biblique de Jérusalem, directeur de la « Ligue catholique de l'Évangile ».

PÈRE TH. CAMELOT (†), maître et docteur en théologie.

ANDRÉ CAQUOT, membre de l'Institut, professeur honoraire au Collège de France.

ANDRÉ CHOURAQUI, traducteur de l'Ancien et du Nouveau Testament.

PIERRE CHUVIN, professeur à l'université Paris-X.

ÉDOUARD COTHENET, professeur honoraire à l'Institut catholique de Paris.

CLAUDE COULOT, professeur à la faculté de théologie catholique de l'université de Strasbourg.

HUGUES COUSIN, exégète, directeur de la rédaction des suppléments des Cahiers *Évangile*.

FRANCINE CULDAUT, faculté de théologie de l'Institut catholique de Paris.

PIERRE-EMMANUEL DAUZAT, traducteur.

CÉCILE DOGNIEZ, chercheur au centre Lenain de Tillemont, CNRS/Paris-IV.

JEAN-DANIEL DUBOIS, directeur d'études à la section des sciences religieuses de l'École pratique des hautes études.

PAUL-IRÉNÉE FRANSEN, moine de l'abbaye de Maredsous, directeur de la collection *Bible et vie chrétienne*.

FLORENTINO GARCIA MARTINEZ, directeur du Qumrân Instituut, université de Gröningen (Pays-Bas).

PIERRE GEOLTRAIN, directeur d'études à la section des sciences religieuses de l'École pratique des hautes études.

PIERRE GRELOT, professeur à l'Institut catholique de Paris.

JEAN GUYON, directeur de recherche au CNRS, centre Camille-Jullian, Aix-en-Provence.

MARGUERITE HARL, professeur honoraire à l'université Paris-IV.

JEAN-BAPTISTE HUMBERT, École biblique et archéologique française de Jérusalem.

SIMON LÉGASSE, professeur émérite à l'Institut catholique de Toulouse.

JEAN-PIERRE LEMONON, professeur à la faculté de théologie de l'université catholique de Lyon.

LEE I LEVINE, Institut d'archéologie, Université hébraïque de Jérusalem.

PIERRE MARAVAL, professeur à l'université Paris-IV.

JOSEPH MÉLÈZE-MODRZEJEWSKI, professeur à l'université Paris-I, directeur d'études à la section des sciences philologiques et historiques de l'École pratique des hautes études.

SIMON MIMOUNI, directeur d'études à la section des sciences religieuses de l'École pratique des hautes études.

ÉTIENNE NODET, École biblique et archéologique française de Jérusalem.

PHILIPPE PERGOLA, chargé de recherche au CNRS, recteur de l'Institut pontifical d'archéologie chrétienne.

CHARLES PERROT, professeur honoraire de l'Institut catholique de Paris.

LUCE PIETRI, professeur d'histoire du christianisme à la Sorbonne.

ÉMILE PUECH, directeur de recherche au CNRS.

Michel Quesnel, professeur d'exégèse biblique et directeur du département de la recherche à l'Institut catholique de Paris.

Maurice Sartre, professeur à l'université de Tours.

Christiane Saulnier (†), maître de conférences à l'université Paris-I.

Folker Siegert, professeur à l'Institutum Judaicum Delitzschianum, université de Münster (Allemagne).

Marcel Simon (†), doyen de l'Institut de l'histoire des religions de l'université de Strasbourg.

E. Mary Smallwood, professeur d'histoire romaine et juive à la Queen's University de Belfast (Royaume-Uni).

Abbé Jean Starcky (†), ancien professeur à l'Institut catholique de Paris.

Dr Annette Steudel, université de Göttingen (Allemagne).

Claude Tassin, professeur à l'Institut catholique de Paris.

Michel Trimaille, professeur d'Écriture sainte au Grand Séminaire du Vietnam, au Séminaire des missions étrangères de Paris et à l'Institut catholique de Paris.

Étienne Trocmé, professeur émérite à l'université Marc-Bloch de Strasbourg.

Robert Turcan, professeur émérite à la Sorbonne, membre de l'Institut.

Cinzia Vismara, professeur d'archéologie à l'université de Sassari.

BIBLIOGRAPHIE GÉNÉRALE

REVUES

Cahiers Évangile (et leurs suppléments)
Le monde de la Bible
Recherches de science religieuse

LIVRES

Ph. ARIÈS et G. DUBY (dir.), *Histoire de la vie privée*, t. I, P. Veyne (éd.), *De l'Empire romain à l'an mil*, Paris, 1985.

M.-F. BASLEZ, *Saint Paul*, Paris, 1999 (nouv. éd.); et *Bible et Histoire. Judaïsme, hellénisme, christianisme*, Paris, 1988.

J.-F. BAUDOZ et M. FÉDOU (dir.), *Vingt ans de publications françaises sur Jésus*, Paris, 1998.

J. BECKER, *Jesus von Nazaret*, Berlin et New York, 1996.

M. J. BORG, *Jesus : A New Vision*, San Francisco, 1987.

M. J. BORG et N. T. WRIGHT, *The Meaning of Jesus. Two Visions*, San Francisco, 1999.

F. BOVON et P. GEOLTRAIN (dir.), *Écrits apocryphes chrétiens*, t. I, Paris, 1997.

D. BOYARIN, *A Radical Jew. Paul and the Politics of Identity*, Los Angeles, 1994.

P. BROWN, *L'autorité et le sacré. Aspects de la christianisation dans le monde romain* (trad. de l'anglais), Paris, 1998.

R. BROWN, *L'Église héritée des apôtres* (trad. de l'américain), Paris, 1996 (3e éd.).

R. E. BROWN et J. P. MEIER, *Antioche et Rome, berceaux du christianisme*, Paris, 1988.

P. Chuvin, *Chronique des derniers païens*, Paris, 1990.

J. J. Collins, *Apocalypticism in the Dead Sea Scrolls*, New York, 1997 ; et *Between Athens and Jerusalem : Jewish Identity in the Hellenistic Diaspora*, Grand Rapids, 1999.

H. Conzelmann et A. Lindemann, *Guide pour l'étude du Nouveau Testament* (trad. de l'allemand), Genève, 1999.

H. Cousin, J.-P. Lemonon, J. Massonet (dir.), *Le monde où vivait Jésus*, Paris, 1998.

J. Daniélou et H.-I. Marrou, *Nouvelle histoire de l'Église*, t. I, Paris, 1963.

J. D. G. Dunn, *Jews and Christians. The Parting of the Ways, A.D. 70 to 135*, Cambridge, 1999.

A. Dupont-Sommer et M. Philonenko (éd), *Écrits intertestamentaires*, Paris, 1989.

W. H. C. Frend, *The Rise of Christianity*, Londres, 1984.

M. Hadas-Lebel, *Flavius Josèphe. Le Juif de Rome*, Paris, 1989 ; et *Jérusalem contre Rome*, Paris, 1990.

M. Harl, G. Dorival et O. Munnich, *La Bible grecque des Septante. Du judaïsme hellénistique au christianisme ancien*, Paris, 1988.

D. J. Harrington, *Invitation to the Apocrypha*, Grand Rapids, 1999.

R. A. Horsley, *Galilee : History, Politics, People*, Harrisburg, 1995 ; et *Archeology, History, and Society in Galilee. The Social Context of Jesus and the Rabbis*, Harrisburg, 1996.

R. A. Horsley et J. Hanson, *Bandits, Prophets and Messiahs. Popular Movements in the Time of Jesus*, Minneapolis, 1985.

G. Hotze, *Paradoxien bei Paulus. Untersuchungen zu einer elementaren Denkform in seiner Theologie*, Münster, 1997.

L. T. Johnson, *The Real Jesus. The Misguided Quest for the Historical Jesus and the Truth of the Traditional Gospels*, San Francisco, 1996.

L. T. Johnson, *Living Jesus*, San Francisco, 1999.

J.-D. Kaestli et D. Marguerat (éd.), *Le mystère apocryphe. Introduction à une littérature méconnue*, Genève, 1995.

E. M. Laperrousaz (dir.), *Qumrân et les manuscrits de la mer Morte. Un cinquantenaire*, Paris, 1997.

J. C. Lenz, *Le portrait de saint Paul selon Luc dans les Actes des Apôtres*, (trad. de l'américain), Paris, 1998.

R. MacMullen, *Christianisme et paganisme du* IVe *au* VIIIe *siècle*, Paris, 1998.

P. Maraval, *Le christianisme de Constantin à la conquête arabe*, Paris, 1997.

D. MARGUERAT, *L'homme qui venait de Nazareth. Ce que l'on peut savoir aujourd'hui de Jésus*, 1995, 3e éd.; *Paul de Tarse, un homme aux prises avec Dieu*, Poliez-le-Grand (Suisse), 1999; et *La première histoire du christianisme. Les Actes des Apôtres*, Paris, 1999.

D. MARGUERAT (dir.), *Le déchirement. Juifs et chrétiens au premier siècle*, Genève, 1996.

D. MARGUERAT, E. NORELLI et J.-M. POFFET (éd.), *Jésus de Nazareth. Nouvelles approches d'une énigme*, Genève, 1998.

Fr. MANNS, *Une approche juive du Nouveau Testament*, Paris, 1998.

A. MARCHADOUR, *Les Évangiles au feu de la critique*, Paris, 1995.

J. MÉLÈZE MODRZEJEWSKI, *Les Juifs d'Égypte. De Ramsès II à Hadrien*, Paris, 1997 (2e éd.).

J. P. MEIER, *A Marginal Jew. Rethinking the Historical Jesus*, New York, 1991, 1994, 2 vol.

S. C. MIMOUNI, *Le judéo-christianisme ancien. Essais historiques*, Paris, 1998.

J. NEUSNER, W. S. GREEN, E. FRERICHS, *Judaisms and their Messiahs. Popular Movements in the Time of Jesus*, Cambridge, 1987.

É. NODET et J. TAYLOR, *Essai sur les origines du christianisme*, Le Cerf, 1998.

J. MURPHY O'CONNOR, *Paul. A Critical Life*, Oxford, 1996.

A. PAUL, *Les manuscrits de la mer Morte*, Paris, 1997.

M. PELLETIER, *Les pharisiens. Histoire d'un parti méconnu*, Paris, 1990.

Ch. PERROT, *Jésus et l'histoire*, Paris, 1993; et *Jésus*, Paris, 1998.

Ch. PIETRI, *Roma Cristiana*, Rome, 1993 (nouv. éd.)

A. PINERO, *Vie de Jésus selon les Évangiles apocryphes*, Paris, 1996.

E. PUECH, *La croyance des esséniens en la vie future: immortalité, résurrection, vie éternelle? Histoire d'une croyance dans le judaïsme ancien*, Paris, 1993, 2 vol.

H.-C. PUECH (éd.), *Histoire des religions* (nouv. éd.), t. II, Paris, 1999.

M. QUESNEL, *Jésus-Christ*, Paris, 1994.

R. RIESNER, *Jesus als Lehrer*, Tübingen, 1997, 4e éd. (1re éd. 1981).

E. P. SANDERS, *Jesus and Judaism*, Londres, 1985; et *Judaism. Practice and Belief*, Londres, 1992.

M. SARTRE, *L'Orient romain. Provinces et sociétés provinciales en Méditerranée orientale d'Auguste aux Sévères (31 av. J.-C.-235 apr. J.-C.)*, Paris, 1991.

P. Schäfer, *Histoire des Juifs dans l'Antiquité* (trad. de l'allemand), Paris, 1989.

H. Schanks (dir.), *L'aventure des manuscrits de la mer Morte* (trad. de l'américain), Paris, 1996 ; et *L'énigme des manuscrits de la mer Morte* (trad. de l'américain), Paris, 1999.

L. H. Schiffman, *Reclaiming he Dead Sea Scrolls : The History of Judaïsm, the Background of Christianity, the Lost Library of Qumran*, New York, 1995.

J. Schlosser (dir.), *Paul de Tarse*, congrès de l'ACFEB, Paris, 1996.

A. F. Segal, *Paul the Convert. The Apostolate and Apostasy of Saul the Pharisee*, Yale, 1990.

M. Simon et A. Benoît, *Le judaïsme et le christianisme antique. D'Antiochus Épiphane à Constantin*, Paris, 1991 (3e éd.) (avec complément bibliographique).

G. Stanton, *Parole d'Évangile. Un éclairage nouveau sur Jésus et les Évangiles* (trad. de l'anglais), Paris, 1997.

F. Schmidt, *La pensée du Temple. De Jérusalem à Qumrân*, Paris, 1994.

M. Tardieu et J.-D. Dubois, *Introduction à la littérature gnostique*, t. I, Paris, 1986.

G. Theissen, *L'ombre du Galiléen*, Paris, 1988.

G. Theissen et A. Merz, *Der historische Jesus. Ein Lehrbuch*, Göttingen, 1996.

E. Trocmé, *L'enfance du christianisme*, Paris, 1997.

G. Vermès, *Jésus le Juif*, Paris, 1978.

F. Vouga, *Les premiers pas du christianisme. Les écrits, les acteurs, les débats*, Genève, 1997.

E. Will et C. Orrieux, *Prosélytisme juif? Histoire d'une erreur*, Paris, 1992.

INDEX

PREMIÈRE PARTIE

LE JUDAÏSME

1. Unité et diversité

2. Qumrân

3. Jean-Baptiste et Jésus

DEUXIÈME PARTIE

LA PROPAGATION DE LA FOI EN CHRIST

1. Jérusalem

2. Paul

TROISIÈME PARTIE

L'EXPANSION DU CHRISTIANISME

1. Rome

2. Le christianisme à Rome et dans l'Empire

Appendices

Les textes réunis dans ce livre ont d'abord été publiés dans *Le monde de la Bible.*

Magazine d'histoire, d'art et d'archéologie, *Le monde de la Bible* s'adresse à tous ceux qui s'intéressent à la dimension religieuse de notre histoire et de notre patrimoine culturel.

Dans chaque numéro :
— Un grand dossier d'histoire des religions.
— Les découvertes archéologiques et les textes de la Bible.
— La visite guidée des hauts lieux de notre mémoire.
— L'actualité culturelle des religions.

Parmi les dossiers récents :
Les dix commandements.
La Bible et l'Asie.
Le mystère Ougarit.
Le génie de Jérusalem.
Akhénaton et le monothéisme.

Huit fois par an, retrouvez *Le monde de la Bible* chez votre marchand de journaux ou écrivez à :

Le monde de la Bible
Offre découverte
Bayard Presse
3-5, rue Bayard
75393 Paris Cedex 08

DANS LA COLLECTION FOLIO/HISTOIRE

2 Jean-Denis Bredin : *Joseph Caillaux.*
3 François Furet : *Penser la Révolution française.*
4 Michel Winock : *La République se meurt (Chronique 1956-1958).*
5 Alexis de Tocqueville : *L'ancien régime et la Révolution.*
6 Philippe Erlanger : *Le Régent.*
7 Paul Morand : *Fouquet ou le Soleil offusqué.*
8 Claude Dulong : *Anne d'Autriche (Mère de Louis XIV).*
9 Emmanuel Le Roy Ladurie : *Montaillou, village occitan de 1294 à 1324.*
10 Emmanuel Le Roy Ladurie : *Le Carnaval de Romans (De la Chandeleur au mercredi des Cendres, 1579-1580).*
11 Georges Duby : *Guillaume le Maréchal (ou Le meilleur chevalier du monde).*
12 Alexis de Tocqueville : *De la démocratie en Amérique, tome I.*
13 Alexis de Tocqueville : *De la démocratie en Amérique, tome II.*
14 Zoé Oldenbourg : *Catherine de Russie.*
15 Lucien Bianco : *Les origines de la révolution chinoise (1915-1949).*
16 Collectif : *Faire de l'histoire, I : Nouveaux problèmes.*
17 Collectif : *Faire de l'histoire, II : Nouvelles approches.*
18 Collectif : *Faire de l'histoire, III : Nouveaux objets.*
19 Marc Ferro : *L'histoire sous surveillance (Science et conscience de l'histoire).*
20 Jacques Le Goff : *Histoire et mémoire.*
21 Philippe Erlanger : *Henri III.*
22 Mona Ozouf : *La fête révolutionnaire (1789-1799).*

23 Zoé Oldenbourg : *Le bûcher de Montségur (16 mars 1244).*
24 Jacques Godechot : *La prise de la Bastille (14 juillet 1789).*
25 Le Débat : *Les idées en France, 1945-1988 (Une chronologie).*
26 Robert Folz : *Le couronnement impérial de Charlemagne (25 décembre 800).*
27 Marc Bloch : *L'étrange défaite.*
28 Michel Vovelle : *Mourir autrefois.*
29 Marc Ferro : *La Grande Guerre (1914-1918).*
30 Georges Corm : *Le Proche-Orient éclaté (1956-1991).*
31 Jacques Le Goff : *La naissance du Purgatoire.*
32 Hannah Arendt : *Eichmann à Jérusalem.*
33 Jean Heffer : *La Grande Dépression (Les États-Unis en crise 1929-1933).*
34 Yves-Marie Bercé : *Croquants et nu-pieds (Les soulèvements paysans en France du* XVe *au* XIXe *siècle).*
35 Arnaldo Momigliano : *Sagesses barbares.*
36 Robert Muchembled : *La sorcière au village.*
37 Gérard Gayot : *La franc-maçonnerie française.*
38 Raul Hilberg : *La destruction des Juifs d'Europe, I.*
39 Raul Hilberg : *La destruction des Juifs d'Europe, II.*
40 Ian Kershaw : *Qu'est-ce que le nazisme ?*
41 Jean Maitron : *Ravachol et les anarchistes.*
42 Maurice Agulhon : *Les Quarante-huitards.*
43 Arlette Farge : *Vivre dans la rue à Paris au* XVIIIe *siècle.*
44 Norman Cohn : *Histoire d'un mythe (La « conspiration » juive et les protocoles des sages de Sion).*
45 Roland Mousnier : *L'assassinat d'Henri IV.*
46 Michael Pollack : *Vienne 1900 (Une identité blessée).*
47 Nathan Wachtel : *La vision des vaincus (Les Indiens du Pérou devant la Conquête espagnole 1530-1570).*
48 Michel Vovelle : *Idéologies et mentalités.*
49 Jean Bottéro : *Naissance de Dieu (La Bible et l'historien).*

50 Jacques Ozouf : *Nous les maîtres d'école (Autobiographies d'instituteurs de la Belle Époque).*
51 Léon Blum : *Souvenirs sur l'Affaire.*
52 Georges Duby : *L'An Mil.*
53 Jean-Louis Flandrin : *Les amours paysannes (XVIe-XIXe siècle).*
54 Bernard Lewis : *Le retour de l'Islam.*
55 Marc Ferro : *Cinéma et Histoire.*
56 Colette Beaune : *Naissance de la nation France.*
57 Présenté par Michel Foucault : *Moi, Pierre Rivière, ayant égorgé ma mère, ma sœur et mon frère…*
58 Zeev Sternhell, Mano Sznajder, Maia Ashéri : *Naissance de l'idéologie fasciste.*
59 José Cabanis : *Le Sacre de Napoléon.*
60 Philippe Joutard : *Les Camisards.*
61 John Kenneth Galbraith : *L'argent.*
62 Marc Fumaroli : *Trois institutions littéraires.*
63 Sous la direction de Jean-François Sirinelli : *Les droites françaises (De la Révolution à nos jours).*
64 Jean Baechler : *Le capitalisme 1. Les origines.*
65 Jean Baechler : *Le capitalisme 2. L'économie capitaliste.*
66 Gérard Monnier : *L'art et ses institutions en France (De la Révolution à nos jours).*
67 Pascal Ory : *La France allemande (1933-1945).*
68 Geneviève Fraisse : *Muse de la Raison (Démocratie et exclusion des femmes en France).*
69 Georges et Andrée Duby : *Les procès de Jeanne d'Arc.*
70 Henri Mendras : *Les sociétés paysannes.*
71 Éric Conan et Henry Rousso : *Vichy, un passé qui ne passe pas.*
72 Jean-François Sirinelli : *Intellectuels et passions françaises.*
73 Jean-Pierre Vernant : *L'individu, la mort, l'amour.*
74 Lucien Febvre : *Amour sacré, amour profane.*
75 Michel Borwicz : *Écrits des condamnés à mort sous l'occupation nazie (1939-1945).*
76 Alphonse Dupront : *Qu'est-ce que les Lumières ?*

77 Patrick Verley : *La Révolution industrielle.*
78 Paul Bairoch : *Victoires et déboires, I (Histoire économique et sociale du monde du XVIe siècle à nos jours).*
79 Paul Bairoch : *Victoires et déboires, II (Histoire économique et sociale du monde du XVIe siècle à nos jours).*
80 Paul Bairoch : *Victoires et déboires, III (Histoire économique et sociale du monde du XVIe siècle à nos jours).*
81 Jean Bottéro : *Mésopotamie (L'écriture, la raison et les dieux).*
82 Jean Bottéro : *La plus vieille religion (En Mésopotamie).*
83 Ian Kershaw : *Qu'est-ce que le nazisme ? (Problèmes et perspectives d'interprétation).*
84 Georges Duby : *Dames du XIIe siècle – 1. Héloïse, Aliénor, Iseut et quelques autres.*
85 Zeev Sternhell : *La droite révolutionnaire 1885-1914 (Les origines françaises du fascisme).*
86 Bino Olivi : *L'Europe difficile (Histoire politique de la Communauté européenne).*
87 Élisabeth Laffont : *Les livres de sagesses des pharaons.*
88 Collectif : *Le monde de la Bible.*
89 Georges Duby : *Dames du XIIe siècle – 2. Le souvenir des aïeules.*
90 Geneviève Fraisse : *Les femmes et leur histoire.*
91 Collectif : *1789 La Commémoration.*
92 François Furet : *La Révolution en débat.*
93 Georges Corm : *Le Proche-Orient éclaté 1956-2000.*
94 Alexis de Tocqueville : *Souvenirs.*
95 Jean-Marie Donegani et Marc Sadoun : *La Ve République (Naissance et mort).*
96 Georges Duby : *Dames du XIIe siècle – 3. Ève et les prêtres.*
97 Krzysztof Pomian : *Sur l'histoire.*
98 Collectif : *Aux origines du christianisme.*

Composition Interligne.
Impression Bussière Camedan Imprimeries
à Saint-Amand (Cher), le 10 avril 2000.
Dépôt légal : avril 2000.
Numéro d'imprimeur : 001800/1.
ISBN 2-07-041114-1./Imprimé en France.

92346